ntw nymphenburger texte zur wissenschaft
modelluniversität 18

Redaktion Hans A. Neunzig

Reduktionistische Soziologie

Die Soziologie als Naturwissenschaft?

7 Aufsätze

HERAUSGEBER
WALTER L. BÜHL

Nymphenburger Verlagshandlung

Signet ntw: Holger Matthies
Satz und Druck: Passavia Passau
ISBN 3-485-03218-2. Printed in Germany

Inhalt

WALTER L. BÜHL

Einleitung: Reduktionismus – die Soziologie als Naturwissenschaft

1. *Das Recht des Reduktionismus*

Die Soziologie, einmal als »soziale Physik« konzipiert, ist unter dem Zeichen des Reduktionismus (vor allem im Sinne der klassischen Mechanik) entstanden, und der Reduktionismus hat, wenn nun meist auch in anderen Formen, seine Faszination bis heute behalten. Unter einer »Reduktionserklärung« soll zunächst ganz allgemein der Versuch verstanden werden, bestimmte Abhängigkeitsbeziehungen zwischen einer Reihe von als charakteristisch angesehenen Merkmalsbestimmungen eines bestimmten (als Einheit angesehenen) Untersuchungsgegenstandes dadurch zu erklären, daß auf Annahmen zurückgegriffen wird, die einen angeblich grundlegenderen Zusammenhang zwischen Merkmalen begründen, welche für den Untersuchungsgegenstand selbst ursprünglich nicht als charakteristisch angesehen wurden.[1] Solche Reduktionserklärungen können ganz verschiedene Formen annehmen: Es kann sich um »homogene Reduktionen« handeln, in denen alle »deskriptiven« Terme aus den Annahmen abgeleitet werden können; oder um »inhomogene Reduktionen«, wo ein Teil der deskriptiven Terme oder wenigstens *ein* deskriptiver Term nicht aus den Annahmen ableitbar ist[2]; oder es kann sich um »Mikroreduktionen« handeln, wo die deskriptiven Elemente E_1, E_2, ... E_n des Bereiches B_2 direkt auf die Elemente e_1, e_2, ... e_n des Bereiches B_1 bezogen werden[3]; oder um mehr ganzheitliche »Strukturreduktionen«, wo nur Beziehungsstrukturen identisch gesetzt werden, nicht aber die Grundelemente dieser Strukturen selbst.

Aber gleichgültig, welche wissenschaftstheoretische Typifikation von Reduktionen man heranziehen will, ist doch festzustellen, daß die moderne Wissenschaft ganz allgemein einen starken Zug zu solchen Reduktionserklärungen hat. Die verschiedenen Wissenschaftsdisziplinen gelten vielfach als um so »härter«, je häufiger solche Reduktionserklärungen sind, um so homogener sie sind und um so »tiefer« sie ansetzen, d. h. meistens, je mehr sie sich dem Ideal einer Mikroreduktion nähern. In dem Bestreben, der Soziologie wissenschaftliche Anerkennung zu verschaffen, folgen auch und gerade die Soziologen diesem Zug; doch bei näherem Hinsehen wird man zugeben müssen, daß sie oft doch nur Pseudo-Reduktionen zustande bringen, bzw. daß sie schwerwiegenden Mißverständnissen über den »wissenschaftlichen« Charakter von Reduktionen erliegen. Wie Hempel u. a.[4] – in einer ausgiebigen und sich wissenschaftstheoretisch beträchtlich verschärfenden Diskussion – nachgewiesen haben, ist an eine Globalreduktion von Wissenschaftsdisziplin zu Wissenschaftsdisziplin gar nicht zu denken; sie erweist sich als Illusion wissenschaftstheoretisch uninformierter Wissenschaftler oder von Wissenschaftstheoretikern, die von konkreten wissenschaftlichen Problemen unbelastet und unbeeindruckt bleiben.

Zunächst ist schon einmal klar, daß eine Zuordnung wissenschaftlicher Terme zu bestimmten Wissenschaftsdisziplinen und daß eine Abgrenzung dieser Wissenschaftsdisziplinen nicht oberflächlich anhand des Assoziationsgehalts dieser Terme, sondern nur anhand bestimmter Theorien oder Theoriestücke vorzunehmen ist.[5] Für die aktuelle wissenschaftliche Arbeit heißt das aber: Die Abgrenzung ist nur möglich anhand bestimmter materieller und tatsächlich forschungsrelevanter Hypothesen, die für einen bestimmten Bereich und in bezug auf bestimmte Beobachtungsdaten als gültig angesehen werden können.[6] Damit wird auch verneint, daß es sich bei der Reduktion um einen rein logischen Vorgang handeln könne[7]; es bedarf vielmehr der unabhängig festgestellten empirischen Verbindung der aufeinander zu reduzierenden Sätze. Dabei wird keineswegs eine vollkommene Deckungsgleichheit der Terme vorausgesetzt, sondern es muß lediglich die Definierbarkeit der zu reduzierenden Sätze in der Terminologie der angezielten Nachbarwissenschaft gesichert sein.[8] Unter diesen Einschränkungen erweist sich jede überzogene Polemik gegen den Reduktionismus, der jede Wissenschaftsentwicklung nur verhindere, weil er unterentwickelte oder unfruchtbar gebliebene Wissenschaftsdisziplinen mit Hilfe von Reduktionen konserviere[9], wie auch jede Glorifizierung des Reduktionismus als der einzig fruchtbaren Erklärungsstrategie[10], als überflüssig und verfehlt: Es geht hier nicht um die Frage der generellen Unmöglichkeit oder Notwendigkeit der Reduktion, sondern nur um die Frage, inwieweit die tatsächlich in jeder Wissenschaftsdisziplin (und hier in der Soziologie) anzutreffenden bereichsspezifischen und oft auch unschlüssigen Reduktionserklärungen den Forschungsprozeß einen wenn auch nur bescheidenen Schritt voranbringen können, oder ob sie ihn eher hindern.

Sicher liegt das Mißverständnis und auch die Faszination des naiven Reduktionismus in dem ontologischen Vorurteil, daß es schlicht verschiedene »Stufen der Wirklichkeit« gebe, denen verschiedene wissenschaftliche Erkenntnisstufen entsprechen. Doch dieses Vorurteil braucht ja nicht bestätigt zu werden. Wissenschaftlich gesehen ist der Reduktionismus eher eine Sache des Sprachgebrauchs verschiedener Wissenschaftsdisziplinen in bestimmten Ausgangszusammenhängen[11]. Der Terminus »Sprachgebrauch« soll darauf hinweisen, daß wir es mit dem Problem von wissenschaftlichen Erklärungen, und d. h. ganz bescheiden: mit Denkkategorien und Ordnungsschemata, zu tun haben, die für verschiedene Wissenschaftsdisziplinen in ihrem historischen Stand charakteristisch sind, nicht aber mit vorgegebenen ontologischen Prioritäten, worüber wir keine Aussagen zu machen haben. Das heißt aber andererseits nicht, daß die verschiedenen Wissenschaftsdisziplinen im Grunde nach Belieben aneinander zu reihen wären. Es ist sehr wohl möglich und es ist in einer einigermaßen systematischen Wissenschaftsentwicklung die Regel, daß Ereignisse, die für das eine Schema in keinem systematischen Zusammenhang zu stehen scheinen, durch ein anderes Schema in einen systematischen Zusammenhang gebracht werden können. Das gleichzeitige Auftreten verschiedener Kombinationen von chemischen Elementen z. B., das von der Chemie her gesehen als mehr oder weniger glücklicher Zufall angesehen werden muß, kann von der Biologie her sehr wohl in einen systematischen Zusammenhang gebracht und mit verschiedenen Wahrscheinlichkeitswerten versehen werden, usw. So gibt es eine doch recht deutlich unterschiedene Abfolge von Ebenen der wissenschaftlichen Forschung und von »emergenten Wahrscheinlichkeiten«[12]. Wenn die höhere Ebene nicht erklärt werden kann ohne die Kenntnis der Elemente der darunterliegenden Ebene, so heißt das ja noch nicht, daß die obere aus der unteren deduziert oder daß die obere auf die untere reduziert werden könnte. Die Wissenschaftsdisziplinen der Physik, Chemie, Biologie, Psychologie und Soziologie können – und dafür spricht nicht nur die historische Entwicklung – durchaus als relativ autonome Wissenschaften begründet werden, da es in jeder vorhergehenden Wissenschaftsdisziplin statistische Residuen[13] und unerklärte Verteilungen und Konglomerate gibt, die erst von der nachfolgenden Wissenschaft in einen systematischen Zusammenhang gebracht werden können.

Nach der Stufenordnung der »emergenten Wahrscheinlichkeiten« ergibt sich für die Systematik der Wissenschaften etwa das folgende Schema:[14]

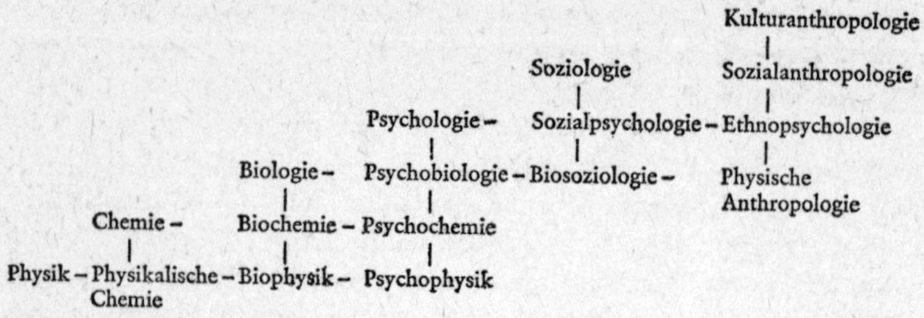

Dieses Ordnungsschema kann nun in keiner Weise als eine Anweisung dafür angesehen werden, in welche Richtung Reduktionserklärungen führen müßten, und es ist kein Gradmesser für den wissenschaftlichen »Härtegrad« (je tiefer, desto härter) einer solchen Reduktionserklärung. Denn wie schon dargelegt und wie besonders bei Versuchen der Reduktion von biologischen Erklärungen auf physikalische klargeworden ist, ist die reduzierte Theorie (T_2) in keinem Fall wirklich ableitbar aus der zu reduzierenden Theorie (T_1). Denn nur zusammen mit einem oder mehreren Zwischengliedern, welche empirischen Gehalt haben müssen, kann T_1 eine zureichende Ausgangsbasis für eine solche Ableitung abgeben. Die vieldiskutierte, am grünen Tisch jedoch gar nicht zu entscheidende Frage ist dann aber: Was für konzeptuelle Strukturen und wieviel empirisches Material können einer Theorie zugefügt werden, ohne daß daraus eine andere Theorie entsteht?[15] Es geht also nicht einfach darum, aus einer Theorie T_1 eine Theorie T_2 abzuleiten, sondern vielmehr darum, neue Theorien T^*_1 und T^*_2 zu finden, die einen Bereich von Phänomenen erfassen können, der zwar schon durch die alten Theorien (T_1 und T_2) annähernd abgedeckt worden war, der nun aber konzeptuell anders und besser durchstrukturiert wird. Der Streit darum, ob es sich hier um eine Reduktion einerseits durch Gleichsetzung oder andererseits einfach um eine Ersetzung der einen Theorie durch die andere handelt, scheint, was die praktizierte Wissenschaft betrifft, ziemlich müßig zu sein.[16] Sicher ist, daß man keine überspannten Erwartungen in solche Reduktionserklärungen setzen darf: sie sind hypothetisch und riskant wie alle anderen Erklärungsformen auch. Vor allem darf man nicht von einer statischen Auffassung des Wissenschaftssystems ausgehen, in der etwa angenommen würde, nicht nur, daß physikalische Gesetze »fundamentaler« seien als chemische usw., sondern auch noch, daß in den »unteren« Wissenschaften die grundlegenden Gesetzmäßigkeiten bereits aufgedeckt worden seien. Mit Ausnahme einiger Teilbereiche befindet sich auch die Physik und befinden sich erst recht die Chemie und die Biologie oder Psychologie in ständiger Bewegung. Grundlegende Umbrüche im Theorieaufbau sind in keiner der aufgezählten Disziplinen auszuschließen, so daß jedes Programm einer unilinearen Reduktion etwa der soziologischen Erklärungsversuche auf psychologische oder biologische Erklärungshypothesen usw. mit Sicherheit zum Scheitern verurteilt sein wird.

In der Soziologie wurden solche Reduktionserklärungen (oder vielmehr Pseudo-Reduktionen) bisher fast immer mit großer Unbekümmertheit durchgeführt. Man hat dabei gewöhnlich nur Reduktionen nach »unten« versucht, möglichst gleich direkt und ohne Zwischenschritte bis auf die »unterste« Stufe. So sind mehrfach Versuche unternommen worden, soziologische Hypothesen auf physikalische Gesetzlichkeiten, etwa auf die Newtonschen Gesetze, zurückzuführen. Rein theoretisch sind natürlich auch Reduktionen »nach oben« denkbar. Man könnte beispielsweise organische Erscheinungen auch als Ausdruckserscheinungen eines höheren geistigen Prinzips (etwa des Willens zum Leben und der höchstmöglichen Entfaltung und Harmonie dieses Lebens) ansehen, und man könnte invariable soziale Zusammenhänge auf die Geltung ewiggültiger Ideen und Werte zurückführen. Aber diese »Reduktionen nach oben« sind in der Geschichte der Soziologie gründlich diskreditiert worden.

Das Gegenteil einer reduktionistischen Erklärungsstrategie wäre eine emergentistische Erklärungsstrategie. Sie geht davon aus, daß mit dem Übergang von einer »Wirklichkeitsebene« oder einer »Wissenschaftsebene« zur anderen neue Erscheinungen auftauchen, die es eine Ebene »darunter« (oder auch »darüber«) noch nicht gab. Die soziologische Ebene unterscheidet sich nach dieser Vorstellung von der psychologischen dadurch, daß durch die Verteilung der Individuen im Raum und in der Zeit Phänomene auftauchen, die mit den Mitteln der Individualpsychologie (vorausgesetzt wird hier, daß es eine selbständige Individualpsychologie gibt) nicht mehr erklärbar sind. Der Emergentismus geht von dem Glauben – oder besser: von der wissenschaftsstrategischen Maxime – aus, daß gerade diese neu auftauchenden, reduktiv nicht zu erklärenden Erscheinungen die entscheidenden und für die Wissenschaft dieser Ebene konstitutiven sind.[17]

Man kann dieser Maxime ihren wissenschaftshistorischen und arbeitsökonomischen Sinn nicht absprechen. Wenn dieses Prinzip der Emergenz-Erklärung nicht verfolgt würde, könnten sich keine neuen Wissenschaftsdisziplinen bilden; die Soziologie hätte sich als unbewußt reduktionistische (oder kryptoreduktionistische) Soziologie niemals als Fachdisziplin konstituieren können: Ohne Abgrenzung gegen die Nachbarwissenschaften wäre sie vermutlich aus einem völlig unkritischen Physikalismus oder Organizismus nie herausgekommen. Damit kann jedoch andererseits die wissenschaftsstrategische Fruchtbarkeit des Reduktionismus nicht in Frage gestellt werden: Wenn ein Soziologe einen andauernden gesellschaftlichen Zusammenhang z. B. mit Mitteln der Kybernetik zu beschreiben und zu erklären versucht, so wird er dabei vermutlich auf Erscheinungen stoßen, die sich reduktiv-kybernetisch recht gut erklären lassen – besser, als dies bisher möglich war; er wird dabei sicher aber auch auf andere stoßen, die mit Hilfe einer reduktiv-kybernetischen Erklärungsweise nur schlecht zu erfassen sind. Der kybernetische Soziologe wird dann aber – im Interesse der Weiterentwicklung seiner Methode – gut daran tun anzunehmen, daß die Kybernetik eben noch nicht weit genug entwickelt ist, um eine befriedigende Erklärung der zu untersuchenden sozialen Erscheinungen zu gewährleisten; und sicher wird er auch zu überprüfen haben, ob diese »anderen« sozialen Erscheinungen vielleicht doch nicht nur »Schein« sind, ob sie nicht auf anthropomorphistischen Fehldeutungen und Sichtverzerrungen oder auf der Zusammenfassung sehr wohl beobachtbarer, aber disparater und theoretisch nicht integrierter Merkmale beruhen, usw.

Beide, der Reduktionist wie der Emergentist, werden gut daran tun, so lange an ihrer Erklärungsstrategie festzuhalten, als neue wissenschaftliche Ergebnisse zu erwarten sind; und sie haben auch keinen Anlaß, sich gegenseitig die Legitimität ihres Unternehmens zu bestreiten; vielmehr wird man von einer emergentistischen Erklärungsstrategie nur sprechen können im Bezug und in der Absetzung gegen eine reduktionistische Erklärungsstrategie, und umgekehrt. Denn unbestreitbar kann man von »Reduktion« und »Emergenz« immer nur in bezug auf eine bestimmte Problemstellung und in bezug auf einen bestimmten theoretischen Hintergrund und ein bestimmtes wissenproduzierendes Instrumentarium sowie bestimmte Beobachtungsdaten, d. h. aber auch: in bezug auf einen bestimmten historischen Wissensstand, sprechen. Es kann sich nur um eine elliptische Redeweise handeln, wenn man eine bestimmte Eigenschaft eines bestimmten Zusammenhangs »emergent« nennt. Für die Daltonsche Atomtheorie beispielsweise waren die verschiedenen Valenzen der chemischen Elemente emergent; sie sind es aber nicht mehr für die moderne Atomtheorie, die es erlaubt, eine große Reihe von optischen, thermischen und elektromagnetischen Erscheinungen ebenso zu erklären wie chemische.[18] Ebenso bleiben für eine verhaltenstheoretische Soziologie heute viele Erscheinungen »emergent«; d. h. aber nicht, daß sie dies auch in der weiteren Wissenschaftsentwicklung bleiben müssen. In der Alternative von Reduktionismus und Emergentismus geht es in diesem Sinne nicht um eine prinzipielle, sondern um eine strategische und nur wissenschaftshistorisch zu beantwortende Frage.

Diese Frage alternativ entscheiden zu wollen, ist schon deshalb sinnlos, weil das aus didaktischen Gründen eingesetzte Schema einer Wissenschaftshierarchie von verschiedenen Komplexitätsgraden eine praxisferne Abstraktion ist.[19] Keine Fiktion ist diese Wissenschaftsklassifikation nur in sozialer Hinsicht, insofern diese Wissenschaften als soziale Einheiten (durch Lehrstühle, Forschungsinstitute, Kongresse, Schriftenreihen, Zeitschriften usw.) institutionalisiert worden sind. Die Fachbezeichnungen »Psychologie«, »Soziologie«, »Politologie« usw. sind in wissenschaftlicher Hinsicht bloße Namen, die ihr Recht sozusagen nur in Lehrbüchern haben. Bei jeder wissenschaftlich aufgebauten und empirisch abgesicherten Erklärung – z. B. der Sozialisationsvorgänge in der Familie X, einer typischen Arbeiterfamilie in der sozialen und kulturellen Region Y und in der Zeitspanne Z – können diese Bezeichnungen ebensogut weggelassen werden; an den Erklärungshypothesen wird sich damit nichts ändern. Diese Bezeichnungen werden auch in keiner Weise ausreichen, den jeweiligen theoretischen Hintergrund zu kennzeichnen – man wird sich hier ganz konkret auf bestimmte Theorien bestimmter Autoren berufen müssen, und es ist gleichgültig, ob sich der Urheber einer Theorie als »Soziologe« oder »Psychologe« versteht (oder mißversteht). Außerdem ist anzumerken, daß die meisten Erklärungen, vor allem, wenn es sich um größere Erklärungszusammenhänge handelt, weder rein reduktionistisch noch rein emergentistisch aufgebaut sind; sondern die meisten der spezifischen und für die Forschung relevanten Erklärungszusammenhänge sind Mehrebenen-Erklärungen: Die permanente Abwesenheit von Anna bei Klubversammlungen kann z. B. auf die niedrige Gruppenkohäsion in diesem Klub zurückgeführt werden; diese wiederum darauf, daß Anna und ein Großteil der anderen Gruppenmitglieder nur wenig Befriedigung aus ihrer Klubzugehörigkeit ziehen können; diese geringe Befriedigung kann sich aus einer anders gelagerten Bedürfnisstruktur ergeben, wobei diese Bedürfnisse mit den Selbstbildern der Gruppenmitglieder zusammenhängen und diese wiederum als Ergebnis der in bestimmten Gesellschaftsschichten vorherrschenden Aufzuchtpraktiken betrachtet werden können, usw.[20] Solche Erklärungen rekurrieren auf ganz verschiedene Ebenen, vielfach sind sie zirkulär, und es ist schwer zu sagen, welche Ebene »tiefer« liegt als die andere.

Der Gegensatz von Reduktion und Emergenz ist also eher eine

Sache der Wissenschaftsprogrammatik als der tatsächlichen forschungsrelevanten Erklärungsbemühungen. Hier dürfte es unmöglich sein – und es ist auch überflüssig –, eine grundsätzliche Entscheidung zu treffen. Die reduktionistische Erklärungsstrategie ist sicher einseitig – nicht anders als auch die verstehend-kontextuale Erklärungsweise in der Soziologie[21]; aber das vermindert nicht die Produktivität dieses Ansatzes unter bestimmten Voraussetzungen. Es kommt darauf an, diese Voraussetzungen zu kennen, und nicht darauf, sich für die eine oder andere Strategie zu entscheiden. Was die Soziologie betrifft, so sind reduktionistische Erklärungen vor allem Erklärungen, die keine Rücksicht nehmen auf die Intentionen der Handelnden, auf ihre »Definition der Situation«, auf ihre Sinndeutungen, Vorstellungen, Einbildungen und Mythen, weil sie diese als irrelevant voraussetzen: irrelevant deswegen, weil sich die Handelnden selbst über ihre eigenen Intentionen täuschen oder weil diese Intentionen (in der statistischen Aggregation oder auch für jeden einzelnen Handelnden) ohne jeden Einfluß sind auf das tatsächliche Handeln. So ist auch der immer wieder vorgebrachte Haupteinwand gegen jede reduktionistische Vorgehensweise in den Humanwissenschaften der, daß die Handlungen der Menschen keinen »Naturgesetzen« unterworfen seien, d. h. weil die Menschen denkende Wesen sind und indem sie die Naturgesetze begreifen, sind sie auch imstande, ihre Intentionen zu ändern und damit sich nicht nur der Herrschaft dieser Naturgesetze zu entziehen, sondern diese auch tatsächlich zu ändern.

Was den ersten Fall der Veränderbarkeit der eigenen Handlungsintentionen betrifft, so kann man hier von der »Reflexivität« der sozialwissenschaftlichen Erklärungshypothesen sprechen. Aber auch wenn diese »Reflexivität« zugestanden wird, so ist sie, gerade wenn sie bei soziologischen Erklärungshypothesen wirklich konsequent verfolgt und auch bei weitergehenden Erklärungsschritten in Rechnung gestellt wird, kaum als Argument gegen den Reduktionismus ins Feld zu führen.

Einer der bekanntesten Beispielfälle dieser Reflexivität ist von Robert Merton in seinem Begriff (oder »Theorem«) der »self-fulfilling prophecy« oder auch der »self-destroying prophecy« ausgearbeitet worden. Eine genauere Analyse zeigt, daß dieses Theorem nur schwer präzise zu formulieren ist bzw. in mehreren Versionen formuliert werden muß, die sich im Bezug auf das Problem der Reduzierbarkeit gegenseitig aufheben.[22] Eine erste Formulierung könnte lauten: »Wenn es eine Prognose P gibt, daß eine bestimmte Handlung H in einer bestimmten Konsequenz K resultieren wird, dann hat diese Prognose zur

Folge, daß das Gegenteil der Handlung H (also – H) eintritt und daß somit das Gegenteil der Konsequenz K (also – K) eintreten wird.«[23] Das ist der einfachste Fall der »self-destroying prophecy«. Der Fall der sich selbstbestätigenden Vorhersage würde analog durch die Formel auszudrücken sein: »Wenn eine Prognose P aufgestellt (und zur Kenntnis genommen bzw. geglaubt) wird, daß eine bestimmte Handlung H das Ergebnis K zeitigen wird, dann hat diese Prognose den Effekt, daß die Handlung H (+ H) tatsächlich ausgeführt und das Ergebnis K (+ K) erreicht wird.«[24]

Doch es kann sich hier bestenfalls um Formulierungen handeln, die nur einen sehr kleinen Ausschnitt der sozialen Vorgänge im Zusammenhang mit solchen Vorhersagen erfassen können. Zunächst fällt auf, daß dieses Theorem auf eine einzige Handlungsalternative (+ H, – H) beschränkt bleibt. Aber schon innerhalb dieser Alternative ergibt sich eine mehrfache Reflexivität, so daß die ursprünglichen Handlungsintentionen aufgehoben werden können. Eine genauere Formulierung müßte nämlich lauten: »Wenn es eine Prognose P gibt, daß eine bestimmte Handlung H in einer bestimmten Konsequenz K resultieren wird, dann hat diese Prognose den Effekt, wenn die Konsequenz K unerwünscht ist, daß das Gegenteil der Handlung H (also – H) ausgeführt wird. Indem jedoch die Handlung – H (und nicht die Handlung – A, – B oder – C) ausgeführt wird, bleibt der Handelnde auf die Handlungsalternativen + H/– H fixiert, was die Wahrscheinlichkeit des Eintreffens von + K um so mehr erhöht, je weniger der Handelnde die spezifischen Bedingungen von + H bzw. – H kennt und um so schwächer seine bewußten Intentionen + H gegenüber seinen unbewußten Intentionen – H sind«, usw. Schon mit dieser Formulierung wird klar, daß sich die (übrigens mit welcher Methode – außer post festum nach vollzogener Handlung – festzustellenden?) sich mehrfach widerspiegelnden Handlungsintentionen gegenseitig aufheben und der reduktionistischen Erklärung wieder Raum geben können. Dabei sind wir vorerst nur von einer Situation ausgegangen, die für die Soziologie wohl kaum zugrundegelegt werden kann, nämlich von einem einzigen Handelnden.

Wenn man von einem einfachen Ego-Alter-Schema und wenn man von einer absoluten Konkurrenzsituation (»Nullsumme«) ausgeht (was ebenfalls noch nicht sehr weit führen kann), so wird man etwa formulieren müssen: »Wenn es eine Prognose P gibt, daß eine bestimmte Handlung H, die von A im Hinblick auf B ausgeführt wird ($+H_{AB}$), die Konsequenz + K zeitigen wird, dann wird A, wenn diese Konsequenz für ihn selbst unerwünscht ist, die Handlung $-H_{AB}$

ausführen wollen. Wenn die Konsequenz + K für B jedoch erwünscht ist und wenn B an die gleiche Prognose P glaubt, er jedoch annimmt, daß die Konsequenz + K für A unerwünscht ist, dann wird er einesteils Handlungen setzen müssen, die die zu erwartenden Handlungen $-H_{AB}$ neutralisieren ($--H_{AB}$), andernteils Handlungen, die positiv die Konsequenz + K ($+H_{AB}$) hervorbringen.« D. h. A handelt vorerst nur nach den Prinzipien der »self-destroying prophecy«, B jedoch einerseits nach den Prinzipien der »self-fulfilling prophecy«, andererseits aber auch nach den Prinzipien einer sozusagen doppelten, gegen die Intentionen von A gerichteten »self-destroying prophecy«. Beide Intentionen können sich gegenseitig sehr leicht aufheben, und am Schluß entscheidet schließlich doch das nackte Kräfteverhältnis zwischen A und B, d. h. die reduktionistische Erklärung würde durchschlagen.

Noch realistischer, wenn zweifellos auch komplizierter ist es, von einem triadischen Grundverhältnis auszugehen: A interagiert mit B in bezug auf E. Dann kann es sein, daß die Prognose P dazu führt, daß A die Handlung – H ausführt, weil er das Ergebnis + K nicht will. B jedoch will das Ergebnis + K und möchte deshalb die Handlung + H ausführen. Nun glaubt er aber zu wissen, daß C das Ergebnis + K ebenfalls will. Wenn nun aber, wie wohl meist anzunehmen ist, die Ausführung der Handlung + H mit ins Gewicht fallenden Kosten verbunden ist, dann wird B sich hüten, die Handlung + H auszuführen; eher wird er sich den Anschein geben, als wolle er die Handlung – H ausführen; damit hofft er, C um so mehr vor die Notwendigkeit zu stellen, die Handlung + H auszuführen. C kann das aber antizipieren, und er kann die Handlung – H androhen oder sogar ausführen, um die Kosten der Handlung – H auf B zu überwälzen. So kann es vorkommen, daß schließlich alle drei die Handlung – H ausführen, obwohl sie weder im Sinne von B noch von C lag. Diese in soziologischer Hinsicht doch noch sehr schlichten Kombinationen führen bereits dazu, an der tatsächlichen Durchschlagskraft der »self-fulfilling prophecy« bzw. überhaupt der von den Handelnden gehegten Intentionen zu zweifeln. Das heißt aber: Der Reduktionismus hätte wieder eine Chance, weil sich hinter den sich gegenseitig neutralisierenden und in die Irre führenden Intentionen und Handlungen dennoch sozusagen die »Naturgesetze« des gesellschaftlichen Lebens durchsetzen.

Noch gewichtiger als die Frage der Reflexivität ist die zweite Frage: Sind die Menschen tatsächlich in der Lage, die »Naturgesetze« ihres Zusammenlebens (wenn es solche gibt) zu ändern? Sicher besteht kein Zweifel, daß sie in der Lage sind, etwas, was sie früher für ein »Gesetz« hielten, aufgrund eines verbesserten Wissens zu ändern. Aber diese Änderung steht hier nicht in Frage, weder in den sog. Humanwissenschaften noch in den sog. Naturwissenschaften. Die Frage ist vielmehr, ob die Menschen in der Lage sind, kausale Beziehungen oder überhaupt Bedingungszusammenhänge irgendwelcher Art zwischen Tatsachen, Objekten, Eigenschaften, Ereignissen usw. zu ändern. wenn sie die zugrundeliegenden Gesetze einmal kennen.[25]

Es steht außer Zweifel, daß man dies in den Naturwissenschaften nicht kann. Man kann das Gesetz des freien Falles nicht ändern, aber man kann Flugmaschinen bauen, die – aber selbstverständlich auch nur durch die Nutzung anderer Naturgesetzlichkeiten – die Gravitationskräfte überwinden können. Damit werden die Naturgesetze keineswegs außer Kraft gesetzt, sondern vielmehr bestätigt. Nicht anders ist es in den Sozialwissenschaften. Wenn hier das »Gesetz A« gelten sollte, daß »alle matrilinealen und patrilokalen Gesellschaften zur Ausbildung bestimmter Arten von Streß innerhalb der Familieneinheiten tendieren«[26], dann können die Mitglieder dieser Gesellschaft in ganz verschiedener Weise reagieren: Sie können erstens das matrilineale System abschaffen und ein patrilineales System einführen. Wenn in der Konkordanz von Patrilinealität und Patrilokalität die familiären Spannungen zurücktreten sollten, dann würde damit das »Gesetz A« selbstverständlich in keiner Weise widerlegt: es würde vielmehr indirekt bestätigt, da nun ja ganz neue Bedingungen geschaffen worden sind. Eine zweite Möglichkeit wäre, bei der matrilinealen Gesellschaft zu bleiben, jedoch den Vater (z. B. durch bestimmte Symbole und Rituale) aufzuwerten. Wenn sich dadurch die Spannungen innerhalb der Familien vermindern sollten, wäre das »Gesetz A« wiederum nicht widerlegt worden; denn es wurden ja wieder neue Bedingungen geschaffen, und insofern diese Bedingungen den Widerspruch zwischen vater- und mutterrechtlichen Bestimmungen ausschalten oder abmildern, ist die erfolgreiche Abänderung der Bedingungen unter Umständen als eine Bestätigung des »Gesetzes A« zu interpretieren. Drittens wäre der Fall möglich, daß Gesellschaften aufzufinden sind, wo trotz der aufeinanderstoßenden Matrilinealität und Patrilokalität keine darauf zurückzuführenden Spannungen beobachtbar sind. Aber auch dadurch würde das »Gesetz A« noch nicht widerlegt bzw. es wäre noch nicht bewiesen, daß es den Mitgliedern dieser Gesellschaft gelungen ist, dieses »Gesetz A« für sich selbst außer Kraft zu setzen.

Für den Reduktionisten beginnt hier erst die Arbeit. Er wird nämlich nach einem noch allgemeineren Gesetz und nach umfassenderen

Bedingungen suchen, denen es zuzuschreiben ist, daß einmal Streß auftritt und einmal nicht. Dieses allgemeinere »Gesetz B« könnte dann etwa lauten: »Alle Gesellschaften, in denen Autorität und Prestige voneinander getrennt sind, tendieren dazu, interne Friktionen zu entwickeln«.[27] Das ist nun ein Gesetz, das über die engen Bedingungen von Matrilinealität und Patrilokalität, die sich vor allem auf die Klanorganisation beziehen, weit hinausgeht. Das »Gesetz A« erweist sich damit als ein Sonderfall von »Gesetz B«, und insofern Vorkehrungen (politischer, ökonomischer, religiöser Art) getroffen sind, daß Autorität und Prestige in einer Hand vereinigt bleiben, werden die speziellen Bedingungen der »Patrilokalität« und »Matrilinealität« durch die allgemeineren Bedingungen der Konkordanz oder Nichtkonkordanz von »Autorität« und »Prestige« ohne weiteres überspielt. Darin liegt gerade der ungeheuere Impetus des Reduktionismus: daß er sich nicht mit vordergründigen Plausibilitäten zufrieden gibt, daß ihn jeder Widerspruch nur noch eine Stufe »tiefer« treibt, ja daß er diesen Widerspruch und die Falsifikation der »Gesetze A« geradezu sucht, um zu noch fundamentaleren »Gesetzen B« vorzustoßen. Es ist ja gerade seine Annahme, daß es unverrückbare »Naturgesetze« des gesellschaftlichen Lebens gibt, die ihn zu seinen Forschungen treibt. Die Annahme, daß diejenigen, deren Verhalten durch diese Gesetze erklärbar und prognostizierbar ist, auch in der Lage seien, sie zu ändern, mag für einen Reduktionisten ein Ärgernis sein; es ist dennoch nicht ausgeschlossen, daß dieser Glaube – für einen Emergentisten – fruchtbar sein kann. Insofern das Bestreben des Reduktionisten, immer noch eine Stufe »tiefer« zu gehen, letztlich auch auf einer Glaubensüberzeugung beruht, hat er andererseits aber auch von sich aus keinen Grund, diesen anderen Glauben zu verdammen.

Der Reduktionismus selbst sieht jedenfalls keinen prinzipiellen Gegensatz zwischen den sog. Naturwissenschaften und den sog. Humanwissenschaften. Man muß, seiner Meinung nach, eben zwei Aspekte von Gesetzesaussagen unterscheiden: den konditionalen und den existentiellen Aspekt. Der konditionale Aspekt eines Gesetzes liegt in der Aussageform: wenn x, dann y. Aber hier wird nichts über die Existenz von x oder y ausgesagt. Konditionale Gesetze können auch »wahr« sein, wenn x oder y gar nicht vorkommt; jedenfalls können sie nicht als »falsch« erwiesen werden. Der existentielle Aspekt dagegen bezieht sich auf das tatsächliche Gegebensein von x oder y. In diesem Aspekt kann ein Gesetz nur »wahr« sein, d. h. y kann nur eintreten, wenn x tatsächlich gegeben ist. Die Behauptung der Reduktionisten ist, daß keine Art von Gesetz in seinem konditionalen Aspekt von

Menschen geändert werden kann; geändert werden können allerdings die existentiellen Voraussetzungen. Die Newtonschen Gesetze und das Gesetz von Angebot und Nachfrage sind in ihrem konditionalen Aspekt sozusagen ewiggültig. Aber selbstverständlich kann die Wirkung dieses Gesetzes von Angebot und Nachfrage dadurch durchbrochen werden, daß Monopole gebildet werden oder daß eine Zentralverwaltungswirtschaft eingeführt wird, usw. Dann aber werden andere, vielleicht noch sehr wenig erforschte, Gesetze Gültigkeit haben.

Darüber hinaus kann der Reduktionismus in den Sozialwissenschaften gerade auch aus soziologischen Gründen davon ausgehen, daß die Intentionen der handelnden Menschen für unsere meist doch sehr globalen Erklärungsversuche weitgehend vernachlässigt werden können. Selbst wenn diese Intentionen zu den für Gesetzesaussagen notwendigen Randbedingungen gezählt werden müssen, so wird der Reduktionist unterstellen können, daß sie – jedenfalls in der Langzeitperspektive – sozusagen nur an der Oberfläche modifizierend wirken können, während die »fundamentalen« Gesetze doch als relativ invariabel (über große Kulturunterschiede und historische Epochen hinweg) anzunehmen sind.

Er wird für diese Unterstellung ins Feld führen können[28], erstens daß das soziale Handeln nur zum geringen Teil von unseren bewußten Intentionen bestimmt ist bzw. daß wir mit der Artikulation dieser Intentionen nur »Rationalisierungen« erfassen können. Zweitens sind auch diese Rationalisierungen nicht frei erfunden; sie folgen bestimmten Basisstrukturen (ob man diese nun ökonomisch, psychoanalytisch oder biologisch deutet, ist zunächst unerheblich), und wichtig sind diese Basisstrukturen, nicht die Rationalisierungen, die sie unter Umständen nur verdecken sollen. Drittens kann man annehmen, daß der Bereich der individuellen Entscheidungen nur klein ist gegenüber dem Gewicht der Institutionen; welche Rechtfertigung und welchen Plan sich das einzelne Individuum für seine Handlungen zurechtlegt, ist dabei sekundär. Dem ist von soziologischer Seite, auch von einer »verstehenden« Position aus, nur schwer zu widersprechen.

Der Reduktionismus in der Soziologie ist auch nicht einfach dadurch zu diskreditieren, daß man auf die zahlreichen gescheiterten Versuche von Sozialwissenschaftlern hinweist, solche grundlegenden Gesetze zu finden. Es soll nicht abgestritten, vielmehr noch belegt werden, daß viele der angebotenen allgemeinen Formulierungen von scheinbarem Gesetzescharakter auf unkritisch verwendete Analogien und auf ungeprüfte Annahmen zurückzuführen sind. Abgesehen davon, daß die Gegenseite kaum mehr zu bieten haben dürfte, ist dieser Hinweis nicht als Beleg dafür zu werten, daß das Wissenschaftsprogramm des Reduktionismus in der Soziologie von Anfang an verfehlt wäre. Verfehlt ist nur der voreilige Reduktionismus, der sich einbildet, die fundamentalen Gesetze schon gefunden zu haben und der seine Überzeugung, daß alle sozialen Erscheinungen schließlich doch auf ganz einfache Gesetze reduzierbar wären, gleich zum apriorischen Wissenschaftskriterium für seine jetzt zu formulierenden Aussagen erhebt.

2. *Voraussetzungen für die Fruchtbarkeit des Reduktionismus in der Soziologie*

Verfehlt ist nicht der Reduktionismus schlechthin, sondern ein obsoleter und mißverstandener Reduktionismus, der noch den Glaubensartikeln des 17. Jahrhunderts verhaftet ist und davon ausgeht, daß die Ordnung der Natur vorgegeben und stabil ist, ebenso wie die darauf völlig abgestimmte Organisation des menschlichen Verstandes.[29] Für diese Art von Reduktionismus gibt es im Grunde keine Forschungsprobleme, sondern nur ein Arbeitsprogramm: die Aufgabe der »Aufklärung« und der scheinbaren »Integration« von verstreutem Wissen anhand von mechanizistischen oder organizistischen Metaphern. Doch hier handelt es sich nur um einen erschlichenen Reduktionismus.

Die genuine Aufgabe des Reduktionismus liegt jedoch gerade im Gegenteil, in der Befreiung von der metaphorischen Denkweise und in der operationalen Verschärfung der Begriffe. Reduktionserklärungen sind Erklärungen, die vor allem mit extensional interpretierten Begriffen arbeiten.[30] Die Wissenschaft kann sich nur mit Begriffen beschäftigen, deren Extension keine leere Klasse ist. Damit wird der intensionale Gehalt nicht einfach ignoriert, aber er wird sekundär. Der Reduktionismus ist fruchtbar, wenn er eine Sache der Bescheidung ist, d. h. wenn man sich dessen bewußt bleibt, daß er nur die *eine* Seite der wissenschaftlichen Aufgabe erfüllt, die der »extensionalen Verständigung«[31] und der Konzentration auf die extensionale Seite der Begriffsbildung und der diskursiven Hypothesenbildung. Eine einseitige Extensionalisierung ohne eine intensionale Abklärung der Begriffe aber müßte, weil sich die intensionale Komponente nicht einfach verbannen läßt, nur zur Kryptometaphysik und zur Bemäntelung von alten Metaphern der Alltagsweisheit mit einem wissenschaftlichen Gewand führen. Das hat sich in der Soziologie mit besonderer Deutlichkeit gezeigt, wo man Begriffe wie »Masse«, »soziale Atome«, »Kohäsion«, »Selbsterhaltung« usw. völlig unkritisch und so verwendet hat, als ginge es hier nur um physikalisch oder biologisch definierte Begriffe. In Wirklichkeit haben sich, weil die intensionale Seite völlig ungeklärt blieb, Begriffsinhalte eingeschlichen, die völlig der Kontrolle entglitten sind; damit hatten auch diese scheinbar operational definierten Begriffe einen unendlich großen Anwendungsbereich, d. h. sie waren ohne jeden diskriminatorischen Wert, lediglich Ausgangspunkte von wilden Wortassoziationen.

Der Reduktionist, der die »extensionale Verständigung« voranzutreiben sucht, kann seiner Aufgabe nur gerecht werden, wenn er den Versuchen sozusagen des »intensionalen Verstehens« zumindest mit Toleranz begegnet. Denn er wird nicht übersehen können, wie auch Rapoport zugeben muß, daß die operationale Verschärfung der Begriffe meist erst ein zweiter Schritt ist[32] und daß die »ganzheitlichen Theoretiker« sich oft auf Gebiete vorwagen, »welche die Analytiker zu betreten fürchten. Oft entwickeln sie ein Gespür für Themen, über welche man nur dann vernünftig reden kann, wenn man sich extensional verständigt.«[33] Gerade auf dem Gebiet der Soziologie ist diese gegenseitige Toleranz, und besser noch das Bewußtsein des Aufeinanderangewiesenseins, besonders angebracht. Denn hier ist, wenn man sich mit der »sociology in use« befaßt, kaum zu entscheiden, wer bisher die besseren und weiterführenden Arbeiten geliefert hat, die Reduktionisten oder die Emergentisten. Der wissenschaftliche Anspruch des Reduktionismus sichert ihm noch keineswegs die besseren Ergebnisse, noch nicht einmal eine größere Klarheit des Theorieaufbaus. Gefordert ist tatsächlich eine »extensionale Verständigung«, jedoch keine »intensionale Exklusion« im Sinne eines Kartesischen Dualismus, der die Soziologie als sog. Geisteswissenschaft von den sog. Naturwissenschaften abschneidet oder der die Soziologie allein dem theoretischen System der Newtonschen Mechanik unterstellt.

Wissenschaft ist der Versuch, einen komplexen und scheinbar unentwirrbaren Beziehungszusammenhang in begrifflich und empirisch unterscheidbare Komponenten aufzulösen. Dabei werden stets bestimmte isolierbare Faktoren hypothetisch als unabhängige Variable und andere Faktoren als abhängige Variable gesetzt. Diese Unterscheidung ist jedoch nur vorläufig und relativ; sie hängt von der Problemstellung und der Realisierbarkeit einer entsprechenden Experimentieranordnung ab. Die Variierbarkeit der Problemstellungen und Experimentieranordnungen ist aber gerade eines der Hauptkennzeichen wissenschaftlichen Vorgehens. Der Reduktionismus, jedenfalls in der Soziologie, leidet sehr oft darunter, daß ihm dieses Bewußtsein verlorengegangen ist und daß so »Geist« und »Materie«, »Wert« und »Trieb«, »Kultur« und »Natur« bzw. »Subjekt« und »Objekt«, »System« und »Umwelt« exklusiv definiert und in ein totales und einseitiges Abhängigkeitsverhältnis gesetzt worden sind.

Damit werden aber Reduktionserklärungen reifiziert. Es wird dann etwa gesagt (wobei man sich auf Forschungsergebnisse beruft, die nicht stichhaltig und längst falsifiziert worden sind), daß Aggressionen triebbedingt seien, d. h. daß sie sich spontan aufstauen.[34] Die Umwelt wird dabei nur als Funktion des Organismus (Systems) begriffen, d. h. es wird angenommen, daß sich der Organismus seine Umwelt selbst schafft – entweder indem er die für die Abfuhr der Aggression notwendige Umwelt aufsucht oder indem er sie »fingiert«. Umgekehrt wird gelegentlich behauptet, daß aggressives Verhalten allein auf Erziehung und Umwelteinflüssen beruhe.[35] Unabhängig von der mangelnden empirischen Bestätigbarkeit solcher Aussagen, sind sie schon begriffslogisch unsinnig; denn der Begriff »Umwelt« hat nur einen Sinn in bezug auf den Begriff »System« (oder »Organismus«). Wo die Grenze zwischen »System« und »Umwelt« zu ziehen ist, das ist eine empirisch-theoretische und keine ontologische Frage. Wenn die beiden Begriffe sinnvoll verwendet werden sollen, dann muß man einerseits annehmen, daß »System« und »Umwelt« zum Teil unabhängig voneinander variieren (denn sonst könnte man sich jeweils einen der beiden Begriffe sparen); andercrseits muß man aber annehmen, daß sie zum Teil voneinander abhängen (denn sonst könnte man nicht von einer spezifischen System-Umwelt-Beziehung sprechen).

Das gleiche gilt für die Begriffe »Natur« und »Kultur«. Die Postulierung eines exklusiven Verhältnisses, d. h. schließlich die Reifikation der beiden Begriffe, ist schon aus begriffslogischen Gründen unzulässig; sie ist aber auch aus theoretisch-empirischen Gründen für die Soziologie fatal. Denn Aufgabe der Soziologie ist es doch, beobachtbares soziales Verhalten in seinen Zusammenhängen und Abläufen zu beschreiben und zu erklären. Wenn nicht schon der Beobachtungshorizont von vornherein ganz entscheidend eingeengt oder sogar zerstört werden soll, kann dabei keine Vorentscheidung getroffen werden, *wie* dieses Verhalten zu erklären ist. Wenn man beispielsweise von den polaren Begriffen »Natur« (»Trieb«, »Bedürfnis«, »Erbkoordination« usw.) und »Kultur« (»Lernen«, »Sprache«, »sinnorientiertes Handeln« usw.) bzw. »System« (»Organismus«, »Gesellschaft«, »Gruppe«, »Person« usw.) und »Umwelt« (»ökologische Nische«, »geographische Lage«, »soziales Milieu« usw.) ausgeht, muß man notwendigerweise auch – solange kein Gegenbeweis geführt worden ist – annehmen, daß das als Beispiel angeführte »aggressive Verhalten« eine Resultante von vier Faktorenbündeln ist: nämlich erstens der angeborenen »Antriebsstruktur«, zweitens der Struktur der im »Gedächtnis« (irgendwelcher Konstruktion) gespeicherten Erfahrungen, drittens der Bedingungen der »natürlichen« Umwelt, und viertens der Gegebenheiten der »künstlichen« Umwelt, d. h. der Kultur und der sie tragenden Sozialstruktur.

Wenn man sich diesen Zusammenhang vergegenwärtigt, dann wird man sich verschiedene unsinnige, das soll heißen: wissenschaftlich nicht zu beantwortende Fragen nicht mehr stellen können; in unserem Beispiel etwa die Frage: Ist Aggression angeboren *oder* erlernt? Ist Aggression arterhaltend oder nicht? Diese Fragen sind generell nicht zu beantworten, und sie führen auf jeden Fall aus der Soziologie hinaus. Nach dem angezogenen Schema der polaren Gegensatzbegriffe müßte man dann vielmehr fragen: Was an einem beobachteten und (aufgrund welcher Kriterien) als »aggressiv« bezeichneten Verhalten ist erlernt, was ist angeboren? Welche Methoden und Versuchsanordnungen stehen zur Verfügung, um beide Komponenten auseinanderhalten zu können? Unter welchen (ökologischen, sozialorganisatorischen, kulturellen usw.) Umweltbedingungen können bestimmte als aggressiv bezeichnete Verhaltensformen als lebenserhaltend für eine abgrenzbare Population in einem bestimmten Zeithorizont angesehen werden? usw. Von der Soziologie her gesehen ist weder eine reine Milieutheorie (die Aggression ist eine Funktion der Umwelt) noch eine reine Immanenztheorie (die Aggression entsteht spontan und von innen heraus) gerechtfertigt – um so weniger, als auch die Biologie von einem genetischen Determinismus Abstand zu nehmen beginnt und sich der Darstellung der Interaktionsverhältnisse zwischen Organismus (gene pool) und Umwelt zuwendet.[36]

Selbstverständlich kann der Mensch und können gesellschaftliche Gruppierungen in einer bestimmten Hinsicht als Organismen begriffen werden; aber man wird eben doch von dem Begriff eines relativ flexiblen und umweltoffenen Organismus ausgehen müssen. Dieser Punkt ist besonders von der Ethologie ausgearbeitet worden, die von der Vorstellung eines Kartesischen Automaten weitgehend Abstand genommen hat. »Umweltoffen« heißt in diesem Zusammenhang erstens, daß es einen Kodierungs- und Dekodierungsapparat gibt, der nicht völlig angeboren ist. Wenn die Ethologen noch vom Auslösemechanismus sprechen, so unterscheiden sie immerhin einen angeborenen Auslösemechanismus (AAM) von einem erlernten Auslösemechanismus (EAM), und offenbar eine Kombination aus beiden Komponenten stellt der durch Erfahrung ergänzte angeborene Auslösemechanismus (EAAM) dar.[37] D. h. die kulturelle Komponente wird hier bereits in die angeborene und »natürliche« Ausstattung des Organismus hineingenommen. Zweitens gehört zur Umweltoffenheit, daß es eine Rückkopplung zwischen den Eingangs- und Ausgangsgrößen gibt, d. h. die eigenen Outputs des Organismus erscheinen wiederum als Inputs. Und zwar kann man hier nicht nur von einer negativen Rückkopplung ausgehen, so daß die Abweichungen vom vorprogrammierten Zielzustand nur und stets reduziert würden auf den Ausgangszustand; sondern es muß auch eine »positive Rückkopplung« in dem Sinn angenommen werden, daß diese Abweichungen positiv definiert und zu konstitutiven Systemmerkmalen ausgebaut werden.[38] D. h. dem relativ umweltoffenen System wird gegenüber der scheinbar vorgegebenen Umweltsituation eine durchaus aktive Strukturierungsleistung zugestanden; es ist imstande, Störungsgeräusche sozusagen in Musik zu verwandeln. Mit anderen Worten: Das System ist zweckgerichtet, es gibt eine intentionale Spannung; es gibt nicht nur eine Situation, sondern auch eine »Definition der Situation«. Vor allem wird man dem sozialen System, ganz gleich, ob man es mechanistisch oder organizistisch begreift, ein Lang-Zeit-Gedächtnis unterstellen müssen. Was das Persönlichkeitssystem betrifft, so erstreckt sich dieses Langzeitgedächtnis über das ganze Leben eines Individuums. Es enthält also nicht nur das jederzeit präsente und reproduzierbare Gedächtnismaterial. Sicher bestimmt gerade das, was in das Unbewußte abgesunken oder verdrängt worden ist, das soziale Handeln ebensosehr oder noch viel mehr als das, was uns bewußt ist. Und dieses Gedächtnis ist nicht nur innerhalb der lebenden Individuen zu lokalisieren. Menschliche Gesellschaften sind dadurch gekennzeichnet, daß sie zudem über ein externes Gedächtnis verfügen: nicht nur in der Form anderer Personen mit anderen Erfahrungen, die sie zum Teil bewußt vermitteln können und die sie zum Teil unbewußt vermitteln – durch Gesten, Stimmodulationen, durch die Art, wie sie auf unsere Aktionen reagieren; sondern auch in der Form eines das Individuum weit überdauernden »kollektiven« Gedächtnisses, das sich nicht nur in Bibliotheken und Diskotheken, in Galerien und Museen, in Statistiken und Datenspeichern manifestiert, sondern eben auch in der Form von Bauwerken, Städten und Landschaften, von Riten und Heilsvorstellungen usw., die unser Raum- und Zeitgefühl formen und uns indirekt, aber nicht weniger wirkungsvoll, die Erfahrungen oder unerfüllten Sehnsüchte unserer Vorfahren übermitteln.

Entgegen der Tradition der deutschen Kulturkritik hat es so auch wenig Sinn, »Kultur« und »Natur« voneinander zu trennen und einer »Kultursoziologie« eine davon abtrennbare »Realsoziologie« gegenüberzustellen. Die logische Exklusivität dieser beiden Begriffe wird sowohl von der Kybernetik wie auch von der modernen Verhaltensforschung in Frage gestellt.[39] Selbstverständlich sind, um bei der Ethologie zu bleiben, unsere höchsten Kulturschöpfungen »instinktgebunden«: Die Musik knüpft engstens an unsere angeborenen neuromotorischen Fähigkeiten an, und sie steht in Relation zu Herzschlag- und Atemfrequenz, zum Sprachgestus und den uns möglichen körperlichen Bewegungsformen. Unser abstraktes Denken, das weitgehend ein Raumdenken ist, hängt eng zusammen mit unserem dreidimensionalen, durch die Hände abgesicherten, Sehvermögen. Alle Weltreligionen knüpfen an instinktgeleitete Sozialbeziehungen wie Mutter und Kind, Mann und Frau usw. an. Und unsere besten Umgangsformen sind recht gut als Weiterentwicklungen ganz einfacher Binderituale, wie sie sich auch bei höher organisierten Tieren finden, zu interpretieren.[40] Mit dieser Aussage wird keineswegs der Mensch vernichtet und das menschliche Sozialverhalten mit irgendwelchem tierischen Verhalten identifiziert; im Gegenteil können die spezifischen Charakteristika des menschlichen Sozialverhaltens (in verschiedenen kulturellen Kontexten) erst in der Abhebung gegen gewisse gemeinsame Grundzüge herausgearbeitet werden. Dabei weisen gerade die nach vielen Fehldeutungen kritisch gewordenen Ethologen mit großem Nachdruck darauf hin, daß der Aufweis von nur phänomenalen Analogien nicht genügt, da – selbst innerhalb der Arten – stets mit einer »Umfunktionierung von Organen und Verhaltensweisen« zu rechnen ist.[41] Scheinbar gleiche Verhaltenselemente haben in einem anderen Kontext eine andere funktionale Bedeutung. Es ist wiederum ein Kartesisches Mißverständnis, aus der (nach dem äußeren Erscheinungsbild oder auch nur metaphorisch hergestellten) scheinbaren Gleichheit der Elemente auf die Gleichsinnigkeit des Funktionszusammenhangs zu schließen. Und es ist ein von diesem Mißverständnis irregeleiteter Versuch einer Rettung des Menschen, ihn in der Kultursphäre zu lokalisieren und ihn himmelweit von der Natursphäre abzuheben.

Biologisch gesehen wäre es sinnvoller, die Kultur als einen zusätzlichen Adaptationsmechanismus in der Evolution des Menschen zu betrachten, der es ihm ermöglicht hat, Verhaltensänderungen von einer erstaunlichen Variationsbreite sehr viel schneller zu erwerben und zu verbreiten, als dies durch den Mechanismus der nur genetischen Adaptation möglich gewesen wäre. Das heißt keineswegs, daß die kulturellen Prozeßmechanismen nur in Analogie zu den genetischen Prozeßmechanismen und nur als ein Ersatz zu sehen wären. Kulturelle Prozeßmechanismen, die keineswegs gleichsinnig mit den biologischen Prozeßmechanismen verlaufen müssen, zeigen nämlich bestimmte unverwechselbare Eigengesetzlichkeiten. Was sie von den biologischen Prozeßmechanismen unterscheidet, ist vor allem, daß sie nicht allein in den Individuen zu lokalisieren sind, die alle mit den gleichen Fähigkeiten begabt wären, sondern daß es auf die soziale Verteilung und Aktualisierung dieser Fähigkeiten und Begabungen, des Wissens, der Herausforderungen und Hilfen ankommt. Wenn dieser unübersehbare Unterschied zugestanden wird, dann ist es aber auch andererseits unnötig, den Gegensatz zwischen den biologischen und kulturellen Prozeßmechanismen allzusehr hochzustilisieren und einen Bereich des Supra-Organischen streng von einem Bereich des Organischen und diesen wieder von einem Bereich des Mechanischen zu trennen.[42] Hier würde wiederum eine methodologische Differenz ganz unnötigerweise reifiziert.

Denn sicher ist jeder Organismus und ist jede Gesellschaft (Institution, Gruppe, usw.) unter bestimmten Bedingungen auch als Mechanismus darstellbar. Voraussetzung ist – und das ist die Definition des Mechanismus –, daß sich das Verhalten dieses Organismus oder dieses sozialen Systems schon aus den Eigenschaften bestimmter isolierbarer und in ihrer Wirkung stets durchschlagender Elemente oder Komponenten ergibt, und daß diese Elemente in allen zu untersuchenden Organismen oder sozialen Systemen die gleichen sind, d. h. als homogen angenommen werden können. So hat man beispielsweise versucht, soziales Verhalten allein aus der »Interaktionshäufigkeit« zu erklären[43], was voraussetzt, daß die zählbaren bzw. tatsächlich gezählten Interaktionen in jeder gesellschaftlichen Gruppierung und in jeder Handlungssequenz den gleichen Stellenwert haben. Nun ist es aber sicher so, daß es »Homogenität« nur in bezug auf ein bestimmtes theoretisches Konzept und bestimmte damit verbundene Beobachtungsgrößen gibt, wobei eben bestimmte Eigenschaften sozusagen einer bestimmten Rastergröße herausgehoben und andere vernachlässigt werden. Jeder Biologe weiß, daß strenggenommen nicht zwei Zellen völlig gleich sind, und nicht zwei lebende Organismen der »gleichen« Spezies sind mit genau der gleichen Kombination von Genotypen ausgestattet.[44] Die Homogenität der Arten ist in diesem Sinn lediglich ein statistisches Phänomen. Das gleiche ist nun sicher auch für die Soziologie anzunehmen: Auch hier sind nicht zwei Personen, Gruppen, Familien usw. in ihren Verhaltenseigenschaften als völlig gleich anzusehen, und die

Variationsbreite ihres Verhaltens ist vermutlich sehr viel größer als bei sozialen Gruppierungen von weniger hoch organisierten Lebewesen. Unter bestimmten Bedingungen (wenn nämlich diese Variationsbreite eingeengt wird) und im Hinblick auf bestimmte theoretische Konzepte, sind solche Gruppierungen jedoch als gleich zu betrachten. Insofern sind auch mechanistische Erklärungen angebracht; sie versprechen, gerade die »Konstanten« des menschlichen Verhaltens herauszuarbeiten. Dennoch ist auch hier nicht zu vergessen, daß die angenommene und auch beobachtbare »Homogenität« nur ein statistisches Phänomen ist und daß die Darstellung des Verhaltenssystems als eines mechanischen Systems eine Vereinfachung oder Idealisierung in einer ganz bestimmten Richtung, nämlich in Richtung eines invariablen Elementarverhaltens, darstellt. Gegen diese Darstellungsart ist nichts einzuwenden, solange man nicht wiederum einem Kartesischen Mißverständnis anheimfällt, nämlich dem Glauben, daß es sich bei sozialen Systemen (Personen, Gruppen, Institutionen usw.) »wirklich« um volldeterminierte Systeme mit festen und beliebig auswechselbaren Teilen handle.

Insofern sich die Soziologie (und darin oft im Gegensatz zur Humanethologie) gerade für die Variationsbreite des sozialen Verhaltens in verschiedenen Interaktionszusammenhängen, Gruppen, Kulturen und Subkulturen interessiert und insofern sie sich nur durch den interkulturellen Vergleich aus dem Ethnozentrismus befreien können wird, durch den sie bisher gekennzeichnet war, wird uns dieses Modell des volldeterminierten Mechanismus, etwa im Sinne einer Uhr, nicht weiterhelfen. Der Gang einer Uhr kann scheinbar voll aus dem Ineinandergreifen ihrer Teile und aus der zur Verfügung stehenden Antriebskraft erklärt werden. Aber auch der richtige Gang der Uhr ist ein statistisches Phänomen, bedingt durch Schwankungen etwa der Zimmertemperatur und die damit verbundenen Kontraktionen und Ausdehnungen des Pendels. Als voll determinierter Mechanismus ist die Uhr nur insofern zu betrachten, als bei normaler Zimmertemperatur die nur im Rahmen einer indeterministischen Physik zu erklärenden Molekularbewegungen vernachlässigt werden können[45]. Für die Soziologie werden aber zumeist gerade die statistischen Phänomene, d. h. die unterschiedlichen Verteilungsmuster von Verhaltenseigenschaften und sozialen Akten in verschieden organisierten sozialen Systemen, als konstitutiv angesehen. Gerade wenn es darum geht, eine Theorie des Elementarverhaltens vom Standpunkt des methodologischen Individualismus aus zu entwickeln (nur das Individuum wird hier als reale Existenzeinheit angesehen; Kollektivitäten werden keine eigenen, über die Individualeigenschaften hinausgehenden Eigenschaften zugeschrieben), kann man wohl nur noch vom Modell des indeterminierten Mechanismus ausgehen. Das Modell des determinierten Mechanismus müßte unweigerlich wiederum zu den gescheiterten Trieblehren zurückführen, die Soziologie würde wiederum auseinandergerissen in eine Kultur- und eine Natur-Soziologie, der soziale Wandel wäre nur als ein notwendiger und schon logisch deduzierbarer Wandel im Sinne einer permanenten »Zirkulation der Eliten« oder einer unaufhaltbaren Triebmechanik oder Mechanik der Produktionskräfte usw. zu erklären.

Wissenschaftstheoretisch hat das Modell des indeterminierten Mechanismus noch den Vorzug, daß es vereinbar ist mit der Annahme emergenter Eigenschaften. Das ist besonders in einer flüssigen Wissenschaftsentwicklung oder in einer Situation, in der es – da die für eine Reduktion in Frage kommenden Nachbarwissenschaften selbst ungesichert sind – keine »feste« Reduktionsbasis gibt, sehr wichtig. Begriffen als »offenes System«, brauchen sich die Modelle des Mechanismus und des Organismus auch nicht zu widersprechen. Bezogen auf die Hierarchie der Wissenschaftsebenen kann in zwei Richtungen reduziert werden, »mechanizistisch« nach unten und »organizistisch« nach oben. Dabei ist jedoch anzunehmen, daß in der Regel eher eine »neue« Wissenschaft entsteht, als daß einfach auf eine alte Basis zurückgegangen werden könnte. So ist die Quantenmechanik mit ihren konstitutiven Konzepten zur Grundlage vieler Erklärungen sowohl in der Physik wie in der Chemie geworden: Während die Periodische Tabelle der Elemente zur Chemie gehörte, war die Spektroskopie ein Teil der Physik. Die neugeschaffene physikalische Chemie aber ist sowohl ein Ergebnis der Reduktion der Chemie auf die Physik wie umgekehrt der Physik auf die Chemie.[46] Ebenso wird der Charakter jedes lebenden Systems – ob Zelle, Gewebe, Organ, Organismus usw. – ebenso von oben wie auch von unten bestimmt: Die Darstellung »von unten« könnte nicht unterscheiden zwischen einer lebenden und einer toten Zelle; und die Differenzierung und Entwicklung eines Zellverbandes wird nicht schon genetisch voll determiniert, sondern sie ist ebenso abhängig von der Umweltsituation und von der Interaktion verschiedener Zellen und Zellverbände.[47] Solange man sich des heuristischen Zweckes beider Modelle bewußt ist, kann man also durchaus von einer epistemologischen Komplementarität von Mechanismus und Organismus, aber auch von reduktionistischer und kontextualer (kompositionaler) Erklärung ausgehen.[48] Die von Dobzhansky beschriebene Strategie der biologischen Forschung, erst von den morphologischen Strukturmustern auszugehen und dann bis auf die Ebene der molekularen Komponenten herunterzugehen, um schließlich wiederum den funktionalen Sinn und die Anpassungsleistung sowie die Bedingungen und Entwicklungswurzeln der Entstehung dieser Strukturmuster zu erkunden[49], ist sicher auch in der Soziologie zu empfehlen. Denn hier ist der Reduktionismus meist dadurch gekennzeichnet, daß in einem Schritt auf rein spekulativ (oder lediglich mit Hilfe von Analogien und Metaphern) gefundene Elementareinheiten zurückgegangen wird, deren funktionaler Zusammenhang und deren Entstehungsbedingungen völlig im unklaren bleiben und die deshalb auch völlig leer und beliebig ausdeutbar sind.

Zu diesem Hau-ruck-Reduktionismus[50] verführen wohl – wenn auch theoretisch nicht notwendigerweise, so doch praktisch in der Regel – vor allem die deterministischen Modelle, ob sie nun mechanizistisch oder organizistisch interpretiert werden: In einem volldeterminierten System kann die intensionale Definition der verwendeten Begriffe weitgehend vernachlässigt werden; sie ergibt sich ganz aus der operationalen Definition der Grundbegriffe, die wiederum zirkulär miteinander verbunden werden können. Wenn dieses Modell eines volldeterminierten Systems und wenn die aus anderen Theoriesprachen entlehnten und für bestimmte Zwecke extensional hinreichend definierten Begriffe nun aber in die Soziologie übernommen werden, dann wird die ausgesparte Begriffsintension – weil die intensionale Klärung ja versäumt worden ist – sofort von assoziativen Begriffsinhalten überschwemmt, die mit der ursprünglichen Definition nicht das geringste mehr zu tun haben. Diese Begriffe dienen so nur als Mäntelchen der Wissenschaftlichkeit. Dem völlig undefinierten Begriff »Raum« etwa entnimmt man dann nur die Vorstellung der völligen Determiniertheit des sozialen Lebens durch den Raum; der »horror vacui« wird zur Antriebskraft der gesellschaftlichen Assoziation und Dissoziation. Man spricht von »Masse«, »Dichte« und »Anziehung«, ist aber nicht imstande, eine soziologische Definition dafür zu geben; statt dessen verweist man auf »die Physik«, wo diese Begriffe angeblich und offenbar für alle Wissenschaften und alle wissenschaftlichen Projekte hinreichend geklärt worden seien. Ebenso wendet man das aus der Darwinschen Evolutionstheorie abgeleitete Kriterium der »Selbsterhaltung« ohne weiteres auf gesellschaftliche Gruppierungen an, ohne daß angegeben wird, auf welche Populationen (auf Staatsnationen oder Kulturnationen, auf die menschliche Spezies insgesamt oder auf einzelne Volksstämme usw.) dieses Kriterium bezogen werden soll, und wie diese Selbsterhaltung inhaltlich definiert werden soll (Reproduktionsrate, funktionale Angepaßtheit, Lebensdauer, Selbsterhaltung in biologischer, in politischer, oder in sprachlicher und kultureller Hinsicht usw.).

Die abstruseste Konsequenz dieser falschen Extensionalisierung aber tritt für die Soziologie dann ein, wenn der Mensch weiterhin als unteilbare Substanz betrachtet und die Sozialität des Menschen nur als ein von außen hinzukommendes Akzidens behandelt wird. Dies ist vor allem bei den alten Formen des Reduktionismus der Fall, beim geographischen und physikalischen Reduktionismus, weniger bei den neueren Formen: dem entscheidungstheoretischen, dem spieltheoretischen, dem systemtheoretischen und dem verhaltenstheoretischen Reduktionismus. Hier verhindert schon die Annahme eines Interaktionsverhältnisses zwischen System und Umwelt bzw. zwischen gleichgeordneten Systemen (Spielern) und über- und untergeordneten Systemebenen die substantialistische und monadologische Betrachtungsweise; diese muß völlig verschwinden, wenn Interaktionssequenzen herausgearbeitet und wenn die Prozeßhaftigkeit dieser Interaktionen dargestellt wird. Der wissenschaftsstrategische Sinn von Reduktionserklärungen in der Soziologie kann ganz bestimmt nicht darin liegen, daß (theoretisch) die Sozialität aus dem Menschen ausgetrieben und daß eine »Soziologie ohne Soziologie« aufgebaut wird; dann sollte man lieber Abschied von der Soziologie nehmen. Dieser Austreibungsversuch ist aber die logische Konsequenz, wenn sich ein deterministisches Weltbild mit cinem etwas naiven, erkenntnisrealistisch aufgefaßten Reduktionismus verbindet.

Hier sollte man sich besonders in der Soziologie, wo man gerne an die wissenschaftliche Härte der Physik glaubt, gerade von Wissenschaftstheoretikern, die sich mit Problemen der Theoriebildung in der Physik beschäftigen, daran erinnern lassen, daß Reduktionserklärungen nur selten dadurch zustande kommen, daß nachgewiesen wird, daß unter bestimmten Bedingungen eine Theorie T_2 eine Reihe von zusammenhängenden Sätzen enthält, die als »isomorph« anzusehen sind mit Sätzen aus einer Theorie T_1.[51] Die Kriterien für die Feststellung einer solchen »Isomorphie« sind meist recht unklar, und das Wagnis »identifikatorischer Reduktionen«[52] ist mithin ziemlich groß. Mindestens ebenso häufig sind daher Reduktionserklärungen, die vom Gegensatz ausgehen, von nicht erfüllten und unerfüllbaren Annahmen. Die Erklärungszusammenhänge der Theorie T_1 können dann nicht als isomorph zu denen der Theorie T_2 gelten; indem die Theorie T_1 jedoch bestimmte Paramter an die Hand gibt, die T_2 als einen (nie erreichten) Grenzfall von T_1 erscheinen lassen, kann zwar nicht angegeben werden, daß und warum die Theorie T_2 »wahr« ist, aber es kann gezeigt werden, *warum* sie »falsch« ist und unter welchen Bedingungen sie »wahr« gemacht werden könnte bzw. mit Hilfe der Theorie T_1 erklärt werden könnte.[53] Das Verfahren der Reduktion ist so in der praktizierten Wissenschaft meist als ein Limes-Verfahren anzusehen; es handelt sich hier eher um eine »negative« als um eine »positive« Erklärungsstrategie. Dieser negative Gebrauch von Reduktionserklärungen wäre auch in der soziologischen Theoriebildung anzuempfehlen; denn nur dann sind die Soziologen gezwungen, das Soziologische an der Soziologie, die Konstitutionsbedingungen ihres eigenen Faches herauszuarbeiten.

3. Formen des Reduktionismus

Die Sozialwissenschaften sind gegenüber den Naturwissenschaften sozusagen schon seit ihrer Geburtsstunde mit einem schweren Minderwertigkeitskomplex behaftet. Dieser Minderwertigkeitskomplex ist eine unbestreitbare soziale Tatsache und vielleicht einer der entscheidendsten Antriebe für die Theoriebildung und zugleich für die Verirrungen in der Soziologie – weil man nämlich einerseits zur Präzision, zur logisch-experimentellen Methode und zur Operationalisierung der Begriffe getrieben, andererseits aber zur bloßen Imitation eines Wissenschaftsideals verführt wird, das in den Naturwissenschaften selbst in dieser einfachen Form gar nicht realisiert worden ist. Den Geboten unserer zweiwertigen Logik und Metaphysik folgend gibt es, wie Werner Stark darstellt[54], wohl nur zwei wirklich einfache und in ihrer mythologischen Prägnanz tief befriedigende Darstellungsformen der Soziologie: Die Gesellschaft kann als eine lebendige Einheit angesehen werden, innig verbunden mit der lebenden Natur und dem Kosmos; oder sie kann – ebenso wie das Universum – betrachtet werden als eine unendliche Vielheit, als eine Agglomeration von Atomen und Molekülen, zusammengehalten allein durch die Bindekräfte dieser Atome und Moleküle. Die dritte denkbare Form der Soziologie, die versucht, Ganzes und Teil, Einheit und Vielheit aufeinander zu beziehen, ist demgegenüber weniger befriedigend. Trotzdem ist diese Ausgewogenheit und Interdependenz von Holismus und Atomismus, wenn auch nur selten erreicht, das Ziel der soziologischen Theoriebildung. Eine Darstellung der reduktionistischen Theoriebildung, die unvermeidlich sehr stark nach den beiden logischen Extremen tendiert, hat ihren didaktischen Wert vor allem darin, daß sie auf diese Einseitigkeiten hinweist und ihre theoretischen und methodologischen Konsequenzen aufzeigt.

Dieses Hin- und Herpendeln zwischen Atomismus und Holismus in der soziologischen Theoriebildung wird weitgehend von außen, d. h. von den Erfolgen in den Naturwissenschaften und vom sozialen Ansehen ihrer Theorieparadigmata bestimmt. Auf der Seite des Atomismus und des Mechanizismus stand und steht auch heute noch die Physik, angefangen von der Astrophysik über die Himmelsmechanik und klassische Mechanik bis zur Theorie der Gase und schließlich zur Atom- und Teilchenphysik. Auf der Seite des Holismus und des Organizismus ist die Biologie die bevorzugte Modellwissenschaft, auch wenn oft schwer zu sagen ist, welche Art von Biologie das faszinierendste Paradigma abgibt: die Genetik, die Molekularbiologie, die Zellbiologie, die Entwicklungsbiologie (Evolutionsbiologie) oder schlechthin eine Organismus- oder Systemtheorie. Jedenfalls sind diese beiden Strömungen: Mechanismusanalogie und »soziale Physik« oder Organismusanalogie und »soziale Biologie« permanente Alternativen der Soziologie. Und jede hat ihr Recht. Insofern man die Gesellschaft oder bestimmte gesellschaftliche Gruppierungen sich gelegentlich recht gut als aus gleichen Teilen aufgebaute und relativ stabile Einheiten denken kann, und insofern man mit solchen Erklärungen Erfolg hat, ist nichts dagegen einzuwenden, die Soziologie als »soziale Physik« aufzubauen. Man braucht dabei keineswegs bei den Vorstellungen der Newtonschen Mechanik stehenzubleiben; die Soziologie ließe sich auch feldtheoretisch oder kybernetisch konstruieren. Wo es umgekehrt gerade auf die Darstellung der funktionalen Differenzierung ankommt, auf die Darstellung der Offenheit und Entwicklungsfähigkeit eines Systems, wo das Prinzip *ex pluribus unum* zugrunde gelegt wird, dort ist es sicher sinnvoll und fruchtbar, mit dem Organismusmodell oder einem anderen organizistischen Paradigma aus dem Bereich der Biologie zu arbeiten. Mechanizismus und Organizismus sind durchgehende Konstruktionsprinzipien der Soziologie, die in der Regel sogar gleichzeitig oder nacheinander auf ein und denselben Gegenstandsbereich angewandt werden können: Die Reduktionsversuche, die vom Raum – also vom Kosmos, von der geopolitischen Lage oder von der Geographie eines Landes oder einer Landschaft – als der grundlegenden Determinante des Sozialverhaltens ausgehen, können z. B. den Raum einerseits als biomorphen »Lebensraum« auffassen, andererseits aber auch als eine nur physikalische Gegebenheit. Das gleiche gilt selbst für den Physikalismus, der einerseits feldtheoretisch, andererseits teilchentheoretisch durchgeführt werden kann. In den komplexeren Reduktionsversuchen, wie im ethologischen Reduktionismus, stehen eine eher organismisch-funktionale und eine mechanizistisch-kausale Betrachtungsweise ohnehin gleichwertig nebeneinander. Es handelt sich hier um zwei gleichberechtigte Theorieperspektiven insofern, als unser abendländisches logisches und metaphysisches Denken zwei gleichberechtigte Pole kennt, nämlich Identität und Diversität, und es nicht Sache der Wissenschaft sein kann, sich für eine Seite zu »entscheiden«, also reine Identitätsphilosophie oder eine reine Widerspruchs- oder Negationsphilosophie vertreten zu wollen. Ebenso wie »definieren« heißt, partielle Identitäten und partielle Diversitäten von A zu B, C, D usw. festzustellen, so heißt »wissenschaftlich denken«, etwas einmal aus der einen, einmal aus der anderen Perspektive anzusehen. Mechanismus und Organismus sind in diesem Sinne die beiden logischen Endpunkte der Soziologie, ihre beiden Limes-Denkmodelle, von denen sie wohl ausgehen kann und muß, bei denen sie jedoch nicht stehen bleiben darf.

Diese Gefahr des Stehenbleibens ist am größten bei den sozusagen klassischen Formen des Reduktionismus, die einseitig insofern waren, als sie sich nur auf sogenannte »Realfaktoren« bezogen (»Blut«, »Macht«, »Wirtschaft«[55]) und als sie von einem geschlossenen System ausgingen und die System-Umwelt- bzw. System-System-Beziehungen vernachlässigten. Die modernen Formen des Reduktionismus in der Soziologie haben die Kluft zwischen »Real-« und »Kulturfaktoren«, zwischen »Natur« und »Geist« überwunden, und sie schließen – wie die Spieltheorie oder die Entscheidungstheorie – den Bereich des Artifiziellen[56] durchaus mit ein. Auch scheint die Fruchtbarkeit des ethologischen Reduktionismus in der Soziologie gerade darin zu liegen, daß hier »Natur« und »Kultur« in einer vergleichsweise konkreten und unspekulativen Weise wieder miteinander verbunden werden. Ebenso besteht das besondere Verdienst des systemtheoretischen Reduktionismus in der Verbindung von »System« und »Umwelt«, so daß die Konstruktion unilinear deterministischer Faktorenzusammenhänge im Grunde unmöglich geworden ist. Eingeordnet in das traditionelle Koordinatensystem, das – unter sehr verschiedenen Benennungen – auch für die Soziologie bestimmend geworden ist, lassen sich vor allem die folgenden aktuell gebliebenen oder an Aktualität gewinnenden Reduktionsansätze unterscheiden:[57]

KULTUR

d) entscheidungstheoretischer Reduktionismus

Reduktionismus

e) spieltheoretischer Reduktionismus

UMWELT f) systemtheoretischer Reduktionismus SYSTEM

a) kosmologisch-geopolitisch-geographischer Reduktionismus

g) ethologischer

c) psychologischer Reduktionismus

b) physikalischer Reduktionismus

NATUR

3.1 Der kosmologische, geopolitische und geographische Reduktionismus

Reduktionserklärungen sind nicht schon deshalb »wissenschaftlich«, weil sie naturalistisch sind und weil sie sich auf naturwissenschaftliche Erklärungsmodelle berufen. Im Gegenteil: Gerade in der Berufung auf einen Natur-Determinismus und in der Heranziehung von Analogien aus dem Bereich der belebten und unbelebten Natur wird der mythologische und magische Gehalt des reduktionistischen Denkens oft überdeutlich. Es gibt sozusagen einen »träumenden Reduktionismus«. Weil wir auch in der Wissenschaft stets in der Gefahr sind, unbemerkt vom Wachen ins Träumen zu kommen, und weil die Faszinationskraft von Reduktionserklärungen für den Nicht-Wissenschaftler oder für den Möchte-gern-Wissenschaftler, der nicht die geistige Disziplin des wissenschaftlichen methodischen Denkens aufbringt, sicher gerade auf diesem mythologischen Gehalt beruht, müssen wir uns auch kurz mit dem scheinbar längst überwunden geglaubten kosmologischen Reduktionismus beschäftigen.

Dieser kosmologische Reduktionismus ist eine erste Form des Versuches, die Gesetzlichkeiten des sozialen Verhaltens aus den Raumgegebenheiten abzuleiten. Die Mythologien aller Völker und Zeiten stellen eine Analogie her zwischen Kosmos und Gesellschaft, d. h. es wird die Gesellschaftsordnung in den Kosmos hineinprojiziert, und umgekehrt wird die vorgestellte kosmische Ordnung in die gesellschaftliche Ordnung hineingenommen und zur Legitimation der gesellschaftlichen Ordnung erhoben.[58] Diese Beziehung manifestiert sich nicht nur etwa in den Bauten des Alten Ägyptischen Reiches, sondern sie zeigt sich auch heute noch in Vorstellungen der gesellschaftlichen Ordnung, die zum großen Teil raumhaft sind.[59] Unser Denken kommt sozusagen zur Ruhe, wo wir links und rechts, oben und unten klar unterscheiden können. Wenn wir mit größter Selbstverständlichkeit die Soziologie nur als eine Soziologie der Zweierbeziehungen von Ego und Alter, von herrschender und beherrschter Klasse konstruieren, wenn wir ohne großes Nachdenken Oberschicht, Mittelschicht und Unterschicht unterscheiden usw., dann ist es meist wohl doch nur der mythologische Gehalt dieser Konstruktionen, das Verhältnis von Sonne und Mond, von Tag und Nacht bzw. von Himmel, Erde und Unterwelt, das uns fasziniert.

Nur scheinbar weniger mythologisch sind Erklärungen, wenn Faktoren geltend gemacht werden wie die Gestalt der Landschaft (Berge, Ebene, Flußtäler), das Vorhandensein von Bodenschätzen oder die Bodenqualität, das Verhältnis von Land- und Wassermassen und die strategische Lage oder das Klima[60], und wenn Korrelationen zwischen diesen Faktoren und bestimmten gesellschaftlichen Ereignissen gebildet werden. So ist zwar schwer zu widerlegen, daß viele gesellschaftliche Krisen mit Klimaschwankungen und Naturkatastrophen zu korrelieren sind – vor allem, wenn das methodologische Alibi offengelassen wird, daß die politische auf die kosmische oder klimatische Krise »nicht so unmittelbar ... wie etwa der Donner auf den Blitz folgt«, sondern daß es sich um langwierige Entwicklungen handelt.[61] Ohne die Festlegung einer Zeitgrenze und ohne den Aufweis des inneren Mechanismus, wie jene Ereignisse mit diesen zusammenhängen, sind Korrelationen natürlich leicht gemacht, aber wissenschaftlich sind sie in keiner Weise zu interpretieren.

Man kann bei solchen Erklärungen nicht von einer Reduktion sprechen, d. h. es wird nicht ein schlecht strukturiertes Variablengefüge von großer und unbekannter Ausdehnung auf ein konsistentes Variablengefüge von kleinerer Ausdehnung zurückgeführt, das jedoch den gleichen oder einen größeren Erklärungs- und Prognosewert hat, sondern hier wird schlicht ein »Kurzschluß« hergestellt. Die mangelnde begriffliche Erhellung dieses inneren Zusammenhangs und der fehlende Aufweis von soziologischen intervenierenden Variablen wird meist durch ein Glaubensbekenntnis gerechtfertigt, das von einer *a priori* eingeschränkten Variabilität ausgeht.[62] Mit der postulierten Einengung der Variabilität, etwa im Niedergang der Kulturen oder bei der Häufung atmosphärischer Störungen, scheint der Forscher der Aufgabe enthoben, diesen Variationen nachzugehen. Aber erst im Vergleich verschiedener (zunächst nur als Black Box gedachter) Systeme unter verschiedenen Inputs bei gleichen Outputs oder bei gleichen Inputs, aber verschiedenen Outputs, kann sich die innere Struktur dieser Systeme erschließen, können Rückschlüsse auf die für die beobachteten Korrelationen maßgeblichen Variablenzusammenhänge gewagt werden. Das wird hier aber gerade verhindert. Vielleicht mag die Behauptung eines Bergfreundes stimmen, daß er im Hochgebirge noch nie einen gemeinen Menschen getroffen habe.[63] Aber sicher ist die Ursache dafür nicht die Erhabenheit der Berge, auch nicht allein die gefährdete Situation eines Lebens im Hochgebirge. Für eine soziologische Erklärung müßten Faktoren herangezogen werden wie der Grad der erlebten physischen Gefährdung, die kulturelle Homogenität der Bewohner, ihr Bekanntheitsgrad, die Besiedlungsdichte, ihre typischen Vergesellschaftungsformen, usw. In vergleichenden Studien könnte sich dann herausstellen, daß das gleiche Verhaltensmuster etwa auch in dünnbesiedelten Waldgebieten, auf einer Insel oder in der Wüste vorherrschend ist, also nicht schon von der Morphologie einer Landschaft bestimmt wird.

Die Dunkelheit oder Leere der Black Box kann, und das ist zweifellos schon ein gewisser theoretischer Fortschritt gegenüber der Kurzschlußlösung, auch durch die Postulierung eines mechanischen oder biologischen Determinismus gefüllt werden. Dies scheint kennzeichnend für die Geopolitik zu sein, nach Karl Haushofer, einem ihrer umstrittenen Klassiker, »die Lehre von der Erdgebundenheit der politischen Vorgänge«.[64] Dieser geopolitische Ansatz ist in seiner totalitären Dogmatik, d. h. in seiner Verengung auf eine pseudobiologische Staats- und Lebensraumtheorie[65] oder eine rein physikalische Vakuum- und Expansionstheorie[66], für soziologische Erklärungen sicher unbrauchbar: Hier besteht überhaupt kein Bedarf mehr an soziologischen, ökonomischen, politischen oder historischen Erklärungsfaktoren. Immerhin war aber das Variablengefüge ihres englischen Begründers, Halford J. Mackinder[67], nicht ganz so ärmlich und eng. Es enthielt ein invariables Element (die Gegenüberstellung von Land und Meer und von Landbewohnern und Seeleuten) und drei variable Elemente (nämlich die Bewegungstechnik zu Wasser und zu Land, die Bevölkerung und die Hilfsquellen im Wettstreit der Nationen, schließlich aber auch die Ausdehnung und Art der diplomatischen Aktivität). Insofern wenigstens diese letzteren drei Elemente relativ unabhängig voneinander variieren, wird der geographische Determinismus zumindest eingeschränkt, wenn nicht aufgehoben. Denn mit der Veränderbarkeit dieser drei Variablen wird schließlich auch die Bedeutung der Invariablen und wird sein »Gesetz«, daß die Beherrscher des kontinentalen »Herzlandes« in einer besseren Ausgangsstellung zur Beherrschung der Welt wären als die maritimen »Rand«-Mächte, fraglich. Die Faszination solcher geopolitischer Reduktionserklärungen beruht aber weitgehend gerade auf einem rudimentären und äußerst vage definierten Variablengefüge, das beliebigen Deutungen weiten Raum gibt.

Einen besseren Ausweg aus dem physikalischen oder biologischen Determinismus findet Arnold Toynbee, wenn er den geographischen Umweltbegriff erweitert und wenn er äußere und innere Faktoren, »challenge and response«, unterscheidet.[68] Seine zentrale Erkenntnis, daß »in der Entstehung von Zivilisationen das Wechselspiel von Herausforderungen und Antworten der Faktor ist, der vor allem zählt«[69], leidet allerdings daran, daß das Prinzip von »challenge and response« gerade *kein* Faktor ist und daß je nach Bedarf die verschiedensten Faktoren unter die beiden Kategorien subsumiert werden können. Erklärungen von der Form $x_{1-n} \rightarrow y_{1-n}$, d. h. eine große und nicht überschaubare Anzahl von Faktoren x bringt eine große und nicht überschaubare Anzahl von Konsequenzen y hervor, sind eben keine Erklärungen im wissenschaftlichen Sinn, bestenfalls »orientierende Feststellungen«[70], schlimmstenfalls aber auch Leerformeln und Zauberformeln. Wissenschaftliche Erklärungen müssen versuchen, die Faktoren schrittweise zu isolieren, was nur dadurch möglich ist, daß ganze Serien von Erklärungen nach der Form $x_1 \rightarrow y_{1-n}$ oder $x_{1-n} \rightarrow y_1$ versucht werden, wobei nur die systematische Variation der Experimentieranordnung zur Isolierung überschaubarer Faktorenkomplexe und Wirkungsbeziehungen führen wird.[71]

Diesen Weg scheint nun die Sozialgeographie zu gehen, die sich mit Hilfe der Französischen Schule[72] aus dem physikalischen und biologischen Determinismus der deutschen und der englischen Geopolitik befreit hat. Der Mensch wird hier nicht mehr als Sklave der Natur und der Umwelt angesehen, im Gegenteil, er kann seine Situation in dieser Umwelt definieren und bewerten, er kann die Natur aktiv verändern; die Umweltfaktoren bieten nur den Rahmen seiner Möglichkeiten. Dieser geographische »Possibilismus« steht der Soziologie nun wieder sehr viel näher, denn er erzwingt geradezu die Einführung soziologischer Variablen. Besonders eine funktionale Betrachtungsweise, in der die Landschaft als »Prozeßfeld«[73] gesellschaftlicher Aktivitäten und Interaktionen gesehen wird, ermöglicht den Einbau von

Raumfaktoren in soziologische Erklärungen, ohne daß damit eine Entsoziologisierung der Erklärungszusammenhänge bewirkt würde. Reduktion in diesem Sinne heißt nicht: die Ersetzung der soziologischen Erklärung durch Erklärungszusammenhänge aus anderen Wissenschaftsdisziplinen, sondern die (je nach dem Erklärungszweck und nach den verfügbaren Instrumenten und Daten) wechselweise Zurückführung und Rückkopplung von Erklärungszusammenhängen einer Ebene auf Erklärungszusammenhänge der anderen Ebene. Der Fehler des deterministischen geographischen Reduktionismus ist, das hat schon Georg Simmel mit bewundernswerter Klarheit gesehen, daß »formale Bedingungen, ohne die bestimmte Ereignisse nicht stattfinden können, für positive, produktive Ursachen derselben« gehalten werden.[74] Aber das soll andererseits nicht heißen, daß die Raumbedingtheit nur äußerlich sei und nicht tief in das soziale Leben hineingreife. Nur der Raum ermöglicht – bei gleicher oder ähnlicher Vergesellschaftsform und gesellschaftlicher Funktion – eine »Individualisierung des Ortes« und eine Verkörperung und Abgrenzung[75] von gesellschaftlichen Interaktionsbeziehungen gegeneinander. Freilich gibt es auch Vergesellschaftungsformen und funktionale Verflechtungen, die relativ raumunabhängig sind; es gibt sozusagen auch eine gesellschaftliche Expansion »nach innen«, eine Entwicklung durch Arbeitsteilung, Technik, Wissenschaft und Kunst, bei der die Raumdimension zwar nicht ausgeschaltet, aber in vielfacher Weise symbolisiert werden kann.

3.2 Physikalischer Reduktionismus

Die Attraktion des physikalischen Reduktionismus liegt vor allem in der Meinung begründet, daß die Physik insgesamt oder bestimmte Teile der Physik gesicherte Gesetze anzubieten hätten und daß der Erfolg einer Reduktion schon dadurch gesichert sei, daß die unsicheren Aussagen der Soziologie auf die gesicherten der Physik zurückgeführt werden. Dieser Glaube ist in der Soziologie historisch tief verwurzelt, und die soziologische Fachsprache schwirrt nur so von Physikalismen (»Kohäsion«, »Valenz«, »Entropie«, »soziale Distanz« usw.). So teilen Soziologen immer wieder gern die in exemplarischer Schönheit von P. W. Bridgeman formulierte These, »daß die gleichen Prinzipien, die – wie die Physiker herausgefunden haben – für eine stichhaltige Begriffsbildung in der Physik gelten, auch für jede gültige Begriffsbildung in der Soziologie gelten ... Die Parallelität der Situation zwischen physikalischer Welt und Gesellschaft ist so eng, daß sie mehr erlaubt als eine bloße Analogiebildung; denn sie nähert sich der logischen Identität ... Der physikalische Ansatz rechtfertigt sich völlig aus sich selbst.«[76] Die Problematik des Physikalismus in der Soziologie ist jedoch weitaus ernster, als es dieses naive Glaubensbekenntnis vermuten läßt. Abgesehen davon, daß die Physik auch nur in wenigen Teilbereichen zu einer abgeschlossenen und gesicherten Theoriebildung gekommen ist, setzt eine Reduktion nicht nur eine empirisch gesicherte und axiomatisch geklärte (physikalische) Theorie T_1 voraus, sondern auch einen (soziologischen) Erklärungszusammenhang T_2, der logisch aufgebaut ist und dessen einzelne Schritte empirisch überprüft worden sind. Erst wenn diese beiden Voraussetzungen wenigstens ansatzweise erfüllt sind, hat es einen Sinn, nach Koordinationsregeln zu suchen, die beide Erklärungszusammenhänge miteinander verbinden können. Diese Koordinationsregeln wiederum dürften sich nicht mit einer nur terminologischen Gleichsetzung der Terme aus T_1 und T_2 begnügen, sondern sie müßten theoretisch wie empirisch gesichert sein.[77] Die physikalischen Reduktionserklärungen scheitern aber gewöhnlich schon daran, daß nicht einmal der aus der Physik entliehene Erklärungszusammenhang T_1 klar repräsentiert werden kann.

Die physikalischen Reduktionserklärungen folgen sehr stark dem Gezeitenwechsel der populär gewordenen Physik-Paradigmata; sie reichen von der Astrophysik über die Newtonsche Mechanik bis zur Atomphysik und Elektronik, und von atomistischen bis zu feldtheoretischen Modellen.[78] Die Gefahr ist aber groß, daß auch modernste Versionen des physikalischen Reduktionismus das Schicksal der einstmals sehr beeindruckenden Astro-Soziologie von Henry Charles Carey[79] teilen, nämlich der Vergessenheit oder dem Spott anheimzufallen. Nichtsdestoweniger hat der Astrophysiker John Q. Stewart noch 1952 den Versuch unternommen, eine Soziologie schlüssig aus sechs physikalischen Grundbegriffen aufzubauen, die lediglich mit dem Beiwort »sozial« versehen worden sind. Distanz, Zeit, Masse, Temperatur, Ladung, Anzahl der Moleküle. Eine solche Soziologie läßt sich selbstverständlich ohne jede Schwierigkeit aufbauen, solange diese Grundbegriffe theoretisch nicht interpretiert werden und die vorgeschlagenen Operationalisierungen beliebig sind. So versteht Stewart unter dem Begriff Masse, der sich in beeindruckender Weise als »m« schreiben und mit Zahlenwerten versehen läßt: »die Körper der Menschen und ihrer Haustiere, ihre Erntevorräte, ihre Kleidung und persönliche Ausstattung, ihre Wohnungen, Häuser, Schiffe, Pflanzungen aller Art, das Gewicht des Materials, das für die Konstruktion von Eisenbahnen, Straßen, Minen, Dämmen, Flughäfen bewegt werden mußte. Der Begriff schließt das durch Pumpen bewegte Wasser und das kultivierte Land ein.«[80] Wie sich aus der unterschiedlichen Bezifferung und Kombination der so definierten »sozialen Massen« Struktur- und Entwicklungsgesetzlichkeiten ableiten lassen sollen, ist nur schwer nachzuvollziehen. Aber selbst moderne Fachsoziologen scheuen sich nicht, bedenkenlos die Newtonschen Gesetze in soziologische Gesetze umzuformulieren. Was für Carey das Gravitationsgesetz war – nämlich ein universelles Erklärungsprinzip –, das ist für Talcott Parsons, Robert F. Bales und Edward A. Shils das »Trägheitsgesetz«: »Ein gegebener Handlungsprozeß wird sich im Ausmaß und in der Richtung fortsetzen, wenn er nicht durch entgegengesetzte motivationelle Kräfte gehindert oder abgelenkt wird.«[81] Doch auch eine derartige »Reduktion« ist nur terminologischer Art; das popularwissenschaftliche Ansehen der Newtonschen Gesetze muß dafür herhalten, der Soziologie den Anschein von Wissenschaftlichkeit zu geben. Während nämlich die Begriffe »Masse«, »Kraft« usw. in den Newtonschen Gesetzen eine operationale Definition haben, bleiben die ersatzweise eingeführten Begriffe »process of action«, »motivational forces«, »opposite« usw. völlig undefiniert; zudem wird das Trägheitsgesetz nur in einer nichtssagenden Hohlform, d. h. ohne irgendwelche Parameter und ohne die Angabe von Randbedingungen, übernommen. Wissenschaftlich betrachtet ist der Unfug dieses Vorgehens kaum zu überbieten.

Intelligenter und eine ständige Verführung in der Soziologie ist demgegenüber der Versuch von Vilfredo Pareto, ein umfassendes deterministisches mechanisches System der Soziologie zu konstruieren.[82] Das Grundprinzip dieser Soziologie, das niemals begründet wird, ist das Gleichgewicht;[83] eine ganze Serie von dichotomischen Begriffskonstruktionen dient der illustrativen Ausgestaltung dieses Prinzips.[84] Eine erste – strukturell kaum ausgearbeitete – Dichotomie ist die von logischen und nicht-logischen Handlungen: Logische Handlungen sind charakteristisch für Technik und Wissenschaft, bis zu einem gewissen Grad auch für die Ökonomie; auf allen anderen Gebieten des Handelns überwiegen die nicht-logischen Handlungen. Damit wird ein zweifacher Mechanismus konstruiert; denn es gibt nur zwei Möglichkeiten: Entweder ist das Handeln »logisch«, dann gelten die Gesetze der Logik und es gilt die Mechanik dieser zweiwertigen Logik von A und non-A. Ähnliches gilt aber auch, wenn die Handlungen unlogisch sind, d. h. wenn die animalische Konstruktion des Menschen zum Durchbruch kommt. Beide Systeme sind wiederum – in einer Art Überlauf- und Verdrängungssystem – mechanisch miteinander verbunden, wobei die Residuen des Triebmechanismus zu Invariablen erklärt werden, während die Derivationen variabel sind, anfällig für historische Veränderung, aber eben auch ohne durchgreifenden Einfluß auf das gesellschaftliche Geschehen. Selbst innerhalb der sechs Klassen von Residuen schlägt, wenn es um konkretere Konstruktionen – z. B. der Zirkulation der Eliten – geht, das dichotomische Gleichgewichtsschema wieder durch. Die entscheidenden Residuen sind schließlich die »Persistenz der Aggregate«, die dem Trägheitsprinzip in der Mechanik entspricht, und als Gegenprinzip der »Instinkt der Kombination«, für den es kein Analogon in der Mechanik gibt und dessen Postulation sozusagen die Konstruktion eines *perpetuum mobile* ermöglicht. Logisch gesehen ist mit diesen beiden gegensätzlichen Klassen von Instinkten, die sowohl positiv wie auch negativ erfüllt werden können, selbstverständlich jede denkbare Handlung von vornherein zu klassifizieren. Die Frage ist nur, welchen Erklärungswert und welchen prognostischen Wert eine solche Klassifikation haben kann, und ob nicht vielmehr Pareto mit seiner – vielleicht gerade deshalb so faszinierenden Konstruktion – nicht alles ausgetrieben hat, was Soziologen interessiert. Denn die Soziologie ist z. B. weniger interessiert am Nachweis eines Sexualinstinktes (oder eines anderen Instinktes), als vielmehr der Struktur und Funktion der Institution der Ehe oder der Mutter-Kind-Bindung, die die Prägung, Regulierung, Kontrolle, Sublimierung und Integration des Sexualverhaltens in den gesamtgesellschaftlichen Zusammenhang bestimmt.

Paretos »Theorie« trägt alle Zeichen der Pseudowissenschaft:[85] Erstens werden die zugrundeliegenden Annahmen nicht diskutiert und nicht begründet. Sie können auch gar nicht begründet werden, denn Pareto verzichtet überheblicherweise darauf, sich mit bisher aufgestellten Theorien ernstlich auseinanderzusetzen. Zweitens sind die Hypothesen dank der dichotomischen Grundbegriffe so gebaut, daß sie niemals widerlegt werden können: wenn nicht das Residuum I gilt, dann gilt II, wenn der Faktor *a* nicht positiv nachzuweisen ist, dann ist er negativ nachzuweisen. Wenn man das Universum jeweils in zwei exklusive Kategorien aufteilt, dann ist natürlich auch jedes Ereignis einzuordnen und *ex post facto* muß jede »Prognose« auch stimmen. Drittens gibt es keinen geregelten Prozeß der Selbstkorrektur für diese Theorie; neue Beobachtungen oder Kritiken ändern nichts an diesem Theorieaufbau. Vielmehr wird jede Kritik schon dadurch abgewehrt, daß dem Kritiker ein Paretosches Residuum unterstellt werden kann, so daß seine Kritik geradezu als eine Bestätigung der eigenen Theorie gelten kann. Immerhin ist anzuerkennen, daß Pareto mit großer konstruktiver Intelligenz ein mechanisches System der Soziologie aufzubauen suchte, während die Parsonssche Adoption der Newtonschen Gesetze nur verbal geblieben ist.

Alles in allem ergibt sich für den physikalischen Reduktionismus die paradoxe Situation, daß gerade diese so hoffnungsvoll erscheinenden Erklärungsversuche am gründlichsten gescheitert sind. Der Wunsch ist hier der Vater des Gedankens. Sicher ist an der Wünschbarkeit von Reduktionserklärungen nicht zu zweifeln: Diese könnten dazu zwingen, daß die Bedingungen genauer spezifiziert werden, unter denen bestimmte Hypothesen gelten; sie könnten zu einer erheblichen Präzisierung und zu einer Straffung der Theoriesprache führen; durch die Ableitung von ungesicherten Hypothesen höherer Ebene von besser gesicherten Hypothesen niedrigerer Ebene würde die Evidenz der Hypothesen höherer Ebene erhöht; das Bewährungsfeld der Hypothesen niederer Ebene würde durch den Aufweis ihrer Strukturgleichheit erheblich erweitert usw.[86] Aber diese Vorteile gelten nur für theoretisch zureichend geklärte und empirisch gesicherte Reduktionserklärungen. Bei Pseudo-Reduktionen, bei denen eine Wissenschaftsdisziplin global und in einem (nur verbalen) Schritt auf die andere zurückgeführt werden soll, übersteigen die Gefahren für die Wissenschaftsentwicklung der Gesamtdisziplin bei weitem die möglicherweise zu erwartenden Vorteile für einzelne kleinere Erklärungszusammenhänge. Die Gefahren steigen mit dem Minderwertigkeitskomplex derjenigen Wissenschaftsdisziplinen, die durch den Reduktionismus ihren Wissenschaftsstatus zu sichern suchen; und sie steigen wohl mit der Distanz, die zwischen den verschiedenen Ebenen liegt.

Möglicherweise handelt es sich beim physikalischen Reduktionismus nur um ein phantastisches Mißverständnis. Seine Forderung, daß die Soziologie, wenn sie eine Wissenschaft sein wolle, ähnlich der Astronomie imstande sein müßte, »die wesentlichen Entwicklungen in den menschlichen Angelegenheiten für den jetzigen Zeitpunkt und eine unbegrenzte Zukunft [vorauszusagen] und ein Bild der Gesellschaft im Jahre 2000 oder 2500 zu zeichnen ...«[87], bestreitet nämlich im Grunde der Soziologie und den anderen Humanwissenschaften ihr Lebensrecht. Oder sie drängt die Soziologie – in einer Zeit, da das mechanische Denken nach einer zweifellos großartigen Entwicklung relativiert wird[88] – in die Zwangsvorstellung, daß auch komplexe Phänomene durch »einfache« Gesetze erfaßbar sein müßten. In den Sozialwissenschaften scheint es jedoch einfach aussichtslos zu sein, »Gesetze« mit 2 oder 3 Variablen zu finden und jede Variable in eine einzelne Gleichung zu fassen. Und auch dann wäre die Vorstellung eines mechanischen Determinismus nur fruchtbar, wenn außer einem einzigen Parameter alle übrigen Parameter jeweils als konstant angenommen werden könnten. Nur dann könnte »die Variation dieses Parameters als ›Ursache‹ und die Veränderung der komplexen Struktur als ›Wirkung‹« bezeichnet werden. »Aber ein solches ›Gesetz‹ hätte nur Gültigkeit unter der Voraussetzung einer individuellen Kombination der Werte aller anderen Parameter und würde sich mit jeder Veränderung des Wertes irgendeines dieser anderen Parameter selbst verändern.«[89] Hier liegen jedoch die Grenzen einer deterministischen Sozialwissenschaft. Sie liegen in der Unmöglichkeit, alle individuellen Daten zu erfassen; und sie liegen in der weitgehenden Veränderbarkeit dieser Daten. Tatsächlich begnügen sich die Sozialwissenschaften mit »prinzipiellen« Erklärungen und »Muster-Voraussagen«[90], die ihren »Gesetzescharakter« nur durch breite *ceteris-paribus*-Annahmen wahren können. Wenn die *ceteris-paribus*-Klausel breit genug angelegt ist, dann können die Prinzipien des Zusammenhangs ohne großes Risiko des Scheiterns sozusagen frei phantasiert werden. Gegen dieses Phantasieren ist nichts einzuwenden, wenn es durch andere Phantasien und anhand von Daten kontrolliert werden kann. Diese Kontrolle aber wird im physikalischen Reduktionismus systematisch schon dadurch unmöglich gemacht, daß er einfache Erklärungen für Phänomene sucht, die gerade nach reduktionistischer Ansicht ungeheuer komplex sein müßten[91], d. h. es gibt überhaupt kein Maß und keine Grenze mehr für die Simplizität der zu findenden »Gesetze«: je einfacher, desto besser.

3.3 Psychologischer oder verhaltenstheoretischer Reduktionismus

Die selbstpropagierte Bezeichnung dieser Art von Reduktionismus ist auf jeden Fall mißverständlich und irreführend. Denn erstens werden hier nicht soziologische Erklärungen auf einen anerkannten Grundbestand von psychologischen Erklärungen und Postulaten zurückgeführt, sondern es wird lediglich eine Soziologie – oder was immer es sonst sei – nach der Erklärungsstrategie des methodologischen Individualismus aufgebaut:[92] Nach den Prinzipien des methodologischen Individualismus soll jedes soziale Verhalten oder jede soziale Institution durch Sätze beschrieben und erklärt werden, die sich letztlich auf Individuen beziehen. Wenn auch eine Theorie, die nach den Grundsätzen des methodologischen Individualismus aufgebaut ist, im Prinzip nur Sätze enthält, die Feststellungen über Individuen und ihr Verhalten treffen, so heißt das nicht, daß keine Begriffe für Kollektiveinheiten verwendet werden könnten; aber sie sind sozusagen nur Kürzel für Sätze über das Verhalten von Individuen. Die entgegengesetzte Strategie wäre die des methodologischen Holismus, der von Ganzheits- und Kollektivbegriffen ausgeht und diese für unersetzbar durch Individualaussagen hält.[93] Wenngleich diese schlichte Entgegensetzung von methodologischem Individualismus und methodologischem Holismus keine sinnvolle forschungsstrategische Alternative für die Soziologie darstellen kann[94] und daher jede Dogmatisierung der einen oder anderen Seite gefährlich ist, so kann dieser methodologische Individualismus durchaus seinen Sinn haben, wenn es um die Zurückdrängung oder Durchstrukturierung von mysteriösen Kollektivbegriffen wie »Gruppenseele«, »Volksgeist«, »Kollektivbewußtsein«, »Klasse« usw. geht. Nur hat dieser methodologische Individualismus nichts mit Psychologie zu tun, denn die geht – insbesondere als Sozialpsychologie – von der Interpenetration von Individuum und Kollektivum, von kognitiver Struktur und Mythenstruktur aus; sie kann ebenso individualistisch wie kollektivistisch, atomistisch wie holistisch aufgebaut sein[95], und ihr Fortschritt scheint gerade in der Ausbalancierung und im wechselweisen Bezug der beiden Perspektiven zu liegen.

Zweitens ist auch die Bezeichnung »verhaltenstheoretisch« zu anspruchsvoll und nicht gerechtfertigt. Zwar geht es hier um Erklärungsversuche, die es generell mit dem artspezifischen Verhalten des Menschen in jeder Form zu tun haben; aber dieses Verhalten wird nur behavioristisch, und zwar behavioristisch in einem recht eingeengten Sinn interpretiert.[96] Ethologen, die zumindest den gleichen Anspruch erheben können, Verhaltensforschung zu betreiben[97], machen den Behavioristen wohl zu Recht den Vorwurf, daß gerade sie unfähig seien, das artspezifische Verhalten des Menschen zu untersuchen, weil sie von isolierbaren Individuen und isolierbaren Reizen und Reaktionen ausgingen. Ohne Berücksichtigung der vererbten und nur in einer spezifischen Umwelt (bei entsprechenden umwelt- und phasenspezifischen Reizen und Sozialkontakten) in Erscheinung tretenden Verhaltensweisen, d. h. ohne eine vergleichende und dynamische Betrachtungsweise, sei das artspezifische Verhalten des Menschen überhaupt nicht erfaßbar. Tatsächlich ist im »verhaltenstheoretischen« Reduktionismus nie ganz klar, worum es geht: um das Verhalten von Tauben und Ratten, die in lebensfremde Versuchungsanordnungen hineingepreßt worden sind, und die deshalb eher ein Abbild der menschlichen Intelligenz als des artspezifischen Verhaltens liefern, oder ob es sich um das Verhalten erdachter Gewinnmaximierungsmaschinen handelt?[98]

Die Verbindung von »methodologischem Individualismus« und »Verhaltenstheorie« ist jedenfalls seltsam und wissenschaftlich nicht zu rechtfertigen; vermutlich beruht sie und beruht der große Anklang dieser Art von Reduktionismus vor allem auf dem liberalistischen Kredo einerseits des freien Marktes und des gerechten Austausches von Gütern und Dienstleistungen, andererseits der Verbesserbarkeit der sozialen Position des einzelnen in diesem Austausch durch Lernen. Tatsächlich sind dies auch die beiden Hauptformen dieser Art von Reduktionismus: die sog. Austausch- oder Marktsoziologie (exchange sociology)[99] und verschiedene Arten der behavioristischen Lerntheorie.[100]

Kennzeichnend für beide Ansätze, die fließend und unkontrolliert ineinander übergehen, ist eine äußerst reduzierte Ausgangssituation – sowohl was die Anzahl und die Konstellation der Handelnden, wie was den Inhalt oder die Motivation ihres Handelns betrifft. Denn in der Austauschsoziologie, wie bei vielen lerntheoretischen Ansätzen, gibt es erstens nur zwei handelnde Personen, Ego und Alter. Genauer gesehen gibt es sogar nur *einen* Akteur; denn im Prinzip – wenn auch nicht in ihrem konkreten, durch die Situation und die persönliche Geschichte modifizierten Handeln – sind beide identisch.[101] Ja, es wird sogar angenommen, daß die anzustrebenden Lehrsätze »die gleichen sind, wenn die Resultate von anderen Menschen herrühren, wie wenn sie durch die physische Umgebung bewirkt werden«.[102] Diese Gleichsetzungen können sicher nur aufrechterhalten werden unter der Annahme eines freien Marktes und des vollkommenen Warencharakters der auszutauschenden Güter und Dienstleistungen (einschließlich von »Autorität«, »Achtung«, »Liebe« usw.).

In Homans »Human Group« werden zunächst die Interaktionen als Austauschprozesse noch ganz innerhalb des Reiz-Reaktions-Schemas der behavioristischen Lerntheorie verstanden: Gegenstand des Austausches sind »Verhaltensweisen, die Reize bilden, welche anderen Menschen spätere Belohnungen bzw. Bestrafungen in Aussicht stellen oder anderen Menschen unmittelbar Belohnungen oder Bestrafungen einbringen.«[103] Auf der Basis dieser Annahme kommt Homans zu fünf (sehr beeindruckenden) »Lehrsätzen«, die in gleicher Weise für die Austausch-Soziologie wie für die lerntheoretischen Ansätze zu gelten scheinen:[104]

1. »*Success Proposition:* Je häufiger die Aktivität einer Person belohnt wird, desto größer ist die Wahrscheinlichkeit, diese Aktivität auszuüben.« (*Verstärkungsprinzip* der Lerntheorie.)

2. »*Stimulus Proposition:* Wenn in der Vergangenheit beim Auftreten eines besonderen Stimulus oder einer Menge von Stimuli die Ak-

tivität einer Person belohnt wurde, dann ist die Wahrscheinlichkeit des erneuten Ausübens dieser oder einer ähnlichen Aktivität um so größer, je ähnlicher die gegenwärtigen Stimuli den vergangenen sind.« (*Generalisierungsprinzip* der Lerntheorie.)

3. »*Value Proposition:* Je wertvoller die Belohnung einer Aktivität für eine Person ist, desto größer ist die Wahrscheinlichkeit der Ausübung der Aktivität.« *(Motivationsprinzip.)*

4. »*Deprivation-Satiation Proposition:* Je häufiger in der jüngsten Vergangenheit eine Person eine bestimmte Belohnung erhalten hat, desto weniger ist ihr eine zusätzliche Einheit dieser Belohnung wert.« *(Sättigungsprinzip.)*

5. »*Frustration-Aggression Proposition:* Wenn eine Aktivität einer Person nicht belohnt wurde, wie sie es erwartete, oder wenn sie so bestraft wurde, wie sie es nicht erwartete, dann wird sie verärgert sein, und im Zustand der Verärgerung werden die Ergebnisse aggressiven Verhaltens als belohnend empfunden.«

Das Dilemma dieser fünf Sätze (abgesehen von der tautologischen Formulierung des 3. Satzes) ist in soziologischer Hinsicht nur, daß (erstens) das soziale Verhältnis der Akteure zueinander ungeheuer verflacht wird: Sie müssen offenbar in völlig symmetrischen Beziehungen zueinander stehen, sie müssen gleichberechtigt sein und ihre Handlungen müssen »freiwillig« erfolgen. Es genügt nicht, den Lehrsatz 1 einzuschränken auf eine Situation der Freiwilligkeit[105], wenn der Begriff »freiwillig« nicht weiter definiert wird. Soll hier nur die vermeintliche und geäußerte Freiwilligkeit der Akteure zum Maßstab genommen werden oder soll ein objektives Maß der Freiwilligkeit gefunden werden? Wenn ein solches Maß zu finden ist, gilt der Satz dann für alle Grade der Freiwilligkeit in gleicher Weise? Wo liegt die Grenze zwischen Freiwilligkeit und Unfreiwilligkeit usw.? Die Sätze müßten sich umkehren (und sie kehren sich um), wenn Asymmetrien, z. B. Autoritätsdifferenzen, ins Spiel kommen. Eine Aussage darüber, ob ein Autoritätsverhältnis vorlag, läßt sich aber erst im nachhinein treffen, d. h. daß der Satz 1 keinen prognostischen Wert hat. Tatsächlich kann die zunehmende Häufigkeit der Interaktionen nach Homans drei Konsequenzen haben: 1. die Akteure lernen sich schätzen (wenn die Beziehungen symmetrisch waren); 2. sie lernen sich hassen (wenn ein Autoritätsgefälle vorlag); 3. die Beziehungen bleiben neutral (unter welchen Umständen, ist schwer zu ermitteln).[106] D. h. Interaktionshäufigkeit und Zuneigung korrelieren – unter bestimmten Bedingungen – sowohl positiv wie negativ wie überhaupt nicht miteinander. Welche Bedingungen vorlagen, kann aber (wenn überhaupt) erst rückwirkend aus der Zuneigung erschlossen werden, d. h. die Randbedingungen einer solchen Erklärung sind stets frei supponierbar, d. h. die »Erklärungen« sind ohne Gehalt und ohne prognostischen Wert.

Aber selbst wenn die Beziehungen als völlig symmetrisch angesehen werden könnten, reguliert durch die »invisible hand«, dann genügte es auch noch nicht, allein vom individuellen Akteur auszugehen. Denn es ist keineswegs eine logische Konsequenz, daß die Maximierung der individuellen Belohnungen kompatibel ist mit der Maximierung der Belohnungen für das Kollektivum. Im Gegenteil wird es hier große Unterschiede geben, die allein schon durch die Gruppengröße bedingt sind. Nur in kleinen Gruppen, und auch nur dann, wenn eine große Disparität in der »Wohlhabenheit« der Mitglieder vorliegt, werden kollektive Güter freiwillig durch die wohlhabenden Mitglieder bereitgestellt werden. In großen Gruppen, in denen diese Disparitäten weniger sichtbar sind, wird es keine Bereitstellung kollektiver Güter geben, außer sie wird erzwungen.[107] Die Logik der individuellen Gewinnmaximierung kann eben der Logik der kollektiven Gewinnmaximierung widersprechen. Aber selbst, wenn nur die Logik der individuellen Gewinnmaximierung gelten sollte und wenn die Beziehungen zwischen den Akteuren völlig symmetrisch sein sollten, würde der Zeitfaktor eine große Rolle spielen. Beim Satz 4 wäre z. B. zu fragen, wie weit die »jüngste Vergangenheit« reicht, ob man dem Menschen nur ein Kurzzeit- oder auch ein Langzeitgedächtnis unterstellen darf, ob nur das individuelle Gedächtnis in Betracht gezogen werden soll, oder ob auch das »kollektive Gedächtnis« (in Form der erlernten Sprache, der Mythen und Riten, des Raum- und Zeitempfindens usw.) berücksichtigt werden muß, bzw. wo die Grenze zwischen beiden zu ziehen ist. Vermutlich ist die »soziale Zeit«[108] eine sehr langfristige Zeit. Nicht nur, daß wir in langen Jahren in die Gesellschaft »hineinsozialisiert« werden, auch unsere Eltern tradieren und vererben Verhaltenseigenschaften, über die sie nicht verfügen können. Nicht nur, daß wir sozusagen ein Leben lang unseren Kinderträumen und Traumata nachhängen, vollziehen sich tiefergehende soziale Entwicklungen erst über Generationen hinweg. Wenn die Zeitdimension in die Lehrsätze mit einbezogen werden soll, wie das versucht wird, dann wäre es natürlich interessant, die Größe des Anstiegs, die Schwellenwerte und Scheitelpunkte eines Kurvenverlaufs zu kennen; denn die genannten »Gesetze« gelten sicher nur für bestimmte Kurvenstücke. An dieser Frage sind auch die Versuche gescheitert, die Homansschen Gesetze in mathematische Formeln zu bringen.[109]

Die Exchange Sociology wie die behavioristischen Lerntheorien entziehen sich dieser Frage, indem sie ihre Sätze als Konditionalpropositionen oder – wie es Homans nennt – als »normative« Aussagen formulieren, d. h. es wird dargestellt, wie sich ein Individuum verhalten müßte, *wenn* es seinen Gewinn maximieren oder die Konsistenz in seinen Anschauungen erhöhen möchte. Wenn schon die soziale Situation, in der solche Ziele erreicht werden sollen, nicht näher spezifiziert wird, dann könnte man also vielleicht (zweitens) annehmen, daß es hier vor allem um entscheidungslogische Propositionen geht. Aber auch von der Entscheidungstheorie her gesehen, ist dieser Ansatz äußerst dürftig. Nach Homans gibt es offenbar nur Entscheidungen bei völliger Sicherheit und nach nur einem Kriterium. Das war schon so in seinem ersten Buch, wo sich der kühne Reduktionismus schließlich im Gestrüpp von »Belohnung« und »Bestrafung« verlor. Wie die Analyse von Malewski zeigt[110], geht Homans offenbar gleichzeitig von vier Formen der Belohnung aus: 1. Belohnungen durch andere Mitglieder derselben Gruppe; 2. Belohnungen, die mit der bloßen Gegenwart anderer verbunden sind, gleichgültig, welche Leistungen sie für mich erbringen; 3. Belohnungen durch Personen außerhalb einer bestimmten Gruppe; 4. Belohnungen, die mein Verhalten bei mir selbst hervorruft (z. B. als Selbstachtung). Diese vier Arten von Belohnungen (und umgekehrt auch Bestrafungen) sind aber auf keinen gemeinsamen Nenner mehr zu bringen. Indem sie ganz verschiedene Dinge meinen, ist der Deutungsbeliebigkeit Tür und Tor geöffnet; einer dieser vier Fälle wird stets zutreffen. Mit anderen Worten: Die Reduktionserklärung ist am Ende, die Zuordnung zu den einzelnen Kategorien ist nur möglich aufgrund eines »Verstehensaktes«. Die Methodologie des Verstehens wird hier jedoch nicht ausgearbeitet, sie wird gar nicht zum Problem. Wenn Homans konsequent reduktiv weitergegangen wäre, dann hätte er einen gemeinsamen Nenner dieser Belohnungsarten suchen und er hätte sie in eine Rangfolge bringen müssen, wie das vor ihm schon der utilitaristische Philosoph Jeromy Bentham (1748–1832) ohne Erfolg, allerdings mit wesentlich größerem intellektuellen Aufwand, versucht hatte.

Statt hier jedoch eine Lösung überhaupt zu suchen, hat Homans in der Folge seine Reduktionserklärungen noch eine Stufe »tiefer« angesetzt, indem er sich nun dem Pseudo-Ökonomismus ergibt. Es geht ihm nun (1967) um das Problem der »rationalen Entscheidung«, und er stellt den folgenden Lehrsatz auf: »Wenn eine Person sich zwischen alternativen Richtungen des Handelns zu entscheiden hat, wird sie diejenige Handlung wählen, bei der, soweit sie es wahrnehmen kann, der mathematische Wert p-x-v am größten ist. Dabei ist p die Wahrscheinlichkeit (probability), daß die Handlung eine bestimmte Belohnung einbringen wird, und v ist der Wert (value), den diese Belohnung für die Person hat.«[111] »Rationale Entscheidung« wird hier gleichgesetzt mit »Gewinnmaximierung«. Allerdings handelt es sich bei dieser Aussage, auch wenn sie mit mathematischen Zeichen notiert ist, um alles andere als um eine Hypothese oder Gesetzesaussage; denn die beiden »Variablen« p und v sind nicht als Variablen zu verstehen. Statt zu versuchen, spezifische Eigenschaftsdimensionen herauszuarbeiten, die aussagekräftig sind, macht Homans genau das zu Variablen, was er am Schluß herausbekommen will, nämlich eine quantitative und eine qualitative Bestimmung des Austausches: p steht für »Quantität« und v für »Qualität«. Das heißt, Homans hat eigentlich keine »Variablen« gewählt, sondern er hat zwei allgemeinste »Operationen« benannt: Quantifizierung und Qualifizierung, durch welche jede beliebige Variable definiert werden müßte. Homans glaubt seinen »psychologischen Reduktionismus« in Übereinstimmung mit der »elementaren Ökonomie«.[112] Er sieht sich aber gleichzeitig gezwungen, eine neue Ökonomie und einen neuen *homo oeconomicus* zu kreieren: »Solange die Werte des Menschen altruistisch sind, kann er auch aus dem Altruismus Profit ziehen. Die größten Gewinner sind, wie wir wissen, die Altruisten ... Die Schwierigkeiten mit dem alten *homo oeconomicus* waren nicht, daß er ökonomisch dachte, daß er die Mittel zu seinem Vorteil einsetzte, sondern sie lagen darin, daß er antisozial und materialistisch war ... Was falsch war, das waren seine Werte: Er hatte nur einen sehr begrenzten Werthorizont; aber der neue *homo oeconomicus* ist nicht so engstirnig. Er kann alle möglichen Werte erstreben, vom Altruismus bis zum Hedonismus (und sogar Masochismus); solange er nur seine Mittel nicht verschwendet, um diese Werte zu realisieren, ist sein Verhalten ökonomisch zu nennen. Ja, wenn er ein Vergnügen darin findet, *nicht* haushälterisch mit seinen Mitteln umzugehen und *nicht* für das Morgen zu sorgen, und wenn er entsprechend handelt, ist sein Verhalten dennoch ökonomisch. In der Tat, der neue *homo oeconomicus* ist ein klarer Fall.«[113]

Der Homanssche »psychologische« und »ökonomische« Reduktionismus ist sicher auch ein klarer Fall von Pseudo-Reduktionismus. Auf diese Weise ist alles denkbare Verhalten »ökonomisch«, und jede Handlung führt zu irgendeiner Form von »Gewinnmaximierung«, wie sich nachträglich immer hineininterpretieren läßt. Die Reduktionserklärung ist wiederum nicht konsequent durchgeführt worden, Homans hat statt dessen – wie das ja oft geschieht – Zuflucht genommen zur Konstruktion eines »neuen Menschen«. Der Berg, den sein Reduktionismusversuch vor sich her schiebt, wird damit immer nur noch größer. Aber vermutlich hat Homans darin recht, daß die sog. lerntheoretischen Sätze (die nur von einem Teil der Lerntheoretiker selbst vertreten werden) von einer ebenso reduzierten (oder vielmehr schon negierten) Entscheidungssituation ausgehen. Die ausgleichende Gerechtigkeit von Homans findet hier ihr Ebenbild in den kognitiven Gleichgewichts- und Balancetheorien bzw. in der Theorie der kognitiven Dissonanz bzw. Konsistenz.[114] Hier scheint das universell gültige Prinzip nicht die Gewinnmaximierung, sondern die Spannungsverminderung zu sein. Eine Entscheidungsalternative gibt es aber auch hier nicht. So handelt es sich bei beiden Unterformen des »verhaltenstheoretischen« Reduktionismus sozusagen um Eine-Person-eine-Strategie-Spiele, man möchte sagen: um das Roboter-Modell einer Soziologie. Wie noch zu zeigen sein wird, mag in diesem Roboter-Modell ein brauchbarer Ausgangspunkt für soziologische Reduktionserklärungen liegen – aber nur in dem Sinn, daß die Voraussetzungen dieses Modells schrittweise erweitert werden, indem die Anzahl der handelnden Personen vergrößert wird und indem Entscheidungssituationen und Handlungsalternativen typisiert werden. Das Roboter-Modell in diesem Sinne ist nur ein äußerst unrealistischer Grenzfall, mit dem noch nichts von dem abzubilden ist, was in der Soziologie erklärt werden soll.

Daß Homans diesen Schritt nicht geht, sondern im Gegenteil all das eliminieren und ersetzen möchte, was bisher für Soziologie gehalten wurde, liegt vermutlich schon an seinem völlig verflachten Theoriebegriff. Man unterscheidet allgemein verschiedene Ebenen einer Theorie, zumindest Hypothesen höchster Ordnung und Hypothesen niedrigster Ordnung, die durch intermediäre Theoreme miteinander verbunden sind. Aber nur die Hypothesen niedrigster Ordnung müssen operational definierbar sein. Dabei ist klar, daß diese operationalen Definitionen nicht das gesamte Feld der Theorie abdecken: Die Theorie geht weit darüber hinaus; es sind sozusagen nur die Pfähle, die in einen Sumpf gerammt worden sind, um ein größeres Theoriegebäude zu tragen.[115] Homans geht nun aber von der Auffassung aus, daß eine Theorie *nur* deskriptive und operative Begriffe enthalten dürfe, keine theoretischen Konstrukte und keine Sätze, die nicht operationalisierbar sind. Was er offenbar möchte, ist eine nur einstufige Basistheorie; sie scheint ihm sicherer zu sein.[116] Die Folgen dieser Theorieauffassung sind jedoch katastrophal, wenn auch für Homans durchaus erwünscht, weil sie diese Art von Reduktionismus scheinbar vor dem Scheitern bewahren.

Erstens sind die angeblichen Grundbegriffe gar nicht operational definierbar. Vielleicht kann man (was die Grundbegriffe von »The Human Group« betrifft) »Interaktionen« zählen. Aber auch hier ist es schwierig: ab welchem Intensitätsgrad zählt ein Augenaufschlag? Wie kann ich feststellen, ob und an wen er adressiert ist? Ist Schweigen eine Interaktion? Das gleiche gilt für die »activities« und wohl noch mehr für die ja gar nicht so ohne weiteres beobachtbaren »sentiments«. Das gleiche gilt aber auch für Begriffe wie »Belohnung« und »Bestrafung«, »Profit«, »Wert« usw. (wie sie in »Social Behavior« entwickelt werden). Ob eine bestimmte Handlung für jemand einen »Profit« abgeworfen hat, kann erst nachträglich aus der Wiederholung dieser Handlung erschlossen werden, und dann auch nur, wenn keine Kompensationen von dritter Seite erfolgt sind und wenn die Handlungssituation die gleiche geblieben ist. Homans' Theorie bewegt sich nur vermeintlich auf einer einzigen Ebene. In Wirklichkeit reicht z. B. der Begriff »Kosten« von der obersten axiomatischen Ebene, d. h. der vulgär-utilitaristischen Annahme, daß alle Menschen ihre »Kosten« niedrig zu halten und ihren »Gewinn« zu erhöhen suchen, bis über das intermediäre Theorem, daß »Kosten« gleichzusetzen seien mit »entgangenen Belohnungen«, bis zu operationalen Bestimmungen auf der unteren Ebene, die etwa besagen, daß diese »Kosten« zu messen seien in Geld oder in Zeit. Die Theorie ist also mehrstufig, nur ist sie nicht bewußt durchkonstruiert.

Das mag zweitens schon daran liegen, daß Homans nur eine einzige unabhängige Variable kennt, nämlich die »Gewinnmaximierung«. Bei den Behavioristen gibt es immerhin so gegensätzliche Annahmen wie »Spannungsverminderung« oder »Suche nach Erregung«, »Lustgewinn« oder »Schmerzvermeidung«. Thomas Hobbes hatte hier noch zwei unabhängige Variable eingesetzt: »desire for power« und »fear of death«. William I. Thomas hatte schließlich vier Grundstrebungen, »vier Wünsche« angenommen: den Wunsch nach Sicherheit; den Wunsch nach neuer Erfahrung; den Wunsch nach Antwort; den Wunsch nach Anerkennung.[117] Weil Homans jedoch nur eine einzige (relativ) unabhängige Variable kennt, vereinfachen sich die möglichen Versuchsanordnungen so sehr, daß eine Ermittlung der damit verbundenen abhängigen Variablen und relevanten Bedingungen weder möglich noch notwendig ist. Für Homans (und analog für eine Reihe von behavioristischen Lerntheoretikern) gibt es nur einen einzigen »Mechanismus«. D. h. von »Mechanismus« kann kaum die Rede sein, denn *wie* dieser Mechanismus konstruiert ist, unter *welchen* Bedingungen er diese oder jene Leistung hervorbringt, ist nicht darstellbar.

Man muß demgegenüber festhalten, daß es im Sinne eines konsequenten Reduktionismus durchaus möglich und notwendig wäre, daß unter der relevanten Bedingung B_1 die unabhängige Variable U_1 angesprochen wird, unter der Bedingung B_2 U_2 usw., und daß bestimmte Inputs über den Variablenzusammenhang U_1, V_1, V_2 laufen, während andere über U_1, V_3, V_4 gehen und zu gleichen Outputs führen. Dadurch, daß Homans nur eine unabhängige Variable einbaut und dadurch, daß er bestenfalls nur einen Mechanismus kennt und keine Bedingungen für das Ingangkommen dieses Mechanismus angibt, wird die Erklärung natürlich radikal verkürzt.

Es ist jedoch die Frage, ob es sich hier um Reduktionserklärungen handelt, die die Soziologen noch interessieren können. Denn »gerade die handlungsvariierenden Bedingungen, die Homans in seinem psychologisch-reduktiven Theorieprogramm als durch Generalisierung auszuschaltende akzidentelle Varianten ansieht, erweisen sich in Soziologie und Kulturanthropologie als spezifische Merkmale von deren Objekten.«[118] Daß diese Variationen nur akzidentell seien, ist ein pures Glaubensbekenntnis. Selbstverständlich wäre auch die gegensätzliche Annahme, daß das menschliche Verhalten beliebig variabel sei, unsinnig. In beiden Fällen ginge der Zweck einer Erklärung, nämlich relativ unabhängige Variable unter bestimmten als relevant angesehenen Bedingungen auf relativ abhängige Variable zu beziehen, verloren. Was als »unabhängige« und was als »abhängige« Variable zu gelten hat, ändert sich von Erklärungszusammenhang zu Erklärungszusammenhang und von Wissenschaftsdisziplin zu Wissenschaftsdisziplin. Die Soziologie hat sich konventionellerweise mit der Variation des menschlichen Verhaltens in verschiedenen gesellschaftlichen Situationen (typisiert z. B. nach Gruppengröße, Alterszusammensetzung, Heiratsordnung, sozialer Schichtung, Herrschaftsordnung usw.) beschäftigt. Dabei spielen selbstverständlich die Invariablen, die »universals«[119], eine große Rolle; aber Invariable gibt es nur im Vergleich mit Variablen. Die Behauptung, daß sich soziologische Erklärungen immer und stets mit Gewinn auf »verhaltenstheoretische« Erklärungen zurückführen ließen, weil diese irgendwie »elementarer« seien als soziologische, ist in dieser Form sicher nicht zu halten. Individuen sind für die Soziologie immer vergesellschaftete Individuen und Gesellschaften sind sozusagen immer individuierte (historische) Gesellschaften. Einmal handelt es sich um die »Gesellschaft im Individuum«, das andere Mal um die »Individuen in der Gesellschaft«, »Gruppe«, »Institution« usw. Was hier »einfacher« ist und was damit den epistemologischen Vorrang zu erhalten habe, das ist mit wissenschaftlichen Mitteln nicht zu entscheiden. Die Soziologie schwankt zwischen beiden Sichtweisen hin und her; es hat aber keinen Sinn, sich für den »Wald« gegen die »Bäume« oder für die »Bäume« gegen den »Wald« entscheiden zu wollen.

Infolge der mangelnden Durchstrukturierung der Theorie, ihrer mangelnden »Tiefe«, bleibt der Homanssche Reduktionismus (zusammen mit anderen Formen dieses »verhaltenstheoretischen« Reduktionismus) hohl; die anerkennenswerten Versuche, die Präzision und Reichweite der soziologischen Theorie zu erhöhen, bleiben auf diese Weise nutzlos. Die Präzision der mathematischen Formelsprache kann den Gehalt und die Struktur dieser »Theorien« in keiner Weise verbessern. An der Nutzlosigkeit und Hohlheit dieser Präzision zeigt sich vielmehr wiederum, wie sich schon im Falle der Definition von »Belohnung« oder von »ökonomisch« gezeigt hat, daß der Reduktionismus nicht zur einzigen und exklusiven Erklärungsstrategie erhoben werden kann. Die Theoriebildung muß in zwei Richtungen fortschreiten: erstens in die Tiefe. Das geschieht jedoch vornehmlich durch Erklärungen, die man »Kontext-Erklärungen« nennen kann.[120] In diesen wird versucht, Erklärungszusammenhänge sozusagen auf ein und derselben Ebene (etwa im Vergleich verschiedener Heiratsordnungen) zu erstellen. Die zweite Richtung ist die der Präzisierung und Generalisierung. Beides ist nur erreichbar durch die Axiomatisierung der entwickelten Hypothesenzusammenhänge, durch das Herausfinden der gemeinsamen Prinzipien und durch den deduktiven Neuaufbau der Einzeltheorien, die dann auch miteinander koordiniert werden können. In den »verhaltenstheoretischen« Reduktionsversuchen wird jedoch »koordiniert«, bevor die zu koordinierenden Theorien einigermaßen durchstrukturiert worden sind, d. h. im Grunde: Es wird nur tautologisiert. Trotzdem haben die Reduktionsversuche von Homans ihren Sinn in der Entwicklung der soziologischen Theorie – und wenn sie nur erneut gezeigt haben, daß die Voraussetzungen für eine empirisch-theoretische Reduktion offenbar noch nicht gegeben sind. Das liegt jedoch nicht nur an der Soziologie. Wie einige eingehendere Analysen zeigen, ist mit den Homansschen und den behavioristischen Reduktionsversuchen keineswegs der Nachweis erbracht worden, daß soziologische Phänomene durch psychologische Sätze erklärt werden können. Ja, es ist die Frage, ob die angeführten Sätze überhaupt etwas mit »Psychologie« oder »Ökonomie« zu tun haben; vielmehr scheint es sich nur um Hohlformen von Sätzen zu handeln, die aus den verschiedensten Bereichen genommen werden und direkt und ohne nähere Begründungen auf »Individuen« angewandt werden.[121] Die Annahmen und das Verfahren der Reduktion sind dabei fast ebenso unadäquat wie beim kosmologischen oder physikalischen Reduktionismus.

3.4 Entscheidungstheoretischer Reduktionismus

Wenn die bisherigen Reduktionsversuche weithin als gescheitert betrachtet werden müssen, dann ist zu fragen, in welcher Richtung und mit welchen Verfahren ein soziologischer Reduktionismus vorgehen müßte, um einen erkennbaren Wissensfortschritt erzielen zu können. Dabei ist eines der Haupterfordernisse sicher sozusagen die Resoziologisierung des Ausgangsschemas: Von »sozialem Verhalten« oder gar »sozialem Handeln« ist nur zu sprechen, wenn wirklich ein zweiseitiges Interaktionsverhältnis von System und Umwelt angenommen wird, wenn es echte Handlungsalternativen und eine veränderbare Definition der Handlungssituation gibt, schließlich wenn es (mindestens zwei) authentische und nicht ohne weiteres substituierbare Akteure gibt. Diese für die Soziologie konstitutiven Erweiterungen werden der Reihe nach von der Systemtheorie, von der Entscheidungstheorie und von der Spieltheorie ausgearbeitet. Wenn auch keiner dieser Ansätze allein ausreichen wird, um als Grundlage einer allgemeingültigen soziologischen Theorie dienen zu können – diese »allgemeine« Theorie wird es nie geben –, so werden hier doch diejenigen Konstruktionsprinzipien entwickelt und ausformuliert, die zusammengenommen – und je nach Erklärungszweck mit unterschiedlichem Gewicht – die Grundlage einer Reduktionistischen Soziologie bilden könnten.

Es handelt sich hier um eine ganz andere Art von Reduktionismus als vorher. Wenn z. B. die Entscheidungstheorie immer noch vom »Robinson-Crusoe-Modell«[122] ausgeht, dann bleibt die Beschränkung auf *einen* (individuellen oder kollektiven) Akteur ganz bewußt; die Reduktion und Konstantsetzung dieser einen Komponente erleichtert die methodisch-systematische Ausarbeitung einer anderen Komponente: der Entscheidungsalternativen, der Entscheidungssituationen und der Entscheidungsstrategien. Es wird dabei in keiner Weise unterstellt, daß die Spezifizierung der möglichen Entscheidungsprinzipien eine Analyse der System-Umwelt-Beziehungen oder der Interaktionsverhältnisse zwischen zwei, drei und mehreren Akteuren erübrigen könnte bzw. daß es eine nur entscheidungstheoretische Soziologie geben könnte. Während die Versuche eines physikalischen oder behavioristischen Reduktionismus nur zu einer eindimensionalen und theoretisch flachen Soziologie geführt haben, wird hier ganz bewußt nur eine einzige Dimension im Rahmen eines mehrdimensionalen Beziehungsgefüges ausgearbeitet. Die Formulierungen der entscheidungstheoretischen, der spieltheoretischen oder systemtheoretischen Prinzipien, die ohne Zuflucht zu Analogien und Metaphern möglichst in einer formalisierten Sprache dargestellt werden, sind oft betont unrealistisch, extreme Idealisierungen. Aber indem diese Formulierungen und Formeln bis in ihre letzten Konsequenzen durchgespielt und in ihren Annahmen analysiert werden, können sie auch revidiert und immer mehr angereichert und spezifiziert werden – so lange bis sie zu einer realistischen Darstellung von beobachtbaren Entscheidungsprozessen und Interaktionsverhältnissen geeignet erscheinen.

Während es im Homansschen Mischmasch von Behaviorismus, Entscheidungstheorie und Spieltheorie sozusagen nur eine »Zielkonstante« gab, nämlich die Gewinnmaximierung, wird im entscheidungstheoretischen Ansatz dieses Ziel zu einer Variablen z, die abhängig ist von den Umwelt-Variablen y und den Instrumenten-Variablen x, und die durch bestimmte intervenierende Variablen u mit diesen verbunden ist.[123] Alle diese Variablen können in der Regel nur durch eine größere Punktmenge abgebildet werden. Je nach der Größe der Punktmengen in X, Y und Z wird eine Entscheidung schwierig oder leicht. Im Extremfall ist der Umweltzustand Y klar definierbar, d. h. es gibt nur einen Punkt in Y. Wenn noch dazu das Ziel völlig klar ist und es nur ein einziges Ziel gibt, außerdem nur ein einziger Aktionsparameter in Frage kommt, dann haben wir den Fall einer Entscheidung bei völliger Gewißheit vor uns. Das ist offenbar das Homanssche Modell. Für die Sozialwissenschaften sind aber sicher die anderen Fälle interessanter, die sich als verschiedene Situationen des Risikos und der Ungewißheit typisieren lassen.[124]

Hinzu kommt, daß nur eine prozessual-interaktionistische Auffassung der soziologischen Fragestellung gerecht werden kann. Der Entscheidungsträger (ob nun als Individuum oder als Kollektivum und Organisation, ob als Computer oder Gehirn verstanden) wird stets als ein »information-processing system« (IPS) dargestellt werden müssen.[125] Die Grundelemente eines solchen IPS sind Symbole der verschiedensten Art, die durch verschiedene Relationen zu Symbolstrukturen zusammengefaßt sind. Ein Informationsprozeß ist dann ein Prozeß, dem Symbolstrukturen als Inputs oder Outputs zugrunde liegen. Die Inputs werden über Rezeptoren aus der Systemumwelt aufgenommen und, nachdem sie verarbeitet worden sind, als Outputs über Effektoren abgeleitet. Die Verarbeitung geschieht durch Prozessoren, die erstens einen festen Satz von elementaren Informationsprozessen enthalten (eip's); zweitens ein Kurzzeitgedächtnis (STM), das die Symbolstrukturen der eip's festhält; drittens Interpretoren, die die Sequenz der auszuführenden eip's festlegen. Das Kurzzeitgedächtnis wiederum ist mit einem Langzeitgedächtnis (LTM) gekoppelt:[126]

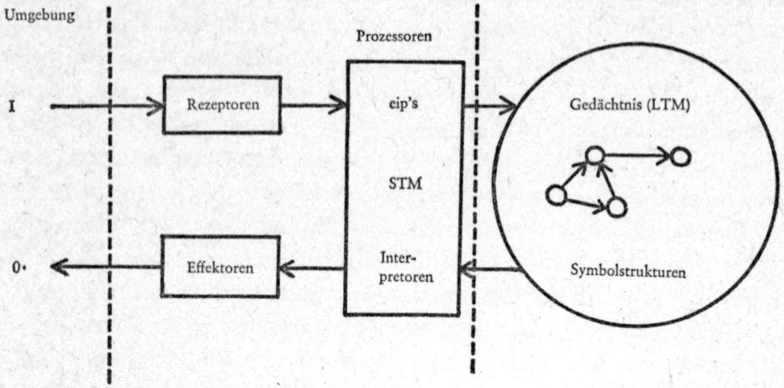

Eine zureichende entscheidungstheoretische Interpretation von sozialen Handlungen ohne die Zugrundelegung dieses Minimalschemas dürfte kaum möglich sein. Vor allem wird es wenig Sinn haben, ohne die Annahme eines LTM zu operieren. Dieses Langzeitgedächtnis umfaßt nicht nur das jederzeit präsente Gedächtnismaterial, sondern auch jene Erfahrungen, die in das Unbewußte und Unterbewußte abgesunken sind bzw. die genetisch verankert und von uns selbst vielleicht noch gar nicht aktualisiert worden sind. Hinzu kommt, daß man für Gesellschaften außerdem noch ein externes Gedächtnis (EM) annehmen muß. Das alles ist bei Homans unter den Tisch gefallen. Sein Modell hätte nicht einmal ausgereicht, um die Funktionsweise eines Morseautomaten darzustellen.

Von hier ausgehend, ist nun auch eine Revision des früher als universell angesehenen und doch nur sehr begrenzt brauchbaren Modells des *homo oeconomicus* möglich. Der *homo oeconomicus* steht nur vor einem Entscheidungsproblem bei eindeutiger Zielsetzung (Gewinnmaximierung) und vollständiger Information; die prozessuale Komponente spielt kaum eine Rolle, weil alle Daten präsent und alle Mechanismen sozusagen vollständig eingeschaltet und genau auf die Umwelt abgestellt sind. Die Implikationen, daß der *homo oeconomicus* alle Handlungsalternativen kennt, daß er unbegrenzt sensitiv ist, daß die Objekte unbegrenzt teilbar und addierbar sind, daß seine Wahlen transitiv sind (wenn der *homo oeconomicus* A B vorzieht und B C, dann muß er auch A C vorziehen) und es keine Zeitgrenze gibt[127], sind auch im Ökonomischen nur unter ganz speziellen Bedingungen (freier und völlig transparenter Markt) realistisch. Ganz unmöglich ist es, sich eine ganze Firma nach dem Modell des *homo oeconomicus* vorzustellen. Hier kann nicht ein einziges Ziel (Gewinnmaximierung), sondern es muß eine komplexe Zielstruktur angenommen werden; das Maximierungsprinzip muß abgemildert werden zum Prinzip der hinreichenden Zielerreichung usw.[128] Aber auch das könnte nur für eine Firma mit geschlossener Sozialstruktur gelten. Für die Beschreibung anderer, nicht profitorientierter Organisationen und heterokephaler Betriebe wird man viele dieser Unterstellungen nicht machen können. Eine hierarchische und geschlossene Sozialstruktur sowie ein oberstes Organisationsziel glaubte man bei Bürokratien voraussetzen zu können.[129] Trotzdem kompliziert sich hier das Entscheidungsproblem wesentlich, da hier Entscheidungen unter Risiko (die Alternativen sind hinreichend bekannt, aber sie schließen sich gegenseitig aus) oder unter Unsicherheit (die Alternativen sind hinreichend bekannt, aber es sind ihnen keine Wahrscheinlichkeitswerte zuzuordnen) zu treffen sind. Die erreichbare Rationalität ist hier nur sehr begrenzt; und es hat auch keinen Sinn, nach den Kriterien einer ewiggültigen Rationalität entscheiden zu wollen, da die verfügbare Zeit nur kurz ist und die Ziele im Prozeß der schrittweisen und kurzfristigen Zielerreichung sich wandeln. Was hier besser anzuwenden ist, das ist das Modell des *administrative man*.[130] Doch auch dieses Modell ist unzureichend. Wie viele Bürokratiestudien gezeigt haben[131], ist es durchaus zweifelhaft, ob die obersten Organisationsziele einer Bürokratie wirklich auch den Entscheidungen des *administrative man* zugrunde liegen; möglicherweise geht es hier mehr um die Pflege befriedigender Sozialbeziehungen und um den Wunsch, die eigene Organisation – unabhängig von den zu bewältigenden Aufgaben – zu stärken. Soziologisch realistischer werden daher erst Modelle sein, die in Organisationen eine Vielzahl von Entscheidungsträgern mit unterschiedlichen Zielstrukturen sehen[132], und die den Rollenmenschen, den *homo sociologicus*, mit einbeziehen.

Das neue Moment, das hier auftaucht, ist die Interdependenz der Akteure und ihrer Handlungen bzw. die daraus resultierende strategische Ungewißheit, d. h. eine Ungewißheit, die sich aus der begrenzten Vorhersehbarkeit der interdependenten Handlungen ergibt. Wir müssen nicht nur davon ausgehen, daß A mit E interagiert, d. h. daß sowohl A wie E aktiv ist und daß sie ihr Verhalten und ihre Verhaltenserwartungen aufeinander abstimmen. Wir müssen vielmehr auch noch annehmen, daß A und E nicht allein stehen, sondern daß sie in der Regel in bezug auf C (einen dritten Akteur, ob als Individuum, Kollektiv oder vorgestellte Ordnung) interagieren, so daß die Handlungen mehrdeutig werden: A interagiert mit E nicht nur im Hinblick auf sich selbst, sondern auch im Hinblick auf E, wie er E versteht, und er interagiert mit E im Hinblick auf C bzw. CA oder CE oder CAE usw. Infolge der komplexen Handlungsstruktur und der strategischen Weiterführung der Handlungen werden nun auch die Ziele komplex und möglicherweise widersprüchlich, d. h. sie sind nicht mehr auf eine einzige Wertskala zu bringen, sie sind mehrdimensional und nur zum geringsten Teil quantifizierbar. Damit wird auch das Handeln und werden die Entscheidungssituationen mehrschichtig und vieldeutig. Wir leben zugleich in verschiedenen Sozialbeziehungen, die sozialen Kreise überkreuzen sich.[133] Diese Mehrschichtigkeit und Mehrdimensionalität ist in der Analyse des Verwaltungshandelns durchaus erkannt worden, und sie ist erst recht unentbehrlich für die Darstellung des politischen Handelns.

Eine erste primitive Unterscheidung ist die zwischen einem formalen und deduktiven Entscheidungsprozeß und einem informalen Entscheidungsprozeß der kleinen Schritte. Das politische Handeln wird sich nach dieser idealtypischen Unterscheidung nur als eine Mixtur aus Komponenten beider Formen darstellen lassen.[134] Soziologische Gesichtspunkte begannen in der Entscheidungstheorie eigentlich erst eine Rolle zu spielen, als man einsehen mußte, daß das »deduktive« Entscheidungsmodell infolge seiner weitreichenden Implikationen (Trennbarkeit von Mittel und Zweck, Erfaßbarkeit aller relevanten Faktoren in einem logisch konsistenten System usw.) nur sehr schwer zu realisieren ist.[135] Wenn man sich gezwungen sieht, von den gegenteiligen Annahmen auszugehen (Beschränktheit der intellektuellen Kapazität und der Zeit, enger Zusammenhang von Tatsachen und Werten und von Mitteln und Zwecken, Flüssigkeit und begrenzte Handlungsrelevanz von Wertsetzungen), dann wird man zu einer mehr informellen und induktiven Entscheidungsstrategie kommen. Es geht hier um die Strategie des schrittweisen Wandels (»incremental chance«), wie sie vor allem von David Braybrooke und Charles Lindblom ausgearbeitet worden ist:[136] Zwecke und Mittel werden hier im Zusammenhang gesehen; Ziele, die im Rahmen der vorhandenen Mittel nicht realisierbar sind, braucht man sich erst gar nicht vorzunehmen; der angezielte Wandel ist schrittweise; bevorzugt werden Wandlungen, die (im Bewußtsein der Handelnden) als »kleine« Schritte gelten und die vor allem insofern als risikoarm erscheinen, als sie repetitive Momente enthalten. Der Ausgangspunkt solcher Entscheidungen sind nicht schöne Utopien, sondern konkrete Mißstände, die verbessert werden sollen, jedoch ohne daß grundsätzliche Wertfragen aufgeworfen werden. Die Frage ist hier immer nur, wieviel von dem einen Wert und unter welchen Umständen geopfert werden kann, um einen gewissen Wertzuwachs in einer anderen Richtung zu erreichen.

Sicher sind solche idealtypischen Unterscheidungen von Entscheidungsstrategien nur ein erster Anfang. Im sozialen und politischen Handeln wird die eine Strategie nicht ohne Bezug auf die andere zu spielen sein. Überhaupt kann man nur von Strategie sprechen, solange es mehrere Strategien gibt und solange – je nach den Erfordernissen der Organisationsstruktur, nach der Entwicklungsphase, in der sich eine Organisation befindet, sowie nach der Umweltstruktur – ein bewußter Wechsel der Strategie möglich ist.[137] Eine entscheidungstheoretisch orientierte Soziologie kann hier erst beginnen. Immerhin führen aber auch die heutigen Ansätze schon weit über die Simplifikationen eines »behavioristischen« Reduktionismus hinaus. Vor allem helfen sie, das Mißverständnis auszuräumen, als seien Reduktionserklärungen in der Soziologie nur dadurch möglich und als sei die Soziologie dadurch in eine Naturwissenschaft zu verwandeln, daß der Mensch zu einer bewußtlosen Maschinerie erklärt wird. Der entscheidungstheoretische Reduktionismus geht im Gegenteil vom Bewußtsein und von der artifiziellen Seite der gesellschaftlichen Organisation aus; indem er jedoch Akteur und Umwelt, formelle und informelle Entscheidungsbildung (Bewußtsein und Unbewußtes, Kalkül und Bedürfnis) miteinander zu verbinden sucht, bleibt er im Bereich der Sozialwissenschaften und wird nicht zu einer unilinearen Reduktion nach oben (als vermeintlicher Geisteswissenschaft) oder nach unten (als vermeintlicher Naturwissenschaft) getrieben.

3.5 Spieltheoretischer Reduktionismus

Während in der Entscheidungstheorie der Entscheidungsprozeß eher unter Vernachlässigung der Beziehungsstruktur der Akteure (als Personen oder Organisationen) ausgearbeitet worden ist, konzentriert sich die Spieltheorie ganz auf das Interaktionsverhältnis dieser Akteure, wobei zwei oder mehrere Akteure mit gegensätzlichen Zielstrukturen in einer gemeinsamen strategischen Situation angenommen werden. Die Spieltheorie »behandelt menschliche Entscheidungsprozesse, in denen die einzelne Entscheidungseinheit keine vollkommene Kontrolle über andere Entscheidungseinheiten ihrer Umwelt ausübt. Sie richtet sich auf Probleme, die Konflikt, Kooperation oder beides mit sich bringen. Die Entscheidungseinheit kann eine einzelne Person, eine Gruppe, eine formelle oder informelle Organisation oder eine Gesellschaft sein. Bei der Betrachtung können politische, psychologische, soziologische, ökonomische oder andere Aspekte im Vordergrund stehen.«[138] Von »Spiel« ist insofern zu sprechen – obwohl es u. a. auch um sehr schwerwiegende militärstrategische Probleme gehen kann –, als hier ein Handlungsmodell konstruiert wird, das typischerweise gerade nicht realisiert ist, sondern nach dem die Wirklichkeit eventuell gestaltet werden könnte oder nach dem sie auf keinen Fall gestaltet werden sollte.[139]

Die Spieltheorie bringt zweifellos eine Reduktion von einer Radikalität mit sich, wie das bei anderen Modellen und vor allem bei eingängigen Analogien scheinbar nicht der Fall ist. Der Unterschied ist aber, daß man sich hier der radikalen Verkürzung bewußt werden konnte, und daß man, indem man die verschiedenen Modelle wirklich experimentell durchspielt, auch die Chance hat zu entdecken, daß und warum sie zur Darstellung des tatsächlich beobachtbaren Sozialverhaltens kaum geeignet sind. Der Wert der Spieltheorie für die Soziologie liegt sozusagen im diagnostizierbaren Scheitern der Spieltheorie und ihrer Annahmen. So begann die Spieltheorie, soweit sie auf sozialwissenschaftliche Gegenstände angewandt wurde, mit ganz einfachen Modellen, in der Fachterminologie: mit Zwei-Personen-Null-Summen-Spielen; d. h. Interaktionen wurden so dargestellt, als spielten sie sich nur zwischen zwei Personen oder zwei Parteien ab und als würden alle dritten Parteien in einer Koalition mit der ersten oder der zweiten Partei verschmelzen. Meist wurde auch angenommen, daß die Spielergebnisse zusammengezählt Null ergeben, d. h. was der eine gewinnt, muß der andere verlieren. Natürlich entspricht dieses Modell nicht dem »wirklichen« sozialen Verhalten. Man konnte mit der Zeit aber besser als vorher angeben, warum es nicht entspricht und welche Annahmen zu revidieren sind. So konnte man auch herausarbeiten, daß es verschiedene Spielstrategien gibt, keineswegs nur die Maximin- oder die Minimax-Strategie, die oft für die einzige Strategie der Spieltheorie gehalten wurde. Zwischen »Konflikt« und »Kollaboration« gibt es eine ganze Reihe solcher Strategien, wie z. B. »Minimax«, »Chicken«, »Gefangenen-Dilemma«, »Bargaining«, »Abstimmung«, »Koordination«, »Kommunikation«, »Kooperation«.[140]

Im sozialen Leben gibt es natürlich keine dieser hochidealisierten Spielsituationen in reiner Form. Wir sind immer wieder gezwungen anzunehmen, daß die »wirklichen« Interaktionssituationen undurchsichtig und komplex sind, mit verschiedenen Motiven, Intentionen,

Wahrnehmungen und Mitteln untermischt. Keine Spielstrategie wird auch allzu lange durchgehalten werden, sondern sie wechselt möglicherweise fast von Zug zu Zug, d. h. eine klare Strategie ist gar nicht auszumachen, oder verschiedene Strategien überlagern sich permanent, ohne den Beteiligten jemals voll ins Bewußtsein zu treten. Trotzdem oder gerade deshalb sind diese Modelle außerordentlich aufschlußreich, weil sie nämlich klar und präzise sind und weil uns die Vielfalt der Spielmöglichkeiten wenigstens ansatzweise vor Augen geführt wird. In der Spieltheorie wurde etwas geleistet, was bei den anderen Reduktionsversuchen meist schon gar nicht versucht worden ist: Eine radikale Vereinfachung des Interaktionsverhaltens wurde nach und nach wieder angereichert, so lange, bis ein einigermaßen realistisches Modell (z. B. des militärstrategischen Verhaltens in bestimmten Situationen) entstanden ist. Auf den Vorgang der Reduktion folgte also die systematische Amplifikation, wobei der hypothetische Charakter des ganzen Vorgangs stets bewußt geblieben ist. Natürlich kann man damit das tatsächliche Verhalten (das wir gar nicht kennen) nicht einfach nachbilden, sondern man kann nur Konstruktionen aufbauen, die annähernd zum gleichen Ergebnis wie im tatsächlichen Verhalten führen. Die zugrunde liegenden Mechanismen (oder Dynamismen) mögen in beiden Fällen sehr verschieden sein. Während z. B. in der Spieltheorie jeder Spielzug auf einer bewußten Kalkulation beruht, kann ein Mensch sozusagen auch unbewußt das Richtige tun – aus Gewohnheit, aus seiner gefühlsmäßigen Veranlagung heraus, durch eine bestimmte Sozialisation, infolge einer institutionellen Zwangssituation. Die Spieltheorie wird deswegen nicht unbrauchbar: Sie macht keinen Unterschied zwischen dem, was – nach unserer Meinung – »bewußt« und dem, was »unbewußt« geschieht. Es handelt sich hier wiederum um einen Reduktionismus, der das soziale Handeln vom Artifiziellen, sozusagen von unserer »zweiten Natur« her aufzuhellen sucht, die mit der »ersten« verbunden bleibt.

Die Annahmen des klassischen Zwei-Personen-Nullsummen-Spiels sind sicher nicht ohne weiteres auf die Soziologie zu übertragen: daß nämlich die Parteien unabhängig voneinander handeln; daß es stets eine »beste« Lösung gibt; daß sich Mehr-Personen-Spiele durch Koalitionsbildung zu Zwei-Personen-Spielen vereinfachen lassen; daß es gewöhnlich um Nullsummen-Spiele geht. Die Soziologie wird in diesen Annahmen nur einen möglichen Grenzfall repräsentiert sehen. Wohl ist mit Hilfe der Annahme des absoluten Konflikts und der Unabhängigkeit der Konfliktparteien eine Korrektur jener »Volksgeist«- oder auch »Trieb«-Soziologie möglich, die davon ausgeht, daß wir alle gemeinsamen Werten oder Bedürfnissen folgen. Doch mit dem anderen Extrem einer Robinson-Crusoe-Soziologie oder einer reinen Vertragstheorie wäre auch nichts gedient. Tatsächlich wird ja auch schon in den simpelsten Spielmatrizen dargestellt, daß neben einer Situation, in der das Plus des einen das Minus des anderen ist, auch Situationen möglich sind, wo beide durch Kooperation gewinnen können oder durch eine bedingungslose Gegnerschaft verlieren müssen.[141] Zudem ist das einzelne Spiel nicht zu isolieren; in einer Spielsequenz wird sich die Situation (durch die erfolgten »Auszahlungen«) wie die Definition der Situation (durch die Bewertung des fremden und eigenen Spielverhaltens als kontinuierlich oder diskontinuierlich, als kooperativ, nachgiebig oder gewissenlos usw.) notwendigerweise verändern, so daß die anfänglich angenommene Unabhängigkeit der Akteure durch einen sich verstärkenden Sozialisationseffekt mehr und mehr fiktiv wird.[142]

Zweitens wird das soziale Moment aber auch deutlich sichtbar, wenn ein Konflikt aufgrund des Minimaxprinzips zwar ausgetragen werden kann, wenn es aber keine »beste« Lösung mehr gibt, keinen Sattelpunkt, auf dem man sich sozusagen ausruhen kann.[143] Wenn es von der (imputierten) Auszahlungsmatrix her keine klar kalkulierbare Lösung mehr gibt, dann müssen die Spieler eben versuchen, auf längere Zeit zu spielen und die Intentionen und Strategien des Gegners durch die Beobachtung der wechselweise aufeinander folgenden Spielzüge zu ermitteln. Die Apriori-Annahme, daß es stets und in jedem Fall nur um die Gewinnmaximierung ginge, genügt hier nicht mehr.

Drittens sind an jeder Interaktion, auch wenn nur zwei Personen sichtbar sind, n Personen beteiligt. Es steht durchaus in Frage, ob diese n Personen einfach den beiden Koalitionen um A und E zugeschlagen werden können; vielmehr wird zur zureichenden Beschreibung und Erklärung des Verhaltens noch ein unabhängiger Dritter in Rechnung gestellt werden müssen.[144] Es gibt dann durchaus verschiedene Möglichkeiten und Formen einer Koalitionsbildung.[145] Wenn von einer grundlegenden Dreierbeziehung ausgegangen werden muß, dann fällt auch die alles vereinfachende Annahme der Symmetrie der Aktionsmöglichkeiten.[146] Die Möglichkeit der Koalitionsbildung und der Trend zur Asymmetrie hat auch Konsequenzen sozusagen nach innen, d. h. die Handlungen werden mehrdeutig: Kooperation, Antagonismus, Domination und Isolation stehen nebeneinander; Handlungen lassen sich durch neue Arrangements umwerten und umfunktionieren. Keiner der Partner darf nun auch das Ausmaß der Kooperation oder des Antagonismus übertreiben, wenn er seine Koalitionsfähigkeit nicht einbüßen will. Die Dreierbeziehung bringt eine Tendenz zur Verobjektivierung der sozialen Beziehungen und zur Relativierung der Position des einzelnen mit sich. Gegenüber dem einzelnen gibt es nun immer noch ein Gesamtinteresse: nämlich den anderen nicht zu zerstören, seine Handlungsfähigkeit und seine Koalitionsfähigkeit zu erhalten. Das Bedürfnis zur Verständigung ist unabweisbar. Entweder es kommt zu Absprachen *vor* dem Spiel (sofern sie *im* Spiel verboten sind), oder es kommt zu einer Verständigung durch eine gewisse Kontinuität und damit Vorhersehbarkeit in den Spielzügen. Jeder gewinnt durch seine Spielzüge auf die Dauer so etwas wie einen Sozialcharakter, ein gewisses Image und einen bestimmten Vertrauenskredit. Dieses Moment ist zwar im Spiel nicht vorgesehen, aber besonders in Drei-Personen-Spielen kommt es deutlich zum Ausdruck, und auch in größeren Serien von Zwei-Personen-Spielen tritt es hervor. Für den Soziologen jedenfalls besteht kein Anlaß, von diesem sozialen Moment abzusehen und es nicht jeder Spielsituation schon von Anfang an zu unterstellen.

Eine ganz wesentliche und vielleicht die entscheidende Vereinfachung der Spieltheorie ist viertens die Nullsummenannahme, die sich leicht als Nullsummen-Falle erweisen kann.[147] Ein Versuch, die Annahmen des Nullsummenspiels zu lockern, war schon die Einführung des Konstant-Summen-Spiels; infolge des Isomorphismus der strategischen Situation entstand daraus aber keine wesentliche Erweiterung oder Revision der Annahmen. Diese ergibt sich erst mit der Einführung des Nicht-Nullsummenspiels oder von Spielen mit variablen Summen. Schon Neumann und Morgenstern betonen, daß es sich hier um ein grundlegend neues begriffliches und nicht nur um ein technisches Problem handelt.[148] Wenn sie das Problem dann doch nur technisch (durch die Einführung eines nur fiktiven dritten Spielers, der »Bank« oder der »Natur«) lösen, dann läßt sich dies soziologisch einerseits damit rechtfertigen, daß jedes Spiel insofern zu einem Nullsummenspiel tendiert, als der maximale Kollektivgewinn einmal ausgeschöpft ist und dann jeder weitere Gewinn einer Gruppe durch einen Verlust einer anderen ausgeglichen werden muß, andererseits damit, daß sich jedes Spiel als Androhung eines zukünftigen Nullsummen-Verhaltens verstehen läßt.[149] Damit beginnt aber im Grunde erst die Diskussion der sozialen Voraussetzungen eines solchen Spiels. In der Soziologie kann man gewöhnlich davon ausgehen, daß die Grenze der totalen Ausschöpfung des »Kollektivgewinns« niemals erreicht wird, schon deshalb, weil der Gewinn nicht fixierbar und weil der Mensch sozusagen teilbar ist, d. h. in neuen Rollen- und Gruppenbezügen stets wieder neue Energien und Bindungen mobilisiert werden können. Dies gilt auch für die politische Macht, die durch Prozesse der Machtschöpfung und Machtentwertung (mehr oder weniger analog dem Prozeß der Kreditschöpfung) bestimmt wird und nicht als konstante Summe (oder Nullsumme) zu definieren ist.[150] Überhaupt wird es überall dort, wo man so etwas wie ein stillschweigendes Einverständnis, Vertrauen, Kontinuität, Koordination oder sogar offene Kommunikation zwischen den Interaktionspartnern beobachten kann, wohl nicht mehr sinnvoll sein, vorbehaltlos von der Nullsummenannahme auszugehen. Trotzdem geht es hier aber nicht um eine Frage des Entweder-Oder: Sondern ein und dasselbe Spiel kann unter bestimmten Bedingungen die charakteristischen Züge eines Nullsummen- oder eines Nichtnullsummen-Spiels annehmen. Es geht hier um eine Frage der Sichtbarkeit und der Interpretierbarkeit, nicht jedoch um eine normative Frage. Wenn man davon ausginge, daß alle Spiele (z. B. in militärstrategischen Fragen) stets so gesehen werden *müssen* wie Nullsummenspiele, dann setzte man damit nur den Zirkel der wechselseitigen Abschreckung in Gang; wenn man davon ausginge, daß alle Spiele aus irgendwelchen Gründen als Nichtnullsummenspiele zu interpretieren sind, dann würde man in Gefahr kommen, das Zwangsmoment und das nicht zu leugnende Risiko eines Spiels für die eigene Existenz zu übersehen.

Fünftens ist auf die Rationalitätsannahme kurz einzugehen. Bei Homans gibt es ja noch eine ganz schlichte Rationalitätsdefinition: »rational« ist, was der Maximierung des eigenen Gewinns dient (vielleicht auch noch, was der Minimierung des eigenen Verlustrisikos dient – wobei schon dieses Verhältnis von Maximierung und Minimierung unklar bleibt). In vielen spieltheoretischen Abhandlungen ist aber sehr schnell klar geworden, daß es diese eindimensionale Rationalität auch in strategisch recht einfachen Spielen nirgends gibt.[151] D. h. die Rationalitätsannahme kann wiederum nur eine methodologisch-idealtypische Maxime sein, die Abweichungen erkennen und die verschiedene Perspektiven einander zuordnen läßt. Sicher ist das Denkschema des Entweder-Oder wiederum völlig unangebracht. Für den Soziologen gibt es »Rationalität« nur in bezug auf gemeinsame Projekte und gemeinsame Situationen. Das Entweder-Oder und auch das Mehr-oder-Weniger scheitert schon daran, daß die Abschätzbarkeit von Gewinn und Verlust im sozialen Leben (und auch Kriege zählen dazu, insofern es nicht nur um das nackte Leben, sondern auch um das Leben der Überlebenden geht) nur sehr gering ist. Wohl vertreten verschiedene Parteien verschiedene Wertrangordnungen, aber diese Wertrangordnungen sind selbst denen, die sie zu vertreten glauben, nur sehr undeutlich bewußt. Und sie *können* sich erst im Ablauf realer Interaktionssequenzen ihrer bewußt werden, wenn wir von einem lebendigen sozialen Prozeß und nicht von vorprogrammierten Maschinen ausgehen wollen. Außerdem werden die Verhältnisse noch kompliziert durch die mangelnde Regelkonstanz (die de facto selbst im Schachspiel zum Ausdruck kommt) und durch den niemals zu vernachlässigenden Faktor der Zeitknappheit, der gerade bei sehr grundlegenden Entscheidungen an Gewicht gewinnt.[152]

Die Soziologie beginnt sozusagen erst hier, wo die Spieltheorie endet. Immerhin hat die Spieltheorie geholfen, die entscheidenden Fragen zu präzisieren. Es dürfte nun endgültig unmöglich sein, das sogenannte »elementare Verhalten« als ein Verhalten nach dem Modell eines Ein-Personen-Maximierungs-Spiels zu verstehen. Die Soziologie ist auch nicht ohne weiteres als eine Soziologie nach dem Modell des Zwei-Personen-Nullsummen-Spiels aufzubauen, wie dies gewöhnlich als der Weisheit letzter Schluß gilt. Zumindest wären die Bedingungen anzugeben, unter denen von diesen Annahmen auszugehen ist. Ein sinnvolles Ziel der weiteren reduktionistischen Theorieentwicklung in der Soziologie wäre es hingegen, eine Soziologie nach dem Modell eines Drei-Personen-Nicht-Nullsummen-Spiels aufzubauen und nach Maßgabe verschiedener typischer Entscheidungssituationen und Prozeßstrukturen systematisch durchzuspielen. Allerdings wäre dann noch herauszuarbeiten, daß die »strategische Interaktion« (game) nur eine ganz bestimmte Form der menschlichen Interaktionsbeziehungen erfassen kann, daß daneben einerseits noch das von Regeln losgelöste Spiel (play) und andererseits noch das projektbezogene soziale Handeln zu treten hätte.[153] Ergebnisse aus dem einen Bereich sind nicht ohne weiteres auf den anderen Bereich zu übertragen; die Spieltheorie bietet nur einen ersten formalen Rahmen. Insofern aber die »Auszahlungen« im sozialen Leben sicher auch qualitativ zu bewerten sind, insofern die »Spieler« stets in verschiedenen Funktionen (z. B. als Spieler, als Informant, als Pfand und als Zeichen) auftreten, insofern der Informationsstand und die Spielfähigkeit der Akteure als verschieden anzusehen sind und insofern jedes Spiel auf mehreren Ebenen (in räumlicher, zeitlicher und sozialer Hinsicht) zugleich ausgetragen wird, ist durch die Spieltheorie erst der Ausgangspunkt jenes schwierigen Unternehmens fixiert worden, dem sich nun vor allem der Symbolische Interaktionismus verschrieben hat.[154]

3.6 Systemtheoretischer Reduktionismus

Schon in einer recht skizzenhaften Abhandlung der für die Soziologie wichtigen Grundzüge der Entscheidungstheorie oder Spieltheorie hat sich die Idee, eine Soziologie ganz als eine Theorie von »Elementareinheiten« aufzubauen, als eine Fiktion von nur sehr begrenzter Haltbarkeit erwiesen. Denn erstens wird vorausgesetzt, daß es zwischen den Teilen keine oder nur schwache Interaktionen von eigenem Charakter gibt, so daß sie für bestimmte Forschungszwecke vernachlässigt werden könnten. Zweitens muß vorausgesetzt werden, daß die (nur gedachten und gar nicht zu untersuchenden) Beziehungen zwischen den Teilen alle gleich und linear sind; nur dann sind sie summativ, und eine Gleichung, die das Verhalten des Ganzen beschreibt, kann dann die gleiche Form haben wie die Gleichungen, die das Verhalten der Teile beschreiben.[155] Die begrenzte Gültigkeit dieser Bedingungen ist in mehreren Wissenschaftsdisziplinen aber mehr als deutlich geworden, in der Heisenbergschen Unschärferelation und der Quantenphysik ebenso wie in der Evolutionsbiologie oder Gestaltpsychologie. Es ist aber vor allem die Systemtheorie, die aus dem Scheitern der atomistischen Ansätze die entschiedensten Konsequenzen zieht. Systemtheorie in diesem Sinne ist der Versuch, Gesetzmäßigkeiten für den prozessualen Zusammenhang von Klassen oder Subklassen von »Systemen« oder »organisierten Ganzheiten« zu finden, die (zunächst jedenfalls) unter Vernachlässigung ihrer spezifischen Komposition aus (mehr oder weniger nur fiktiven, operationell meist ja gar nicht isolierbaren) Elementareinheiten nur als »black boxes« repräsentiert und durch Input-Output-Beziehungen miteinander verbunden werden.[156]

Der systemtheoretische Reduktionismus ist also ein Reduktionismus eigener Art, der gerade in bewußter Opposition zum herkömmlichen (mechanizistischen) Reduktionismus entstanden ist. Hier geht es nicht mehr um eine Mikroreduktion, d. h. um den Versuch, komplexe Phänomene in einen Zusammenhang von homogenen Elementareinheiten zu zerlegen, die unabhängig voneinander erforschbar sind. Eher könnte man von einer Global- oder Makroreduktion sprechen: Es geht hier nämlich um den Versuch, die Zuordnung der Teilbereiche und die Struktur dieser Zuordnung in großen Zügen darzustellen, unabhängig von den speziellen Charakteristika oder Systemzwecken dieser Teilbereiche oder Systeme (als physikalischer, technischer, biologischer, ökologischer, kognitiver oder sozialer Systeme). Die vorgenommenen Reduktionen sind sicher nicht weniger radikal insofern, als nur wenige Systemklassen (z. B. »offenes« und »geschlossenes« System, Subsystem und Suprasystem, monostabiles und multistabiles System, lineares und nicht-lineares System) unterschieden und die Schaltmuster auf wenige kybernetische Grundfiguren (z. B. negativer Regelkreis, positiver Regelkreis) zurückgeführt werden.[157] Die Fruchtbarkeit dieser Makroreduktion liegt aber erstens darin, daß größere Zusammenhänge erfaßt werden können, bevor noch Detailkenntnisse vorliegen (die ja auch nur Wert in ihrem Bezug auf das größere Ganze haben können). Zweitens sind gerade auch die systemtheoretischen Makroreduktionen keine Letztbegründungen; sie sind revidierbar und sie fordern zur Revision heraus, indem eine Aufhellung der black boxes, sozusagen eine Konstruktionszeichnung der Prozessoren, Rezeptoren und Effektoren sowie der Gedächtniskomponenten, erst durch eine systematische Variation der Versuchsanordnung möglich wird. Es wird dabei stets »letzte« Systemelemente geben, die nicht mehr aufzuhellen sind und deren Aufhellung nicht erforderlich ist. Der Ausdruck »Systemtheorie« ist allerdings nicht schon dadurch gerechtfertigt, daß vom »Ganzen« gesprochen und das Ganze gegenüber den Teilen mystifiziert wird (»Das Ganze ist das Wahre«, »das Ganze ist mehr als die Summe seiner Teile«). Wenn das Ganze mehr als die Summe seiner Teile ist, so ist es doch nicht ohne diese Teile und nicht *vor* diesen Teilen, so ist es auch nicht schlechthin unerfaßbar und unfaßlich: oft sind die Relationen der Teile zueinander und sind die Organisationsmuster solcher Ganzheiten leichter erfaßbar als die Teile selbst. Unter Systemtheorie soll hier auch nicht eine der Formen des normativen (Aristoteles, Thomas von Aquin) oder positiven Organizismus (Spencer, Schäffle, Lilienfeld) verstanden werden[158], auch nicht die funktionalistische Systemtheorie etwa eines Talcott Parsons, die dem Organizismus zutiefst verpflichtet ist.[159] Die reduktive, kybernetisch orientierte Systemtheorie ist gerade dadurch charakterisiert, daß sie Abstand nimmt von den organizistischen Postulaten einer Gleichgewichts-Soziologie: daß ein System stets auf den ursprünglichen Gleichgewichtszustand tendiere, daß eine Störung des Gleichgewichts nur von außen kommen könne, daß die Widerstandskraft mit dem Grad der Störung wachse usw.[160] Für die Sozialwissenschaften ist vielmehr sozusagen gerade die »zweite« Kybernetik von entscheidender Bedeutung, die nicht mehr ausschließlich vom Postulat der Spannungsreduktion und der Ausregelung der Störungen, sondern im Gegenteil vom Postulat des Spannungsmanagements und der Selbstorganisation ausgeht.

Als allgemeine Definition des Systems läßt sich zunächst die Formel

$$R = f(a, b, c, d)$$

vorschlagen, wobei a, b, c, d unabhängige Variablen sind, die zusammen die Funktion R ergeben. Dabei repräsentiert die Variable a das Zusammenwirken der Teile, das in einer geordneten Ganzheit resultiert; b repräsentiert die Funktion der Anpassung des Systems an Störungen aus der Umgebung, insoweit sie zu einer Wiederherstellung des ursprünglichen Systemzustandes führen (Kybernetik I); c hingegen repräsentiert die Funktion der Adaptation insoweit, als Störungen aus der Umwelt zu einer Reorganisation des Systems führen, was mit einem hohen Grad an Wahrscheinlichkeit einen Nettogewinn an Information und Negentropie impliziert (Kybernetik II); die Variable d schließlich betrifft die interne und gegenseitige funktional-strukturale Adaptation von Subsystem- und Suprasystem-Ebene.[161] Diese erste Definition ist nun im Hinblick auf die Eigentümlichkeiten von sozialen Systemen etwas näher auszuführen:

3.6.1 Über die erste Voraussetzung, daß nicht nur für institutionell und organisatorisch verfestigte soziale Beziehungen, sondern auch für jede Form von sozialen Interaktionen von einem systemhaften Zusammenhang ausgegangen werden muß, besteht durchaus Einigkeit in der Soziologie.[162] Wenn auch keine Einigkeit darüber besteht, wie die auftretenden (und von der Zufallsverteilung abweichenden) Regelmäßigkeiten über Raum und Zeit hinweg zu erklären sind: durch eine gemeinsame Wertordnung und koordinativ aufeinander bezogene Normen, durch eine ähnliche Antriebsstruktur oder eine isomorphe materielle Basis usw., so sind diese oft über große Gesellschaftsformationen reichenden Regelmäßigkeiten doch niemals zu übersehen. Die Systemtheorie schließt dabei die Darstellung des Wandels in keiner Weise aus; sie setzt nur voraus (und diese Voraussetzung ist logisch notwendig), daß einige (für den gesellschaftlichen Zusammenhang wichtige) Parameter relativ invariabel bleiben, während andere mehr oder weniger frei variieren. Diese relativ invarianten Parameter dienen sozusagen zur Konstruktion des Grundgerüsts, ohne das die zu beobachtenden Fluktuationen und Verschiebungen theoretisch gar nicht erfaßbar wären.

3.6.2 Auch soziale Systeme können – zum Teil wenigstens – als sich selbst stabilisierende Systeme begriffen werden, d. h. als Systeme, die die Fähigkeiten haben, sich verändernde Bedingungen in der Außenwelt durch einen koordinierten Wandel der internen Variablenstruktur auszugleichen. Die Stabilität und die Systemhaftigkeit des Systems beruht keineswegs auf seiner Starrheit, sondern gerade auf der Variabilität der inneren Komponenten; vorausgesetzt ist nur, daß die Varianz des Systems als ganzem kleiner ist als die Summe der Varianzen seiner Komponenten.[163] Die Möglichkeit zur Stabilisierung besteht nur dank der Rückkopplung, durch die die Outputs eines Systems auf seine Inputs zurückwirken. Schematisch dargestellt, findet sich bei M eine Meßvorrichtung, die die Outputs des Systems S

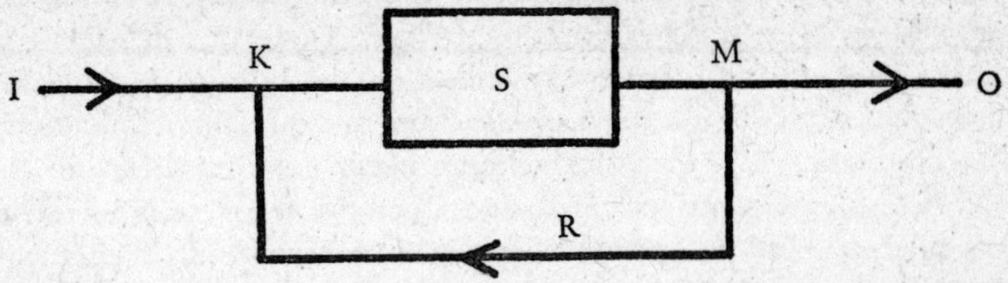

mißt und die Meßwerte über die Rückkopplungsschleife R an den Kontroll- oder Steuerungsmechanismus K weitergibt, der daraufhin – je nach seinem Programm – die Inputs drosselt oder steigert.[164] Ohne die generelle Annahme einer solchen Rückkopplung (selbstverständlich sind bei der Lösung von speziellen Problemen gerade die Struktur und Intensität dieser Rückkopplungsprozesse noch weiter auszuarbeiten) wären die meisten der für die Soziologie konstitutiven Probleme – angefangen von der Definition der Soziabilität des Menschen und des sozialen Handelns bis zur Darstellung großer zyklischer Kulturbewegungen oder der Verflechtung von Wirtschaft, Politik, Gesellschaft und Kultur im nationalen wie im internationalen Bereich – gar nicht erfaßbar. Ohne auf die Struktur dieser Rückkopplungen näher einzugehen, lassen sich zwei große Klassen unterscheiden: negative und positive Rückkopplungen. Als negativ sind Rückkopplungen zu bezeichnen, die lediglich zu einer Ausregelung der Störung und zur Reduktion der Abweichung vom (vorprogrammierten) Normalzustand führen.[165] Diese Klasse von Rückkopplungen spielt nicht nur bei physikalischen oder biologischen, sondern auch bei sozialen Systemen eine sehr wichtige Rolle, und zwar bei allen Phänomenen, die mit sozialer Kontrolle (in einer groben physischen oder einer verfeinerten psychisch-kognitiven Form) zu tun haben, mit der Institutionalisierung und der Herausbildung und Festigung einer prägnanten Tradition (sowohl im kulturellen Sinne wie auch in einem genetischen Sinne der Selektion und Tradierung bestimmter Erbanlagen und Verhaltensdispositionen).

3.6.3 Andere gesellschaftliche Phänomene (und auch schon die vorhin genannten Prozesse der Selektion und Tradierung selbst) sind aber hinreichend nur zu erfassen durch die Annahme einer positiven Rückkopplung[166], d. h. einer Rückkopplung, bei der Abweichungen vom

Normalzustand gerade positiv definiert und weiter ausgebaut werden (deviation amplification), bei der es zu einer dynamischen Adaptation und zu Prozessen der Selbstorganisation kommt.[167] Die positive Rückkopplung wird dadurch möglich, daß zwischen Reiz und Reaktion, zwischen Input und Output ein größerer Zwischenraum und ein mehrstufiger Prozeß der Vermittlung tritt.[168] Dieser Prozeß der Vermittlung umfaßt Prozesse der Symbolisation, der Information und der Kommunikation, die alle *auch* soziale Prozesse sind. Die zielorientierte Rückkopplung, d. h. die Rückmeldung neuer externer Daten in ein System, dessen Operationskanäle und Operationsprogramm unverändert bleiben, wird so ergänzt oder sogar überspielt durch »Lernen« und »Bewußtsein«.[169] »Lernen« wäre möglich in einem Regelkreis, in dem externe Daten dem Zweck der Änderung der Operationskanäle und -programme selbst, also zur Reorganisation des Systems, dienen. »Bewußtsein« tritt dann in Erscheinung, wenn eine Rückmeldung neuer interner Daten auf dem Wege von »sekundären« Kommunikationen, d. h. Kommunikationen über den Wandel der inneren Verhältnisse aufgrund äußerer Veränderungen, erfolgt. Je nach dem Grad und der Art der Symbolisation treten diese Rückmeldungen als »Gefühle« oder »Gedanken« in Erscheinung. In der Soziologie ist diese Komponente oft nur residual definiert worden, nämlich tatsächlich als »Residuen« oder »sentiments«; oder diese Komponente ist besser ausgearbeitet worden im Begriff des »inneren Systems«[170]; aber sie war in der Soziologie wohl schon immer angelegt. Diese Rückkopplungsprozesse des Lernens und Bewußtseins sind nicht mehr notwendigerweise lediglich auf die Korrektur der relativen Abweichung des Innenzustandes gegenüber dem veränderten Außenzustand ausgerichtet. Ab einem gewissen Punkt (ab einer bestimmten Toleranzgrenze oder wenn sich eine neue prägnante Gestalt ergibt) ist es durchaus möglich, daß diese Abweichungen gerade zum konstituierenden Charakteristikum ausgebaut werden. Dies ist ein im sozialen Leben durchaus häufig zu beobachtender Prozeß: Die USA entwickeln eine eigene Kultur auf der Basis eines Fragments der europäischen Kultur, nämlich des Puritanismus; Abweichungen von der Parteilinie führen zur Flügelbildung oder zur Neubildung von Parteien; anomische Zustände führen zu relativ gut stabilisierten Lebensstrategien.

In der Soziologie wird normalerweise beides anzunehmen sein, eine negative wie eine positive Rückkopplung: soziale Systeme sind sowohl zur Selbststabilisation wie zur Selbstorganisation fähig[171], und das gleichzeitige Vorkommen der negativen wie der positiven Rückkopplung nimmt der gesellschaftlichen Entwicklung (wie auch schon der

Evolution in der Natur) jeden Automatismus. Soziale Systeme in einer komplexen Gesellschaft sind wohl nur darstellbar als »multi-loop nonlinear feedback systems«.[172] Dabei ist einerseits nicht anzunehmen, daß komplexere und hochdifferenzierte Systeme anpassungsfähiger sein müßten als einfachere und sog. primitive soziale Systeme; andererseits ist Angepaßtheit nicht mit Stabilität zu verwechseln. Ein gut angepaßtes System ist optimal stabil nur gegenüber denjenigen Bedingungen, die diesen Prozeß der Selbstorganisation erzwungen oder ermöglicht haben;[173] anderen Bedingungskonstellationen gegenüber ist es aber höchst anfällig. Indem der Prozeß der Selbstorganisation einen Prozeß der Selektion einer kleineren Reihe von Systemzuständen aus einer größeren Reihe von möglichen impliziert, sinkt – auf dem erreichten Organisationsniveau, nicht jedoch darunter – die generelle Anpassungsfähigkeit. Eine moderne technologisierte und bürokratisierte Industriegesellschaft ist in diesem Sinne weniger anpassungsfähig und weniger stabil als eine primitive Gesellschaft; was sie jedoch auszeichnet, das ist die größere funktionale Effektivität in der Bewältigung von Umweltstörungen, das ist ihr höheres Organisationsniveau und die größere Kapazität von Informationen. Komplexe Systeme, die weitgehend durch positive Rückkopplungsprozesse bestimmt werden, sind nicht mehr in der Isolation voneinander zu untersuchen; Prozesse der Selbstorganisation sind nur zu erfassen, wenn jeweils die nächsthöhere Supra-Systemebene miteinbezogen wird. So läßt sich in der Soziologie z. B. ein Industriebetrieb nicht mehr als ein nur sich selbst stabilisierendes und sich selbst erhaltendes System erfassen, insofern gerade die Umorganisation oder sogar die Auflösung dieses einen Industriebetriebs sehr wohl zur Stabilisierung oder Weiterentwicklung einer Volkswirtschaft beitragen kann. Das gleiche gilt für nationale Systeme gegenüber internationalen Staatensystemen, für Personen gegenüber Gruppen oder für einzelne Rollen gegenüber größeren Rollenbündeln und Rollenhaushalten, usw. Schließlich sind soziale Systeme auch »Zeit-Systeme«, so daß es stets auf die mehr kurzfristige oder langfristige, vergangenheitsorientierte oder zukunftsorientierte Zeitperspektive ankommt, was als »System«, als »Subsystem« oder »Suprasystem« anzusehen ist.

3.6.4 Die Systemanalyse kommt sehr schnell zum Erliegen (oder versteigt sich in metaphysische Spekulationen), wenn der Relationscharakter der Systemkonstitution und Systemzurechnung nicht gesehen wird. Subsysteme und Suprasysteme gibt es nur in bezug auf die gewählte Analyseebene; d. h. ein und derselbe Teilbereich kann unter verschiedenen Gesichtspunkten einmal als Subsystem und einmal als

Suprasystem figurieren, und jeder Bereich fungiert zugleich als Subsystem und als Suprasystem. Komplexe soziale Systeme sind (wie sowohl für den organischen wie auch für den anorganischen Bereich gezeigt worden ist[174]) wohl am besten als hierarchische Systeme zu erfassen, die sich einerseits viel schneller aus schon organisierten und umzufunktionierenden Teilsystemen aufbauen und die andererseits normalerweise nur bis zur nächsten Subsystemebene dekomponierbar sind.[175] Bei der Abgrenzung von Systemen ist neben der intrasystemischen Hierarchie von Subsystem und Suprasystem, und verbunden mit ihr, auch die intersystemische Beziehung der Aktionseinheiten zueinander zu beachten, die durch eine gemeinsame Umwelt miteinander verbunden und möglicherweise ebenfalls hierarchisch geordnet sind.[176] In jedem dieser Fälle ist es in den Sozialwissenschaften oft außerordentlich schwierig, die für eine bestimmte Problemlösung relevanten Grenzen zu ziehen. Erstens weil eben soziale Systeme zum Teil als sich selbst organisierende Systeme betrachtet werden müssen; zweitens weil wir stets in mehrere Beziehungsgefüge gleichzeitig einbezogen sind, die sich durchdringen und nicht durch physische Grenzen voneinander getrennt werden. Wo die Grenze in intra- oder intersystemischen Beziehungen zu ziehen ist, kann kaum der Messung von »Transaktionsströmen« entnommen werden[177], sondern bleibt weitgehend der Beobachtung und Bewertung struktureller Isomorphien (in normativer oder materieller Hinsicht) überlassen.

Konsequente systemtheoretische Erklärungen, die wirklich von den dargestellten Variablenzusammenhängen ausgehen und auch entsprechende methodologische Konsequenzen ziehen, sind in den Sozialwissenschaften noch nicht allzu häufig. Der modische Gebrauch systemtheoretischer Termini zur scheinbar wissenschaftlichen Drapierung banaler Alltagsweisheiten ist jedoch auch kein Gegenargument gegen die Systemtheorie[178] – zumal es doch schon vorzügliche Studien vor allem auf den Gebieten der Organisationssoziologie[179] und der Theorie der internationalen Beziehungen[180] gibt. Systemtheoretische Analysen, verbunden mit Versuchen der Simulation der wesentlichen Prozesse, scheinen immer dann unumgänglich zu sein, wenn eine in Gang befindliche (und vermutlich auf komplexen Zusammenhängen beruhende) Entwicklung auf irgendeine Weise gesteuert werden muß, noch bevor die Zusammenhänge im einzelnen geklärt werden konnten.

Diese Analyse, die auf der Makroebene bleibt, verläuft in mehreren Schritten, die jedoch rückgekoppelt sind: Nachdem eine intuitive Abgrenzung des Systems vorgenommen und die Analyseebene festgelegt worden ist (1), sind zunächst die in der Analyse voraussichtlich mit Gewinn zu verwendenden Begriffe zu definieren und die Variablen so weit wie möglich zu präzisieren (2). Um die Verflechtungen innerhalb des Systems darstellen zu können, müssen sodann die Variablen disaggregiert und nach ihren verschiedenen Komponenten unterschieden werden (3a); parallel dazu wird das Gesamtsystem begrifflich in verschiedene Subsysteme und Systemebenen aufgelöst (3b). Die aufgrund dieser begrifflichen Differenzierung erreichbaren Daten müssen erhoben und gespeichert werden (4). Diesem Schritt der Auflösung folgt dann aber wieder ein Schritt der Zusammenfassung. Insofern die Daten zu unübersichtlich geworden sind, müssen sie nämlich wieder zu überschaubaren Klassen zusammengefaßt werden (5a), und die analytisch unterschiedenen Subsysteme sind entsprechend ihrer empirisch beobachtbaren Verbindung aneinanderzukoppeln und zu möglichst übersichtlichen und aussagekräftigen Einheiten zusammenzufassen (5b). Schließlich muß sich die Brauchbarkeit der theoretischen Rekonstruktion der Zusammenhänge daran erweisen, daß Prozesse über mehrere Zeitserien hinweg in einer Weise dargestellt werden können, die eine bessere Interpretation der empirisch feststellbaren Daten ermöglicht (6). Wenn diese Darstellung erfolgreich ist (was nur im Vergleich mit anderen Darstellungen zu entscheiden ist), dann kommen wir zu einem mehr oder weniger komplexen Systemmodell auf der Makroebene (7); ist sie vergleichsweise unergiebig oder erwiesenermaßen falsch, dann werden die Variablen neu zu definieren sein und der im folgenden schematisierte Vorgang der Theoriebildung wird sich gegebenenfalls mehrmals wiederholen müssen:[181]

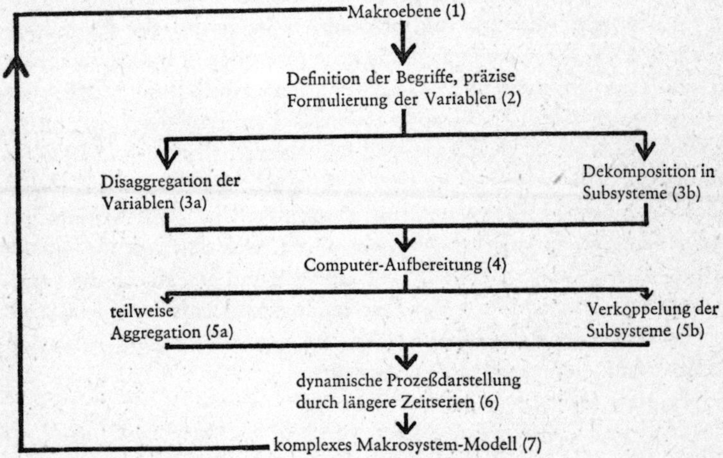

Man darf dabei nicht vergessen, daß solche systemtheoretischen Analysen nur einen Sinn haben auf einem (gegenüber dem physikalischen, geopolitischen oder behavioristischen Reduktionismus) völlig veränderten Denkhintergrund. Während nämlich die bisherige Soziologie und die herkömmlichen Reduktionsversuche weitgehend auf ein dichotomisches Denkschema von »Sein« und »Bewußtsein«, »Ideal«- und »Realfaktoren«, »Innen« und »Außen«, »System« und »Umwelt« usw. rekurriert haben – wobei in einer pseudokausalistischen Interpretation immer wieder ein unilineares und monokausales Verhältnis festgelegt worden ist –, so läßt die Systemtheorie (in ihren verschiedenen Formen[182] einer kybernetischen, informationstheoretischen, kommunikationstheoretischen oder allgemeinen Systemtheorie) diese Dichotomie und den unkritischen Kausalismus hinter sich. In den Mittelpunkt des Interesses treten nun die Prozeßstrukturen, die zwischen den früher (notwendigerweise) substantialisierten Komponenten vermitteln. Die systemtheoretische Methode ist nur reduktiv vom Standpunkt dieses alten Substantialismus aus gesehen: denn sie sieht von den sogenannten »Inhalten« des sozialen Lebens, ob sie nun ideell und normativ oder ob sie materiell definiert worden sind, völlig ab. Die alten Dichotomien sowohl des Idealismus wie auch des Materialismus: die Dichotomien von Körper und Geist, von Sein und Denken, von Stoff und Form usw., sind damit hinfällig geworden.[183] Diesem Eingeständnis kann sich, nach einigem Zögern zwar und sanktioniert durch irrelevante Klassiker-Zitate, auch der historische Materialismus nicht verschließen.[184] Die systemtheoretische Methode ist jedoch nicht reduktiv vom Standpunkt einer prozessualen Sichtweise aus gesehen; in diesem Sinne ist sie geradezu eine Methode der Amplifikation und der methodologisch kontrollierten Steigerung der Innenkomplexität eines theoretischen Systems gegenüber der in unseren vielfach verflochtenen industriellen Gesellschaften zweifellos gestiegenen Außenkomplexität.[185] Es ist so gerade das Verdienst der systemtheoretischen Reduktion, zu sehr viel komplexeren Systemmodellen gekommen zu sein, als dies in der herkömmlichen Soziologie bisher möglich gewesen ist. Vor allem und zumindest wurde die Variabilität der Systemdarstellungen beträchtlich erhöht, was das Bewußtsein der Instrumentalität dieser Modelle verschärfte; und erst durch die systematische Problematisierung des Darstellungsproblems ist eine Befreiung aus den alten mechanizistischen und organizistischen Analogien ermöglicht oder sogar erzwungen worden.

3.7 Ethologischer Reduktionismus

Während die Systemtheorie (ebenso wie schon die Entscheidungs- oder die Spieltheorie) zu einer grundlegenden Revision des Verständnisses der Beziehungen von System und Umwelt bzw. von System zu System und von Systemebene zu Systemebene geführt hat, ist es die Leistung der Ethologie, daneben noch das Verhältnis von Natur und Kultur bzw. von Real- und Idealfaktoren einer entscheidenden Klärung entgegengeführt zu haben. Gerade die deutsche Soziologie ist bis heute in einem völlig sterilen Weltanschauungskampf zwischen einer materialistischen oder idealistischen Popularmetaphysik, zwischen Real- oder Kultursoziologie gefangen und befangen geblieben. Die Ethologie könnte, wenn sie nicht wieder zu einer – diesmal naturalistischen und restaurativen – Heilslehre erhoben wird, wesentlich zur Entdogmatisierung beitragen.

Allerdings überwiegen heute, jedenfalls in den popularwissenschaftlichen Darstellungen, noch die magischen Glaubensformeln. Bedroht vom ökologischen Ungleichgewicht, angewidert von unserer industriellen Zivilisation, und der in den letzten Jahrzehnten entschwundenen Illusion nachtrauernd, daß der »natürliche« und der »eigentliche« Mensch noch von den Resten primitiver Völker repräsentiert würde, in dem Bewußtsein auch, daß »Gott« tot ist, wird die Heilsgeschichte des Menschen sozusagen in die graue Vorzeit und in das Tierreich zurückverlegt.[186] Kennzeichen des Ethologismus, der leider auch von verdienstvollen Fachvertretern gefördert wurde[187], ist in wissenschaftlicher Hinsicht vor allem, daß Beobachtungen aus dem Zusammenhang begrenzter Experimentieranordnungen (und dadurch gelenkter Interaktionssequenzen) herausgerissen und als vermeintliche Elementareinheiten in einer nicht einmal logisch befriedigenden Weise wieder zusammengebastelt werden. Die Elemente werden dann durch bloße Analogiebildung aneinandergereiht, eine Struktur oder ein innerer »Mechanismus« des Zusammenhangs wird nicht mehr ermittelt; man begnügt sich mit dem äußeren (»phänomenologischen« oder »morphologischen«) Schein.

Das Ziel der Suche ist dann das *eine* Naturgesetz, das allen Erscheinungen zugrundeliegt. Selbstverständlich wird dieses eine »Gesetz« auch gefunden – jedoch schon vor Beginn der Forschungsarbeit, die dann nur noch illustrativen Zwecken dient. Wenn dieses »Gesetz« nur vage genug formuliert ist, wenn keine spezifischen Randbedingungen angegeben werden und wenn völlig abgesehen wird von der unvermeidlichen Künstlichkeit der Versuchsanordnungen, dann wird dieses

»Gesetz« auf jeden Fall stimmen. Leider wird mit solchen »Gesetzen« alles bzw. nichts erklärt; die Probleme sind fast beliebig austauschbar, denn die Lösungen sind schon gefunden, d. h. die Probleme werden wegerklärt. Und wenn diese Lösungen von den Politikern und Erziehern oder von den Kritikern solcher Popularethologien nicht anerkannt werden können, dann wird dies wiederum (pseudo-)»ethologisch« erklärt. Kennzeichnend ist dann auch die Reifizierung der Hypothesenzusammenhänge, die sozusagen in der falschen Richtung gelesen werden: man erhebt ein denknotwendiges oder heuristisch vielleicht brauchbares Postulat (Arterhaltung, Instinkte höchster Ordnung) zur eigentlichen Realität und deduziert dann aus diesem Postulat die verschiedensten »naturgesetzlichen« Zusammenhänge. Damit hätte der Verhaltensforscher einen archimedischen Punkt erreicht, von dem aus er – außerhalb der Gesellschaft stehend und in seine Versuchsanordnungen selbst nicht einbezogen – über die Gesellschaft und ihre Entwicklung »objektiv« zu urteilen im Stande wäre. Doch diesen archimedischen Ort gibt es auch für den Ethologen nicht, dessen Arbeit selbst in den (von der Soziologie her gesehen) scheinbar entlegensten Gebieten nachweislich stets vom Anthropomorphismus bedroht ist. Da ein unterentwickeltes methodologisches Bewußtsein und der Anspruch, eine »wissenschaftlich« begründete Heilslehre bieten zu können, in der Regel eng miteinander verbunden sind, sollte es nicht so überaus schwierig sein, diese Formen des Ethologismus von ethologisch ernstzunehmenden Arbeiten zu unterscheiden.

Was wir in der Soziologie brauchen, ist sicher kein neuer ontologischer Reduktionismus, der nur nach der Gegebenheit oder Nichtgegebenheit eines Instinktes oder einer Verhaltensdisposition fragt. Sondern wir brauchen einen konstruktiven und methodologischen Reduktionismus, der die Frage stellt: auf welche strukturell-funktionalen oder welche kausalen Zusammenhänge läßt sich ein beobachtbares Verhalten zurückführen? bzw. aus welchen ausgewählten strukturell-funktionalen oder kausalen Faktorenzusammenhängen läßt sich ein bestimmtes (nach bestimmten standardisierten und auf bestimmte Konzepte gerichteten Verfahren) zu beobachtendes Verhalten hypothetisch (in einer für die jeweilige Problemlösung zureichenden Weise) rekonstruieren? Dabei soll nicht entschieden werden, ob eine funktionalistisch-organizistische und gestalttheoretische Erklärungsweise einer kausal-mechanizistischen und atomistischen Erklärungsweise vorgezogen werden soll, wenngleich es wünschenswert wäre, wenn die Bedingungen der einen wie der anderen Erklärungsweise angegeben werden könnten. Gefordert ist hier zunächst nur, daß zwischen unabhängigen und abhängigen Variablen bzw. zwischen unabhängigen Variablen und relevanten Bedingungen unterschieden wird[188] und daß – durch systematisch variierende Versuchsanordnungen – deren Beziehung zueinander dargestellt werden kann. Ohne eine wenigstens ansatzweise Explikation der inneren Komponentenstruktur werden ethologische Modelle kaum in soziologische Erklärungen einzubeziehen sein (und auch für ethologische Erklärungen sind solche Black-Box-Theorien wohl recht riskant), da sonst das für die Soziologie konstitutive Interaktionsverhältnis von System und Umwelt (bzw. Umweltsystemen) und von Natur (Angeborenem, Lerndispositionen) und Kultur (Erlerntem, Geprägtem usw.) gar nicht darstellbar ist.

So ist das Instinkt- oder Triebkonzept aus der Soziologie und anderen Humanwissenschaften vor allem deshalb verbannt worden, weil die angebotenen Konzepte – bis in die jüngste Zeit – diese Darstellung nicht ermöglichen. Wenn im hydraulischen Instinktkonzept zwar das deterministisch-statische Moment überwunden worden ist und wenn nun zwischen äußeren (auslösenden Reizen) und inneren Faktoren (endogen staubare Triebenergie) unterschieden wird, so bleibt hier dennoch der Zusammenhang zwischen beiden ungeklärt. Wenn rein spekulativ dann einfach von der Summierbarkeit beider Faktoren (sog. Reizsummenregel) ausgegangen oder wenn schließlich (infolge der ungeklärten Beziehung) dann doch wieder auf eine »letzte« Ursache geschlossen wird, dann haben die Soziologen (oder andere Humanwissenschaftler) nach wie vor keinen Grund, sich auf derart dunkle und ungesicherte Erklärungsmodelle einzulassen und daraus großartige Folgerungen für die Gestaltung der richtigen politischen Ordnung, für Strategien der Konfliktbewältigung oder für angemessene Methoden der Erziehung zu ziehen.[189] Die mangelnde Ausarbeitung des Instinktkonzeptes und seine unzureichende oder fehlgeschlagene Integration in die Sozialwissenschaften bringt nicht nur große Verständigungsschwierigkeiten zwischen Ethologie und Soziologie mit sich; in der Konsequenz führt sie auch zu einer nur schwer revidierbaren Horizontverengung der Soziologie (vielleicht umgekehrt auch der Ethologie dann, wenn es um die Erklärung des Verhaltens höherorganisierter Tiere geht).

Diese Horizontverengung wird besonders deutlich im zentralen Begriff der *Sozialisation* oder der Soziabilität. Unsere konventionellen soziologischen Erklärungen zielen meist nur auf ein Sozialverhalten, das in relativ kurzen Zeiträumen zu beobachten ist. Oft handelt es sich um Beobachtungszeiträume von wenigen Stunden oder Tagen; Verlaufsstudien, die sich über mehrere Jahre oder gar über eine Generation hinziehen, sind sehr selten. Entsprechend hat man sich auch die Sozialisation als einen relativ kurzzeitigen Vorgang vorgestellt. Anfangs hat man sich überhaupt nur auf die Sozialisation des Kindes durch die Mutter beschränkt; erst später hat man einsehen müssen, daß es hier (ausgedrückt durch die Begriffe der »primären« und »sekundären Sozialisation« sowie der »Resozialisation«[190]) um einen lebenslangen Prozeß geht. Wenn es auch unserer individualistischen Arroganz und unserem säkularisierten Glauben, daß wir Schöpfer unserer selbst seien, widerspricht, so sind wir – seitdem das darwinistische Mißverständnis einer Projektion des Selektionsvorgangs auf eine gewaltsame Populationsablösung innerhalb einer Generation auch in der Soziologie überwunden ist – nun auch gezwungen, den Prozeß der phylogenetischen »Protosozialisation« mit in Betracht zu ziehen. Nach Simmels Exkurs »Wie ist Gesellschaft möglich?« sind wir eben beides: aktives Mitglied der Gesellschaft *und* Produkt der Gesellschaft.[191] Es handelt sich um zwei Dimensionen ein und desselben Lebensprozesses; und die pseudoethologische (weil nämlich durch ethologische Beobachtungen gar nicht zu rechtfertigende und den durchaus legitimen und fruchtbaren Ansatz der Soziologie verkennende) Polemik, der »alle Veränderungen in der kulturellen, traditionellen, pädagogischen, religiösen, philosophischen und institutionellen Einstellung nur als ein Gekräusel an der Oberfläche« erscheinen[192], muß in wissenschaftlich-empirischer Hinsicht ebenso steril bleiben wie der beschränkte Individualhorizont so mancher Soziologen. Vielmehr wäre es eine der entscheidenden Aufgaben, den Zusammenhang von phylogenetischer und ontogenetischer Sozialisation theoretisch wie empirisch wieder herzustellen, nachdem die kurzschlüssigen Versuche des Sozialdarwinismus wie des Lamarckismus wohl endgültig gescheitert sind.

Diese »genetische« Sozialisation ist wohl nicht so vorzustellen, daß der Mensch in seiner genetischen Ausstattung – unter anderen Genen – auch über so etwas wie ein »Sozialgen« verfüge. Vielmehr wird es sich – ähnlich wie schon bei den Geschlechtseigenschaften, die keineswegs nur von den Chromosomen X und Y, sondern vom Gesamtzusammenhang aller Chromosomen bestimmt werden – um eine Kombination von vielen aufeinander abgestimmten Anlagen handeln, die wiederum den Rahmen abstecken für ein bestimmtes Sozialverhalten. Es besteht kein Grund zu der Annahme, daß sich Verhaltensmerkmale anders vererben sollten als physische Merkmale.[193] Allerdings ist erstens anzunehmen, daß die für die Selektion entscheidenden Verhaltensmerkmale polygen und zu komplexen Eigenschaftssystemen verbunden sind – so daß der Umwelthintergrund, vor dem solche komplexeren Verhaltenssysteme wirksam werden können, eine große Rolle bei der Ausprägung oder Unterdrückung auch einzelner beobachtbarer Eigenschaften spielt.[194] Zweitens ist die »natürliche Auslese« an die »kulturelle Auslese« und an die Sozialorganisation der der Selektion unterworfenen Populationen gebunden: Vererbung hat mit Fortpflanzung zu tun, die Fortpflanzung jedoch ist (durch Sitten und Bräuche, durch die Art der Heiratsordnung, durch Schichtung, Mobilität und Eherecht usw.) sozial geregelt.[195] Dadurch nun, daß unter bestimmten Umweltbedingungen nur Populationen mit jenen Typen von Sozialorganisationen, die bestimmte Mindestvoraussetzungen erfüllen, eine Chance haben, sich zu reproduzieren, ist zu erwarten, daß nach einem längeren Ausleseprozeß (in der gleichen Richtung) in der statistischen Mehrheit nur Individuen mit einer typenmäßig ähnlichen genetischen Ausstattung an sozialen Verhaltensdispositionen überleben. Insofern diese genetisch vermittelte Protosozialisation die Grundlage für die Prozesse der Primär- und Sekundärsozialisation mit ihren kulturellen (und historisch oder individuell mehr oder weniger einmaligen) Variationen abgibt, wäre es – im Hinblick auf eine realistische Einschätzung des Erfolges von Sozialisationsstrategien, von Erziehungstechniken, von Revolutionen und Rechtsetzungen – natürlich äußerst wichtig, diese Vorgaben zu kennen.

Nur wenn dieses Verhältnis von Protosozialisation und Sozialisation hinreichend geklärt worden ist, hat es einen Sinn, die sozialen Regulationsmechanismen bei verschiedenen Tierarten zu studieren und die *hier* entdeckten Regelmäßigkeiten und Gesetzlichkeiten – in Ermangelung empirisch datierbarer Erfahrungen aus der Frühgeschichte des Menschen – auf Probleme des gegenwärtigen menschlichen Sozialverhaltens zu übertragen. Wenn diese Übertragung jedoch direkt erfolgt – ohne Berücksichtigung des veränderten Lebenszusammenhangs und einer dadurch bedingten funktionalen Umwertung des Verhaltens –, kann es von beiden Seiten nur Mißverständnisse geben: wenn zwei grundlegend verschiedene Zeitperspektiven und Handlungssequenzen auf ein und dieselbe Ebene des momentanen Verhaltens projiziert und wenn wiederum nur pseudoelementare Bruchstücke aus einem größeren Lebensplan herausgerissen werden, dann kann von einer »Vergrößerung der Meßbasis«[196], wie sie von der Ethologie angestrebt wird, keine Rede mehr sein; statt dessen versandet die Forschung in den Analogien und Plausibilitäten unseres eigenen Kulturkreises. Unter der Voraussetzung aber, daß diese Differenz gewahrt bleibt, könnte sich das Studium vor allem von vier dieser »Mechanismen« oder typischen Interaktionsabläufe als fruchtbar erweisen: der

Territorialität, der Rangordnung, der Paarbindung und der Ritualisierung.

Das Problem des Territorialverhaltens ist eines der populärsten Themen der Ethologie wie der Soziologie geworden; man hat sogar den Menschen als »territoriales Wesen« definiert und hat im »territorialen Imperativ« *das* Naturgesetz der sozialen Ungleichheit gesucht.[197] Das ist sicher ebenso unhaltbar wie die Annahme, daß die Aggression direkt proportional zur Bevölkerungsdichte zunehme.[198] Dieser falsche Kausalismus beruht lediglich auf einer Verkürzung der funktionalen Beziehungen, und damit ist weder der Ethologie noch der Soziologie etwas gedient: der Raum ist als sozialer Raum eine Funktion der Interaktionsbeziehungen, ihrer Qualität und Intensität, und im Rahmen dieser Interaktionsbeziehungen lassen sich die räumlichen Beziehungen durchaus transformieren und kompensieren. Das wird auch von der Ethologie seit langem festgestellt, wenn hier z. B. verschiedene Formen des Revierbesitzes (durch Einzeltiere, Paare, Familienverbände, Horden usw.) und verschiedene Formen von Revieren (konzentrisch aufgebaute Reviere; funktional differenzierte Reviere, die nach einem bestimmten »Fahrplan« aufgesucht werden) unterschieden werden.[199] Für den Menschen sind noch ungleich mehr Möglichkeiten anzunehmen, seine Gemeinschaftsdefinitionen (z. B. auf den Bereich der Nation) zu erweitern und sich mit Hilfe der Architektur und mit Hilfe von symbolischen Grenzen sein Territorium zu sichern. In der Ethnomethodologie wurde herausgestellt, daß hier zumindest vier typische Formen von Territorien zu unterscheiden seien: öffentliche Territorien, Heim-Territorien, Interaktions-Territorien und Körperterritorien, die ineinander transformierbar und die gegenseitig substituierbar sind – wobei dann ein und derselbe Fleck Erde für verschiedene Bezugsgruppen zugleich ganz verschiedene Funktionen erfüllen kann.[200] Hinzu kommt noch, daß auch Territorialität und Rangordnung in einer gewissen Substitutionsbeziehung stehen:[201] Wie es eine »absolute Rangordnung« nur abgezogen von jeder territorialen Bindung gäbe, so könnte es eine »absolute Territorialität« nur geben, wenn Rangordnung, Brutpflege, Sexualität usw. keine Rolle spielen würden. Der »territoriale Imperativ« könnte nur durchschlagen in einer total segmentierten Gesellschaft; er kann – in jener Einfachheit, die eine Kausaldeutung zuließe – jedoch nicht zur Geltung kommen in »organischen« und funktional verflochtenen Gesellschaften. Erklärungen durch den »territorialen Imperativ« haben für die Soziologie daher nur einen Wert, wenn diese Randbedingungen seiner Wirksamkeit beachtet werden und so nicht der Fehler gemacht wird, aktuelles Verhalten aus den Gesetzlichkeiten *eines* absoluten Grenzfalls zu erklären; als Limesbegriff hat dieses Konzept jedoch seinen theoretischen Wert.

Das gleiche gilt für die ethologischen Untersuchungen zum *Rangordnungsverhalten*. Die einfache Alternative »Territorium« und »Tyrannei«[202] oder »sozialer Status« und »Eigentum«[203] dürfte schon für die Ethologie wertlos sein. Das Problem beginnt nämlich mit der Definition des Begriffes »Rangordnung« (»status«, »dominance«). Als operationale Definition hat man oft nur in Betracht gezogen, wer zuerst Futter nehmen darf. Man muß jedoch annehmen, daß das Rangordnungs- und Dominanzverhalten funktional und struktural relativ ist, d. h. wer beim Füttern der erste ist, muß es noch lange nicht sein, wenn es um den Zugang zum Geschlechtspartner oder wenn es um die Führungsrolle in der Revierverteidigung geht. Außerdem stehen alle diese Akte der Dominanz oder der Unterwerfung in einem größeren Zusammenhang von Interaktionssequenzen, die vom Tagesrhythmus bis zur biologischen Periodizität von Jugend und Alter reichen und die von den spezifischen und sich möglicherweise wandelnden Umweltbedingungen mitbestimmt werden. Es geht gar nicht um die Frage, wer immer dominant ist und wer immer unterlegen ist, sondern bestenfalls um die Frage der individuellen Dominanzraten in typischen Aktionsbereichen und innerhalb abgrenzbarer Interaktionssequenzen. Dabei ist es sicher unsinnig, Dominanzverhältnisse nur an sporadischen und dramatischen Akten (Futterwegnehmen) ablesen zu wollen, nicht jedoch den Stellenwert dieser Akte in den größeren Lebensstrategien (Isolation, Verkümmerung, Bildung von Allianzen) und auf dem Hintergrund der völlig undramatischen Akte (Apathie und Passivität, Sich-vorbei-Drücken) zu sehen.[204]

Durch das Herausreißen sporadischer Akte aus größeren Interaktionssequenzen und aus dem funktionalen Zusammenhang mit anderen für eine Tierart typischen Verhaltensasynchronien kommt man bestimmt zu keiner Theorie des »elementaren« (= »archaischen«, = »instinktgeleiteten«!) Verhaltens weder der betreffenden Tierarten noch gar des Menschen. Das zeigt sich besonders auch in der Übergeneralisierung des Modells der unilinearen Hackordnung, das selbst im Haremssystem des Hühnerhofs keine allgemeine Geltung hat und sicher nicht unbesehen auf andere (freilebende) Vogelarten oder den Menschen angewandt werden kann.[205] Der Beweis, daß der Mensch einen natürlichen Trieb zur Unter- bzw. Überordnung habe, kann auch nicht durch die berühmten Milgram-Experimente erbracht werden, in denen biedere Bürger als »Lehrer« ihren »Schülern« für ihre angeblichen Fehler Elektroschocks bis zu einer vermeintlich tödlichen Dosis verabreichen. In dieser völlig künstlichen und perversen Versuchsanordnung, in der ein isoliertes und schon deshalb hilfloses Opfer einem scheinbar allmächtigen Peiniger gegenübergestellt wird, können die »natürlichen« Verhaltensformen des Menschen gerade nicht ermittelt werden.[206] Was man daraus lernen kann, ist nur, daß man Menschen nicht straflos aus ihren normalen Interaktionsbeziehungen – mit der Möglichkeit des Zurückhandelns der Betroffenen und ihrer Alliierten bzw. der Konkurrenten – herausreißen darf bzw. daß eine »absolute Rangordnung« nicht »natürlich« ist, sondern dem Bereich der (intellektuell wohl konstruierbaren) »sozialen Pathologie« zuzurechnen ist. Auch hier liegt die Bedeutung der ethologischen Untersuchungen für die Soziologie eher darin, daß mögliche Grenzfälle repräsentiert werden, als daß daraus ein Modell des menschlichen Elementarverhaltens deduziert werden könnte.

Während Rangordnungsverhalten und Territorialverhalten vor allem in ihrer Funktion der sozialen Distanzierung gesehen werden, wird die Sexualität und die mit ihr (möglicherweise) verbundene *Paarbindung* vor allem in ihrer Funktion als Bindemechanismus gesehen. Trotzdem ist es hier wohl verfehlt, eine (genetische oder funktionale) Prioritätsordnung aufzustellen und entweder die »Aggression«[207] *oder* den »Brutpflegetrieb«[208] als die erste Form und als die erste Wurzel des Sozialverhaltens anzusehen: alle diese typischen Interaktionsmuster oder Regulationsmechanismen dienen sowohl der Distanzierung wie der Bindung; denn jede Distanzierung in bezug auf die möglichen Interaktionspartner im Zusammenhang A bedeutet, wenn wir für die höher organisierten Tiere nicht von der Fiktion der solitären Bestie ausgehen wollen, eine Bindung an andere mögliche Interaktionspartner im Zusammenhang B, und umgekehrt.[209] Es ist in diesem Zusammenhang auch unnötig (und nur ein Zugeständnis an ein primitives Kausaldenken), die beobachtbaren Paarbindungszeremonien gleich wiederum monokausal zu deuten und sie auf irgendeinen (postulierten) Trieb, entweder den Brutpflegetrieb oder den Sexualtrieb, zurückzuführen. Wenn einerseits festgestellt wird, daß Elemente aus dem einen Bereich in den anderen übergehen, und wenn andererseits diese Elemente sich verselbständigen oder umfunktioniert werden[210], also ohne eine Analyse des größeren Funktionszusammenhangs gar nicht deutbar sind, bzw. wenn die Sexualität (und jeder andere »Trieb«) als multifunktional angesehen werden muß[211], dann ist die Frage nach dem *eigentlichen* Ursprung oder der *letzten* Ursache bestimmter typischer Verhaltensformen ohnehin ohne wissenschaftlichen Gewinn (in empirischer wie in theoretischer Hinsicht). Der Vorteil der Ethologie für die Soziologie (etwa gegenüber dem Behaviorismus, den die Ethologie heftig bekämpft hat) liegt gerade darin, daß man hier versucht, Tiere in ihrer natürlichen Lebenswelt zu beobachten und die für die entsprechende Art typischen Lebensleistungen und Interaktionssequenzen zu beschreiben und vergleichend zu erklären. Er liegt nicht im Rekurs auf fiktive Genesen und nicht in der Zertrümmerung eines Interaktionszusammenhangs, dessen phänomenal scheinbar gleichwertige, funktional aber völlig heterogene Bruchstücke dann analog gesetzt werden.

Wie Elemente immer Systemelemente sind, zeigt sich gerade bei den Untersuchungen zum Phänomen der *Ritualisierung,* wo man anfangs glaubte, bestimmte Rituale isolieren und unabhängig von ihrem spezifischen Interaktionszusammenhang auch auf die Interpretation menschlichen Sozialverhaltens übertragen zu können. Unter »Ritualisierung« versteht man die »senderseitige Semantisierung« des Verhaltens (im Gegensatz zu der empfangsseitigen Semantisierung in den Auslösemechanismen).[212] Kennzeichnend für das ritualisierte Verhalten (Balzen, Futterlocken, Füttern, Betteln, usw.) ist, daß es mimisch übertrieben wird, daß es rhythmisch wiederholt wird, daß Bewegungen zu Stellungen sozusagen einfrieren, usw. Nun kann man sicher nicht behaupten, daß das menschliche Verhalten weniger ritualisiert sei als das tierische. Wenn wir grundsätzlich von einer Verschränkung der angeborenen und der erlernten Verhaltenskomponenten ausgehen, dann müßte man eher einen noch größeren Bereich der Ritualisierung in unserem Alltagsverhalten[213], aber auch in unseren Kunstprodukten von der Architektur bis zum Ballett und zur Musik, schließlich aber auch im einseitig hochstilisierten logischen Denken, annehmen. Und nicht nur unser sozusagen öffentliches Sozialverhalten ist hochgradig ritualisiert, sondern auch unsere Flucht aus der Öffentlichkeit[214] und schließlich auch unsere Individuation. Ebenso wie die Ritualisierung dazu dient, die Struktur der sozialen Beziehungen zu verdeutlichen (Grußlinien festzulegen, Intimität und Formalität auszudrücken, Rangordnungen und Altersunterschiede zu unterstreichen), so dient sie rückwirkend selbstverständlich auch der Definition und Stilisierung der eigenen Person.[215] Damit ist nun aber auch die Ritualisierung multifunktional geworden, d. h. daß die voneinander abhebbaren und dem äußeren Anschein nach gleichen Rituale je nach Situation der Handlungspartner und je nach ihrer Stellung in einer größeren Interaktionssequenz eine ganz verschiedene Bedeutung haben können. D. h. aber auch Empfehlungen wie die, Konflikte durch Ritualisierung zu lösen, sind dann nichtssagend und unverantwortlich. Sie können die Soziologen (ebensowenig wie die Ethologen selbst) nicht der Aufgabe entheben, größere situationsspezifische Interaktions- und Funktionszusammenhänge zu überblicken und die Bedeutung einzelner Rituale durch ihre Verortung in diesem größeren Zusammenhang zu ermitteln – und eben nicht auf irgendwelche interaktions- und situations*un*spezifischen Apriori- oder Ad-hoc-Erklärungen zu rekurrieren.

Für den Gesamtzusammenhang dieser vier hier kurz besprochenen Regulationsmechanismen (insofern man überhaupt von abgrenzbaren Mechanismen und prinzipiell immer *gleich* ablaufenden Interaktionssequenzen ausgehen kann) wird in bezug auf das menschliche Sozialverhalten nun sicher gelten müssen, daß in der Regel alle diese Mechanismen *gleichzeitig* wirksam sind bzw. daß keine einzige beobachtbare Handlung nur auf *einen* dieser Regulationsmechanismen zurückgeführt werden kann. Interessant wäre vielmehr das Zusammenspiel dieser Mechanismen; daß der eine Mechanismus in seinem Ablauf jeweils die anderen notwendig blockiert, wird jedenfalls wohl nicht in allen Situationen und nicht in den längeren (oft lebenslangen) Interaktionssequenzen anzunehmen sein. Ebenso kann es sich bei der Klassifizierung bestimmter Akte und Mechanismen als »Bindungs-« oder »Distanzierungsmechanismen« nur um Interpretationen handeln, die möglicherweise nur den Standort des Beobachters kennzeichnen. Die saubere logische Trennung nach dem Denkschema des Entweder-Oder und des ausgeschlossenen Dritten hat wohl nichts zu tun mit der Handlungsbedeutung und der sozialen Funktion dieser Akte; und wenn wir nicht zu einer falschen Ontologisierung kommen wollen, dann werden wir wohl von einem »dialektischen« Verhältnis dieser beiden logischen Extreme ausgehen müssen. Das gleiche gilt auch für die soziale Funktion von Distanzierung und Bindung zur Herausbildung von »individualisierenden« oder »anonymen« Verbänden. Auch hier handelt es sich nur um logische Extreme – die Soziologen haben sich seit 150 Jahren bemüht, den Zwischenraum durch verschiedene Formen von Gruppen und Organisationen, von Vergemeinschaftungen und Vergesellschaftungen aufzugliedern –, wobei jeder einzelne Akt (und jeder aus typischen Aktzusammenhängen hypothetisch erschlossene Trieb) sowohl und gleichzeitig im Dienste hochindividualisierter Verbände (z. B. Paarbindung) wie auch anonymer Großverbände (wie Kirchen, Nationen) stehen kann.

Ethologische Erklärungen können für die Soziologie außerordentlich wertvoll sein, wenn sie wirklich als Reduktionserklärungen verstanden werden, d. h. als Erklärungen, die – indem regelmäßig wiederkehrende Interaktionssequenzen isoliert und soziale Mechanismen sozusagen voneinander losgekoppelt und für sich untersucht werden – Grenzfälle des menschlichen Sozialverhaltens in idealtypisch (hier: genotypisch) reiner Form repräsentieren. Die Gesetzlichkeiten des menschlichen Sozialverhaltens können dann – im Abstand zu diesen reinen Grenzfällen und starr erscheinenden Mechanismen – als Mixturen und Rekombinationen dieser Grenzfälle rekonstruiert werden. Solche Reduktionserklärungen müssen jedoch fehlschlagen, wenn soziologische Erklärungen durch ethologische Erklärungen *substituiert* werden sollen. Dann besteht die Gefahr einer falschen Naturalisierung und Elementarisierung der soziologischen Erklärungszusammenhänge, kurz die Gefahr des Ethologismus. Die Gesetzlichkeiten und Erklärungen der Ethologen sind, wenn es um gesellschaftliche Probleme geht, nicht einfach »fundamentaler« als die der Soziologen. Wenn die besonders im deutschen Kulturbereich fest verwurzelte Unterscheidung von Natur- und Geisteswissenschaften vielleicht auch »nur ein zur Institution gewordener hochritualisierter Irrtum« sein mag[216], so besteht dennoch oder gerade deshalb kein Grund, die Ergebnisse der »naturwissenschaftlich« arbeitenden Ethologie als grundlegend in jeder möglichen Hinsicht anzusehen und die vergleichende Verhaltensforschung zur »zentralen Auskunftsstelle hinsichtlich elementarer, verhaltensbedingter Grundregeln« zu erklären, sie für eine »Drehscheibe mit Anschlußgleisen« zu halten, »die sich in jede gewünschte Fahrtrichtung kontaktschließend einbauen lassen.«[217] Dies ist schon innerhalb der Ethologie ausgeschlossen, wenn man das Theorem von der »Umfunktionierung« ernst nimmt, das besagt, »daß die jeweils älteren auf den Artgenossen gerichteten Verhaltensweisen in neuer Bedeutung auf die höheren sozialen Seinsstufen übernommen werden ... Daraus darf man nun aber nicht schließen, es sei eben doch nur wieder das alte, ebensowenig wie eine Symphonie nur eine Ansammlung von physikalisch beschreibbaren Schallschwingungen ist.«[218] Das gleiche muß in verstärktem Maße für die Soziologie und für andere Humanwissenschaften gelten. Grundsätzlich kann nicht ein scheinbar fertiges Wissen aus einem bestimmten Wissenschaftskontext (oder genauer: aus dem Kontext einer bestimmten »Schule« oder Forschergemeinschaft innerhalb einer Disziplin) in einen ganz anderen Wissenschaftskontext mit anderen Problemstellungen und Experimentieranordnungen übernommen werden. Sehr viele der entscheidenden Probleme der gesellschaftlichen Ordnung und des gesellschaftlichen Wandels, aus deren Definition die Sinnintentionen der betroffenen Menschen, ihre Vorstellungen von Glück und Gerechtigkeit, nicht einfach ausgeschlossen werden können, sind mit ethologischen Begriffen und ethologischen Kriterien allein nicht zu lösen. Nachdem auch die Ethologie bescheidener und kritischer geworden ist, wenn es um die Definition von Angepaßtheit und Anpassungsfähigkeit (die nicht identisch sein müssen) oder um die Definition des evolutionären Fortschritts geht[219], besteht kein Anlaß mehr, den Erfolg gesellschaftlicher Anpassungen nur am Kriterium der Reproduktionsrate oder anderer nur extensional definierter Begriffe zu messen.

4. *Die Grenzen des Naturalismus*

Rückblickend stellt sich heraus, daß gerade diejenigen Reduktionsversuche in der Soziologie (kosmologischer, geopolitischer und geographischer Reduktionismus, physikalischer und behavioristischer Reduktionismus), die man einmal für »naturwissenschaftlich« gehalten hat, sich als unbrauchbar erwiesen haben. Anstatt nämlich naturwissenschaftlich (oder überhaupt wissenschaftlich) begründbar zu sein, waren sie unkritisch naturalistisch und metaphorisch in einer geradezu märchenhaften Weise. »Naturalistisch« in diesem Sinne sind alle Erklärungen, die die Gesetzlichkeiten des sozialen Geschehens nur aus Tatsachen ableiten wollen, die ohne Zuhilfenahme von mentalistischen Konzepten beschreibbar sind. Wie sich zeigt, gibt es jedoch solche »Tatsachen« in der Soziologie offenbar nicht; weder der Physikalismus noch der Behaviorismus können konsequent durchgehalten werden. Die letzten Begriffe einer solchen Reduktion (Kraft, Belohnung, Raum usw.) bleiben uninterpretiert, aber gerade dadurch offen für alle möglichen Assoziationsgehalte, Vermutungen und Behauptungen. Die Versuche, ohne mentalistische Konzepte auszukommen, führen keineswegs zu einer größeren »Objektivität« im Sinne einer verbesserten intersubjektiven Nachprüfbarkeit, sondern sie führen regelmäßig zur Leugnung des fremden Bewußtseins überhaupt und zur Leugnung des grundlegenden Interaktionsverhältnisses nicht nur von Sozialforscher und Proband, sondern auch von System und Umwelt, von Natur und Kultur, von Innen und Außen, und damit zum Determinismus im Sinne eines mechanischen Automaten oder einer organischen Entelechie. Was in diesen Reduktionsversuchen zutage gefördert wird, sind gewöhnlich nicht naturwissenschaftliche Erklärungen, sondern Glaubensüberzeugungen eines platten Naturalismus.[220]

Hier scheint sich der »Reduktionismus des Artifiziellen«, wie er in entscheidungs- und spieltheoretischen Ansätzen entwickelt worden ist, weitaus besser zu bewähren. »Artifiziell« ist dieser Reduktionismus insofern, als hier Denkstrategien und Spielmodelle expliziert werden, von denen zwar in keiner Weise angenommen wird, daß sie eine Abbildung in der Realität haben, deren Realitätsgehalt aber dennoch – insofern unsere Umwelt und unsere sozialen Beziehungen durch unsere Denkkategorien und Entscheidungsstrategien geordnet werden – größer ist als der jener pseudoelementaristischen Reduktionserklärungen, die von vorgegebenen Naturtatsachen ausgehen. Es handelt sich hier um ganz extreme Idealisierungen und Vereinfachungen, um bestimmte Dimensionen des sozialen Handelns (die Entscheidungsstruktur, die Beziehungsstruktur der Akteure) herauszuheben. Insofern diese Idealisierungen jedoch bewußt vorgenommen, in eine logische Ordnung gebracht werden und sich methodologisch Schritt für Schritt aufbauen, sind die erarbeiteten Modelle dennoch vielfach weitaus komplexer als in den scheinbar umfassenden Ad-hoc-Reduktionismen, die die ganze Welt auf einmal erklären wollen. Indem zudem die verschiedenen strategischen Alternativen systematisch durchgespielt werden, drängt dieser Reduktionismus immer mehr auf eine Amplifikation als auf eine letzte reduktive Einengung der Erklärungsprinzipien. Der Vorteil dieser Ansätze ist gerade die systematische Klärung der Mehrdimensionalität des sozialen Handelns.

Aber vielleicht bestünde auch bei dieser Form des Reduktionismus die Gefahr der Reifizierung der eigenen Idealisierungen und der Hochstilisierung des denkerischen Spiels zur l'art pour l'art, wenn Entscheidungstheorie und Spieltheorie nicht – wie dies meist der Fall ist – in den größeren Zusammenhang einer Systemtheorie eingebunden wären. Im systemtheoretischen wie im ethologischen Reduktionismus werden beide Seiten: sozusagen der Denkapparat und seine Kalküle einerseits, und die »Natur« und die dem menschlichen Zugriff jeweils entzogenen (materiellen, ökologischen, biologischen) Vorgegebenheiten andererseits – vereinigt. So werden diesen modernen Arten von Reduktionismus sozusagen ihre metaphysischen Spitzen in Richtung eines unkritischen Naturalismus oder Realismus und Rationalismus genommen.

Zwischen »Denken« und »Sein«, »Form« und »Stoff« ist damit kein exklusiver Gegensatz mehr aufzurichten. »Information ist Information, weder Materie noch Energie. Kein Materialismus, der das nicht zugesteht, kann heute noch überleben«, schreibt Norbert Wiener.[221] Das gleiche gilt natürlich auch für den Idealismus. Die alte Dinglogik, nach der immer nur ein Ding an der gleichen Zeit- und Raumstelle sich befinden kann, muß im sozialen Bereich einer Prozeßlogik weichen, nach der ein Bewußtseinsprozeß und ein sozialer Bezug keineswegs den anderen ausschließt, sondern zu seiner Verdeutlichung gerade auf den anderen, widersprechenden Bezug angewiesen ist. Auf der anderen Seite wird die Exklusivität der Begriffe System und Umwelt aufgehoben. Indem das System im Rahmen einer Umwelt (oder vielmehr anderer Systeme im Rahmen dieser Umwelt) lokalisiert und die Umwelt in bezug auf dieses System gesehen wird, werden die Vorstellungen einer Selbstbewegung des Systems oder einer Selbstbewegung irgendwelcher Umweltfaktoren und wird das damit verbundene Konzept einer unilinearen Kausalität zurückgedrängt.

Das gilt für jede moderne Form von Reduktionismus. In diesem Sinn ist auch der ethologische Reduktionismus immer mehr ein systemtheoretischer Reduktionismus, wenn gelegentlich auch noch Rückfälle in eine kausalistische Teilchen- und Elementartheorie festzustellen sind. Überhaupt können auch die alten Formen des Reduktionismus, ob sie nun geopolitisch oder behavioristisch verstanden wurden und werden, wieder an Gewicht gewinnen, insofern sie eingebunden werden in eine systemtheoretische und mehrdimensionale Betrachtungsweise. Mit der Zurücknahme dieser Verdinglichung von Natur (Materie) und Kultur (Geist) und von System und Umwelt (wobei in den einfachsten Formen einer Metaphysik der jeweils polare Begriff zum Epiphänomen erklärt und eine Gleichsetzung mit dem zweiten Begriffspaar vorgenommen wurde) wird nun auch die exklusive Unterscheidung zwischen Natur- und Geisteswissenschaften obsolet. Der Versuch der Sozialwissenschaftler, wissenschaftliche Reputation durch Übernahme naturwissenschaftlicher Begriffe oder die Nachahmung naturwissenschaftlicher Methoden zu gewinnen, hinkt der Entwicklung der Naturwissenschaften selbst gewöhnlich um eine oder zwei Generationen hinterher. Die Soziologie ist keine Naturwissenschaft und sie ist keine Geisteswissenschaft; sie kann das soziale Handeln und die sozialen Beziehungen weder allein aus den Ideen der Menschen über diese Zusammenhänge noch allein aus einer feststehenden Instinktbasis oder selbsttätigen Produktionskräften ableiten: beides ist unbekannt und uninteressant. Bekannt sind bestenfalls die selbstpropagierten Ideen und einige mehr oder weniger gut vergleichbare Triebisolate – interessant ist aber nun deren Zusammenwirken, die historisch typisierbare Beziehungsstruktur zwischen den nur logisch oder metaphysisch exponierten (und vom Handlungsvollzug her doch völlig fiktiven) Endpunkten. Kein wie immer gearteter Reduktionismus macht aus der Soziologie eine Naturwissenschaft. Es war im Gegenteil festzustellen, daß gerade die naturwissenschaftlich gemeinten Reduktionsversuche (etwa im Physikalismus) pure Traumgebilde waren, die im Grunde nichts anderes wiedergaben, als ein Geflecht von Wortassoziationen und magischen Vorstellungen, die durch einen (empirisch-theoretisch uninterpretierten) physikalischen Fachausdruck im Gehirn eines Laien wachgerufen worden sind. Die modernen Formen der Entscheidungstheorie, Spieltheorie und Systemtheorie gehören ohnehin sowohl zum »naturwissenschaftlichen« wie zum »geisteswissenschaftlichen« Instrumentarium. Es ist gar nicht zu entscheiden, in welche Richtung diese Reduktionsversuche besser zu interpretieren sind: ob sie eher die Denkstruktur des Forschers und die Konsequenzen seiner Versuchsanordnung oder ob sie eher die Struktur des (als »natürlich« gedachten, aber als »natürlich« gar nicht erfaßbaren) Untersuchungsgegenstandes aufdecken. Eine endgültige (oder apriorische) Entscheidung dieser Frage kann nur in die Fiktion oder Reifikation führen. In diesem Sinne war der naturwissenschaftliche Reduktionismus bestenfalls nur eine recht schlichte Form des Fiktionalismus.

Das wird auch deutlich in der Struktur dieser Erklärungen, die sich häufig mit nur phänomenalen Analogien zwischen Explanans und Explanandum begnügen. »Phänomenale Analogien« sind Analogien, mittels derer allein aufgrund der äußeren Ähnlichkeit bestimmter Erscheinungen (bestimmter Outputs verschiedener Systeme) auf den gleichen inneren Mechanismus (die gleiche Struktur der Prozeßabläufe) des in Frage stehenden Systems geschlossen wird. Besonders gefährlich, weil heute noch schwerer durchschaubar, sind solche Analogien im ethologischen und behavioristischen Reduktionismus, während sie im kosmologischen und geopolitischen oder physikalischen Reduktionismus – infolge der Weiterentwicklung und des Paradigmenwechsels in diesen Wissenschaften, auf die vermeintlich Bezug genommen worden ist – inzwischen klar zutage getreten sind. Analogien sind nicht verboten, und die Wissenschaft könnte sich ohne den Mut zur Analogiebildung nicht weiterentwickeln.[222] Die Bildung von Analogien hat jedoch nur einen Erklärungswert, wenn es sich um Analogien unter Einschluß eines inneren Variablenzusammenhangs und im Zusammenhang mit relevanten äußeren Bedingungen handelt; mit anderen Worten: wenn Systeme bzw. wenn System-Umwelt-Beziehungen miteinander verglichen werden, nicht aber wenn systematisch nicht lokalisierbare Beobachtungsbruchstücke allein aufgrund ihrer äußeren (morphologischen) Ähnlichkeit miteinander verglichen werden. Analogien, die den Systemkontext miteinbeziehen, kann man »funktionale Analogien« (wie in der Ethologie) oder allgemeiner »repräsentationale Analogien« nennen. Solche »repräsentationale Analogien« sind durchaus legitim und fruchtbar; denn es ist nicht zu bestreiten, daß die bisherigen soziologischen Systemvergleiche – auch die ethnologischen und kulturanthropologischen Systemvergleiche – gelegentlich an einer gewissen Enge leiden; d. h. die Systeme sind sich zu ähnlich (oder die wissenschaftlichen Beobachter sind zu sehr auf ihr eigenes Herkunftssystem festgelegt), als daß es möglich und wahrscheinlich würde, andere Konstruktionsprinzipien als die bereits bekannten zu entdecken. Hier kann es von großem Nutzen sein, sich auf scheinbar fernliegende Systemvergleiche aus dem herkömmlichen Gegenstandsbereich anderer Wissenschaftsdisziplinen einzulassen: die Meßbasis könnte vergrößert werden. Nichts anderes aber ist der Sinn eines kritisch verstandenen Reduktionismus.

5. *Zur Textauswahl*

Es gibt viele Wege in die Soziologie, der Reduktionismus ist nur einer dieser Wege (vgl. den Komplementärband »Verstehende Soziologie« und die beiden anderen, ebenfalls komplementären Bände »Konflikt und Konfliktstrategie« und »Funktion und Struktur«). Er wird vermutlich von denjenigen bevorzugt werden, die von den Naturwissenschaften herkommen oder die Verbindung der Soziologie zu den Naturwissenschaften wieder herstellen möchten. Aber es gibt auch innerhalb des Reduktionismus viele mögliche Zugänge, die sich je nach Studiengang und Interessenausrichtung unterscheiden werden. Der vorliegende Reader ist so konzipiert, daß, wenn man von irgendeiner Richtung her Zugang zur Soziologie gefunden hat, man – unter Zuhilfenahme der Einleitung – ohne weiteres auch die Querverbindungen zu den anderen Richtungen einer reduktionistischen Soziologie finden wird. Einen volleren Begriff von dem, was die Soziologie als Wissenschaft heute darstellt, kann man jedoch erst nach der Lektüre der komplementären Bände gewinnen. Aber auch hierzu sollte der Weg schon in den hier vorliegenden Texten geebnet sein. Trotzdem ist dieser Sammelband keineswegs als eine erschöpfende und repräsentative Darstellung des Reduktionismus in der Soziologie gedacht. Dazu reicht weder der zur Verfügung stehende Platz aus, noch besteht ein dringendes wissenschaftssystematisches Interesse, die monokausalen und in keiner Weise mehr tragfähigen alten Reduktionsversuche noch einmal aufzulegen.

Der Akzent in der vorliegenden Auswahl liegt eindeutig auf den neuen Formen eines sozialwissenschaftlichen (nicht mehr nur soziologischen, sondern eben auch für die Politikwissenschaften und für die Psychologie oder Anthropologie relevanten) Reduktionismus jenseits eines substantialistisch-mechanizistischen oder deterministisch-organizistischen Reduktionismus. Die hier versammelten Aufsätze weisen alle in Richtung eines nichtdeterministischen und interaktionistischen Reduktionismus. Dieser gemeinsame Nenner verbindet insbesondere die Systemtheorie mit den neueren Ansätzen zur Verhaltensforschung, zur Entscheidungs- und zur Spieltheorie. Es wurden nur Aufsätze ausgewählt, die nach der (in der Einleitung begründeten) Meinung des Herausgebers von zukunftsweisender Bedeutung sind und die einen verläßlichen Wegweiser für ein weiterführendes Studium abgeben können. Die Aufsätze, die vielfach ineinander übergehen, stehen auf einem intellektuellen Niveau, das sicher nicht für jede Art von Reduktionismus repräsentativ ist. Nach ihrer Lektüre sollte eine pauschale Verurteilung der Versuche einer reduktionistischen Theoriebildung auch denjenigen, die von einer »geisteswissenschaftlichen« Einstellung ausgehen, nicht mehr so ohne weiteres möglich sein. Nur bei gegenseitiger Kenntnisnahme gibt es eine ernstgemeinte Diskussion; eine gemeinsame Verständigungsbasis aber sollte hier gegeben sein. Auf den Abdruck von geschlossenen Texten oder auch nur von Textpassagen aus dem Bereich des alten – mechanizistischen oder organizistischen – Reduktionismus wurde bewußt verzichtet, obwohl exemplarische Passagen eines mißverstandenen Reduktionismus auch in jüngsten Werken ohne weiteres zu finden wären: nicht alles, was neu erscheint, weist in die Zukunft.

5.1 Wenn die Abhandlung des behavioristischen Reduktionismus auch schwere Mängel in der Theoriekonstruktion und in der empirischen Absicherung der aufgestellten Hypothesen aufgedeckt hat, so kann man an dieser prominenten und überaus breit ausgearbeiteten Richtung des psychologischen und soziologischen Reduktionismus, die in den vergangenen zwei Jahrzehnten auch positive Wirkungen gehabt und zumindest eine große Diskussion ausgelöst hat, nicht einfach vorbeigehen. Diese Richtung wird hier durch zwei Aufsätze vertreten. Der »Exkurs über die Liebe« von Peter M. Blau ist als ein amüsanter Versuch einer konsequenten Entmystifizierung von Swanns Liebe zu verstehen. Marcel Prousts verschlungene und nuancenreiche Darstellung mag, reduziert auf die Grundregeln der »Liebesbörse« und der »Exchange Sociology«, dabei kaum wiederzuerkennen sein – und nichts könnte die Verengungen der behavioristischen Reduktion deutlicher machen als eine vergleichende Lektüre von »Swanns Welt« und diesem Aufsatz. Dennoch geht es hier um eines der intelligentesten Lehrstücke des soziologischen Reduktionismus. Vielleicht wird man bei der ersten Lektüre die Verführung dieses Aufsatzes, der behavioristische mit ökonomischen Lehrsätzen geschickt verbindet und auf die Problematik der sog. persönlichen Beziehungen in unserem gesellschaftlichen Leben anwendet, nicht erkennen und benennen können.

5.2 Dies soll durch den folgenden Aufsatz von Andrzej Malewski ermöglicht werden. Ein Teil der Annahmen, die in Blaus Darstellung impliziert sind, die aber auch den Grundbestand vieler anderer behavioristischer Reduktionsversuche (vgl. die Bibliographie) bilden, werden hier in einer klaren und übersichtlichen Darstellung auf jenen theoretischen und empirischen Kontext bezogen, dem sie entstammen: auf den Mechanismus der Konditionierung und den Mechanismus des instrumentalen Lernens bei Ratten, Hunden und Tauben. Dieser Aufsatz gewährt sozusagen einen Blick in die Werkstatt des Behaviorismus, den die Darstellungen von Homans oder Blau eher verstellen. Eine Übertragung der hier ausgebreiteten »Lehrsätze« auf das menschliche Sozialverhalten kann nur mit größter Vorsicht vorgenommen werden. Wenn Malewski selbst keine allgemeinen theoretischen Erklärungen versucht, so ist dies nur ein Ausweis der wissenschaftlichen Dignität des Aufsatzes.

5.3 Die Zukunftsentwicklung der Soziologie (und überhaupt der Sozialwissenschaften) wird aber sicher besser durch die folgenden Reduktionsansätze repräsentiert. An erster Stelle steht hier – aus logisch-systematischen Gründen – der entscheidungstheoretische Ansatz, der von Gérard Gäfgen in seinen wichtigsten theoretischen Implikationen und mit seinem ganzen methodologischen Instrumentarium systematisch dargestellt wird. Dieser Aufsatz, der zugleich auch schon in die Spieltheorie hinüberführt, ist sicher nicht leicht zu lesen. In seinem streng logischen Aufbau und in seinen Ansätzen zur Formalisierung fordert er ein eingehendes Studium. Dafür bietet er aber auch eine grundlegende Einführung in den gegenwärtigen Forschungsstand der Entscheidungstheorie, die für die Sozialwissenschaften – ob nun Ökonomie, Politologie oder Soziologie – unentbehrlich geworden ist, insoweit sich diese in irgendeiner Form mit Fragen der Planung und der Organisation zu befassen haben. Daß dieser Aufsatz dem Titel nach auf das »politische Handeln« bezogen ist, sollte den an der Soziologie interessierten Leser nicht stören: soziales Handeln, jedenfalls jedes kollektiv organisierte Handeln, ist immer auch politisches Handeln. Tatsächlich sind ja auch die Grenzen zwischen den einzelnen sozialwissenschaftlichen Disziplinen längst fließend geworden. Ein sinnvolles Studium organisationssoziologischer Arbeiten dürfte ohne die Kenntnis des entscheidungstheoretischen Instrumentariums jedenfalls schon heute ziemlich aussichtslos sein.

5.4 Der Beitrag von Karl W. Deutsch zur Spieltheorie ist Teil eines soliden und systematischen Lehrbuches zur Politik der internationalen Beziehungen und als solcher instruktiver als die oft sehr speziellen und weitverstreuten Originalarbeiten zur Spieltheorie. Unter Berufung auf die »Klassiker« der Spieltheorie werden hier – auf engem Raum zusammengedrängt und didaktisch klug aufgebaut – nicht nur die Grundbegriffe und das wesentliche Instrumentarium der Spieltheorie ausgebreitet (vgl. vor allem die drei Spielmatrizen des Minimax-Spiels, des Feiglingspiels und des Gefangenendilemmas); indem dieses Instrumentarium auch gleich auf das Problem internationaler Konflikte angewandt wird, können neben der unzweifelhaft großen Bedeutung gleichzeitig die theoretischen Implikationen und die Gefährdungen einer von politischen und sozialen Problemen isolierten spieltheoretischen Abhandlung deutlich gemacht werden. Zur Vertiefung des Verständnisses und zur technischen Durchdringung des spieltheoretischen Ansatzes empfiehlt sich allerdings, auf die in der Bibliographie angeführte Literatur zurückzugreifen.

5.5 Der vielleicht anregendste und auch thematisch im Zentrum der Aufsatzsammlung stehende Beitrag ist der von Herbert A. Simon. In einem großen Überblick über verschiedene Wissenschaftsgebiete – und erläutert durch eine Reihe von paradigmatischen Modellen – verschafft er uns einen tiefreichenden Einblick in die Aufbaugesetzlichkeiten komplexer und der Selektion unterworfener Systeme. Was hier über soziale (politische, symbolische usw.) Systeme gesagt wird, ist vor allem auf dem Hintergrund der Organisationssoziologie und der Organisationswissenschaften zu sehen, zu denen Simon einen sehr beachtlichen Beitrag geleistet hat. Vor allem aber bietet dieser Aufsatz eine ebenso anschauliche und lebendige wie begrifflich prägnante Einführung in die – gegenüber den alten Faktortheorien grundlegend veränderte – Denkweise und die methodologischen Grundzüge der Systemtheorie. In diesem Zusammenhang wird uns stets bewußt gemacht, wie die zu erwartenden Ergebnisse einer Untersuchung von unseren Annahmen und von der Art und Weise abhängig sind, wie wir unseren Gegenstand anpacken. Die Querverbindungen dieses Aufsatzes vor allem zum nächsten Aufsatz treten schon im Denkstil und in der Methode, aber auch in der Gemeinsamkeit der zentralen Theoreme (Komplexität und Hierarchisierung, Interaktion von System und Umwelt, Evolution und Selektion) deutlich hervor.

5.6 Hervorgegangen aus einer Dissertation (New York 1971) stellt der Beitrag von Peter A. Corning eine überaus gründliche Einführung in die sozial- und politikwissenschaftlich relevante Themenstellung und Literatur der Ethologie und Verhaltensbiologie in einem evolutionären Blickwinkel dar. Dieser Aufsatz sollte erstens von den popularwissenschaftlichen Verkürzungen wegführen, in denen sich die deutsche Diskussion weitgehend erschöpft. Diese Diskussion macht es dem Leser nur allzu leicht, sie als unhaltbar beiseite zu schieben. Das dürfte hier schwer sein, obgleich die Darstellung – wenn sie in ihren Konsequenzen durchdacht wird – alle jene Sozialwissenschaftler schockieren dürfte, die die Humanwissenschaften immer noch in einem idealistischen Individualismus (oder individualistischen Idealismus) begründet sehen. Diesen Ethnozentrismus zu erschüttern, könnte ein zweites Ziel sein, das mit diesem Aufsatz zu erreichen ist. Die Tatsache, daß sich der Evolutionsansatz zwanglos mit den Ansätzen zur Systemtheorie, zur Spieltheorie und auch zur Entscheidungstheorie verbindet, zeigt, daß sich – von vielen noch unbemerkt – bereits eine neue Einheit der Humanwissenschaften gerade im Reduktionismus (allerdings eben weit jenseits der alten mechanizistischen Dichotomien von Geist und Materie, Kultur und Natur, Individuum und Kollektivum) abzuzeichnen beginnt.

Anmerkungen

1 Ernest Nagel, »Issues in the Logic of Reductive Explanations«, S. 118, in: Howard E. Kiefer u. Milton K. Munitz, Hrsg., *Mind, Science, and History,* New York 1970, S. 117–137.
2 E. Nagel, a. a. O., S. 119.
3 Robert L. Causey, »Uniform Microreductions«, S. 176, in: *Synthése* 23 (1972), S. 176–217.
4 Carl G. Hempel, »Reduction: Ontological and Linguistic Facets«, in: Sidney Morgenbesser, Patrick Suppes, und Morton White, Hrsg., *Philosophy, Science, and Method. Essays in Honor of Ernest Nagel,* New York 1969, S. 179–199; John G. Kemeny und Paul Oppenheim, »On Reduction«, in: *Philosophical Studies* 7 (1956), S. 6–19; Paul K. Feyerabend, »Explanation, Reduction and Empiricism«, in: *Minnesota Studies in Philosophy of Science,* Bd. III, hrsg. von H. Feigl und G. Maxwell, S. 28–97, Minneapolis 1962; Kenneth F. Schaffner, »Approaches to Reduction«, in: *Philosophy of Science* 34 (1967), S. 137–147.
5 Helmut F. Spinner, »Science without Reduction«, S. 23 ff., in: *Inquiry* 16 (1973), S. 16–94.
6 Carl G. Hempel, a. a. O., S. 192.
7 Spinner, a. a. O., S. 41 ff.
8 Hempel, a. a. O., S. 189.

9 So die übermäßig engagierte Polemik von Helmut F. Spinner in »Science without Reduction«, die sich zu sehr auf die vorschnelle und pauschale Glorifizierung des Reduktionismus durch Hans J. Hummell und Karl-Dieter Opp in ihrem Aufsatz »Sociology without Sociology« (in: *Inquiry* 11, 1968, S. 205–226) festlegen läßt und damit nicht einmal mehr dem Umfang und dem Gehalt der zur Absicherung der eigenen Position herangezogenen Literatur gerecht werden kann.

10 Hans J. Hummell und Karl-Dieter Opp, *Die Reduzierbarkeit von Soziologie auf Psychologie,* Braunschweig 1971.

11 Carl G. Hempel, a. a. O. S. 180.

12 Mathew L. Lamb, »Towards A Synthetization of the Sciences«, S. 186, in: *Philosophy of Science* 32 (1965), S. 182–191.

13 Robert Ackermann, »Mechanism, Methodology, and Biological Theory«, S. 219 f., in: *Synthése* 20 (1969), S. 219–229.

14 Etwas verkürzt nach M. L. Lamb, a. a. O., S. 188.

15 Nils Roll-Hansen, »On the Reduction of Biology to Physical Science«, S. 281 f., in: *Synthése* 20 (1969), S. 277–289.

16 Ebenda, S. 282 ff.

17 Gerard Radnitzky, »Theorienpluralismus – Theorienmonismus: einer der Faktoren, die den Forschungsprozeß beeinflussen und die selbst von Weltbildannahmen abhängig sind«, S. 155, in: A. Diemer, Hrsg., *Der Methoden- und Theorienpluralismus in den Wissenschaften,* Meisenheim am Glan 1971, S. 135–184.

18 Ernest Nagel, *The Structure of Science. Problems in the Logic of Scientific Explanation,* London 1961, S. 369 f.

19 Gustav Bergmann, *Philosophy of Science,* London 1966, S. 163.

20 Vgl. Robert Brown, *Explanation in Social Science,* London 1963, S. 188 ff.

21 Vgl. dazu: Walter L. Bühl, Hrsg., *Verstehende Soziologie,* insbesondere meine Einleitung: »Die alte und die neue Verstehende Soziologie«, S. 7–56, München 1972.

22 Vgl. im folgenden die Argumentation von Alan Gewirth, »Can Men Change Laws of Social Science?« in: Leonard I. Krimerman, Hrsg., *The Nature and Scope of Social Science. A Critical Anthology,* New York 1969, S. 217–227.

23 A. Gewirth, a. a. O., S. 218.

24 Gewirth, ebenda.

25 Ebenda, S. 219 ff.

26 Ebenda, S. 219.

27 Ebenda, S. 220.

28 Vgl. ebenda, S. 221 ff.

29 Stephen Toulmin, *Human Understanding,* Vol. I, Oxford 1972, S. 13 ff.

30 Jeder Begriff hat sowohl eine Intension, d. h. eine inhaltliche Bedeutung, wie auch (zumindest) eine Extension, d. h. einen Anwendungsbereich. Die Intension des Begriffes »Leben« z. B. sind die Charakteristika, die lebende Wesen von nicht-lebenden unterscheiden, nämlich Stoffwechsel, Selbstregulation, Adaptation, Zielorientierung usw.; und die Extension des Begriffes »Leben« ist die Klasse aller Lebewesen, der gegenwärtigen, der vergangenen und zukünftigen. Die Intension des Begriffes »Seele« sind die Charakteristika Immaterialität, Trennbarkeit

vom Körper, Leitungsfunktion für den Körper usw., die Extension dieses Begriffes ist jedoch eine leere Klasse, denn kein aktuell beobachtbares Objekt erfüllt diese Bedingungen. Vgl. Mario Bunge, *Scientific Research,* Vol. I, S. 64–72, Berlin–Heidelberg–New York 1967.

31 Anatol Rapoport, *Philosophie heute und morgen. Einführung ins operationale Denken,* Darmstadt 1970, S. 333, meint: »Es ist das Ideal der Naturwissenschaften, die Beschreibung der Welt auf Begriffe zu reduzieren, welche sich vollständig und ausschließlich von Symbolen und den Strukturbeziehungen zwischen diesen Symbolen ableiten lassen. Dieses ideale Ziel ist aufgestellt worden, weil man beobachtet hat, daß auf dieser Ebene eine extensionale Verständigung auf die einfachste Weise und unter den allgemeinsten Bedingungen erreicht werden kann. Diese Ebene ist der feste Boden für begriffliche Invarianzen. Jedermann kennt die Bedeutung von ›größer als‹, ›kleiner als‹, ›vor‹, ›nach‹, ›zwischen‹ usw.«

32 Rapoport, a. a. O., S. 355.

33 Ebenda, S. 353 f.

34 Vgl. das sog. »hydraulische Instinktmodell« von Konrad Lorenz, schematisch dargestellt bei Jürg Lamprecht, *Verhalten: Grundlagen, Erkenntnisse und Entwicklung der Ethologie,* Freiburg-Basel-Wien 1972, S. 68; sowie das Gegenexperiment von Lamprecht: »Paarbruch bei Cichliden: Zur Spontaneität der Aggression«, in: *Die Naturwissenschaften* 59 (1972), S. 275–276.

35 Theorien dieser Richtung werden zusammenfassend dargestellt z. B. bei Gottfried Lischke, *Aggression und Aggressionsbewältigung,* Freiburg 1972.

36 Vgl. z. B. Theodosius Dobzhansky, »On Cartesian and Darwinian Aspects of Biology«, in: Sidney Morgenbesser u. a., Hrsg., a. a. O., S. 165 bis 178.

37 Jürg Lamprecht, a. a. O., S. 40 ff.

38 Zum Begriff der positiven Rückkopplung in den Sozialwissenschaften vgl. Ervin Laszlo, *Introduction to Systems Philosophy,* New York-London-Paris 1972, S. 103 f.

39 Für die Kybernetik vgl. Gotthard Günther, *Das Bewußtsein der Maschinen,* Baden-Baden 1963, S. 89 ff; für die Ethologie den in diesem Sammelband abgedruckten Aufsatz von Peter A. Corning, S. 266.

40 Vgl. etwa Irenäus Eibl-Eibesfeldt, *Grundriß der vergleichenden Verhaltensforschung,* München 1967, S. 463–540.

41 Wolfgang Wickler, »Das Umfunktionieren von Organen und Verhaltensweisen,« in: W. Wickler, *Antworten der Verhaltensforschung,* München 1970, S. 92–102.

42 Alexander Alland, *Evolution und menschliches Verhalten,* Frankfurt a. M. 1970, S. 176 ff.

43 Das ist der Versuch von George C. Homans' Buch *Theorie der sozialen Gruppe* (1950), Köln 1960.

44 Robert Ackermann, »Mechanism, Methodology, and Biological Theory«, a. a. O., S. 223.

45 Vgl. Robert Ackermann, S. 226, unter Bezug auf E. Schrödinger, *What ist Life?* New York 1956, S. 74–88.

46 Nils Roll-Hansen, a. a. O., S. 286.

47 Hilde Hein, »Molecular Biology vs. Organicism: The Enduring Dispute between Mechanism and Vitalism«, S. 245 f., in: *Synthèse* 20 (1969), S. 238–253.
48 Theodosius Dobzhansky, a. a. O., S. 167.
49 Ebenda, S. 172.
50 H. F. Spinner, »Science without Reduction«, a. a. O., S. 18.
51 Clark Glymour, »On Some Patterns of Reduction«, S. 341, in: *Philosophy of Science* 37 (1970), S. 340–353.
52 Lawrence Sklar, »Types of Inter-Theoretic Reduction«, S. 120 ff., in: *The British Journal for the Philosophy of Science* 17 (1967) S. 109–124.
53 *Glymour, a. a. G., S. 352.*
54 Werner Stark, *The Fundamental Forms of Social Thought,* London 1962, S. 1–13.
55 Max Scheler, *Die Wissensformen und die Gesellschaft,* Bern und München 1960, S. 44 ff.
56 Programmatisch dafür ist der Titel von Herbert A. Simons Buch *The Sciences of the Artificial,* Cambridge, Mass., und London, 1969.
57 Es ist hier nochmals anzumerken, daß es im folgenden nicht um den wissenschaftlichen Stand und um eine Kritik etwa der Spieltheorie, der Verhaltenstheorie oder der Sozialgeographie geht, sondern nur um die Darstellung und Kritik der (sicher oft recht dilettantischen) *Verwendung* dieser Erklärungsansätze in der reduktionistischen Soziologie.
58 Vgl. Ernst Topitsch, *Vom Ursprung und Ende der Metaphysik,* München 1972 (Wien 1958), S. 44 ff.
59 Vgl. Eugen Rosenstock-Huessy, *Soziologie, Bd. 1: Die Übermacht der Räume,* Stuttgart 1956.
60 Vgl. die Abhandlung der verschiedenen Faktoren bei Robert Bierstedt, *The Social Order,* New York 1957, S. 31–65: »The Geographic Factor«.
61 Hans von Hentig, *Über den Zusammenhang von kosmischen, biologischen und sozialen Krisen,* Stuttgart 1968, S. 13 f.
62 So schreibt Hentig (a. a. O., S. 12): »Unter den Kulturvölkern gibt es immer nur ganz wenige Kulturmenschen; die übrigen sind Wilde, Kinder oder Schwachsinnige, deren Triebe ein leichter Firnis der Kultur überdeckt. Trifft eine atmosphärische oder tellurische Schädlichkeit die leicht und locker angelegten Substrate moralischen Fühlens in ihrem Gehirne . . ., machen sich plötzlich übermächtige Gewalten der Natur geltend . . .«. Oder Arnold Toynbee geht von dem Glaubensbekenntnis aus, daß »die Tendenz zur Verschiedenheit und Differenzierung, die für die Wachstumsphase charakteristisch ist, durch eine Tendenz zur Unifomität ersetzt« wird, »sobald sich ein sozialer Niederbruch ereignet hat . . .« (*Kulturen im Übergang,* Zürich 1958, S. 289). Er hätte gemäß seinem organismischen Modell auch vom Gegenteil ausgehen können, nämlich von der Annahme, daß Kulturen von einer weithin unbewußt bleibenden Lebenskraft angetrieben werden, sich zu entfalten, und erst wenn sie sich entfaltet haben, Modifikationen und Variationen möglich sind.
63 Vgl. Bierstedt, a. a. O., S. 41 ff.
64 Karl Haushofer, *Weltpolitik von heute,* Berlin 1934, S. 21, Fußnote.
65 Vgl. die Kritik von Andrew Gyorgy, *Geopolitics. The German Science,* University of California Publications in International Relations, 1944,

S. 163 ff; Geert Bakker, *Duitse Geopolitiek 1919–1945*, Assen 1968, S. 52 ff.

66 Vgl. Günter Heyden, *Kritik der deutschen Geopolitik*, Berlin (Ost) 1958, S. 251 ff.

67 Vgl. Halford J. Mackinder, »The Geographical Pivot of History«, in: *Geographical Journal* 23 (1904), S. 421–444; *Democratic Ideals and Reality: A Study in the Politics of Reconstruction*, New York 1942 (1919).

68 »Werden die Wiederholungen und Einförmigkeiten, die wir im Verlaufe dieser Geschichtslehre wahrgenommen [haben], als wirklich angenommen, so scheint es für sie zwei mögliche Erklärungen zu geben. Die sie beherrschenden Gesetze können entweder sein Gesetze, die in des Menschen nicht-menschlicher Umwelt geltend, sich im Laufe der Geschichte von außen auferlegen, oder sie können sein Gesetze, die am psychischen Aufbau und Wirken der menschlichen Natur selber hängen.« (*Kulturen im Übergang*, S. 282).

69 Toynbee, *A Study of History*, abridged by D. C. Somervell, New York 1946, S. 68–79.

70 George C. Homans, *Was ist Sozialwissenschaft?* Köln und Opladen 1969, S. 26 ff.

71 Vgl. Niklas Luhmann, »Funktion und Kausalität«, in: *Soziologische Aufklärung*, Köln und Opladen 1970, S. 23 ff.

72 Vidal de la Blache, *Principes de géographie humaine*, Paris 1922; Louis Fébure, *La Terre et l'évolution humaine*, Paris 1922: André Siegfried, *America Comes of Age*, New York 1930.

73 Vgl. Karl Ruppert, E. Thiel, Hrsg., *Zum Standort der Sozialgeographie (Festschrift für Wolfgang Hartke)*, Kallmünz/Regensburg 1968.

74 Georg Simmel, »Der Raum und die räumlichen Ordnungen der Gesellschaft«, S. 461, in: *Soziologie. Untersuchungen über die Formen der Vergesellschaftung*, Berlin 1958 (1923, 1908), S. 460–526.

75 Ebenda, S. 476 u. S. 465 f.

76 P. W. Bridgeman, *The Intelligent Individual and Society*, New York 1938, S. 7 f.

77 Vgl. die Darstellung bei H. J. Hummell u. K. D. Opp, *Die Reduzierbarkeit von Soziologie auf Psychologie*, a. a. O., S. 13 ff.

78 Zu den mißglückten und schnell wieder vergessenen feldtheoretischen Wiedererweckungsversuchen des Physikalismus vgl. etwa Harald Mey, *Studien zur Anwendung des Feldbegriffs in den Sozialwissenschaften*, München 1965; J. Milton Yinger, *Toward a Field Theory of Behavior*, New York 1965.

79 Henry Charles Carey, *Principles of Social Science*, 3 Bände 1858–1859; vgl. die Darstellung bei Werner Stark, a. a. O. S. 142–147.

80 Vgl. die Darstellung und Kritik von Pitrim A. Sorokin in: *Sociological Theories of Today*, New York 1966, S. 50 ff.

81 T. Parsons, R. F. Bales und E. A. Shils, *Working Papers in the Theory of Action*, Glencoe, Ill. 1953, S. 102.

82 Pareto bringt dies ganz offen zum Ausdruck, wenn er in § 20 seines »Trattato di Sociologia generale« schreibt: »Mein Wunsch ist, ein System der Soziologie entsprechend dem Modell der Himmelsmechanik, der Physik und der Chemie zu konstruieren.« Im § 2062 umreißt er,

schon im Rückblick auf seinen Ansatz, dieses Programm in theoretischer Hinsicht: »Um völlig die gesellschaftliche Form bestimmen zu können, wäre es notwendig, zuerst einmal alle diese äußerst zahlreichen Elemente zu kennen, dann zu wissen, wie sie wirken, und das in quantitativer Weise; d. h. es wäre notwendig, den Elementen und ihren Effekten Indizes zu geben, um schließlich alle Bedingungen aufzählen zu können, von denen die Form der Gesellschaft abhängt und die sich in quantitativer Weise in Gleichungen ausdrücken ließen. Diese müßten in gleicher Anzahl wie die gesuchten Unbekannten zur Verfügung stehen.«

83 Hierzu heißt es in § 2067: »Der reale – statische oder dynamische – Zustand des Systems wird durch seine Bedingungen determiniert. Unterstellen wir, daß in seiner Form irgendeine Veränderung künstlich vorgenommen wird (virtuelle Bewegungen), so wird alsbald, wenn der realen Veränderung Rechnung getragen wird, eine Reaktion in dem Sinne erfolgen, daß die veränderte Lage auf ihren Ausgangszustand zurückgeführt wird. Wenn dies nicht der Fall sein würde, so wären diese Form und ihre realen Veränderungen nicht determiniert, sondern blieben der Macht des Zufalls unterworfen.« (Gottfried Eisermann, *Vilfredo Paretos System der allgemeinen Soziologie,* Stuttgart 1962, S. 158).

84 Vgl. die kritische Darstellung von Werner Stark, a. a. O., S. 124–139.

85 Zum Begriff der Pseudowissenschaft vgl. Mario Bunge, *Scientific Research I,* Berlin-Heidelberg-New York 1967, S. 36–45.

86 Vgl. H. J. Hummell u. K. D. Opp, a. a. O., S. 81 ff.

87 Charles A. Beard, *The Nature of the Social Sciences,* New York 1934, S. 29.

88 Eduard J. Dijksterhuis, *Die Mechanisierung des Weltbildes,* Berlin-Göttingen-Heidelberg 1956, S. 556 ff.

89 F. A. von Hayek, *Die Theorie komplexer Phänomene,* Tübingen 1972, S. 37.

90 Ebenda, S. 34 f.

91 Schließlich wird die Gesamtzahl der Elektronen im Universum »nur« auf 10^{79} und die der Elektronen und Protonen zusammen auf 10^{100} geschätzt, während es für Chromosomen mit 1000 »locations« bei je 10 Erbfaktoren schon 10^{1000} mögliche Kombinationen gibt und die Anzahl der Neuronenverbindungen, die in wenigen Minuten intensiver kortikaler Gehirntätigkeit hergestellt werden, möglicherweise schon die Zahl der Atome im Sonnensystem mit 10^{56} erreicht oder übersteigt. (Vgl. Hayek, a. a. O., S. 12, Anm. 8).

92 Vgl. die dieses Mißverständnis klärende Kritik von Murray Webster, Jr., »Psychological Reductionism, Methodological Individualism, and Large-Scale Problems«, in: *American Sociological Review* 38 (1973), S. 258–273.

93 Vgl. insbes. Maurice Mandelbaum, »Societal Facts«, in: *British Journal of Sociology* 6 (1957), S. 305–317; ders.: »Societal Laws«, in: *British Journal of the Philosophy of Science* 8 (1957), S. 211–224.

94 Vgl. dazu Joseph Agassi, »Methodological Individualism«, in: *The British Journal of Sociology* 11 (1960), S. 244–270; May Brodbeck, »Methodological Individualism: Definition and Reduction«, in: M. Brodbeck, Hrsg., *Readings in the Philosophy of the Social Sciences,*

New York-London 1968, S. 280–303; Ernest Gellner, »Holism versus Individualism«, ebenda, S. 254–268.

95 Das stellt auch Hans J. Hummell fest (»Psychologische Ansätze zu einer Theorie sozialen Verhaltens«, S. 1161 ff., in: René König, Hrsg., *Handbuch der empirischen Sozialforschung*, Band 2, Stuttgart 1969, S. 1157–1277), der im übrigen aber an der Bezeichnung »psychologisch« festhält.

96 Es ist vor allem der von John B. Watson (*Behaviorism*, Chicago 1925) ausgehende und von Burhus F. Skinner oder Clark E. Hull fortgeführte Zweig des Behaviorismus, der hier zur Geltung kommt; die grundlegenden Modifikationen, die schon am Anfang der Theorieentwicklung von George H. Mead oder von John Dewey vorgenommen wurden, werden dabei (typisch ist dafür der oben zitierte umfangreiche und systematische Aufsatz von Hummell) völlig übergangen.

97 Vgl. den kurzen Abriß in Irenäus Eibl-Eibesfeldt, *Grundriß der vergleichenden Verhaltensforschung/Ethologie*, München 1972[3], S. 19–27.

98 Kenneth Boulding spricht sarkastisch von einer »economic pigeon theory of interaction« (»An Economist's View of Homans' ›Social Behavior: Its Elementary Forms‹ «), in: *American Journal of Sociology* 67 (1962), S. 458–461.

99 Hier sind vor allem zu nennen: George Caspar Homans, *Theorie der sozialen Gruppe*, Köln und Opladen 1968[3]; ders.: *Elementarformen sozialen Verhaltens*, Köln 1968; ders.: *Was ist Sozialwissenschaft?* Köln 1969; ders.: *Grundfragen soziologischer Theorie*, Köln 1972; Peter M. Blau, *Exchange and Power in Social Life*, New York 1964; Andrzej Malewski, *Verhalten und Interaktion*, Tübingen 1967; Franz J. Stendenbach, »Zur Theorie des sozialen Handelns«, in: *Kölner Zeitschrift für Soziologie und Sozialpsychologie* 16 (1964), 50–91.

100 Ein großangelegter Überblick ist der Aufsatz von Hummell, a. a. O. Als neuere Arbeiten sind insbesondere zu nennen: R. L. Burgess und Don Bushell, Hrsg., *Behavioral Sociology. The Experimental Analysis of Social Process*, New York und London 1969; E. McGinnies, *Social Behavior: A Functional Analysis*, Boston 1970; Franz J. Stendenbach, *Soziale Interaktion und Lernprozesse*, Köln und Berlin 1963; Karl-Dieter Opp, *Verhaltenstheoretische Soziologie*, Reinbek bei Hamburg 1972.

101 Homans, *Grundfragen soziologischer Theorie*, a. a. O., S. 116 f.

102 Homans, *Was ist Sozialwissenschaft?* a. a. O., S. 60.

103 Malewski, a. a. O., S. 106.

104 Das jedenfalls wird bei H. J. Hummell angenommen, der in seinem Überblick, a. a. O., S. 1207, beide Ansätze zusammen sieht.

105 Das ist der Versuch von Hummell, a. a. O., S. 1210.

106 Vgl. die scharfe Kritik von Sorokin, a. a. O., S. 540.

107 Vgl. die Arbeit von Mancur Olson, *Die Logik des kollektiven Handelns*, Tübingen 1968, S. 56 ff.

108 Vgl. George Gurvitch, *The Spectrum of Social Time*, Dordrecht 1964.

109 Herbert A. Simon, »A Formal Theory of Interaction in Social Groups«, in: *American Sociological Review* 12 (1952), S. 202–211.

110 Malewski, a. a. O., S. 116.

111 Homans, *Was ist Sozialwissenschaft?* a. a. O., S. 44.

112 Homans, *Social Behavior*, a. a. O., S. 68.

113 Ebenda, S. 79 f.
114 Vgl. Hummell, a. a. O., S. 1222–1259.
115 Vgl. Mario Bunge, *Scientific Research,* a. a. O., S. 381, sowie Karl R. Popper, *Logik der Forschung,* Tübingen 1966, S. 75 f.
116 Vgl. die Analyse von Gerald Eberlein, *Theoretische Soziologie heute,* Stuttgart 1971, S. 102 f.
117 William I. Thomas und Florian Znaniecki, *The Polish Peasant in Europe and America,* Chicago 1918–20, Bd. I., S. 73.
118 Eberlein, a. a. O., S. 122.
119 Vgl. den in dieser Hinsicht programmatischen Aufsatz von Talcott Parsons, »Evolutionary Universals in Society«, in: Parsons, *Sociological Theory and Modern Society,* New York–London 1967, S. 490–520.
120 Vgl. Eberlein, a. a. O., S. 142 ff.
121 Vgl. Murray Webster, a. a. O., S. 258–273, und die dort verarbeitete Literatur.
122 Diese Bezeichnung stammt von John von Neumann und Oskar Morgenstern, *Spieltheorie und wirtschaftliches Verhalten,* Würzburg 1967², S. 9 f.
123 Vgl. den in diesem Sammelband abgedruckten Aufsatz von Gérard Gäfgen, »Formale Theorie des politischen Handelns: Wissenschaftliche Politik als rationale Wahl von Strategien«, S. 149–201.
124 R. D. Luce und H. Raiffa, *Games and Decisions,* New York 1957, S. 13.
125 Allen Newell, J. C. Shaw und H. A. Simon, »Elements of a Theory of Human Problem Solving«, in: *Psychological Review* 65 (1965), S. 151 bis 166.
126 Nach A. Newell und H. A. Simon, *Human Problem Solving,* Englewood Cliffs 1972, S. 20, Figure 2.1.
127 Vgl. als Zusammenfassung: W. Edwards, »The Theory of Decision Making«, in: *Psychological Bulletin* 51 (1954), S. 380–417.
128 So vor allem Herbert A. Simon, *Models of Man,* New York 1957, S. 204 f.
129 Vgl. Julian Feldman und H. E. Kanter, »Organizational Decision Making«, S. 636 f., in: James G. March, Hrsg., *Handbook of Organizations,* Chicago 1965, 614–649.
130 H. A. Simon, *Administrative Behavior,* New York 1947; Chester I. Barnard, *The Functions of the Executive,* Cambridge, Mass. 1938; vgl. die zusammenfassende Darstellung bei Donald W. Taylor, »Decision Making and Problem Solving«, S. 59 ff., in J. G. March, Hrsg., *Handbook of Organizations,* a. a. O., S. 48–86.
131 Z. B.: A. W. Gouldner, *Patterns of Industrial Bureaucracy,* Glencoe, Ill., 1954; C. Argyris, *Personality and Organization,* New York 1957; R. M. Cyert und J. G. March, *A Behavioral Theory of the Firm,* Englewood Cliffs 1963.
132 Julian Feldman u. H. E. Kanter, a. a. O., S. 638 ff.
133 Vgl. Georg Simmel, »Die Kreuzung sozialer Kreise«, in: G. Simmel, *Soziologie,* Berlin 1958³, S. 305–344.
134 Heinz Eulau, »Logics of Rationality in Unanimous Decision-Making«, in: Carl J. Friedrich, Hrsg., *Rational Decision,* New York 1964, S. 26 bis 54.
135 Eine klassische Darstellung der »deduktiven Methode« findet sich bei

Jan Tinbergen, *Economic Policy: Principles and Design,* Amsterdam 1956; vgl. die Kritik von H. A. Simon, *Administrative Behavior,* New York 1957², S. 83 f.

136 D. Braybrooke und C. E. Lindblom, *A Strategy of Decision. Policy Evaluation as a Social Process,* New York–London 1963.

137 Braybrook und Lindblom unterscheiden a. a. O., S. 67 ff. zwischen den Polaritäten von »high understanding« und »low understanding« bzw. »incremental change« und »large change« vier solcher Strategien.

138 Martin Shubik, »Spieltheorie und die Untersuchung des sozialen Verhaltens: Eine einführende Darstellung«, S. 18, in: M. Shubik, Hrsg., *Spieltheorie und Sozialwissenschaften,* Hamburg 1965, S. 13–85.

139 Vgl. Georg Klaus, *Spieltheorie in philosophischer Sicht,* Berlin 1968, S. 9–27.

140 Eine übersichtliche Einführung bringt Morton D. Davis, *Spieltheorie für Nichtmathematiker,* München 1972; von größtem Interesse für die Sozialwissenschaften sind: Thomas C. Schelling, *The Strategy of Conflict,* London–Oxford–New York 1963 (vgl. ders.: »Versuch über das Aushandeln«, in: W. L. Bühl, Hrsg., *Konflikt und Konfliktstrategie,* München 1972, S. 235–263); Anatol Rapoport, *Fights, Games, and Debates,* Ann Arbor 1960; ders.: *Strategy and Conscience,* New York 1969; Ira R. Buchler und Hugo G. Nutini, Hrsg., *Game Theory in the Behavioral Sciences,* Pittsburgh 1969.

141 Das geschieht vor allem beim sog. Gefangenen-Dilemma und beim Chicken-Spiel; vgl. Anatol Rapoport, *Two-Person Game Theory – The Essential Ideas,* Ann Arbor 1966; ders.: »Game Theory and Human Conflict«, in: Elton McNeil, Hrsg., *The Nature of Human Conflict,* Englewood Cliffs 1965, S. 195–226.

142 Das wird deutlich, wenn größere Spielsequenzen untersucht werden. Vgl. z. B. Anatol Rapoport und Albert M. Chammah, *Prisoner's Dilemma. A Study in Conflict and Cooperation,* Ann Arbor 1965.

143 Das wird schon bei Neumann und Morgenstern, a. a. O., S. 42 f., festgestellt.

144 Vgl. Neumann und Morgenstern, S. 224 ff.; A. Rapoport, *N-Person Game Theory: Concepts and Applications,* Ann Arbor 1970.

145 Die Entwicklung der Koalitionstheorie befindet sich erst am Anfang, die zugrunde liegenden Annahmen sind, wenn sie überhaupt klar herausgestellt werden, nicht nur in soziologischer Hinsicht meist äußerst einseitig und fraglich. Vgl. etwa: William H. Riker, *The Theory of Political Coalitions,* New Haven und London 1962; Theodore Caplow, *Two Against One. Coalitions in Triads,* Englewood Cliffs 1968; Sven Groennings, E. W. Kelley und Michael Leiserson, Hrsg., *The Study of Coalition Behavior,* New York 1970.

146 Vgl. vor allem T. C. Schelling, »For the Abandonment of Symmetry in Game Theory«, in: Schelling, *The Strategy of Conflict,* a. a. O., S. 267 bis 290; für die Soziologie vgl. W. L. Bühl, *Evolution und Revolution. Kritik der symmetrischen Soziologie,* München 1970.

147 So schreibt Schelling: »Strategie – so wie ich sie hier verstehe – hat nichts zu tun mit der effektiven *Anwendung* von Gewalt, sondern mit der Nutzung möglicher Gewalt. Sie hat nicht so sehr mit Feinden zu tun, die sich hassen, sondern mit Partnern, die sich mißtrauen oder die

verschiedener Meinung sind. Sie hat nicht so sehr mit der Aufteilung von Gewinnen und Verlusten zwischen zwei Klägern zu tun, sondern mit der Möglichkeit, daß bestimmte Ergebnisse schlechter (besser) für *beide* sind als bestimmte andere Ergebnisse. In der Terminologie der Spieltheorie gesprochen, sind die wirklich interessanten internationalen Konflikte nicht Konstant-Summen-Spiele, sondern Variable-Summen-Spiele: die Summe der Gewinne der einbezogenen Teilnehmer ist nicht so fixiert, daß das Mehr für den einen unbedingt ein Weniger für den anderen bedeuten müßte. Es gibt hier ein gemeinsames Interesse daran, Ergebnisse zu erzielen, die für beide Seiten vorteilhaft sind.« (*The Strategy of Conflict,* a. a. O., S. 5).

148 Neumann und Morgenstern, a. a. O., S. 523 f.

149 Ebenda, S. 562.

150 Vgl. den grundlegenden Aufsatz von Talcott Parsons, »On the Concept of Political Power«, in: T. Parsons, *Politics and Social Structure,* New York–London 1969, S. 352–504; ebenso die Kritik von James S. Coleman, »Political Money«, in: *The American Political Science Review* 64 (1970), S. 1074–1087.

151 Vgl. wiederum T. C. Schelling, »The Retarded Science of International Strategy«: »Entscheidungsträger sind nicht einfach anhand einer eindimensionalen Skala einzustufen, die von vollständiger Rationalität am einen Ende zur vollständigen Irrationalität am anderen Ende reicht. Rationalität ist eine Sammlung von Attributen, und Abweichungen von der vollständigen Rationalität mögen in ganz verschiedene Richtungen weisen. Irrationalität kann ein ungeordnetes oder unzusammenhängendes Wertsystem bedeuten, eine fehlerhafte Kalkulation, die Unfähigkeit, Meldungen zu empfangen oder sie richtig weiterzugeben; Irrationalität kann heißen: zufällige Einflüsse im Entscheidungsprozeß oder bei der Übermittlung dieser Entscheidungen, oder beim Empfang oder der Weitergabe von Information; und manchmal bedeutet Irrationalität nur den kollektiven Charakter einer Entscheidung, die von Individuen erzielt worden ist, die kein gemeinsames Wertsystem haben und deren organisatorische Vorkehrungen und Kommunikationssystem sie nicht in den Stand setzen, wie eine einzige Körperschaft zu handeln.« *(The Strategy of Conflict, S. 16)*

152 Vgl. Karl Deutsch, *The Analysis of International Relations,* Englewood Cliffs 1968, S. 123 f.

153 Vgl. Richard H. Grathoff, *The Structure of Social Inconsistencies. A Contribution to a Unified Theory of Play, Game and Social Action,* Den Haag 1970, S. 139 ff.

154 Vgl. vor allem Erving Goffman, *Strategic Interaction,* Philadelphia 1969.

155 Ludwig von Bertalanffy, *General Systems Theory: Foundations, Development, Applications,* New York 1968, S. 19.

156 Vgl. F. Kenneth Berrien, *General and Social Systems,* New Brunswick, N.J., 1968, S. 17 ff.

157 Vgl. den Aufbau des Lehrbuches von Jay W. Forrester, *Grundsätze einer Systemtheorie,* Wiesbaden 1972; ferner Mihajlo D. Mesarović, *The Control of Multivariable Systems,* London 1960.

158 Vgl. Werner Stark, *Fundamental Forms of Social Thought,* a. a. O., S. 17–106.

159 Vgl. die Kritik von P. A. Sorokin, a. a. O., S. 614 f.

160 Karl W. Deutsch, *Politische Kybernetik: Modelle und Perspektiven,* Freiburg 1969, S. 141 ff.

161 Ervin Lazlo, *Introduction to Systems Philosophy: Toward a New Paradigm of Contemporary Thought,* New York-London–Paris 1972, S. 35 f.

162 Vgl. als Zusammenfassungen z. B. Walter Buckley, *Sociology and Modern Systems Theory,* Englewood Cliffs 1967; Amitai Etzioni, *The Active Society. A Theory of Societal and Political Processes,* London–New York 1968, Walter Buckley, Hrsg., *Modern Systems Research for the Behavioral Scientist,* Chicago 1968; Bernard-Pierre Lecuyer und Jean-G. Padioleau, *Analyse du Systémes en Sciences Sociales* I/II, in: *Revue Française de Sociologie,* Numero Special 1970 et 1971; K. J. Tjaden, Hrsg., *Soziale Systeme,* Neuwied und Berlin 1971; R. Kurzrock, Hrsg., *Systemtheorie,* Berlin 1972; Rainer Prewo, Jürgen Ritsert, Elmar Stracke, *Systemtheoretische Ansätze in der Soziologie,* Reinbek 1973; Michael Th. Greven, *Systemtheorie und Gesellschaftsanalyse,* Frankfurt a. M. 1974; Steffen Harbordt, *Computersimulation in den Sozialwissenschaften 1/2,* Reinbek 1974.

163 Paul A. Weiss, »Das lebende System: Ein Beispiel für den Schichten-Determinismus«, S. 21 f., in: A. Koestler und J. R. Smythies, Hrsg., *Das neue Menschenbild (Beyond Reductionism),* Wien-München-Zürich, 1970, S. 13–59.

164 Vgl. Berrien, a. a. O., S. 36.

165 Vgl. vor allem Norbert Wiener, *Mensch und Menschmaschine, Kybernetik und Gesellschaft,* Frankfurt 1952.

166 Vgl. J. H. Milsum, Hrsg., *Positive Feedback,* New York 1968; Ervin Laszlo, *System, Structure, and Experience,* New York–London–Paris 1969.

167 Vgl. W. Ross Ashby, »Principles of Self-Organizing Systems«, in: H. v. Foerster und G. W. Zopf, Hrsg., *Principles of Self-Organization,* New York 1962; M. C. Yovits, G. T. Jacobi, G. D. Goldstein, Hrsg., *Self Organizing Systems,* Washington 1962.

168 Vgl. Donald M. McKay, *Freedom of Action in a Mechanistic Universe,* Cambridge 1967.

196 Karl Deutsch, »Mechanism, Teleology and Mind«, in: *Philosophy and Phenomenological Research* 12 (1951), S. 185–222.

170 G. C. Homans, *Theorie der sozialen Gruppe,* a. a. O., S. 143 ff.

171 W. Buckley, a. a. O., S. 52 ff.

172 J. W. Forrester, »Counterintuitive Behavior of Social Systems«, S. 110 f., in: *Theory and Decision* 2 (1971), S. 109–140.

173 E. Laszlo, a. a. O., S. 43 f.

174 Lancelot L. Whyte, A. G. Wilson, D. Wilson, Hrsg., *Hierarchical Structures,* New York 1969; Paul A. Weiss, Hrsg., *Hierarchically Organized Systems in Theory and Practice,* New York 1971; M. D. Mesarović, D. Macko, Y. Takahara, *Theory of Hierarchical, Multilevel, Systems,* New York und London 1970.

175 Vgl. Herbert A. Simon, »The Architecture of Complexity«, in: Simon, *The Sciences of the Artificial,* Cambridge, Mass., und London 1969, S. 84–118; in diesem Sammelband S. 231–265.

176 Laszlo, a. a. O., S. 52.
177 Das ist der Versuch von Karl Deutsch; vgl. z. B. seine *Politische Kybernetik,* Freiburg 1969, S. 17 ff.
178 Vgl. die zwar treffenden, aber für den inzwischen erreichten wissenschaftlichen Status der Systemtheorie dennoch irrelevanten Beispiele von Karl-Dieter Opp, *Kybernetik und Soziologie,* Neuwied 1970, S. 24 ff.
179 Vgl. etwa Chadwick J. Haberstroh, »Organization Design and System Analysis«, in: James G. March, Hrsg., *Handbook of Organizations,* Chicago 1965, S. 1171–1211; B. M. Gross, »What Are Your Organizations' Objectives: A General System Approach to Planning«, in: *Human Relations* 18 (1965), S. 195–216; J. A. Seller, *Systems Analysis in Organizational Behavior,* Homewood, Ill., 1967; H. M. Blegen, »The System Approach to the Study of Organizations«, in: *Acta Sociologica* 11 (1968), S. 12–30; F. E. Kast und J. E. Rosenzweig, *Organization and Management: A Systems Approach,* New York 1970.
180 Vgl. etwa Leon N. Lindberg und Stuart A. Scheingold, Hrsg., *Regional Integration. Theory and Research,* Cambridge, Mass., 1971; Morton A. Kaplan, Hrsg., *New Approaches to International Relations,* New York 1968; Karl W. Deutsch, *The Analysis of International Relations,* Englewood Cliffs 1968 (vgl. den Abdruck in diesem Sammelband S. 202 bis 230).
181 Darstellung nach Helmut Klages und Jürgen Nowak, »The Mastering of Complexity as a Problem of the Social Sciences«, S. 209, in: *Theory and Decision* 2 (1971), S. 193–212.
182 George J. Klir, Hrsg., *Trends in General Systems Theory,* New York–London 1972.
183 Vgl. vor allem Gotthard Günther, *Das Bewußtsein der Maschinen,* Baden-Baden 1963, S. 89–167, oder Arno Baruzz, *Mensch und Maschine,* München 1973, S. 66–70.
184 Georg Klaus, *Kybernetik und Gesellschaft,* Berlin 1964.
185 Klages und Nowak, a. a. O., S. 210.
186 Vgl. Hilary Callan, *Ethology and Society,* Oxford 1970, S. 154–161.
187 Dieser Vorwurf läßt sich auch Konrad Lorenz *(Das sogenannte Böse,* Wien 1963, *Die acht Todsünden der zivilisierten Menschheit,* München 1973) nicht ersparen.
188 Vgl. J. Galtung, »Institutionelle Konfliktlösung«, S. 126, in: W. Bühl, Hrsg., *Konflikt und Konfliktstrategie,* München 1972, S. 113–177.
189 Das gilt insbesondere für die Aggressions-Debatte, die dadurch gekennzeichnet ist, daß popularisierende und grob analogisierende Darstellungen von den Fachgenossen zu wenig kontrolliert und kritisiert worden sind, so daß sich die Diskussion in permanenten Mißverständnissen weitgehend schon im Vorfeld der wissenschaftlichen Arbeit erschöpft hat, ohne daß eine gegenseitige Verständigung hätte angebahnt werden können. Vgl. zur soziologischen Kritik der ethologischen Aggressionstheorien im deutschen Raum: Helmut Nolte, »Über gesellschaftstheoretische Implikationen des Aggressionsbegriffs«, in: Wolf Lepenies, Helmut Nolte, *Kritik der Anthropologie,* München 1971, S. 103 bis 140; im übrigen: H. Callan, a. a. O., S. 72–103; zu einer kritischen ethologischen Darstellung vgl. R. A. Hinde, »Aggression«, in: J. W. S.

Pringle, Hrsg. *Biology and the Human Sciences,* London 1972, S. 1–24; Peter A. Corning, »The Biological Bases of Behavior and Some Implications for Political Science« (in diesem Sammelband S. 266–323, ebenso Heinz-Ulrich Reyer, *Formen, Ursachen und biologische Bedeutung innerartlicher Aggression bei Tieren,* Freiburg 1973; vgl. auch: Gerhard Roth, Hrsg., *Kritik der Verhaltensforschung. Konrad Lorenz und seine Schule,* München 1974.

190 Vgl. z. B. Peter L. Berger und Thomas Luckmann, *Die gesellschaftliche Konstruktion der Wirklichkeit,* Frankfurt a. M. 1969, S. 142–148, S. 168 bis 176.

191 Georg Simmel, *Soziologie,* Berlin 1958, S. 27 f.

192 Paul Leyhausen und Konrad Lorenz, *Antriebe tierischen und menschlichen Verhaltens,* München 1968, S. 165.

193 Alexander Alland, *Evolution und menschliches Verhalten,* Frankfurt a. M. 1970, S. 116–127.

194 Ebenda, S. 124.

195 Vgl. C. D. Darlington, *Die Entstehung des Menschen und der Gesellschaft,* Düsseldorf–Wien 1971, S. 72 f.

196 Otto Koenig, *Kultur und Verhaltensforschung,* München 1970, S. 18.

197 Robert Ardrey, *Der Gesellschaftsvertrag. Das Naturgesetz von der Ungleichheit der Menschen,* Wien–München–Zürich 1971, S. 33.

198 Konrad Lorenz, *Die acht Todsünden der zivilisierten Menschheit,* a. a. O., S. 20.

199 Vgl. etwa Paul Leyhausen, »Soziale Organisation und Dichtetoleranz bei Säugetieren«, in: Lorenz/Leyhausen, a. a. O., S. 142–168.

200 Vgl. Stanford M. Lyman, Marvin B. Scott, *A Sociology of the Absurd,* Kapitel 4: »Territoriality: A Neglegted Sociological Dimension«, New York 1970, S. 89–110.

201 Vgl. Leyhausen, a. a. O., S.154 ff.; ebenso Leyhausen, »Human Nature and Modern Society«, in: *Social Research* 36 (1969), S. 510–529; H. Hediger, »Biological Glimpses of Some Aspects of Human Sociology«, in: *Social Research* 36 (1969), S. 530–541.

202 Wiederum R. Ardrey, *The Territorial Imperative,* London 1971, S. 219.

203 V. C. Wynne-Ewards, *Animal Dispersion in Relation to Social Behavior,* Edinburgh 1962, S. 134.

204 Eliot D. Chapple, *Culture and Biological Man. Explorations in Behavioral Anthropology,* New York 1970, S. 96 f.

205 Vgl. die zusammenfassende Betrachtung von Irenäus Eibl-Eibesfeldt, *Grundriß der vergleichenden Verhaltensforschung,* München 1967, S. 404 ff.

206 Vgl. die wohl nicht ganz zureichende Argumentation bei Eibl-Eibesfeldt, a. a. O., S. 520 ff.

207 So Lorenz, wenn er in grob anthropomorphisierender Weise schreibt: »Es hat durch lange Epochen der Erdgeschichte Tiere gegeben, die ganz sicher außerordentlich böse und aggressiv waren. Fast alle Reptilien, die wir heute kennen, sind es, und es ist nicht anzunehmen, daß die der Vorzeit es weniger waren. Ein persönliches Band aber kennen wir nur bei Knochenfischen, Vögeln und Säugetieren, bei Gruppen also, von denen keine vor dem späteren Erdmittelalter auftauchte. Es gibt also sehr wohl intraspezifische Aggression ohne ihren Gegenspieler, die

Liebe, aber es gibt umgekehrt keine Liebe ohne Aggression.« (*Das sogenannte Böse,* a. a. O., S. 315 f.)

208 So Eibl-Eibesfeldt, der mit seinem Buch *Liebe und Haß. Zur Naturgeschichte elementarer Verhaltensweisen,* München 1970, ein Gegengewicht gegen diese einseitige Interpretation schaffen will, im übrigen aber streckenweise im gleichen Anthropomorphismus verharrt.

209 Das hat u. a. schon Simmel in seinem Essay »Das Geheimnis und die geheime Gesellschaft« mit großer Klarheit dargestellt (*Soziologie,* a. a. O., S. 262).

210 Wolfgang Wickler, »Das Umfunktionieren von Organen und Verhaltensweisen«, und »Das Mißverständnis der Natur des ehelichen Aktes in der Moraltheologie«, in: Wickler, *Antworten der Verhaltensforschung,* München 1970, S. 92–102 und S. 195–215.

211 Das ist immerhin ein Verdienst der Darstellung von Desmond Morris, *Der Menschen-Zoo,* München–Zürich 1969, der (S. 115–176) zehn Funktionen der Sexualität unterscheidet, allerdings über einen witzigen Katalog nicht hinauskommt.

212 Vgl. die zusammenfassende Darstellung von Eibl-Eibesfeldt, *Grundriß . . .,* S. 131 ff.

213 Vgl. etwa Jack D. Douglas, Hrsg. *Understanding Everyday Life,* London 1971; Erving Goffman, *Interaction Ritual,* Chicago 1967.

214 Julian Huxley, »A Discussion on Ritualization of Behavior in Animals and Man: Introduction«, S. 265, in: *Philosophical Transactions of the Royal Society of London,* Vgl. 251, Series B, 1966, S. 249–271.

215 Vgl. Erving Goffman, Stigma: *Über Techniken der Bewältigung beschädigter Indentität,* Frankfurt a. M. 1967; Anselm Strauss, *Spiegel und Masken: Die Suche nach Identität,* Frankfurt a. M. 1968.

216 O. Koenig, a. a. O., S. 20.

217 Ebenda, S. 21.

218 W. Wickler, a. a. O., S. 205.

219 T. Dobzhansky, »On Cartesian and Darwinian Aspects of Biology«, a. a. O., S. 172 f.

220 Brand Blanshard, »The Limits of Naturalism«, in: Howard E. Kiefer und Milton K. Munitz, Hrsg., *Mind, Science, and History,* Albany 1970, S. 3–33.

221 Norbert Wiener, *Cybernetics, or Control and Communication in the Animal and the Machine,* New York 1948, S. 155.

222 Vgl. Donald S. Schon, *Displacement of Concepts,* London 1963, S. 191 bis 199«; Mario Bunge, »Analogy in Quantum Theory: From Insight to Nonsense«, in: *The British Journal for the Philosophy of Science* 17 (1967), S. 265–286; Mary B. Hesse, *Models and Analogies in Science,* University of Notre Dame Press 1966, S. 172 ff.

PETER M. BLAU

Exkurs über die Liebe

1. *Liebe als Tauschhandel*

Liebe ist die höchste Steigerung einer inneren Bindung. Wenn sie ihren zweifellos reinsten Ausdruck auch in der Mutter-Kind-Beziehung findet, so kann ihre Entwicklung doch am besten als das Ergebnis einer zunehmenden gegenseitigen Attraktion von zwei unabhängigen Individuen in einem Liebesverhältnis dargestellt werden. Liebe scheint die Menschen selbstlos zu machen, insofern sie sich freuen, denjenigen zu gefallen, die sie lieben; aber diese selbstlose Hingabe beruht im allgemeinen auf einem gewissen Interesse, sich des anderen Liebe zu erhalten. Selbst die Hingabe einer Mutter an ihre Kinder ist nicht ganz ohne das Bestreben, deren Bindung an sie zu erhalten. Austauschprozesse gibt es in Liebesbeziehungen ebenso wie in sozialen Verbindungen, die nur auf umweltbedingten Interessen beruhen. Ihre Dynamik ist jedoch eine andere, da die speziellen Belohnungen, die hier ausgetauscht werden, nur Mittel zum Zwecke der höchsten Belohnung in Form einer inneren Bindung in einem Liebesverhältnis sind, während der Austausch von bestimmten Belohnungen in nur instrumentellen sozialen Beziehungen gerade der eigentliche Zweck der Verbindung ist. In einer echten Liebesbeziehung bietet, wie schon angemerkt, jedes Individuum dem anderen Belohnungen, nicht um dafür gleichwertige äußere Vorteile zu erhalten, sondern um seine eigene Verpflichtung zum Ausdruck zu bringen und zu bekräftigen, und so des anderen zunehmende Bindung an die beiderseitige Vereinigung zu stärken. Eine Analyse der Liebe wird sowohl das Element des Austausches deutlich machen, das selbst Verhältnisse mit einer inneren Bindung mit sich bringen, als auch ihren unterschiedlichen Eigencharakter.

Peter M. Blau, »Excursus on Love«, aus: *Exchange and Power in Social Life,* New York–London–Sidney 1964, S. 76–87. Authorized translation from English language edition published by John Wiley & Sons, Inc.

 Übersetzung vom Herausgeber. Die Teilüberschriften 1–4 sind der besseren Übersicht wegen eingefügt worden, im übrigen sind sie möglichst dem Text selbst entnommen.

Ein Mann verliebt sich, wenn die Attraktivität einer Frau in seinen Augen unvergleichbar geworden ist. »Es ist dabei nur erforderlich, daß unsere Neigung für sie ausschließlich geworden ist«. Dies ist dann der Fall, erläutert Proust, wenn wir den »unsinnigen und schmerzlichen Wunsch, sie zu besitzen«, zu spüren beginnen.[1] Die Frau, die einem Mann als ein äußerst begehrenswerter Liebesbesitz erscheint, der nicht leicht gewonnen werden kann, die aber gleichzeitig erkennbares Interesse zeigt, um eine schließliche Eroberung nicht völlig aussichtslos erscheinen zu lassen, wird wahrscheinlich seine Liebe entzünden. Seine Bindung an sie macht ihn wegen der für ihn wichtigen Belohnungen abhängig von ihr, und er wird bestrebt sein, sie zu beeindrukken und ihr zu gefallen, um eine gegenseitige Neigung zu wecken, die allein ihm die erwarteten Belohnungen sichern würde.

In den frühen Stadien des Sichverliebens veranlaßt die Angst vor der Zurückweisung wie vor der Abhängigkeit, die durch die wachsende Anziehung hervorgerufen wird, jeden Liebhaber, das volle Ausmaß seiner oder ihrer Neigung vor dem anderen und möglicherweise auch vor sich selbst zu verbergen. Das Flirten ist weithin ein Ausdruck der Zuneigung in einer halbernsten oder stereotypisierten Form, das im anderen gewisse Bande anknüpfen soll, bevor man sich selber ernsthaft bindet. Über die Scherze und zweideutigen Versprechungen, die beim Flirten gemacht werden, kann man lachend hinweggehen, wenn sie keine Saite zum Erklingen bringen oder die bereits vorhandene Resonanz nicht verstärken.[2] Solange aber beide fortfahren, die Stärke ihrer Neigung einander zu verbergen, während beide zunehmend abhängig werden von der Zuneigung des anderen, frustrieren sie sich gegenseitig. In dem Kampf der Liebenden, der typischerweise daraus entsteht, testet jeder Partner, wie Thibaut und Kelley gezeigt haben, »durch seinen zeitweiligen Rückzug oder eine Trennung ... des anderen Abhängigkeit in dieser Beziehung«.[3] Da sich beide in diesem Kampf durch das mögliche Ende ihrer Beziehung bedroht sehen, sind sie gezwungen, ein hinreichendes Interesse an der Fortsetzung dieser Beziehung merken zu lassen. Möglicherweise ist eines davon nicht dazu bereit; dann wird der Konflikt ihr Verhältnis auseinanderbrechen lassen.

Es ist ganz offensichtlich, daß die Menschen Gefallen daran finden, für andere, die sie lieben, etwas zu tun, und manchmal bringen sie große Opfer dafür. Diese Tendenz ergibt sich teilweise aus der Identifikation mit dem anderen, die durch die Liebe bewirkt wird: teilweise aus dem Wunsch, seiner Hingabe symbolischen Ausdruck zu verleihen; aber auch aus der Verstärkungsfunktion, die Belohnungen für die Bindung des Geliebten an einen selbst haben; vielleicht auch aus dem Prozeß, der früher »umgekehrte sekundäre Verstärkung« genannt worden ist. Die wiederholte Erfahrung, durch die verstärkte Zuneigung des geliebten Anderen dafür entschädigt worden zu sein, daß man eine Reihe von Dingen für ihn getan hat, kann dazu führen, daß das Freudeschenken selbst zu einer inneren Befriedigung führt. Außerdem kann es zu Rückkopplungseffekten kommen; denn da Gefälligkeiten und Geschenke als Liebeserweise gelten, werden die Geschenke und die Bemühungen eines Mannes für eine Frau ebenso seine eigene Zuneigung zu ihr wie die ihre zu ihm anheizen; und eine Frau kann einen Mann möglicherweise ermutigen, ihr Geschenke zu geben und Dinge für sie zu tun, weil sie seine Liebe zu ihr stärken will, und nicht in erster Linie deshalb, weil sie an ihrem materiellen Wert interessiert wäre. »Wohltäter scheinen diejenigen mehr zu lieben, denen sie Wohltaten erweisen, als umgekehrt diejenigen, welche Wohltaten empfangen haben, ihre Wohltäter lieben«, sagt Aristoteles.[4]

Je mehr ein Individuum in ein anderes verliebt ist, desto mehr wird er oder sie bemüht sein, dem anderen zu gefallen[5]. Derjenige, der am wenigsten in eine Liebesbeziehung verstrickt ist, ist deshalb in einer vorteilhafteren Position, da das stärkere Bemühen des anderen, das Verhältnis aufrechtzuerhalten, ihn oder sie abhängig macht und dem weniger Engagierten Macht über den anderen gibt. Waller nannte dies das »Prinzip des geringsten Interesses«[6]. Diese Macht kann zur Ausbeutung des anderen genutzt werden; die Frau, die die Zuneigung eines Mannes für ihren wirtschaftlichen Gewinn, und der Junge, der ein ihm verfallenes Mädchen in sexueller Hinsicht ausbeutet, sind bekannte Beispiele[7]. Die am meisten verbreitete Manifestation dieses Prinzips des geringsten Interesses ist aber, daß das Individuum, dessen spontane Zuneigung für den anderen stärker ist, sich den Wünschen des anderen beugen und besondere Anstrengungen unternehmen muß, um dem anderen zu gefallen. Ein solches Ungleichgewicht der Macht und der objektiv vergleichbaren Belohnungen ist oft die Ursache und bleibt oft die Grundlage einer andauernden gegenseitigen Liebesbindung. Daher gewinnt der Liebhaber, der nicht von Anfang an eine bedingungslose Zuneigung zum Ausdruck bringt, Vorteile in der sich verfestigenden zwischenmenschlichen Beziehung. Tatsächlich scheint derjenige, der sich besser zurückhält, auch die größere Chance zu haben, die Liebe des anderen für sich zu entfachen.

3. *Das eiserne Gesetz der Liebesbörse*

Kostspielige Besitztümer sind die wertvollsten, in der Liebe wie auch sonst. Die innere Zuneigung eines Mannes für eine Frau (und ihre für ihn) hängt von den Belohnungen ab, die er in einer Liebesbeziehung mit ihr zu erhalten hofft[8]. Hierbei kann eine analytische Unterscheidung vorgenommen werden zwischen seinen tatsächlichen Erfahrungen – bezüglich ihres Entgegenkommens, ihrer charmanten Plaudereien, ihrer Küsse usw. – und dem Wert, den er diesen Erfahrungen mit ihr, verglichen mit ähnlichen Erfahrungen mit anderen Frauen, zumißt. Seine Freuden sind das Produkt dieser Erfahrungen selbst und des Wertes, den er ihnen beimißt. Die Leichtigkeit, mit der er ihre Liebesgaben erhält, scheint ihren Wert für ihn jedoch zu vermindern. Das ist das Dilemma der Liebe, das eine Parallele zu dem vorher diskutierten Dilemma der Anerkennung darstellt. Ebenso wie man von einer Person zwar erwartet, daß sie ihre Gefährten anerkennt, die allzu freigebige Gewährung dieser Anerkennung den Wert dieser Anerkennung jedoch vermindert, so ist eine Frau gezwungen, ihrem Liebhaber Liebesbeweise zukommen zu lassen; wenn sie dies jedoch zu offenherzig tut, dann wird der Wert ihrer Zuneigung für sein Empfinden darunter leiden. Wieviel eine Frau einem Mann als Liebesobjekt wert ist, hängt weitgehend von ihrer Popularität bei anderen Männern ab. Es ist schwer, etwas zu bewerten, wenn es keine klaren Kriterien für diese Bewertung gibt; und Individuen, die sich in einer so unsicheren Situation befinden, werden in ihrer Urteilsbildung gewöhnlich von jedem Hinweis auf eine mögliche soziale Norm stark beeinflußt[9]. Die Bewertung der inneren Werte einer Frau ist in diesem Sinne ein zweifelhaftes Unternehmen, bei dem jeder einzelne Mann in hohem Grad von der allgemeinen Popularität dieser Frau bei den anderen Männern, die ihren Wert als Liebesobjekt sozial definiert, beeinflußt werden wird. Selbstverständlich kann ein Mädchen nur populär werden, wenn es viele Jungen anzieht; und auch ihre Attraktivität für jeden einzelnen von ihnen beruht zum Teil darauf, daß die anderen sie ebenfalls attraktiv finden. Ein gutes Aussehen begründet diesen Ruf, und ebenso ihr Verhalten bei Verabredungen.

Eine Frau, deren Liebe bei den Männern gefragt ist, wird wahrscheinlich nicht so leicht feste Bindungen eingehen, weil sie ja eine Reihe vielversprechender Alternativen hat, die erst abzuwägen sind. Diejenige hingegen, die nicht so populär ist, ist eher davon abhängig, daß ein Mann sie auserliest; und sie hat mehr Grund, ihm verpflichtet zu sein. Eine Frau, die einem Mann bereitwillig ihre Gefühle offenbart, läßt vermuten, daß es ihr an Popularität mangelt; und damit entwertet sich der Wert ihrer Zuneigung. Umgekehrt läßt ihr Widerstand gegenüber seinen Eroberungsversuchen darauf schließen, daß sie sehr gefragt ist und daß sie mehrere Alternativen hat – was sie wiederum in seinen Augen um so begehrenswerter macht. Ihr Widerstand, sich zu binden, hilft ihr, den Kurs ihrer Zuneigung hochzuhalten, gerade weil er diesen Widerstand für ein Zeichen ihrer allgemeinen Begehrtheit halten wird – besonders dann, wenn er selbst nicht weiß, wie begehrenswert sie anderen Männern erscheint. Sicherlich unterhalten sich die Männer gelegentlich über Frauen; sie reden über ihre Begehrtheit und sogar über ihr Verhalten bei Verabredungen – ungeachtet des sozialen Tabus, das darauf liegt –, aber diese Unterhaltungen unterstreichen nur, welche Bedeutung die Zurückhaltung einer Frau für die Wertsicherung ihrer Zuneigung hat. Wenn eine Frau in den Ruf gekommen ist, sich bereitwillig in sexuelle Abenteuer einzulassen, nimmt der Wert ihrer Liebesbeweise rapide ab – vor allem weil diese einen geringeren Grad an Bindung und persönlichem Engagement vermuten lassen, als diejenigen einer Frau, die sie nur sehr sparsam verschenkt.

Um den Wert ihrer Zuneigung zu sichern, muß eine Frau zurückhaltend sein im Ausdruck ihrer Gefühle; und sie muß sich hüten, ihre wachsende Liebe erkennen zu lassen, die ein hoher Preis sein muß, der nicht so leicht zu gewinnen ist. Aber schließlich hängt die Liebe eines Mannes zu einer Frau von ihrer Bereitschaft und ihrer Fähigkeit ab, ihm unvergleichbare Belohnungen in der Form sexueller Befriedigung und andere Zeichen ihrer Liebe zu schenken. Der hier zu betonende Punkt ist also *nicht*, daß eine Frau, die einem Mann diese sexuelle und emotionelle Befriedigung versagt, seine Liebe eher gewinnen könnte als eine, die sie ihm gewährt. Zweifellos ist das Gegenteil der Fall, da diese Gunstbeweise die Hauptquelle einer anhaltenden Liebesbeziehung sind. Zu betonen ist vielmehr, daß die ehrliche Liebe eines Mannes für eine Frau nicht nur von diesen Belohnungen abhängt, sondern ebenso von dem Wert, den er ihnen zumißt; und daß eine Frau, die mit diesen Gunstbezeigungen nicht um sich wirft, den Wert dieser Bezeugungen erhöht, *wenn sie sie schließlich gewährt.* Selbstverständlich wird sie von diesem erhöhten Wert nicht profitieren, wenn sie solche Gunstbezeigungen letztlich doch nicht gewährt. Das ist gerade der Grund für das Dilemma. Eine Frau fördert die Liebe eines Mannes, indem sie ihm sexuelle und andere Gnadengaben zukommen läßt – als Beweise ihrer Liebe und als Mittel, um eine Verbindung mit ihr äußerst wünschenswert erscheinen zu lassen; wenn sie jedoch diese Belohnungen zu bereitwillig verteilt – zu vielen Männern oder einem bestimmten Mann zu bald –, dann vermindert sie deren Wert und damit auch ihre Macht, eine andauernde Bindung anzuknüpfen.

Soziale Kontrollen verstärken noch das Bestreben, eine große Zuneigung nicht zu schnell erkennen zu lassen. Wenn die meisten Mädchen in einer Gemeinde die Jungen schon bei ihrer ersten Verabredung küssen und sexuelle Gunstbezeigungen bald darauf folgen lassen würden – bevor noch die Jungen sich ernsthaft engagieren –, dann würde der Preis dieser Belohnungen in der Gemeinde sinken; und das würde es einem Mädchen schwer machen, das Versprechen des sexuellen Verkehrs dazu zu benutzen, um dem Jungen eine feste Verpflichtung zu entlocken, da sexuelle Belohnungen auch zu einem geringeren Preis zu haben sind. Das gemeinsame Interesse der Mädchen, den Wert sexueller Gunstbezeigungen zu sichern und vor Abwertung zu bewahren, verstärkt den sozialen Druck auf die Mädchen, nicht zu freigebig zu sein. Colemans Untersuchung von High Schools zeigt, daß dieser Druck dazu führt, daß die soziale Stellung eines Mädchens oft von ihrer Reputation in bezug auf ihr sexuelles Verhalten mit Jungen abhängig gemacht wird[10]. Dieser soziale Druck, der den Wert der sexuellen Gunstbezeigungen hoch genug erhält, um damit eine dauerhafte Bindung der Jungen einhandeln zu können, stärkt die Marktposition der Mädchen in bezug auf die Austauschbeziehungen mit Jungen auf dem Heiratsmarkt.[11] Die Lage für die Jungen ist komplementär, d. h. daß die soziale Kontrolle hier frühe Bindungen entmutigt. Das Ziel beider Geschlechter ist es, dem anderen gerade zureichende Belohnungen zu gewähren, um ihn verführen zu können, aber nicht so viel, daß ihr Wert vermindert wird – aber die von diesen beiden Bedingungen definierte Grenzlinie ist oft kaum auszumachen.

Die Schwere der Aufgabe einer Eroberung ist ein wichtiges Element in den entscheidenden Entwicklungsstufen einer Liebesbeziehung; und ihre Bedeutung als Katalysator für die Herausbildung einer langdauernden Bindung wird gerade dadurch, daß diese Aufgabe zu leicht gemacht wird, vernichtet. Eine der grundlegenden Funktionen des zwanglosen Zusammentreffens von jungen Leuten ist es daher, ihnen Gelegenheit zu geben, ihrer eigenen Anziehungskraft als Liebhaber und ihrer Chancen im Wettbewerb um begehrenswerte Lebensgefährten sicher werden zu können. Beim Dating – und in einem gewissen Ausmaß auch generell im intimen sozialen Verkehr – erfährt das Individuum sozusagen den Marktwert seiner Attraktivität. Daher ist der Erfolg so ungeheuer wichtig für sein Selbstbild. Die Mädchen oder Jungen, die Erfolg haben und beim anderen Geschlecht viele Eroberungen machen, bestimmen ihren Wert sowohl nach ihrem eigenen Selbstgefühl als auch nach dem Entgegenkommen der anderen. Bei gelegentlichen Zusammenkünften benutzen daher die Mädchen und Jungen einander, um ihre eigene Anziehungskraft durch ihre Eroberungen zu testen. Der Widerstand eines Mädchens, sich allzuschnell erobern zu lassen, ist eine Weigerung, sich in einer solchen Weise als Testobjekt mißbrauchen zu lassen, und zugleich die Forderung auf ein Minimum von Verpflichtung als Bedingung für den Erweis seiner Zuneigung. Indem es die Spannung der Jagd solange aufrechterhält, bis ein Junge ihm innerlich verfallen ist, kann ein Mädchen die Bedeutung der Eroberung so erhöhen, daß es damit eine tiefere Bindung erreichen kann, welche den Anreiz eines Datings schließlich überflüssig macht. Da das Interesse einer Eroberung der primäre Grund für einen Jungen sein kann, einem Mädchen den Hof zu machen, würde ihn eine vorzeitige Eroberung gerade des Anreizes berauben, die Beziehung noch fortzusetzen.

Die Beweise der Zuneigung zu einem Jungen schließen darüber hinaus noch ein Verlangen nach einer Gegenbindung von seiten des Jungen mit ein. Wenn ihm der bisher schon erreichte Grad des Engagements genügte und wenn er nicht bereit ist, sich ernsthafter zu binden, wird ein solches Verlangen seine Zuneigung zu ihr abkühlen lassen. Die Liebe ist ein spontanes Gefühl und kann nicht befohlen werden; und die in den Beweisen einer zunehmenden Liebe zum Ausdruck kommende Forderung, sich noch mehr zu lieben, kann als ein äußerer Zwang erscheinen, der die kaum erblühte Liebe eines Jungen verwelken läßt. Die wachsende Liebe eines jungen Mannes für ein Mädchen, dem er nachstellt, wird typischerweise, wenn nicht von der Angst begleitet und angespornt, den Gegenstand seiner Liebe zu verlieren, so durch die Angst, zu sehr verstrickt zu werden. Ihr starkes Engagement aber zerstört seine Angst, sie und ihre Zuneigung zu verlieren. Wenn er auch in sexueller Hinsicht aus ihrer stärkeren Bindung Vorteile ziehen kann, wird seine Ausbeutergesinnung die innere Bindung nicht gerade fördern; und wenn sein Überich ihn hindert, sie auszubeuten, wird er dazu neigen, die Beziehung unter diesen Umständen aufzugeben. Die Eifersucht des stärker Verliebten ist als die ausdrückliche Forderung nach einer ausschließlicheren Bindung von seiten des anderen zu verstehen; und sie ist oft der letzte Anlaß für den weniger Verliebten, sich aus dieser Bindung zurückzuziehen. Die Entwicklung einer Liebesbeziehung wird oft gerade durch das Verlangen des anderen nach einer zu leidenschaftlichen Hingabe erstickt.

4. *Bindung und Gegenbindung*

Während so die gerade dargestellten Prozesse den freien Ausdruck der Gefühle in den frühen Stadien der Werbung eher hindern, empfinden die Liebhaber aber andererseits auch einen gewissen Zwang, ihre Gefühle füreinander zum Ausdruck zu bringen. Wenn ein Individuum verliebt ist, wird es große Befriedigung empfinden, wenn es dem Geliebten seine Liebe erklärt und sie möglicherweise sogar in alle Welt ausposaunt hat. Die Identifikation mit der geliebten Person macht jede Belohnung durch sie zur Freude und jede Belohnung wird ein Ausdruck der Liebe für sie sein. Zugleich sind viele Handlungen eines Mädchens, die einen Jungen belohnen und ihre Gefühle für ihn zum Ausdruck bringen sollen, auch belohnend für sie selbst, so z. B. ihre Bereitschaft, ihn zu küssen. Der Flirt läßt Erwartungen aufkommen, die später erfüllt werden müssen, wenn die Liebesbeziehung aufrechterhalten werden soll. Das Verhalten des flirtenden Mädchens läßt den Jungen hoffen, daß – wenngleich sie jetzt noch nicht bereit ist, sich an der Hand nehmen zu lassen – sie bei einer fortgesetzten Verbindung schließlich doch dazu und zu noch größeren Gunstbezeigungen bereit sein wird. Die im Verlaufe des Flirts angedeuteten Versprechungen verpflichten die sich Liebenden immer mehr, den Erwartungen, die sie geweckt haben, zu entsprechen und wenigstens einige der versprochenen Belohnungen zu gewähren. Die Folge ist eine dynamische Eigenentwicklung der sich steigernden Belohnungen und Bindungen, da ja jede neue Bindung weitere Erwartungen weckt – vorausgesetzt, daß enttäuschte Erwartungen nicht zum Bruch führen. Das Mädchen läßt sich küssen, er geht mit ihr tanzen, sie läßt sich auf Sexspiele ein, er hört auf, andere zu treffen, sie ebenfalls, und schließlich gibt er ihr den Verlobungsring, der ihre Beziehung offiziell werden läßt – wenn nicht natürlich diese sich steigernden Belohnungen und sich verfestigenden Bindungen einen der beiden veranlassen, das Abenteuer zu beenden.

Schließlich wird die Befriedigung, die eine Frau empfindet, wenn ein Mann sie liebt, wesentlich gesteigert, wenn sie ihn ebenfalls liebt; und das mag sie unbewußt darin bestärken, seine Liebe zu erwidern. Die Liebe eines Mannes animiert eine Frau und macht sie fesselnder und hübscher. Mit einem Mann auszugehen, der sie liebt, steigert ihr Selbstbewußtsein als eine erfolgreiche Frau und wird wahrscheinlich ihr Verhalten in der Weise beeinflussen, daß sie tatsächlich charmanter und sympathischer sein wird. Damit die liebende Verehrung eines Mannes diese positiven Wirkungen auf ihr Selbstbild und ihr Benehmen haben kann, muß seine Wertschätzung der Frau jedoch etwas bedeuten; und je mehr sie ihn liebt, desto mehr Gewicht wird sie auf seine Wertschätzung legen. Die Liebe einer Frau für einen Mann, der sie liebt, hilft ihr deshalb, eine reizendere und selbstsicherere Person zu werden – weil diese Liebe sozusagen den Spiegel vergrößert, der ihre Persönlichkeit als Liebende reflektiert und auch formt. Obgleich eine Frau sich nicht willentlich zwingen kann, einen Mann zu lieben, der sie liebt, können die Vorteile, die sie aus einer Erwiderung seiner Liebe ziehen kann, sie doch unbewußt veranlassen, ihn wirklich zu lieben.

Liebende stehen damit sowohl unter dem Druck, ihre Gefühle füreinander zum Ausdruck zu bringen als auch diese zurückzuhalten. Das grundlegende Dilemma ist, daß eine Frau, die ihre Gefühle für einen Mann zu offen zeigt, um eine Verbindung mit ihr lohnend für ihn erscheinen zu lassen, den Wert ihrer Gefühlsäußerungen vermindert. Die Entwicklungsprozesse sind die gleichen für beide Geschlechter, wenngleich ihre spezifische Form von kulturellen Unterschieden in der Geschlechtsrolle bestimmt wird. Die Bereitschaft, sexuelle Beziehungen aufzunehmen, hat z. B. in unserer Kultur für einen jungen Mann einen geringeren Verbindlichkeitscharakter als für ein Mädchen; und er kann viel leichter als erster seine Liebe erklären, weil auch dies einen Jungen weniger festlegt als ein Mädchen. Aber diejenigen Akte eines Jungen, die seine Bindung an ein Mädchen besiegeln, wie ihre Vorstellung im Elternhaus oder Freundschaftszeichen, haben für ihn im wesentlichen die gleiche Bedeutung wie die ihren. Wenn die Liebenden daran interessiert sind, ihre Verbindung aufrechtzuerhalten, sind sie auch beide daran interessiert, den anderen sich zuerst und möglichst tief zu verpflichten. So gibt es ein starkes Risikoelement in der gegenseitigen Werbung, wenn beide Partner ihre eigene Bindung bis zu dem Punkt zurückzuhalten versuchen, wo ihre Beziehung gefährdet würde; denn die Werbung ist ein »gemischtes Spiel« mit gleichzeitig gemeinsamen und konfligierenden Interessen, genau wie dies bei anderen bereits diskutierten sozialen Beziehungen der Fall ist[12].

Die offenbare Zuneigung und zunehmende Bindung eines Liebenden verstärkt manchmal die Liebe des anderen zu ihm, manchmal aber hemmt sie auch die Liebe des anderen und läßt ihn sein Interesse an der Beziehung verlieren. Was ist die Ursache für diese unterschiedliche Wirkung? Ohne Frage ist die Persönlichkeitsstruktur der beiden Liebenden der wichtigste Faktor[13], aber die sozialen Bedingungen spielen bei der sich entwickelnden Liebe ebenfalls eine große Rolle. Da die

Liebenden die Stärke ihrer wachsenden Zuneigung voreinander zu verbergen suchen, erzeugt das sich verstärkende Engagement einen Zustand der Spannung. Dieser Zustand veranlaßt die Liebenden, Sicherheit über die wachsenden Gefühle des anderen zu erhalten, was die Gefahr der Zurückweisung und der einseitigen Abhängigkeit abwenden und ihnen ermöglichen könnte, ihren Gefühlen freien Lauf zu lassen. In dieser Situation würden die begierig antizipierten Liebesbezeigungen einer Frau des Mannes Qualen erleichtern und seine Liebe für sie intensivieren. Wenn aber auf der anderen Seite kein solches Reservoir an unterdrückten Gefühlen vorhanden ist und ein Liebhaber nicht stärker engagiert ist, als nach außen erkennbar ist, werden die Beweise einer großen Zuneigung den Liebhaber eher abkühlen lassen, weil sie den Wert ihrer Liebe sinken lassen, weil sie seinen Versuch, sie zu erobern, uninteressant machen und weil sie Forderungen nach einer engeren Bindung stellen, als er bereit ist einzugehen. Die Parallele dazu ist, daß die Liebesschwüre eines Mannes, die einer Frau gelten, die ihre Gefühle unterdrückt hat, ihre Liebe für ihn verstärken werden; wenn aber seine Zuneigung zu ihr bei weitem ihre Gefühle und Wünsche übersteigt, werden sie sie wahrscheinlich abschrecken.

Kurz gesagt, müssen die gegenseitigen Bindungen Hand in Hand gehen, wenn sich eine Liebesbeziehung in eine dauernde Bindung verwandeln soll. Wenn der eine ungleich stärker engagiert ist als der andere, lädt seine größere Bindung zur Ausbeutung ein oder weckt das Gefühl des Gefangenseins; beides läßt die Liebe erkalten. Während die in einer Beziehung erfahrenen Belohnungen für eine Weile noch zu einer Fortsetzung der Beziehung führen mögen, wird das geringe Interesse des weniger Engagierten oder die Enttäuschung des stärker Engagierten wahrscheinlich über kurz oder lang den einen oder anderen zu einer Beendigung des Verhältnisses führen. Nur wenn sich die gegenseitige Zuneigung und Bindung der beiden Liebenden ungefähr im gleichen Maße steigert, werden sie sich in ihrer Liebe wahrscheinlich gegenseitig bestärken.

5. Schlußfolgerungen

Soziale Anerkennung und persönliche Anziehungskraft sind grundlegend für die Stützung von individuellen Meinungen und Urteilen, für die Werte und das Selbstbild einer Person. Die Bedeutung der Bestätigung oder der Bewunderung des anderen hängt davon ab, daß sie als echt angesehen werden. Im Gegensatz zu den Diensten oder zur Einwilligung eines Mitglieds des gleichen Verbandes, wo mehr die Handlungen als die zugrunde liegenden Haltungen zählen, zählt hier, wenn es um den Ausdruck von Achtung und Zuneigung geht, gerade die zugrunde liegende Gesinnung. Vorgetäuschte Achtung und geheuchelte Zuneigung haben kaum einen Wert.

Die Bedeutung von Achtung oder Zuneigung hängt damit auch davon ab, daß sie sparsam zum Ausdruck gebracht werden. Personen, die kaum je einmal etwas mißbilligen oder die bereitwilligst Zuneigung für andere zeigen, entwerten selbst ihr Lob und ihre Liebe. Während die Vortäuschung von Achtung und Zuneigung sehr stark mißbilligt wird, unterliegt die Verheimlichung dieser Gefühle keiner ernstlichen Kontrolle. Lobhudeleien stempeln eine Person zu einem Kriecher; falsche Zustimmung lassen sie als Lügner erscheinen; eine vorgespiegelte Zuneigung läßt sie als unehrlich erscheinen; die Person hingegen, die es versäumt, Zustimmung auszudrücken, wo es ihr möglich gewesen wäre, oder die ihre Zuneigung verbirgt, die sie empfindet, wird viel weniger ernsthaft gerügt und wird nur als unzugänglich oder kalt hingestellt. Nur die Vortäuschung, nicht die Verheimlichung, macht nämlich die Zustimmung und Zuneigung unecht. Wenn man diese Asymmetrie voraussetzt, besteht kein Konflikt zwischen den Erfordernissen, daß der Ausdruck der Achtung echt sein muß und daß er selten sein muß, um für den anderen einen Wert zu haben.

Die Bereitschaft eines Mannes, für die anderen einzutreten, bringt ihm die Wertschätzung seiner Genossen ein; aber wenn er mit seinem Lob nur wenig wählerisch ist, entwertet er seine Zustimmung. Ähnlich wird der Ausdruck der Zuneigung einer Frau, die einen Mann liebt, die Wertschätzung von seiten des Mannes erhöhen; wenn sie aber ihrer Liebe allzu freien Lauf läßt, wird sie ihre Liebe entwerten. Das führt zu einem Dilemma, da die Menschen riskieren müssen, entweder sich mit den signifikanten Anderen, denen sie den Ausdruck ihrer Achtung und Zuneigung vorenthalten, zu verfeinden, oder den Wert dieser Achtung und Zuneigung zu vermindern. Das Dilemma tritt im Falle der Liebe noch deutlicher hervor als im Fall der Anerkennung, weil sich die Bedeutung der Anerkennung in einem größeren Ausmaß noch aus anderen Gründen ergibt. Es ist die Fähigkeit einer Person, zum Wohlergehen beizutragen, die ihr Achtung einbringt, und es ist ihre Macht über die anderen, die bestimmt, welchen Wert ihre Anerkennung für die anderen hat. Die mangelnde Urteilskraft dieser Person, wenn sie Anerkennung an Unwürdige verteilt, kann diese anderen Leistungen nicht völlig in den Schatten stellen. Die mangelnde Zurückhaltung in Liebesbezeigungen andererseits ist aber viel ausschließlicher an den Eindruck gebunden, den diese Person als Liebhaber hinterläßt, und folglich ist sie auch enger an den Wert dieser Liebe für den anderen gebunden.

Die Bedeutung der Achtung oder Zuneigung für einen anderen hängt außerdem von der Gesinnung den anderen gegenüber ab. Eine hohe Achtung für die anderen erhöht natürlich auch das Gewicht seiner Anerkennung, und die Verehrung für eine Frau erhöht die Bedeutung ihrer Zuneigung für die anderen. Männer, deren Leistungen von hochgeschätzten Personen anerkannt werden, werden sich wenig um die Zustimmung der weniger angesehenen Personen kümmern; und Frauen, die von den begehrenswertesten Männer angebetet werden, sind nicht auf die Bewunderung der weniger begehrenswerten angewiesen. Damit die Anerkennung einer weniger geschätzten Person überhaupt ankommt, darf diese mit Anerkennung nicht geizen, und sie ist gezwungen, auch Leistungen von einer nur mäßigen Qualität zu loben; damit vermindert sie aber wiederum den Wert ihrer Anerkennung. Im Einklang damit muß die Frau, die von den Männern nicht so sehr bewundert wird, ihre Zuneigung etwas freigebiger zum Ausdruck bringen, und sie muß eher den Beweis ihrer Liebe antreten – womit sie natürlich den Wert ihrer Zuneigung weiter entwertet.

Eben dieses Bestreben, auf andere Eindruck zu machen und ihre Zustimmung oder Bewunderung zu erhalten, macht eine Person um so weniger eindrucksvoll. Der Mann, der auf seinem Gebiet einen Namen hat, braucht sich auf solche Versuche gar nicht einzulassen. Er braucht sich keinen Zwang aufzuerlegen und kann geradeheraus sein, und er kann sogar sein Licht unter den Scheffel stellen; denn das wird die Bedeutung seiner Leistungen nicht vermindern und kann die Achtung der anderen nur erhöhen. Derjenige, dessen gleichwertige Leistungen in einer bestimmten Gruppe nicht bekannt sind, kann nicht auf die gleiche Weise Eindruck machen. Wenn er ihnen von seinen Leistungen nicht erzählt, haben sie gar keinen Anlaß, ihn zu respektieren oder seine Bescheidenheit zu rühmen; der Zwang, sich als einen Mann von Bedeutung darstellen zu müssen, läßt ihn aber insgeheim nur wenig bedeutend erscheinen. Ebenso wird es eine Schönheit nicht nötig haben, zu beweisen, daß sie eine fesselnde Frau ist; und das wird ihr ermöglichen, charmant und unkompliziert zu sein und sich als noch attraktiver zu erweisen als erwartet. Wenn ein gewisser sozialer Status einmal gesichert ist, ist es relativ leicht, weitere Gewinne zu erzielen; diesen Status aber zu erreichen, ist nicht so leicht.

So gibt es also zahlreiche Parallelen zwischen dem Ausdruck der Zuneigung und einem Liebesverhältnis und dem Ausdruck der Achtung in sozialen Verbänden im allgemeinen. Es gibt allerdings auch einige Unterschiede. Der Hauptunterschied ist wohl der, daß die Bedeutung der sozialen Anerkennung weitgehend von den Bedingungen einer kollektiven Sozialstruktur bestimmt wird, während der Wert einer Zuneigung weitgehend von den in einem Liebesverhältnis auftretenden Bedingungen selbst bestimmt wird – obgleich die Charakteristik der Paarbeziehungen die Bedeutung dieser Anerkennung modifiziert und die breitere soziale Situation ebenfalls nicht ohne Einfluß auf die Liebesbeziehungen ist. Das Prestige, das die Anerkennung des anderen wertvoll erscheinen läßt, und die Anziehungskraft, die die Liebe des anderen so begehrenswert erscheinen läßt, ruhen auf verschiedenen Grundlagen, da das Prestige gewöhnlich stärker in der Sozialstruktur verankert ist als die Anziehungskraft einer Person.

Obgleich ursprünglich ihre Schönheit und Popularität eine Frau einem Mann attraktiv erscheinen lassen, hängt die Bedeutung ihrer Schönheit für ihn letztlich von seinen persönlichen Gefühlen des Angezogenseins ab; dagegen ist die Bedeutung der Anerkennung einer Person von höherem Status schon an und für sich größer als die anderer Personen, ganz gleich, was der Betreffende von ihr aus irgendwelchen Gründen halten mag. Das Urteil eines Vorgesetzten oder Experten kann vernünftigerweise nicht einfach übergangen werden; aber es ist nicht einfach unverständlich, von einer Frau, die schön und von anderen begehrt ist, nicht angezogen zu sein. Was eine Frau zu einem begehrenswerten Liebesobjekt macht, ist – mit dem Ausnahmefall vielleicht einer wirklichen Schönheit – schließlich der Eindruck, der sie begehrenswert erscheinen läßt, während die Achtung für einen Mann – oder für eine Frau – durch seine oder ihre tatsächlichen Fähigkeiten bestimmt und nach objektiven Maßstäben bemessen wird. Selbstverständlich hängt die Wertschätzung gerade dieser und nicht anderer Fähigkeiten von den sozialen Standards ab, die in einer bestimmten Gesellschaft vorherrschen; aber das kann den grundlegenden Unterschied nicht verschleiern. Die Attraktivität einer Person als eines Liebhabers oder überhaupt als eines sozialen Gefährten ist primär eine Funktion der Gesinnung seiner Genossen ihm gegenüber; dagegen machen die vielfachen Bestimmungsgründe, auf denen der Status in einer Sozialstruktur beruht – insbesondere, wenn auch nicht ausschließlich, auf dem Gebiet der instrumentellen Leistung –, diesen Status vergleichsweise unabhängig von der Gesinnung seiner Genossen.

1 Marcel Proust, *Auf der Suche nach der verlorenen Zeit. In Swanns Welt,* Frankfurt a. M. 1964, S. 307 f.

2 Zur Analyse eines Spezialfalles dieser Strategie vgl. James D. Thompson und William J. McEwen, »Organization Goals and Environment«, in: *American Sociological Review* 23 (1958), S. 29 f.

3 John W. Thibaut und Harold H. Kelley, *The Social Psychology of Groups,* New York 1959, S. 66.

4 Aristoteles, *Nikomachische Ethik,* Buch IX, Kapitel 7; 1.

5 Jemandem äußere Vorteile zu verschaffen, kann ein Ersatz sein für einen mangelnden Erweis des inneren eigenen Wertes, wie Proust ausgeführt hat: »Im Augenblick, wenn er sie mit Geschenken überschüttete, ihr Gefälligkeiten erwies, konnte er sich auf Grund von Vorzügen, die außerhalb seiner Person lagen, nichts mit seiner Intelligenz zu tun hatten, von dem erschöpfenden Bemühen erholen, ihr durch sich selbst zu gefallen.« (a. a. O., 355, Übersetzung von Eva Rechel-Mertens)

6 Willard Waller und Reuben Hill, *The Family,* New York 1951, S. 190 bis 192.

7 Als Diskussion des Ausbeutungsverhaltens in der Liebeswerbung vgl. ebenda, S. 159–173. Vgl. ebenso die fiktive Darstellung des Versuches, den anderen von sich abhängig zu machen, um Vergnügen aus der damit erwachsenden Macht über ihn oder sie zu erhalten, wie das im Spiel und im wirklichen Leben durchgespielt wird. In: Roger Vailland, *The Law,* New York 1958, bes. S. 42–52 und S. 196–198.

8 Um die folgende Diskussion nicht zu überladen, wird sie sich weitgehend nur auf die Haltung von Männern gegenüber Frauen beziehen; es wird aber angenommen, daß sie im Prinzip auch für die Haltung der Frauen gegenüber den Männern gilt – wenn es hier selbstverständlich auch geschlechtsrollenbedingte Unterschiede in bestimmten Praktiken gibt, wie darzustellen sein wird.

9 Vgl. Muzafer Sherif, »Group Influences upon the Formation of Norms and Attitudes«, in: Eleanor E. Maccoby, Theodor M. Newcomb, und Eugene L. Hartley, *Readings in Social Psychology,* New York [3]1958, S. 219–232.

10 James S. Coleman, *The Adolescent Society,* Glencoe 1961, S. 118–123.

11 Vgl. Waller und Hill, a. a. O., S. 190 ff.

12 Dies wurde eingehender diskutiert im Kapitel 2, vgl. dort das Schema auf S. 45:

Die Wahl von B
Die Wahl von A

	offene Anerkennung	vorenthaltene Anerkennung
offene Anerkennung	Paarbeziehung (2. Wahl für beide)	A steht über B (A's 1. Wahl)
vorenthaltene Anerkennung	B steht über A (B's 1. Wahl)	keine Beziehung (schlechteste Wahl für beide)

Ein anderes Dilemma, das durch dieses gemischte Spiel erzeugt wird, ist, daß derjenige Liebhaber, der seine Bereitschaft zu erkennen gibt, mit der Geliebten seine Zeit zu verbringen, sie in den Stand setzt, sich an den Zusammenkünften zu freuen, ohne verraten zu müssen, wie gerne sie sich mit ihm trifft, und ohne die damit verbundene Bindung sich eingestehen zu müssen.

13 In der vorliegenden Diskussion wurde im allgemeinen nicht versucht, sich mit den psychologischen Kräften und motivationellen Strukturen zu beschäftigen, die den analysierten soziopsychischen Prozessen zugrunde liegen. Die Erläuterung dieses Komplexes durch Waller und Hill gilt ebenso für die hier dargestellte Analyse (vgl. ebenda, S. 172 f.): »Wenn wir unsere eigene Analyse vor allem dem Interaktionsprozeß in der Werbung zugewandt haben, so anerkennen wir die Notwendigkeit, diese Analyse durch den Aufweis zu ergänzen, wie diese Prozesse mit der inneren Natur und der Entwicklungsgeschichte der Partner verbunden sind. Hier sind vor allem die psychoanalytischen Beiträge von Bedeutung.« Besondere Aufmerksamkeit sollte auf die Vernachlässigung der emotionalen Konflikte und die daraus resultierenden irrationalen Tendenzen der Individuen gelenkt werden, d. h. jener Tendenzen, die durch unbewußte Triebe hervorgerufen werden, die die eigenen Ziele des Individuums zunichte machen.

ANDRZEJ MALEWSKI

Elemente einer Verhaltenstheorie

1. Zwei Grundideen

Die Verhaltenstheorie geht aus zwei verschiedenen Traditionen hervor, die zwei fundamentale Mechanismen in den Brennpunkt der Aufmerksamkeit rückten: den Mechanismus des instrumentalen Lernens und den Mechanismus des klassischen Konditionierens[1]. Ehe wir diese Mechanismen im Detail erörtern, wollen wir ein paar Beispiele aus dem täglichen Leben anführen, die uns als erste Einführung in diese Thematik behilflich sein können.

Als Beispiel für das instrumentale Lernen kann uns ein Kind dienen, dem jemand einen bestimmten, von ihm gewünschten Gegenstand versagt hat. Dieses Kind kann sich lautlos damit zufriedengeben; es kann weinen; es kann die Personen, die seinen Wunsch vereitelt haben, schlagen; es kann »schmollen« und gar nichts sagen; es kann auf andere, unbeteiligte Personen schimpfen; es kann hartnäckig auf seinem Wunsch beharren; es kann schließlich sich bemühen, etwas zu tun, was ihm das Wohlwollen der Person, die über den entsprechenden Gegenstand verfügt, einbringt. Das sind verschiedenartige mögliche Reaktionen auf den Reiz, den die Ablehnung des gewünschten Gegenstandes durch eine andere Person darstellt. Die Wahrscheinlichkeit, daß sich eine derartige Reaktion in ähnlichen Situationen wiederholt, wird von den Folgen abhängen, die jede einzelne Reaktion hat. Wird eine Reaktion belohnt, dann wächst die Wahrscheinlichkeit, daß sie in derselben oder in einer ähnlichen Situation wieder auftreten wird. Zum Beispiel kann das Weinen, das Schlagen oder das »Schmollen« dazu führen, daß das Kind das gewünschte Objekt erhält oder daß die Mutter veranlaßt wird, das Kind zu trösten oder sich ihm liebevoll zuzuwenden. Derartige Belohnungen führen zum Anwachsen der

---

Nachdruck aus: Andrzej Malewski, *Verhalten und Interaktion. Die Theorie des Verhaltens und das Problem der sozialwissenschaftlichen Integration*, Tübingen: J. C. B. Mohr, 1967, Übersetzung aus dem Polnischen (1964) von Wolfgang Wehrstedt, S. 45–61 u. S. 67–71. Die Überschriften wurden abweichend vom Original durchnumeriert.

Wahrscheinlichkeit, daß derartige Reaktionen als Antwort auf die Vorenthaltung eines gewünschten Gegenstandes wieder auftreten. Mit anderen Worten: Die Verbindung zwischen dem Reiz in Form der Ablehnung des Gegenstandes und der Reaktion des Weinens, Schlagens oder »Schmollens« wird bekräftigt. Beim instrumentalen Lernen haben wir es mit Veränderungen in der Stärke der Tendenzen zu einzelnen Reaktionen, je nach den Folgen, die diese Reaktionen haben, zu tun.

Als Beispiel für das klassische Konditionieren kann uns das gleiche Kind dienen. Es wurde ins Krankenhaus gebracht, wo ein schmerzhafter Eingriff durchgeführt wurde. Die Angstreaktion mit ihren Begleitsymptomen (Beschleunigung des Herzschlages, Neigung, dem Schmerz zu entfliehen usw.) wird, besonders im Falle einer häufigeren Wiederholung des schmerzhaften Eingriffes, durch ursprünglich neutrale Reize (Anblick des Krankenhauses, weiße Schürze, Nachricht vom Kommen des Arztes oder einer Schwester) hervorgerufen.

Die Untersuchung der Gesetzmäßigkeiten des instrumentalen Lernens geht auf W. Bechterew[2] und E. L. Thorndike[3] zurück. Thorndike legte großen Nachdruck auf das »Effekt-Gesetz« *(Law of Effect)* und auf die Rolle dieses Gesetzes bei der Herausbildung von Gewohnheiten. Dieses Gesetz bezieht sich auf die Bekräftigung oder Schwächung der Verbindungen zwischen Reizen und Reaktionen – je nach den Folgen, die diese Reaktionen haben. Fällt eine durch einen bestimmten Reiz verursachte Reaktion mit irgendeinem befriedigenden Zustand zusammen, dann nimmt, wie Thorndike behauptete, die Stärke der Verbindung zwischen dem Reiz und der Reaktion zu. Fällt sie hingegen mit einem Zustand der Unbefriedigung zusammen, so nimmt nach Thorndike die Stärke der Verbindung ab. Der Mechanismus, auf den er hinweist, ist – mit anderen Worten – der Mechanismus von Reaktionen, die von einem bestimmten Reiz in Abhängigkeit davon verursacht werden, ob diese Reaktionen bestraft oder belohnt werden. Ein und derselbe Reiz kann eine Reihe verschiedenartiger Reaktionen verursachen. Je nach den Folgen der Reaktionen nimmt die Wahrscheinlichkeit ihres Auftretens zu oder ab. Daß dieser Mechanismus dem Organismus in seinem Existenzkampf von Nutzen ist, dürfte offensichtlich sein: Verhaltensweisen, die ihre Funktion nicht erfüllen, werden durch solche ersetzt, die der Bedürfnisbefriedigung besser dienen[4].

Die Untersuchung der Gesetzmäßigkeiten bei der klassischen Konditionierung gehen auf I. P. Pawlow zurück. Pawlow wies nämlich darauf hin, daß ein ursprünglich indifferenter Reiz die Fähigkeit erwirbt, eine Reaktion (R) hervorzurufen, wenn ihm einige Male ein anderer Reiz vorausgegangen ist, der die Reaktion R verursacht hat. Das können die bekannten Experimente Pawlows mit dem Speichelreflex gut illustrieren. Einen »unbedingten Reiz« nannte Pawlow den Reiz, der zu Beginn der Untersuchung die Reaktion der Speichelabsonderung – zum Beispiel bei einer trockenen Nahrung oder beim Anblick bzw. Geruch der Nahrung – hervorrief. Die durch diesen Reiz nachhaltig hervorgerufene Reaktion nannte er »bedingte Reaktion«. Einen »bedingten Reiz« nannte er einen Reiz, der hinsichtlich der untersuchten Reaktionen indifferent war und die Reaktion erst dann zu verursachen anfing, wenn gleichzeitig mit ihm oder nach ihm ein unbedingter Reiz auftrat[5]. Einen solchen »bedingten Reiz« stellten in zahlreichen Experimenten Pawlows der Klang einer Glocke oder ein Lichtreiz dar. Die Untersuchung der einfachen Speichelreaktion ermöglichte es Pawlow, eine Reihe grundlegender Zusammenhänge aufzudecken, die sich auf eine sehr große Zahl recht komplexer Situationen anwenden lassen, z. B. Zusammenhänge, die die Generalisierung von Reiz und Reaktion, die Differenzierung, die Extinktion, die Spontanerholung von Reaktionen usw. betreffen.

Die von Pawlow erforschte Konditionierung ist – ähnlich wie das instrumentale Lernen – für den Organismus in dessen Existenzkampf von großem Nutzen, da sie ihm zukünftige Ereignisse zu antizipieren und angepaßter darauf zu reagieren erlaubt. Sie ermöglicht nicht nur die Reaktion auf unbedingte Reize, sondern auch auf deren Signale[6].

2. *Zur Entwicklung der Verhaltenstheorie*

In den dreißiger Jahren entstanden in den Vereinigten Staaten eine Reihe von Theorien, die in vielfältiger Weise die Ideen Thorndikes, Bechterews und Pawlows weiterentwickelten und zahlreiche neue Forschungen anregten. Eine besonders große Rolle spielten die Theorien C. L. Hulls, E. R. Guthries, B. F. Skinners und E. L. Tolmans.

Hull knüpfte an das Effekt-Gesetz Thorndikes an; er wollte nachweisen, daß dieses Gesetz beim instrumentalen Lernen wie bei der klassischen Konditionierung eine grundlegende Rolle spielt. Er interpretierte dieses Gesetz als das Gesetz der Bedürfnisreduktion. Es war zu beobachten, daß die plötzliche Abschwächung eines Schmerzes oder das Stillen des Hungers als Belohnung wirken. Diese Beobachtung verallgemeinernd kann man sagen: Wenn das gleichzeitige Auftreten einer Reaktion mit einem bestimmten Reiz zu einer starken Abschwächung eines Triebes oder einer Motivation führen, dann wächst die Wahrscheinlichkeit, daß diese Reaktion bei erneutem Auftauchen eines solchen Reizes wieder auftritt. Reaktionen, die die Funktion einer Bedürfnisreduktion haben, werden bekräftigt, sonst verschwinden sie. Diese Idee spielt eine zentrale Rolle in Hulls System. Er legte es in Form eines axiomatisierten deduktiven Systems dar, wobei er aus Grundpostulaten und Definitionen durch rigoristische Deduktion immer neue Aussagen ableitete und diese dann experimentell überprüfte. Nach dem Erscheinen von Hulls »Principles of Behavior«[7] hatte seine in diesem Buch enthaltene Theorie, die in späteren Publikationen[8] mehr und mehr modifiziert wurde, eine Reihe von Jahren einen dominierenden Einfluß auf Forschungen im Bereich der Verhaltenstheorie[9].

Gleichzeitig tauchten drei andere theoretische Konzeptionen auf, die sich in vielfacher Hinsicht, unter anderem in den Ansichten über die Beziehung zwischen klassischer Konditionierung und instrumentalem Lernen, unterschieden. B. F. Skinner[10], der einen extrem behavioristischen Standpunkt vertritt, war der Ansicht, es gäbe zwei grundsätzlich verschiedene Lernarten, die sich auf zwei abweichende Reaktionsformen bezögen. Dem klassischen Konditionieren unterlägen Reflexreaktionen, die nicht beeinflußbar seien. Dagegen würden Reaktionen, die keinen Reflexcharakter hätten, instrumental gelernt.

E. R. Guthrie[11] vertrat den Standpunkt, jeder Lernprozeß verlaufe nach den Gesetzen der klassischen Konditionierung. Um eine Verbindung zwischen Reizen und Reaktionen entstehen zu lassen, genüge es, daß beide zeitlich zusammenfielen. Die Rolle der Verstärkung bestände nur darin, das Auftreten neuer Reaktionen und das Verlernen vorher gebildeter Verbindungen zu verhüten.

Der vierte, sehr einflußreiche Theoretiker dieser Zeit, E. C. Tolman[12], legte Nachdruck auf die Unterscheidung zwischen dem Lernen bzw. dem Erwerb bestimmter Fähigkeiten und dem tatsächlichen Verhalten, das als Ganzes keine potentiellen Fähigkeiten zu manifestieren brauche. Tolman faßte das Lernen als Prozeß der Herausbildung von Erwartungen auf; er gab seiner Überzeugung Ausdruck, Belohnungen und Bestrafungen hätten zwar einen Einfluß auf das Verhalten, spielten aber keine wesentlichere Rolle im Lernprozeß selbst. Nach seiner Ansicht war im Lernprozeß die zeitliche Koinzidenz bestimmter Reize von grundlegender Wichtigkeit.

Die Bedeutung der genannten Theorien besteht besonders darin, viele neue Forschungen angeregt zu haben. Die Ergebnisse dieser Forschungen führten jedoch zu keiner entscheidenden Klärung der Streitpunkte. Die Vertreter der hauptsächlichen theoretischen Konzeptionen modifizierten ihre früher vertretenen Ansichten zwar oftmals, verzichteten jedoch nicht auf ihre Grundannahmen[13].

Eine Schwierigkeit besteht darin, daß man keine experimentelle Situation erzeugen kann, in der ausschließlich instrumentales Lernen erfolgt und die Möglichkeit des klassischen Konditionierens völlig ausgeschlossen bliebe. Im instrumentalen Lernen müssen bestimmte Reaktionen belohnt oder bestraft werden. Diese Belohnungen und Bestrafungen werden immer von einer Reihe anderer, zuvor neutraler Situationselemente begleitet, die nach den Regeln der klassischen Konditionierung zu bedingten Reizen werden können. Es ist auch sehr schwer, ein Experiment durchzuführen, in dem eine bedingte Reaktion keine instrumentale Funktion hätte. So verändert z. B. die verstärkte Speichelabsonderung den Geschmack einer trockenen Nahrung oder verdünnt die Säuren, die als unbedingte Reize dienen[14].

Darum muß ein jeder, der sich für die Anwendungsmöglichkeiten der Verhaltenstheorie interessiert, bestimmte Entscheidungen hinsichtlich der Auslegung dieser Theorie treffen. Unterlägen der klassischen Konditionierung ausschließlich die Reflexreaktionen, dann hätten wir uns in diesem Buche auf Zusammenhänge zu beschränken, die beim instrumentalen Lernen auftreten. Das aber würde Schwierigkeiten bei der Erklärung erlernter Belohnungen und Bestrafungen schaffen, die bei der Analyse des menschlichen Verhaltens eine entscheidende Rolle spielen. Um zu erklären, in welcher Weise bestimmte, ursprünglich neutrale Reize die Funktion einer Belohnung oder einer Bestrafung bekommen, muß man Aussagen über das klassische Konditionieren verwenden. Um dagegen zu erklären, in welcher Weise die einen Reaktionen bekräftigt werden, die anderen verschwinden, ist es notwendig, Aussagen über das instrumentale Lernen heranzuziehen.

Die im Prozeß des instrumentalen Lernens und beim klassischen Konditionieren auftretenden Zusammenhänge wurden vor allem bei Tierexperimenten entdeckt. In Tierversuchen ist es bedeutend leichter, die untersuchten Variablen zu manipulieren und sie einer genauen experimentellen Überprüfung zu unterziehen. Als Beispiel diene die Situation, in der ein und derselbe Reizkomplex gleichzeitig eine anziehende und eine abschreckende Wirkung hat und ein Konflikt zwischen den Tendenzen zum Ziel hin und vom Ziel weg entsteht. Ein solcher Konflikt tritt sehr oft bei Tieren wie bei Menschen auf: Bei einem Eichhörnchen, das Nüsse aus der Hand eines Kindes fressen will, sich aber gleichzeitig davor fürchtet, sich dem Kinde zu nähern; bei einem Kind, das einen Hund streicheln möchte, sich jedoch nicht »traut«, ihn anzufassen; bei einem schüchternen jungen Mann, der sich in ein

Mädchen verliebt hat, es aber nicht über sich bringt, um ein Rendezvous zu bitten; bei einem Wissenschaftler, der irgendeinen neuen Gedanken darlegen möchte, dessen Angst vor Mißerfolg aber sein Denkvermögen lähmt; bei einem Patienten in psychotherapeutischer Behandlung, der weiß, daß die freie Aussprache seiner Probleme die Heilung beschleunigt, dem es aber die Angst unmöglich macht, sich traumatischer Erlebnisse zu erinnern. Das sind Beispiele aus der schier unendlichen Zahl von Situationen, in denen diese Konfliktart auftritt. Es ist jedoch leicht zu sehen, daß diese alltäglichen Situationen, in denen ein derartiger Konflikt in Erscheinung tritt, so kompliziert sind, daß es nicht einfach wäre, mittels eines solchen Materials allgemeine Beziehungen, die in solchen Konflikten vorkommen, aufzudecken. Gegen das Vorhaben, bei Menschen einen Konflikt experimentell zu erzeugen, lassen sich viele Einwände vorbringen. Viele Wissenschaftler sind deshalb zu dem Schluß gekommen, der geeignete Weg, um bestimmte sehr allgemeine Zusammenhänge aufzudecken, die bei Menschen wie bei niederen Säugern vorkommen, seien Tierexperimente. Aussagen, die sich auf solche Experimente stützen, wären später in bezug auf Menschen zu überprüfen. Es ist jedoch leichter, Aussagen nachzuprüfen, die schon genau formuliert worden sind, als die entsprechenden Gesetzmäßigkeiten in den komplexeren menschlichen Situationen zu finden, wo sie einer genaueren experimentellen Nachkontrolle weniger zugänglich sind. Der Grad des Vertrauens in Aussagen, die sich auf Untersuchungen experimentell weniger zugänglicher Situationen beziehen, nimmt aber zu, wenn sich solche Aussagen mit Hilfe von allgemeineren, auf wesentlich besser nachprüfbare Ergebnisse von Tierexperimenten gegründeten Aussagen erklären lassen[15].

Zugleich muß man hervorheben, daß die Versuche, allgemeine Aussagen der Verhaltenstheorie auf die Erklärung menschlicher Verhaltensweisen anzuwenden, zu einer Bereicherung dieser Theorie führen. So spielt z. B. in Untersuchungen an Ratten, Hunden oder Tauben das Manipulieren mit solchen Motivationsvariablen wie Hunger oder Schmerz und mit solchen Belohnungen oder Strafen wie Nahrung oder Reizung mit elektrischem Strom eine große Rolle. Bei Untersuchungen an Menschen sind die mannigfaltigen Belohnungs- und Bestrafungsformen wie soziale Anerkennung oder Ablehnung bzw. deren Symbole von größerer Bedeutung. Das wirft zahlreiche neue Probleme auf.

3. *Grundbegriffe der Verhaltenstheorie*

3.1 Die Reaktionshierarchie und die Stärke der Verbindung zwischen Reiz und Reaktion

Ich habe vorhin gesagt, im Prozeß des instrumentalen Lernens würden bestimmte Zusammenhänge zwischen Reizen und Reaktionen bekräftigt, andere aber abgeschwächt. Es geht – mit anderen Worten – eine Selektion der durch bestimmte Reize verursachten Reaktionen vor sich. Es wächst die Wahrscheinlichkeit des Auftretens der einen, und es vermindert sich die Wahrscheinlichkeit des Auftretens anderer Reaktionen.

Man kann nun die Reaktionen nach dem Grade der Wahrscheinlichkeit ihres Auftretens bei einem bestimmten Reizkomplex ordnen. Eine solche Rangfolge von Reaktionen nennt man gewöhnlich eine »Reaktionshierarchie«. Die Reaktion, deren Chance aufzutreten am größten ist, stellt die dominierende Reaktion in der Hierarchie dar. Die Reaktion, deren Chance aufzutreten am geringsten ist, bildet die schwächste Reaktion. Je nach den Folgen, die die einzelnen Reaktionen zeitigen, gehen Veränderungen in der Reaktionshierarchie vor sich. Eine schwache Reaktion kann zu einer dominierenden werden. Auf diese Weise entsteht eine neue Reaktionshierarchie.

Gewöhnlich ist die Rangfolge der Reaktionen in der Hierarchie das Ergebnis von Erfahrungen. Es gibt aber auch Fälle, in denen sie in entscheidendem Maße von Faktoren bestimmt wird, die erfahrungsunabhängig sind. In solchen Fällen spricht man von einer »angeborenen Reaktionshierarchie«[16].

Die Stärke der Verbindung zwischen einem bestimmten Reiz oder Reizkomplex und einer bestimmten Reaktion kann man an Hand einer Reihe verschiedenartiger, beobachtbarer Indizien[17] feststellen. Bei der Erklärung des menschlichen Verhaltens und der zwischenmenschlichen Beziehungen stellt das brauchbarste Indiz für die Stärke der Verbindung zwischen einem bestimmten Reiz und einer Reaktion die Wahrscheinlichkeit dar, daß bei Auftreten des entsprechenden Reizes eine bestimmte Reaktion erfolgt. Deswegen werden wir dieses Merkmal auch in den weiteren Darlegungen berücksichtigen.

3.2 Belohnungen, Bestrafungen und Motivation

Die Wahrscheinlichkeit, daß eine bestimmte Reaktion im Falle eines erneuten Auftretens derselben oder ähnlicher Reize auftritt, verändert sich je nach den Folgen, die diese Reaktion verursacht hat. Drei Arten solcher Folgen lassen sich voneinander abheben: Belohnungen, Bestrafungen und neutrale Folgen. Zwischen den Belohnungen und Bestrafungen besteht ein enger Zusammenhang: Das Vorenthalten einer Belohnung wirkt wie eine Bestrafung, das Vermeiden einer Strafe wie eine Belohnung[18]. Deshalb ermöglicht die Definition des Begriffes der Belohnung leicht die Einführung einer Definition für Bestrafung.

Der Terminus »Belohnung« wird entweder mit Hilfe von Beobachtungsbegriffen oder von theoretischen Begriffen definiert. Die entsprechende Definition in Beobachtungsbegriffen lautet: Belohnung ist ein beliebiges Ereignis, das eine bestimmte Reaktion begleitet oder ihr folgt und die Wahrscheinlichkeit erhöht, daß diese Reaktion in derselben oder in einer ähnlichen Situation auftritt[19]. Eine solche Definition ruft Zweifel hervor, ob die grundlegenden Aussagen über das instrumentale Lernen nicht Tautologien sind. Läßt sich ihr eigentlicher Inhalt nicht auf die Aussage reduzieren: Wenn ein Ereignis die Wahrscheinlichkeit einer bestimmten Reaktion erhöht, erhöht es die Wahrscheinlichkeit dieser Reaktion?

Diesen Zweifel kann man dadurch beseitigen, daß man folgendermaßen argumentiert: Wenn wir in Anlehnung an die oben angeführte Definition festgestellt haben, daß ein bestimmtes Ereignis als Belohnung wirkt bzw. die Wahrscheinlichkeit des Auftretens einer bestimmten Reaktion erhöht, wird es auch andere Reaktionsarten bekräftigen. Wenn wir zum Beispiel festgestellt haben, daß die Zufuhr von Nahrung für ein Tier die Wahrscheinlichkeit von Verhaltensweisen, die im Drücken des Hebels in der Skinner-Box bestehen, erhöht, also als Belohnung wirkt, dann können wir mit Hilfe derselben Belohnung viele andere Reaktionsformen bekräftigen. Stellt man so durch die Untersuchung einer bestimmten Reaktion fest, daß ein bestimmtes Ereignis als Belohnung wirkt, dann werden für alle anderen Reaktionen die Aussagen über den Zusammenhang zwischen den Belohnungsarten und der Wahrscheinlichkeit des Auftretens der belohnten Verhaltensweisen empirischen Charakter besitzen[20].

Die oben zitierte Definition des Begriffes »Belohnung« führt jedoch anscheinend zu einem Widerspruch. Man weiß nämlich, daß zum Beispiel die Zufuhr von Nahrung für Tiere als Belohnung wirkt, weil man aufgrund von Tierexperimenten feststellen kann, daß sich die Wahrscheinlichkeit des Auftretens von Verhaltensweisen erhöht, in deren Gefolge das Tier Nahrung erhält. Bei Tieren jedoch, die intensiv gefüttert worden sind, kann die weitere Zufuhr von Nahrung nicht als Belohnung wirken. Die Definition des Begriffes »Belohnung« mit

Hilfe von Beobachtungsbegriffen gibt keine Antwort auf die Frage, wann ein und dasselbe Ereignis als Belohnung wirkt und wann nicht. Deshalb bin ich der Meinung, der Begriff »Belohnung« sollte als theoretischer Begriff aufgefaßt werden.

Eine Definition des Begriffes »Belohnung« als eines theoretischen Begriffes bringt bestimmte Schwierigkeiten mit sich. Sie erfordert nämlich bestimmte Annahmen, die nicht allgemein anerkannt werden. Angesichts der herrschenden Divergenzen in den theoretischen Auffassungen ist eine Definition des Begriffes »Belohnung« in theoretischen Termini, die alle befriedigen würde, schwer zu geben, man hat vielmehr eine Entscheidung zu treffen.

Eine der verbreitetsten Ansichten bringt die Belohnung mit der Motivationsreduktion in Zusammenhang. Im Sinne dieser Ansicht ist – sehr allgemein ausgedrückt – ein bestimmtes Ereignis eine Belohnung, wenn es irgendeine Motivation reduziert. Dabei ist der Wert dieser Belohnung um so höher, je besser diese Motivation reduziert wird und je stärker diese Motivation ist.

Diese Definition verbindet den Begriff »Belohnung« mit dem Begriff der Motivation. Der Begriff »Motivation« ist aber ein theoretischer Begriff[21]. Eine Motivation ist nicht direkt beobachtbar, mittelbar aber dadurch zu erfassen, daß wir die Bedingungen, von denen die Motivationsstärke abhängt, und die Reaktionen, in denen sie sich manifestiert, beschreiben. Leicht ist das am Beispiel der sogenannten primären Motivationen zu illustrieren:

Bei Tieren wie bei Menschen gibt es Zustände wie Hunger, Durst, Schmerz, Kälteempfindung, sexuelle Bedürfnisse, Ermüdung und vermutlich auch Langeweile, die – unabhängig vom Lernprozeß – zu Handlungsweisen führen, die diese Zustände reduzieren. Wir können diese nicht direkt beobachten, aber auf ihre Intensität Einfluß nehmen, indem wir Situationsfaktoren verändern. Zum Beispiel können wir die Stärke des Hungers dadurch erhöhen, daß wir (in bestimmten Grenzen) die Nahrungsaufnahme verzögern. Wir können die Stärke eines Schmerzes dadurch steigern, daß wir Schmerzreize mit elektrischem Strom von zunehmender Stärke erzeugen. Wir können die Stärke des Sexualtriebes dadurch erhöhen, daß wir dem Organismus entsprechende chemische Substanzen zuführen. Mit den Veränderungen in der Motivationsstärke erfolgen zugleich Änderungen in der Verhaltensweise.

Diese Beispiele illustrieren die weit verbreitete Ansicht, eine Motivation sei etwas Negatives. Zu dieser Auffassung schreibt Mowrer: »Es erhebt sich die Frage, ob von ›angenehmen‹ oder ›positiven‹

Motiven oder Trieben zu sprechen, nicht widersprüchlich in sich ist. Vor einer Reihe von Jahren nahmen Muenzinger und Fletcher in einem recht grundlegenden Artikel den Standpunkt ein, jede Motivation sei, nicht selten aufgrund der Definition, ›negativ‹, denn sie sei ein Zustand, den der Organismus zu ändern, zu korrigieren oder zu reduzieren suche.«[22] In derselben Weise kann man eine Reihe anderer Motivationsfaktoren sehen: die Angst, das Schuldgefühl, die Bedrohung des Eigenwertes oder die kognitive Dissonanz.

Einige Autoren stehen auf dem Standpunkt, der gut mit der hier dargelegten Ansicht harmoniert, daß die Existenz einer bestimmten Motivationsart dann angenommen werden muß, wenn wir eine Reihe verschiedenartiger situativer Faktoren, die die Stärke dieser Motivation bedingen, und eine Reihe verschiedenartiger Verhaltensweisen, die das Indiz dieser Motivation darstellen, bestimmen können[23]. Eine solche Betrachtung macht es verständlich, daß sich Menschen nicht selten über ihre eigenen Motivationen nicht klarwerden. Jemand, der ständig ungerechtfertigte, kritische Urteile über andere Menschen abgibt, mag bedeutend schwerer die ihn zu diesem Verhalten bewegenden Faktoren erfassen als ein Beobachter, der dieses Verhalten von außen sieht und über ein entsprechendes Wissen verfügt. Außerdem brauchen die Motivationsarten, deren Unterscheidung sich als erkenntnisträchtig erweist, nicht zu den Motiven oder Bedürfnissen zu gehören, die die Alltagssprache seit alters her kennt. So führte zum Beispiel die Annahme, eine kognitive Dissonanz wirke als motivierender Faktor, zu zahlreichen neuen Hypothesen und zur Aufdeckung vieler unerwarteter Zusammenhänge, obgleich ein derartiges Motiv in der alltäglichen Menschenkenntnis keine große Rolle spielt. Übrigens ermöglicht es die hier erwähnte Konzeption der Motivation, das menschliche Verhalten und die von Menschen geäußerten Ansichten und Meinungen unter dem Aspekt zu betrachten, welche Funktion sie für die Reduktion der verschiedenartigen Motivationen besitzen. Eine solche Betrachtung scheint sehr fruchtbar zu sein.

Die Allgemeingültigkeit einer solchen Auffassung der menschlichen Bedürfnisse ist in der zeitgenössischen Literatur sehr umstritten. Gegen sie sprachen sich G. W. Allport[24], R. W. Whyte[25], D. C. McClelland, J. W. Atkinson[26] und zahlreiche andere aus.

Viele Schwierigkeiten bereitet auch die erwähnte Definition des Begriffs »Belohnung«. Sie macht die Annahme erforderlich, daß alle erlernten Belohnungen bestimmte primäre Motivationen (Hunger, Schmerz usw.) oder bestimmte erlernte Motivationen reduzieren. Indessen ist eine solche Annahme nicht ganz einfach zu begründen[27].

Außerdem bilden die Ergebnisse einiger Experimente eine ernsthafte Schwierigkeit für die Anhänger der Meinung, ein beliebiges Ereignis wirke immer und nur dann als Belohnung, wenn es eine Motivation reduziere. Olds und Milner[28] wiesen zum Beispiel nach, daß eine Reizung bestimmter Teile des Gehirns mit elektrischem Strom als Belohnung empfunden wird. Weil man jedoch ebenfalls festgestellt hat, daß diese Folgen von der Intensität des Hungers oder des sexuellen Bedürfnisses abhängig sind, ist die Interpretation dieser Resultate keineswegs eindeutig[29]. Um mit diesen und zahlreichen anderen Schwierigkeiten, deren Erörterung den Rahmen dieses Buches überschreiten würde, fertig zu werden, ist meiner Ansicht nach wenigstens beim augenblicklichen Wissensstand eine Definition, die den Begriff der Belohnung als theoretischen Begriff einführt, und die Belohnung mit der Reduktion irgendeiner – primären oder sekundären – Motivation in Zusammenhang bringt, befriedigender als andersartige Definitionen. Mir scheint diese Definition zudem für eine Analyse des menschlichen Handelns recht geeignet zu sein; wir werden uns daher dieser Definition des Belohnungsbegriffes auch weiterhin bedienen.

4. *Ausgewählte Aussagen über die Wahrscheinlichkeit des Auftretens einer Reaktion, einer Extinktion und einer Generalisierung*

Aus der großen Zahl von Aussagen über das instrumentale Lernen legen wir einige Aussagen über die Faktoren dar, von denen die Wahrscheinlichkeit des Auftretens einer Reaktion, die Resistenz gegenüber einer Extinktion, die Generalisierung von Reiz und Reaktion sowie die Stärke und die Lösungsform eines Konfliktes abhängen.

1. Die Wahrscheinlichkeit des Auftretens einer Reaktion wächst mit der Zunahme des Wertes, der Häufigkeit und der Regelmäßigkeit der infolge einer derartigen Reaktion erhaltenen Belohnungen.

Der Wert einer Belohnung hängt aber unter anderem von der Stärke der Motivation ab, welche durch diese Belohnung reduziert wird. Wird eine bestimmte Belohnung oft in kurzen Zeitabständen wiederholt, dann vermindert sich die Stärke der Motivation, und der Wert jeder folgenden Belohnung derselben Art verringert sich. Daher:

2. Wenn eine Belohnung oft in kurzen Zeitabständen hintereinander wiederholt wird, verringert jede folgende Belohnung derselben Art die Wahrscheinlichkeit des Auftretens der belohnten Reaktion[30].

Der Wert der Belohnung hängt auch von dem zeitlichen Abstand zwischen Reaktion und Belohnung ab:

3. Verspätet erfolgende Belohnungen sind weniger wirksam für die Erhöhung der Wahrscheinlichkeit des Auftretens der belohnten Reaktionen als unmittelbar erfolgende Belohnungen. Je später belohnt wird, um so unwirksamer ist eine Belohnung.

Ein entsprechender Zusammenhang tritt auch bei den Bestrafungen auf[31]. Dieses Phänomen nennt man *Verstärkungsgradient*. Es hat eine Reihe von Konsequenzen. Eine betrifft die Bekräftigung von Reaktionen, die unmittelbare Befriedigung verschaffen, obgleich sie auf längere Sicht schädlich sind. Das Zigarettenrauchen oder der Genuß von Alkohol können auf die Dauer in verschiedenartiger Weise schaden, unmittelbar aber einen belohnenden Charakter haben, weil dadurch z. B. eine gewisse innere Unruhe beseitigt wird. Unmittelbar erfolgende Belohnungen können intensiver als noch weit in der Zukunft liegende Strafen sein. Diese Auffassung spielt eine große Rolle bei der Erklärung pathologischer Reaktionen und fehlerhafter Schlüsse, die man in den Beziehungen zwischen Menschen so oft beobachten kann.

Im Zusammenhang mit dem Prozeß des instrumentalen Lernens kann man vier Arten von Situationen unterscheiden. Erstens kann die Ausführung einer bestimmten Tätigkeit Belohnungen einbringen *(reward training)*. Zweitens kann sie eine Bestrafung vermeiden helfen und auf diese Weise belohnt werden *(avoidance training)*. Drittens kann sie zu einem Verlust der Belohnung führen. Auf diese Weise wird die Tendenz belohnt, sich dieser Tätigkeit zu enthalten *(omission training)*. Viertens kann die Ausübung einer bestimmten Tätigkeit bestraft werden *(punishment training)*[32]. Diese vier Bekräftigungsformen bestimmter Verhaltensweisen haben eine Reihe von Nebenfolgen, die die Frage nach der relativen Wirksamkeit, die jede von ihnen hat, aufwerfen.

4. Wird die Wiederholung einer erlernten Reaktion nicht belohnt, so nimmt die Wahrscheinlichkeit des Auftretens dieser Reaktion allmählich ab.

Diese Erscheinung nennt man *Extinktion*. Sie ist nicht dasselbe wie das Vergessen. Man vergißt dann eine bestimmte Reaktion, wenn man sie eine gewisse Zeit nicht wiederholt hat. Eine Extinktion tritt dann auf, wenn die Wiederholung einer Reaktion nicht belohnt worden ist.

Eine Extinktion erfolgt nicht sofort, sondern zieht sich über eine Reihe von Versuchen hin. Die Anzahl der Versuche, die nötig sind, um eine bestimmte Reaktion vollständig zum Erlöschen zu bringen, hängt von einer Reihe von Faktoren[33] ab. Einige von ihnen sind in folgender Aussage enthalten:

5. Eine bestimmte Reaktion ist resistenter gegenüber einer Extink-

tion, d. h. sie wird länger ohne Belohnung auftreten, wenn bei Konstanz der übrigen Faktoren im Laufe der Erfahrungen

a) das Auftreten dieser Reaktion mehrmals belohnt worden ist;
b) auf nur einen Versuch schon eine größere Belohnung erfolgt ist;
c) jemand öfter auf eine unregelmäßige Belohnung bzw. auf die Belohnung nur einiger Verhaltensweisen derselben Art gestoßen ist;
d) eine kürzere Zeit seit der letzten Belohnung verflossen ist;
e) die Reaktion in einem früheren Lebensabschnitt erlernt worden ist.

Das Problem der Extinktion der Reaktion und die Resistenz gegenüber Extinktion haben große praktische und theoretische Bedeutung. Erzieher und Psychotherapeuten bemühen sich vielfach, bestimmte Reaktionsformen zum Erlöschen zu bringen, andere aber zu bekräftigen. Der Forscher sucht oft die Frage zu beantworten, warum bestimmte, scheinbar irrationale Verhaltensweisen sich hartnäckig halten. So hat man z. B. festgestellt, daß auf dem Lande bestimmte magische Praktiken bei der Saat oder bei der Ernte viele Jahrhunderte hindurch erhalten geblieben sind. Sicherlich hat dabei die allgemeine Billigung dieser Praktiken eine Rolle gespielt, die besonders in denjenigen ländlichen Gegenden einmütig war, welche von Außeneinflüssen sehr abgeschlossen waren. Wer jedoch eine Antwort auf die Frage zu geben sucht, warum die magischen Praktiken, die mit der Feldbewirtschaftung verbunden sind, während der vielen Jahrhunderte nicht verschwanden, hat die Tatsache zu beachten, daß jene Praktiken durch gute Ernten von Zeit zu Zeit, d. h. unregelmäßig, belohnt wurden. Aus experimentellen Untersuchungen ist bekannt, daß durch unregelmäßige Belohnung bekräftigte Reaktionen besonders resistent gegenüber einer Extinktion sind. Wahrscheinlich spielt derselbe Faktor auch eine wesentliche Rolle bei den Glücksspielen.

Wenn eine Verhaltensweise ständig belohnt wird, die eine bestimmte Motivation befriedigt, dann wird sich infolge der häufigen Wiederholung dieser Belohnung diese Motivation abschwächen. Unter diesen Bedingungen kann die Tendenz, ein und dieselbe Verhaltensweise ständig zu wiederholen, dazu führen, daß diese Verhaltensweise nicht mehr belohnt, sondern sogar bestraft wird. Eine der Techniken, die zur Extinktion einer unerwünschten Reaktion führen, beruht darauf, daß diese Reaktion ständig unter Bedingungen zur Wiederholung gebracht wird, unter denen sie bereits keinerlei Befriedigung mehr zur Folge hat.

Gelernte Reaktionen unterliegen aber nicht nur der Extinktion, sondern auch dem Transfer auf andere Situationen.

6. Wird eine bestimmte Reaktion bei einem bestimmten Reizkomplex belohnt, so erhöht sich die Wahrscheinlichkeit, daß diese Reaktion nicht nur bei denselben, sondern auch bei ähnlichen Reizkomplexen auftritt.

So kann z. B ein Kind, das von einem Hunde gebissen wurde, andere Tiere meiden; ein Mensch, bei dem sich in der Jugendzeit negativistische Haltungen gegenüber den Eltern gebildet haben, kann ähnliche Einstellungen auch gegenüber seinen Vorgesetzten zeigen; ein Patient, der sich in Psychotherapie befindet, kann auf die Person des Psychotherapeuten Reaktionen übertragen, die er im Verhältnis zu anderen, für ihn bedeutsamen Menschen erlernt hat. Dieses Phänomen heißt *Generalisierung des Reizes.*

Der Bereich der Generalisierung ist abhängig von einer Reihe von Faktoren[34], von denen einige in der folgenden Aussage erwähnt werden:

7. Bleiben die übrigen Faktoren konstant, so erhöht die Belohnung einer bestimmten Reaktion bei einer bestimmten Reizkonstellation die Wahrscheinlichkeit, daß dieselbe Reaktion bei einer anderen Reizkonstellation auftritt, um so mehr,

a) je größer die Ähnlichkeit zwischen diesen beiden Reizkonstellationen ist;

b) je größer die Stärke der Motivation ist, die zu der betreffenden Reaktion tendiert;

c) je seltener das Individuum auf Situationen trifft, in denen die betreffende Reaktion bei der einen Reizkonstellation belohnt, bei einer ähnlichen Reizkonstellation aber nicht belohnt bzw. bestraft wurde.

Man kann das durch alltägliche Beobachtungen illustrieren. Bei einem Jungen, den ein Hund gebissen hat, kann die Tendenz, anderen Hunden aus dem Wege zu gehen, stärker sein als die Tendenz, Katzen und Pferde zu meiden; sie ist dabei um so stärker, je größer der durch den Biß hervorgerufene Schmerz und die dadurch erzeugte Angst waren. Bei Menschen mit einem sehr starken Sexualtrieb kann ein größerer Komplex von Reizen sexuelle Reaktionen hervorrufen. Bei Menschen, die Mißerfolge erlebt und gelernt haben, darauf mit Feindseligkeit zu reagieren, sind solche Mißerfolgserlebnisse um so schmerzhafter, je umfangreicher der Komplex von Reizen war, der die feindselige Haltung hervorzurufen vermochte. Das hätte man wenigstens unter der Bedingung zu erwarten, daß die oben genannten Reaktionen nicht gleichzeitig durch Bestrafungen gehemmt werden.

Eine Reihe von Experimenten, die der Generalisierung galten, hat das Resultat erbracht, daß außer der Generalisierung eines Reizes auch die Generalisierung einer Reaktion zu beobachten ist. Das Belohnen bestimmter Reaktionen erhöht ebenfalls die Wahrscheinlichkeit, daß andere Reaktionen, die eine ähnliche Funktion haben, auftreten[35].

5. *Ausgewählte Aussagen über den Konflikt*

Bei der Behandlung des instrumentalen Lernens verdient das Phänomen des Konfliktes besondere Aufmerksamkeit. K. Lewin unterscheidet drei Konfliktarten:

1. den Konflikt zwischen der Tendenz, ein bestimmtes Ziel zu erreichen und der Tendenz, dieses Ziel gleichzeitig zu meiden;

2. den Konflikt, der in einer Situation auftritt, in der man die Wahl zwischen zwei positiven Valenzen hat; und

3. den Konflikt, der in einer Situation auftritt, in der eine Wahl zwischen zwei Verhaltensweisen zu treffen ist, von denen jede bestrafenden Charakter hat[36].

Wir wollen uns jetzt vor allem mit der ersten Konfliktart beschäftigen, weil diese bei Menschen besonders wichtig zu sein scheint. Dieser Konflikt tritt dann auf, wenn ein und dieselbe Situation bzw. ein und dasselbe Objekt gleichzeitig eine belohnende und eine bestrafende Funktion hat. Die experimentelle Analyse dieses Konfliktes verdanken wir den Arbeiten N. E. Millers und seiner Mitarbeiter[37].

Hungrigen Ratten, die Gegenstand des Experiments waren, brachte man bei, zuerst durch einen schmalen Gang zu laufen, an dessen Ende sie Futter bekamen. Dann setzte man an derselben Stelle Schmerzreize durch Reizung mit elektrischem Strom. Auf diese Weise nahm dieselbe Stelle gleichzeitig belohnenden und bestrafenden Charakter an, wobei man die Größe der Belohnung (z. B. durch Differenzierung der Zeitdauer ohne Nahrung) und die Größe der Bestrafung (z. B. durch Differenzierung der Stromstärke) experimentell leicht kontrollieren konnte. Zugleich konnte man die Stärke der Tendenz zur Erreichung der Belohnung und die Stärke der Tendenz zur Vermeidung der Strafe leicht messen. Man maß zum Beispiel die Stärke, mit der die angebundenen Ratten zum Ziel hinzogen, oder die Schnelligkeit, mit der sie in Richtung des Zieles liefen.

Derartige Untersuchungen erbrachten die empirische Bestätigung für eine Reihe von Aussagen über die hier behandelte Konfliktart. Die wichtigste von ihnen lautet:

8. Die Tendenz, ein Ziel zu erreichen, nimmt um so mehr an Inten-

sität zu, je näher man dem Ziele kommt; analog nimmt die Tendenz, einen Reiz, der Angst hervorruft, zu meiden, an Stärke zu, je mehr man diesem Reiz näherkommt.

Jedoch ist die Zunahme dieser beiden Tendenzarten nicht gleich stark.

9. Wenn derselbe Gegenstand oder dieselbe Situation gleichzeitig als Belohnung und als Bestrafung wirkt, wächst bei zunehmender Annäherung die Stärke der Vermeidungstendenzen schneller als die Stärke der Annäherungstendenzen.

10. Die Stärke der Tendenz, ein bestimmtes Ziel zu erreichen, wie auch die Stärke der Tendenz, dieses zu meiden, nehmen zusammen mit der Intensität der entsprechenden Motivation und mit der Zahl der Versuche, bei denen jede dieser Tendenzen belohnt wurde, zu.

Das Verhalten in einer Konfliktsituation hängt von der relativen Stärke der entgegengesetzten Tendenzen ab. Ist die Tendenz, eine bestimmte Situation zu meiden, schwächer als die Gegentendenz, wenn diese Situation noch in weiter Ferne ist, und stärker, wenn diese Situation näher rückt, so wird ein Individuum zuerst herangehen, dann innehalten und unschlüssig zu werden beginnen.

Oftmals hat man den Versuch unternommen, diese Theorie auf die Analyse menschlicher Konflikte anzuwenden (Miller[38], Murray[39], Murray und Berkun[40], Whiting und Child[41], Dollard und Miller[42]). Man nimmt z. B. an, ähnlich wie die räumliche Nähe eines Zieles würde die nahe Aufeinanderfolge von Handlungen mit bestimmtem Ziele wirken. Bei jemandem, der ein ambivalentes Verhältnis zum anderen Geschlecht hat, wird der Übergang von der Situation des zufälligen Kennenlernens zu Situationen immer größerer persönlicher Annäherung einen immer stärkeren Konflikt erzeugen. Es ist gleichfalls anzunehmen, daß Reaktionen, die zu Symptomen der Hemmung und Verdrängung führen, denselben Gesetzmäßigkeiten unterliegen wie Reaktionen, die im Meiden eines bestimmten Ortes bestehen.

Die hier behandelte Theorie führt zu bestimmten Direktiven für das Verhalten im Falle des genannten Konflikttyps. Die häufigste Reaktion von Freunden und Bekannten gegenüber einem gehemmten Menschen ist, ihn zu erhöhter Anstrengung und zu intensiveren Bestrebungen anzuspornen, um das Ziel, das in ihm Angst hervorruft, doch zu erreichen. Ist jedoch die Angst vor einem bestimmten Ziel sogar dann sehr stark, wenn dieses Ziel noch in weiter Ferne ist, dann wird die Steigerung der Intensität der Bemühungen, das Ziel zu erreichen, die Stärke der Angst, die Stärke des Konfliktes und den Leidensdruck noch mehr anwachsen lassen. Deswegen wäre es im Falle sehr starker Angst vor einem bestimmten Ziel notwendig, zuerst die Angst zu beseitigen und nicht die Bemühungen zu verstärken, um dieses Ziel zu erreichen...

6. Einige Aussagen über das Entstehen sekundärer Belohnungen und Bestrafungen

... Die Unterscheidung von primären und sekundären Belohnungen ist keineswegs einfach. Zweck dieser Differenzierung ist es hervorzuheben, daß bestimmte Reize die Funktion einer Belohnung oder einer Bestrafung unabhängig von vorherigen Erfahrungen haben können, während andere eine solche Funktion erst infolge von Erfahrungen bekommen. Die Schwierigkeit einer derartigen Unterscheidung liegt darin, daß man nur schwer eine Belohnung oder eine Bestrafung finden kann, auf die der Prozeß der Konditionierung keinen Einfluß gehabt hätte.

Um dieses Problem in den Griff zu bekommen, wollen wir vor allem die Primärmotivationen betrachten, die offensichtlich physiologische Fundamente haben und sich bei Menschen wie bei Tieren finden. Als Beispiel mag uns der Hunger dienen. Je nachdem, wie der Zusammenhang mit der Befriedigung dieser Primärmotivation ist, sind drei Reizarten voneinander zu unterscheiden:

1. Reize, die den Hunger unmittelbar stillen (z. B. Nahrung verschiedener Art);
2. Reize, die Mittel sind, um den Hunger zu stillen (z. B. Geld, für das man Lebensmittel kaufen kann);
3. Reize, die im allgemeinen den Hunger nicht stillen.

Solche Reize mögen keine andere Primärmotivation befriedigen und doch die Funktion einer Belohnung haben. Als Beispiele können dienen: positive Nachrichten, die Gegenwart anderer oder die Reduktion kognitiver Dissonanzen.

Es ist leicht einzusehen, daß die von uns zur zweiten und dritten Kategorie gezählten Reize infolge von Erfahrungen als Belohnung fungieren können. Das gleiche gilt für Reize, die irgendeine Primärmotivation unmittelbar befriedigen können.

Der Genuß bestimmter Speisen, sogar der Gedanke daran, kann mit den anerkannten Normen unvereinbar sein und ein Schuldgefühl hervorrufen. Infolgedessen kann der Genuß dieser Speisen eine bestrafende Funktion annehmen. Für einen Vegetarier kann der Genuß von Fleisch bestrafenden Charakter haben. Für den orthodoxen Juden kann das Verzehren von Schweinefleisch bestrafenden Charakter annehmen. Für den praktizierenden Katholiken kann der Genuß von Fleisch am Freitag bestrafenden Charakter annehmen.

Für die Mehrzahl der auf der Erde lebenden Menschen ist der Genuß von Menschenfleisch mit erheblicher Strafe verbunden, obgleich er für Kannibalen einen hoch belohnenden Charakter hat.

Das Essen bestimmter Speisen kann in der Kindheit mit Zwang verbunden sein. Infolgedessen kann das spätere Meiden solcher Speisen als Belohnung empfunden werden. Durch den Widerwillen gegen bestimmte Speisen kann das Kind sich einer sehr geschätzten Person anpassen, einer Person, die es nachahmen möchte. Infolgedessen kann die Meidung solcher Speisen belohnenden Charakter erhalten. Endlich kann der Genuß allgemein schmackhafter Speisen zu einer unerwünschten Zunahme des Leibesumfanges oder zu einer Kolik führen. Es ist zu erwarten, daß diese Speisen Angst erzeugen werden und eine bestrafende Funktion bekommen.

Wie aus diesen Beispielen zu ersehen ist, können sogar bei Reizen, die irgendwelche Primärmotivationen direkt befriedigen, bestimmte Erfahrungen darüber entscheiden, ob diese Reize als Belohnung oder als Bestrafung fungieren. Um so mehr betrifft das aber Reize, die nicht unmittelbar irgendwelche Primärmotivationen befriedigen können oder solche Motivationen auch im allgemeinen nicht befriedigen.

Wir wollen uns daher die grundlegenden Mechanismen ansehen, die für das Entstehen sekundärer Belohnungen und Bestrafungen ausschlaggebend sind. Es sind das die Mechanismen der *Konditionierung*. Zahlreiche Untersuchungen haben erbracht, daß nicht nur neutrale, sondern sogar belohnende Reize, die häufig mit einem Schmerzreiz zusammenfallen, Angst zu erzeugen beginnen; ihre Beseitigung wirkt wie eine Belohnung. Die Generalisierung dieser und ähnlicher Ergebnisse erlaubt es, folgende Aussage zu formulieren:

11. Fallen irgendwelche ursprünglich neutralen oder sogar belohnenden Reize häufig mit einem anderen Reiz, der eine bestrafende Funktion hat, zusammen, dann nehmen diese vorher neutralen bzw. belohnenden Reize bestrafenden Charakter an[43].

Wenn z. B. der sexuelle Kontakt von Schmerz, Schuldgefühl oder Zwang begleitet ist, wird er Angst hervorrufen und als Bestrafung fungieren. In einem solchen Falle wird die Meidung von Situationen und Verhaltensweisen, die zum Sexualkontakt führen, die Funktion einer Belohnung bekommen. Allgemein gesprochen: Beginnen irgendwelche Außenreize bestrafenden Charakter anzunehmen, dann wird die Beseitigung und Vermeidung dieser Reize belohnende Funktion haben. Wird die Funktion der Bestrafung, die Reize angenommen haben, durch eigenes Verhalten bewirkt, so wird die Vermeidung solchen Verhaltens als Belohnung fungieren[44].

Darüber hinaus hat eine Reihe von Untersuchungen ergeben, daß ursprünglich neutrale Reize, die sehr häufig mit einer primären Belohnung zusammenfallen, selbst zu einer Erhöhung der Wahrscheinlichkeit beitragen können, daß die Verhaltensweisen entstehen, denen sie folgen.

12. Fallen irgendwelche vorher neutralen Reize sehr häufig mit irgendeinem belohnenden Reiz zusammen, dann nehmen diese neutralen Reize selbst eine belohnende Funktion an[45].

Als Beispiel mag hier das im vorigen Kapitel erwähnte Ergebnis einer Untersuchung dienen, die von S. Schachter durchgeführt wurde. Er wies nach, daß in einer angsterzeugenden Situation die Anwesenheit anderer Menschen unter anderem allein deshalb belohnenden Charakter hat, weil sie die Angst reduziert. Der Wert dieser Belohnung ist am größten bei erstgeborenen und einzigen Kindern, dagegen vermindert er sich bei später geborenen Kindern. Wenn wir – gestützt übrigens auf Ergebnisse anderer Untersuchungen – annehmen, daß Mütter bedeutend häufiger die Angst bei ihren ersten als bei den folgenden Kindern zu reduzieren sich bemühen, dann ist das Ergebnis Schachters als besondere Folgerung der Aussage 12 anzusehen. Je häufiger die Anwesenheit anderer und die Angstreduktion zusammenfallen, um so belohnenderen Charakter nimmt die Gegenwart anderer in angstprovozierenden Situationen an.

In dem genannten Beispiel nahm die Gegenwart anderer, also ein bestimmter Außenreiz, die Funktion der Angstreduktion an. Aufgrund derselben Gesetzmäßigkeit können ursprünglich neutrale, durch das eigene Verhalten hervorgerufene Reize gleichfalls eine belohnende Funktion annehmen[46].

Die hier beschriebenen Mechanismen können sehr viel zum Verständnis dessen beitragen, warum einerseits bestimmte Reize – wie Geld oder Anerkennung – in sehr breitem Ausmaß als Belohnung fungieren und andererseits andere Reize – wie die Gesellschaft anderer Menschen, der Besitz von Macht, das Sich-Kleiden wie andere usw. – nur auf manche Menschen als Belohnung wirken, während sie für andere neutral sind oder als Bestrafung wirken.

Viele Jahre hindurch gelang es nicht, sekundäre Belohnungen von wesentlicher Persistenz experimentell zu erzeugen. Reize, die man nicht mittels primärer Belohnungen verstärkte, verloren schnell die Funktion der sekundären Belohnung. Im Zusammenhang damit tauchten Zweifel auf, ob die oben formulierten Aussagen in wesentlichem Maße bei der Erklärung der komplizierten menschlichen Verhaltensweisen behilflich sein können. Es erhob sich die Frage, ob und auf welche Weise man sekundäre Belohnungen von größerer Beständigkeit, die gegenüber einer Extinktion sehr resistent sind, schaffen könne. Die Ergebnisse von Untersuchungen, die man im Laufe der letzten Jahre durchgeführt hat, erbrachten auf diesem Gebiet imponierende Resultate.

In einer solchen Untersuchung brachte D. W. Zimmerman[47] hungrige Ratten in einen Käfig, der durch ein bewegliches Hindernis von einem Gang abgetrennt war, an dessen Ende sie Nahrung bekamen. Nach ein paar Sekunden ertönte kurz ein Summer, und das Hindernis wurde beseitigt, so daß ein Tier schnell durch den Gang laufen und dort Futter erhalten konnte. Nach einer Reihe von derartigen Versuchen wurde die regelmäßige Belohnung durch Fütterung unterbrochen; man belohnte jetzt erst jeden zweiten Versuch; allmählich vergrößerte man das Verhältnis der nicht durch Futter belohnten Versuche zu den belohnenden Versuchen, wobei man Primärbelohnungen ohne jegliche Gesetzmäßigkeit herbeiführte. Nach einer bestimmten Zeit eines solchen Trainings reagierten die Ratten beharrlich auf den Summer und auf das Verschwinden des Hindernisses so, daß sie sofort zum Gang liefen, an dessen Ende sie aber nur dann und wann Futter erhielten.

Nach diesem Training wurden zwei Änderungen vorgenommen. Es wurde erstens im allgemeinen keine Primärbelohnung in Form von Nahrung mehr gegeben. Zweitens konnten die Tiere selbst das Hindernis dadurch beseitigen, daß sie einen im Käfig befindlichen Hebel drückten. Das Drücken des Hebels wurde ausschließlich mit Sekundärbelohnungen in Form des Summers und des Verschwindens des Hindernisses belohnt. Nach ein paar Versuchen traten dann auch diese Sekundärbelohnungen unregelmäßig auf. Infolge derartiger Erfahrungen drückten die Tiere über zweitausendmal den Hebel, wobei sie ausschließlich Belohnungen in Gestalt des Summers oder der Beseitigung des Hindernisses erhielten.

Derartige Experimente zeigen, daß eine unregelmäßige Verstärkung ursprünglich neutraler Reize mit Hilfe von Primärbelohnungen und dann die unregelmäßige Verstärkung der Reize, die durch Reaktionen des Individuums mit Hilfe von Sekundärbelohnungen erzeugt wurden, Sekundärbelohnungen von großer Persistenz schafft. Solche Erscheinungen sind auch bei Menschen keineswegs selten. Der schöpferisch Arbeitende, der, ohne sich Ruhe zu gönnen, tätig ist und bisweilen Belohnungen in Gestalt von Anerkennungen oder Titeln erhält, erinnert in geradezu verblüffender Weise an das Verhalten der Ratten in dem Experiment von Zimmerman.

7. *Abschließende Bemerkungen*

Bei der Darlegung der Gesetzmäßigkeiten der Reaktionsbekräftigung der Extinktion, der Generalisierung, des Konfliktes sowie der Bildung sekundärer Belohnungen und Bestrafungen habe ich in der Regel die Frage übergangen, warum solche Gesetzmäßigkeiten überhaupt auftreten. Mit anderen Worten: Ich habe nicht den Versuch gemacht, die hier behandelten Aussagen aus allgemeineren theoretischen Aussagen abzuleiten, die eine Reihe scheinbar voneinander unabhängiger Gesetzmäßigkeiten zu integrieren vermögen. Diese Art der Interpretation brachte eine beträchtliche Verarmung der hier erörterten Problematik mit sich und führte dazu, die brennendsten theoretischen Probleme zu übergehen. Andere Formen der Interpretation würden gleichfalls ernste Schwierigkeiten aufwerfen. Bei den Verhaltenstheoretikern gibt es ernsthafte Divergenzen in bezug auf die Art, wie die uns in diesem Kapitel interessierenden Zusammenhänge zu erklären sind. Eine willkürliche Entscheidung für eine der verschiedenartigen Theorien würde meiner Meinung nach die strittigen Fragen vorzeitig entscheiden. Es würde ein besonderes Buch erfordern, diese Theorien systematisch zu entwickeln. In einer solchen Situation schien es mir vernünftig zu sein, die stark umstrittenen Probleme nach Möglichkeit außer acht zu lassen. In den weiteren Darlegungen über die Anwendungsmöglichkeiten der Verhaltenstheorie auf die Analyse des menschlichen Verhaltens und auf die zwischenmenschlichen Beziehungen werde ich auf den stark verarmten Komplex von Aussagen der Verhaltenstheorie zurückkommen, der in diesem Kapitel abgehandelt wurde. Nichtsdestoweniger bin ich davon überzeugt, daß ein tieferes Eindringen in die Problematik der Verhaltenstheorie es ermöglicht, einen breiteren Anwendungsbereich dieser Theorie zu erkennen.

Anmerkungen

1 Vgl. J. Konorski, S. Miller, »On Two Types of Conditioned Reflex«, in: *J. Gen. Psychol.*, 1937, vol. 16, S. 264–272; B. F. Skinner, »The Conditioned Reflex«, in: *J. Gen. Psychol.*, 1937, vol. 16, S. 272–279; H. Schlosberg, »The Relationship between Success and the Laws of Conditioning«, in: *Psych. Rev.*, 1937, vol. 44, S. 379–394; O. H. Mowrer, *Learning The-*

ory and Behavior, New York 1960; E. R. Hilgard, D. G. Marquis, *Conditioning and Learning,* London 1961. (Für das deutschsprachige Schrifttum sei besonders hingewiesen auf: W. Correll, *Lernpsychologie,* Donauwörth, 1963; ders., *Pädagogische Verhaltenspsychologie,* München/Basel 1965; K. Foppa, *Lernen, Gedächtnis, Verhalten,* Köln–Berlin 1966². – Anm. d. Übers. W. W.)

2 Vgl. E. R. Hilgard, D. G. Marquis, *Conditioning and Learning,* op. cit. S. 21.

3 Vgl. E. R. Hilgard, *Theories of Learning,* New York 1956, S. 15–47.

4 O. H. Mowrer, *Learning Theory and Behavior,* op. cit. S. 17.

5 E. R. Hilgard, D. G. Marquis, *Conditioning and Learning,* S. 46–47.

6 Vgl. I. Pawlow, *Conditioned Reflexes,* London 1927, S. 13–14; C. L. Hull, »A Functional Interpretation of the Conditioned Reflex«, *Psychol. Rev.,* 1929, vol. 36, S. 498–511; O. H. Mowrer, op. cit., S. 15, S. 348 usw.

7 C. L. Hull, *Principles of Behavior,* New York 1948.

8 C. L. Hull, *Essentials of Behavior,* New Haven 1951; ders., *A Behavior System,* New Haven 1952; F. Logan, »The Hull-Spence Approach«, in: S. Koch (ed.), *Psychology: A Study of a Science,* vol. 2, New York 1959.

9 Vgl. E. R. Hilgard, D. G. Marquis, op. cit., S. 27.

10 B. F. Skinner, *The Behavior of Organisms,* New York 1938; ders., *Science and Human Behavior,* New York 1953; vgl. auch ders., »A Case History in Scientific Method«, in: S. Koch, (ed.), *Psychology: A Study of a Science,* vol. 2, op. cit., S. 359–379 (deutsch in W. Correll (Hg.), *Programmiertes Lernen und Lehrmaschinen,* Braunschweig 1965, S. 112 ff.).

11 E. R. Guthrie, *The Psychology of Learning,* New York 1935; ders., *The Psychology of Human Conflict,* New York 1938.

12 E. C. Tolman, *Purposive Behavior in Animals and Men,* New York 1932.

13 Vgl. z. B. die Artikel Tolmans, Guthries, N. E. Millers, Logans, Skinners und Estes' in: S. Koch (ed.) *Psychology,* vol. 2, op. cit.

14 Vgl. E. R. Hilgard, D. G. Marquis, *Conditioning and Learning,* op. cit. S. 78–79.

15 Vgl. J. Dollard, E. E. Miller, *Personality and Psychotherapy*, New York 1950, S. 63; N. E. Miller, »Liberalization of Basic S–R Concepts: Extensions to Conflict Behavior, Motivation and Social Learning«, in: Koch (ed.), *Psychology: A Study of a Science,* vol. 2, op. cit., S. 204.

16 C. L. Hull, »The Concept of the Habit-Family Hierarchy and Maze Learning«, in: *Psychol. Rev.,* 1934, vol. 41, S. 33–54, 134–152; J. Dollard, N. E. Miller, *Personality and Psychotherapy,* op. cit., S. 36; E. R. Hilgard, D. G. Marquis, *Conditioning and Learning,* op. cit., S. 73.

17 Als Indizien betrachtet man z. B. die Reaktionshäufigkeit, die Reaktionsschnelligkeit, die Resistenz gegenüber Extinktion usw. Vgl. E. R. Hilgard, D. G.Marquis, op. cit., S. 110–113; J. Diese, *The Psychology of Learning,* New York 1958, S. 16; D. H. Lawrence, L. Festinger, *Deterrents and Reinforcement,* Stanford, Calif. 1962, S. 2–3, 13.

18 E. R. Hilgard, D. G. Marquis, op. cit. S. 71.

19 Vgl. J. Diese, *The Psychology of Learning,* op. cit. S. 16: »... We can now look at a formal definition of reinforcement. A reinforcement is any stimulus event that will increase or maintain the strength of a response or stimulus response connection associated with it.«

20 Vgl. N. E. Miller, »Liberalization of Basic S–R Concepts«, op. cit., S. 240;

P. E. Meehl, »On the Circularity of the Law of Effect«, in *Psychol. Bull.*, 1950, vol. 47, S. 52–75; J. Diese, *The Psychology of Learning*, op. cit., S. 18.

21 E. R. Hilgard, D. G. Marquis, *Conditioning and Learning*, op. cit., S. 395 usw.; L. Festinger, »The Motivating Effect of Cognitive Dissonance«, in: G. Lindzey (ed.), *Assessment of Human Motives*, 1960, S. 66.

22 O. H. Mowrer, *Learning Theory and Behavior*, op. cit., S. 179.

23 Vgl. L. Festinger, »The Motivating Effect of Cognitive Dissonance«, op. cit., S. 67–68: »The greater the number of different antecedent conditions which affect the magnitude of the need, and the greater the number of consequent behaviors which are motivated by the need, the greater is the usefulness, as an explanatory device, of the postulated need and of the theory concerning it (...) It is highly unsatisfactory simply to show that two consequent behaviors relate to one another. If I obtain verbal responses in a given situation and show that this verbal behavior bears a relation to some nonverbal behavior, I have merely shown that both behaviors are dependent in part on the same variables. Calling one of these behaviors a ›measure of the need‹ does not help the situtation at all.«

24 G. W. Allport, »The Trend in Motivational Theory«, Nachdruck in: C. L. Stacey, M. F. De Martino (eds.), *Understanding Human Motivation*, Cleveland 1958, S. 54–65.

25 R. W. Whyte, »Motivation Reconsidered: The Concept of Competence«, in: *Psych. Rev.*, 1959, vol. 66, Nr. 5, S. 297–333.

26 D. C. McClelland, J. W. Atkinson, A. R. Clark, A. L. Lowell, *The Achievement Motive*, New York 1953 (deutsch in: H. Thomae (Hg.), *Die Motivation menschlichen Handelns*, Kiepenheuer & Witsch, Berlin/Köln 1965, S. 267–271).

27 Vgl. J. Diese, *The Psychology of Learning*, op. cit. S. 35: »It is uncertain whether or not secondary reinforcement reduces secondary drives as primary reinforcements do primary drives. In the case of fear (a secondary drive) it is thought that escape from fear (a secondary reinforcement) does result in the reduction of the secondary drive, but this seems to be a somewhat special case, so we cannot make any general statement from it. It is quite possible, however, that secondary reinforcements do involve some reduction in a need analogous to the reduction of a primary drive by a primary reinforcement.« Vgl. auch E. R. Hilgard, D. G. Marquis, *Conditioning and Learning*, op. cit., S. 169.

28 J. Olds, P. Milner, »Positive Reinforcement Produced by Electrical Stimulation of the Septal Area and Other Regions of the Rat Brain«, in: *J. Comp. Physiol. Psychol.*, 1954, vol. 47, S. 419–427.

29 Vgl. E. R. Hilgard, D. G. Marquis, *Conditioning and Learning*, op. cit., S. 262.

30 Vgl. J. Diese, *The Psychology of Learning*, op. cit., S. 21–23; E. R. Hilgard, D. G. Marquis, op. cit., 137–140.

31 E. R. Hilgard, D. G. Marquis, op. cit., S. 140–155; J. Diese, op. cit. S. 27 bis 32.

32 J. Konorski, *Conditioned Reflexes and Neuron Organization*, New York 1948.

33 Vgl. J. Dollard, N. E. Miller, *Personality and Psychotherapy*, op. cit., S. 48–51; J. Diese, op. cit., 46–73.

34 Vgl. E. R. Hilgard, D. G. Marquis, op. cit., S. 328–360.
35 Ibidem, S. 358.
36 K. Lewin, *A Dynamic Theory of Personality,* New York 1935.
37 N. E. Miller, »Experimental Studies of Conflict«, in: J. V. McHunt (ed.), *Personality and the Behavior Disorders,* vol. 1, New York 1944; N. E. Miller, »Liberalization of Basic S–R Concepts«, op. cit.
38 N. E. Miller, »Theory and Experiment Relating Psychoanalytic Displacement to Stimulus-Response Generalization«, in: *J. Abn. Soc. Psychol.,* 1948, vol. 43, S. 155–178.
39 E. J. Murray, »A Case Study in a Behavioral Analysis of Psychotherapy«, in: *J. Abn. Soc. Psychol.,* 1954, vol. 49, S. 305–310.
40 E. J. Murray, M. M. Berkun, »Displacement as a Function of Conflict«, in: *J. Abn. Soc. Psychol.,* 1955, vol. 51, S. 47–56.
41 J. M. W. Whiting, I. L. Child, *Child Training and Personality: A Cross-Cultural Study,* New Haven 1953.
42 J. Dollard, N. E. Miller, *Personality and Psychotherapy,* op. cit.
43 E. R. Hilgard, D. G. Marquis, *Conditioning and Learning,* op. cit., S. 173 ff.
44 Vgl. O. H. Mowrer, *Learning Theory and Behavior,* op. cit., S. 94 f.
45 E. R. Hilgard, D. G. Marquis, *Conditioning and Learning,* op. cit., S. 167 f.
46 O. H. Mowrer, *Learning Theory and Behavior,* op. cit., S. 108 f.
47 D. W. Zimmerman, »Durable Secondary Reinforcement«, in: *Psychol. Rev.,* 1957, vol. 64, S. 373–383.

GÉRARD GÄFGEN

Formale Theorie des politischen Handelns

1. *Grundbegriffe und Methodenfragen*

1.1. Wissenschaftstheoretische Einordnung

Politik als Kunst des Möglichen heißt, im jeweils gemeinten Lebensbereich die richtigen Maßnahmen (›policies‹) ergreifen. Ob es sich dabei um den Bereich des individuellen Alltagslebens (Lebenskunst), der kommerziellen Unternehmung (Betriebwirtschaftspolitik), der Auseinandersetzung um die Macht in Staat und Gesellschaft (›politics‹) oder einen sonstigen Bereich menschlicher Aktivität handelt, ist zwar für den konkreten Handlungsbezug ausschlaggebend, ändert jedoch nichts an dem formalen Begriff des richtigen Handelns. Die Entfaltung dieses Begriffs führt daher zu einer überall anwendbaren formalen Lehre von den richtigen Entscheidungen eines politischen Subjekts, welches seine Umwelt zu manipulieren versucht. Richtig ist die Entscheidung zugunsten einer bestimmten Maßnahme dann, wenn die Maßnahme die intendierten Ziele tatsächlich fördert. Das bedeutet, daß das Subjekt erfahrungswissenschaftliche Erkenntnisse über die Umweltzusammenhänge benutzt hat, um die im Sinne der Ziele wirkungsvollste Maßnahme zu ermitteln. Politik in diesem Sinne ist also nichts anderes als technologische Umsetzung wissenschaftlicher Erkenntnisse, insbesondere sozialwissenschaftlicher Erkenntnisse, soweit es sich um Maßnahmen in einer sozialen Umwelt handelt (analog dem Verhältnis von Naturwissenschaft und Technik).

Eine formale Lehre von der Politik würde sich demnach mit der soziotechnischen Verwendung der positiven Wissenschaften zwecks Erzielung objektiv rationaler Entscheidungen befassen. Die objektive Rationalität wird dadurch gewährleistet, daß die verwendeten Ergebnisse der Wissenschaften intersubjektiv, d. h. durch empirische Beobachtung, überprüft worden sind,[1] ja sie werden durch Kontrolle des Handlungsergebnisses bei jeder praktischen Anwendung einer aber-

---

Gérard Gäfgen, »Formale Theorie des politischen Handelns: Wissenschaftliche Politik als rationale Wahl von Strategien«, Nachdruck aus: Hans Maier, Klaus Ritter und Ulrich Matz, Hrsg., *Politik und Wissenschaft*, München: Verlag C. H. Beck, 1971, S. 209–257.

maligen Prüfung unterzogen. Da weder für jedes praktische Handlungsproblem wissenschaftliche Ergebnisse verfügbar sind noch ohne Nachteile aus anderen Quellen beschafft oder für den jeweiligen Zweck erst ermittelt werden können, ja a priori nicht einmal feststeht, inwieweit der Handlungszusammenhang überhaupt der erfahrungswissenschaftlichen Aufklärung zugänglich ist, kann vollkommene objektive Richtigkeit von Entscheidungen nicht gefordert werden. Vielmehr müssen Maßnahmen nur in einem subjektiven Sinne rational ausgewählt werden; sie müssen richtig sein gemessen an den Informationen, über die das Subjekt dann verfügt, wenn es sich in einem vernünftigen Ausmaße um nützliches Wissen bemüht hat. Die richtige Entscheidung über informative Bemühungen wird also der Handlungsentscheidung vorgeschaltet und wird ihrerseits zum Gegenstand einer Logik des rechten Handelns, welche hier nun wirklich nur noch subjektive Rationalität voraussetzen kann. Abgesehen von dieser Forderung nach subjektiver Rationalität und damit Beachtung verfügbarer und/oder beschaffbarer technologischer Informationen besagt eine allgemeine Lehre von den richtigen Handlungen nichts über den konkreten Inhalt der Handlungstechnologien verschiedener Lebensbereiche; sie legt richtiges Verhalten erst vollständig fest, wenn auch der Stand erfahrungswissenschaftlicher Umweltinformation fixiert ist.

Des weiteren verlangt die Bestimmung der richtigen Aktion, daß auch die Ziele des handelnden Subjekts bekannt sind und feststehen. Da über die Art der Zielgewinnung und über den Inhalt der Ziele nichts gesagt wird, ist die Lehre vom rechten Handeln auch in bezug auf die Ziele allgemein und somit leer und formal. Um jedoch aus gegebenen Zielen bei gegebenem Informationsstand befriedigende oder gar optimale Handlungen ableiten zu können, dürfen sich die Zielsetzungen nicht widersprechen. Es ist demnach eine formale Rationalität der im jeweiligen Zusammenhang als Daten anzusehenden Wertungen des Handlungssubjektes zu fordern. Jedoch wird nicht geprüft, ob diese Wertungen auch in ihrer Substanz – und das heißt: vom Standpunkt übergeordneter Beurteilungskriterien – vernünftig sind. Eine Diskussion über die substantielle Rationalität der Zielsetzungen ist damit nicht ausgeschlossen, sie verlangt nur, daß der zunächst gegebene Bezugsrahmen, innerhalb dessen eine Handlung als richtig ausgewählt werden sollte, hinausgeschoben wird. Ein Beispiel ist die Reflexion auf Gründe, um derethalben bestimmte Ziele gesetzt wurden. Diese kritische Reflexion kann aber nicht immer erneut auf eine noch höhere Ebene hinaufgehoben werden, da irgendwann ein Handlungskontext konstituiert werden muß, *innerhalb* dessen dann zu entscheiden ist.

Benutzt man die Logik formal richtiger Entscheidungen als einen programmatischen Entwurf für das Verhältnis von Wissenschaft und Praxis, so scheint damit die Wissenschaft immer wieder auf die Rolle eines Lieferanten soziotechnischer Manipulationsmöglichkeiten bei gegebener Zielsetzung zurückgeworfen. Eine Formaldisziplin von der soziotechnischen Verwendung wissenschaftlicher Ergebnisse ist jedoch nicht identisch mit einer ›dezisionistischen‹ Auffassung über das Verhältnis von Theorie und Praxis[2] oder einem positivistischen Wissenschaftsprogramm: Sie erklärt zwar nur solche wissenschaftlichen Aussagen für in einem gegebenen Handlungskontext verwendbar, welche dem erfahrungswissenschaftlichen Nachprüfbarkeitskriterium genügen, läßt es jedoch offen, ob nur solchen Aussagen der Charakter der Wissenschaftlichkeit zuzubilligen ist oder ob die Daten des Handlungskontextes richtig gewählt wurden. Sie vermag nicht zu entscheiden, ob ein Handlungsproblem trivial oder relevant ist, ob es falsch oder richtig gestellt wurde. Die Prüfung der Problemrelevanz und der substantiellen Vernunft der Zielsetzungen würde voraussetzen: entweder ein anerkanntes System ethischer Sätze oder eine meta-ethische Anleitung, *wie* man zu Beurteilungsmaßstäben gelangt, oder schließlich eine dialektische Einheit aus Handeln und Erkennen, welche das Rezept des richtigen Handelns durch kritische Reflexion aus dem totalen Lebenszusammenhang und seiner Sinndeutung gewinnen will (wobei sie eine entscheidungslogisch interpretierte Soziotechnik als ein untergeordnetes Hilfsmittel anerkennen kann oder auch nicht).

Angesichts dieser eingeschränkten Bedeutung einer formalen Lehre von den richtigen Maßnahmen stellt sich die Frage ihrer Anwendung in Wissenschaft und Politik. Sie liefert ja zunächst nur analytische Aussagen in Form einer logischen Explikation des Begriffes der ›policy‹ als eines subjektiv und formal rationalen Handelns in beliebigen Lebensbereichen. Dieser Begriff beschreibt eine Gruppe von potentiellen Maximen menschlichen Verhaltens. Ist die Handlungssituation eindeutig definiert, so ist im Idealfall mit der Festlegung von Handlungsmaximen auch das Verhalten der an der Situation beteiligten Menschen fixiert, wodurch seinerseits die Umwandlung der Situation in eine bestimmte neue Situation bewirkt wird.[3] Ein menschliches Verhalten und der durch es bewirkte soziale Prozeß kann damit einem Beobachter als Anwendung einer Maxime durch handelnde Menschen verstehbar gemacht werden, sofern es sich mit dem Idealtypus zweckrationalen Handelns deuten läßt. Durch diese Methode des ›Verstehens‹ kann man historisch beobachtete Aktionen und Interaktionen rekonstruieren.[4] Setzt man die Maximen des Handelns als hypothetisch gültig, so kann man auch für jede Situation Handlungsmöglichkeiten und damit mögliche soziale Abläufe neu konstruieren. Der Musterfall ist der der nationalökonomischen Modellbildung, jedoch ist diese Vorgehensweise einer formalen Handlungstheorie, wie sie durch Jürgen von Kempski beschrieben wurde, auch für alle Sozialwissenschaften denkbar.[5] Solange allerdings keine Aussage darüber gemacht wird, in welchen Situationen Menschen die rationalen Handlungsmaximen de facto anwenden, macht die formale Handlungslehre auch keine bedingten Prognosen über beobachtbares menschliches Verhalten. Demnach bietet sie auch keine erfahrungswissenschaftliche Erklärung, wie das sonst die Absicht allgemeiner Theorien über das Verhalten von Natur oder Mensch zu sein pflegt. Die Möglichkeit, eine empirische Geltung von Handlungsmaximen zu behaupten, muß jedoch keineswegs ausgeschlossen werden, es sei denn, man leugne wegen der Freiheit des Menschen in bezug auf die Wahl seiner Maximen die Möglichkeit empirischer Wissenschaften vom menschlichen Verhalten überhaupt.

Neben der verstehend-rekonstruierenden und der hypothetisch-konstruierenden Verwendung der Maximen subjektiv rationalen Handelns tritt also möglicherweise die Verwendung zur echten Hypothesenbildung. Es wird vorausgesagt, daß in bestimmten Arten von Situationen das Verhalten der Beteiligten vom Typus des subjektiv rationalen Handelns sein wird. Damit diese Behauptung durch Beobachtung widerlegt werden kann, müssen Beobachtungsoperationen angegeben werden, welche es erlauben, diesen Handlungstypus von anderen zu unterscheiden. In der Tat gibt es eine Reihe von Ansätzen zu solchen operationalen Aussagen über die Psychologie rationaler Entscheidungen.[6] Andererseits ist die Versuchung groß, die Behauptung faktisch rationalen Verhaltens selbstevident zu machen und menschliches Verhalten als schlechthin subjektiv rational zu deklarieren, womit die prognostische Verwendung der Handlungslehre wieder ausgeschlossen würde.[7] Selbst testbare Theoreme über Rationalverhalten engen jedoch den Bereich möglicher faktischer Verhaltensweisen nur wenig ein; die eigentliche Determinierung des Verhaltens erfolgt erst durch Aussagen darüber, welche typischen Ziele in bestimmten Arten von Situationen verfolgt werden und welche Informationen über die Umwelt dann typischerweise zur Verfügung stehen. Zur Bildung echter erfahrungswissenschaftlicher Hypothesen trägt also die Lehre vom formal richtigen Handeln nur wenig bei.

Neben die deskriptive Verwendung in der Wissenschaft für Erklärung und Prognose tritt die präskriptive Verwendung für die Handlungspraxis. Die Maximen der formalen Vernunft im Handeln werden strenggenommen zunächst nur als mögliches Handlungsrezept angeboten, wer sie aber als einzig vernünftig deklariert, macht sie damit zum ethischen Gebot. Wiederum ist es allerdings nur ein schwaches Gebot, weil es mit beliebig gesetztem Handlungskontext, vor allem mit beliebiger Zielsetzung vereinbar ist. Das Gebot der Rationalität hat einen eigentümlichen Status, weil es, obgleich selbst ein Werturteil, doch nur etwas über die Voraussetzungen zur bestmöglichen Verwirklichung anderer Wertvorstellungen des handelnden Subjekts aussagt. Andererseits steht es mit irrationalen Werten des Emotionalen, des Heroischen in Konflikt, ja sogar mit den Werten, zu deren Durchsetzung es dient; denn die Verwirklichung rationalen Handelns bindet Kräfte, die der Verwirklichung anderer Wertvorstellungen entzogen werden. Es wäre demnach wiederum auf rationale Weise abzuwägen, welche Opfer man der Rationalität des Handelns zu bringen bereit ist. Welche Rolle das in der Alltagspraxis spielt, ersieht man leicht daran, daß niemand viel rationale Überlegung auf relativ unwichtige Entscheidungen veschwendet, daß man sich in solchen Fällen vielmehr auf die Weisheit der Routine verläßt – die ihrerseits vielleicht auf rationaler Verarbeitung früherer Erfahrungen beruht. Jedenfalls ist diese Frage nach dem Wert der Rationalität selbst wiederum ein typisches Problem des Handlungsrahmens, denn sie stellen, heißt wiederum, den Rahmen des zur Entscheidung anstehenden Handlungsproblems nicht als gegeben hinnehmen. Es wurde aber bereits gezeigt, daß ohne diesen gegebenen Rahmen eine Logik der Wahl richtiger Maßnahmen nicht denkbar ist.

1.2 Grundkategorien einer Logik der rationalen Aktion

Der als gegeben anzusehende Rahmen für die Suche nach einer richtigen Aktion, kurz Situation genannt, besteht aus einem Handlungssubjekt und seiner Umwelt, welche sowohl physische als auch soziale Objekte (darunter möglicherweise politische Gegner des Subjekts) umfaßt. Die Situation ist niemals die totale Realität, sondern ein Ausschnitt davon und umfaßt von diesem wiederum nur die Aspekte, welche für das zu lösende Problem relevant sind. Bedienen wir uns der mathematischen Ausdrucksweise, so ist das Subjekt repräsentiert durch diejenigen Variablen, deren Wert es unmittelbar selbst fixieren kann, also seine Aktionsparameter oder Instrumente x_i, $i = 1, 2, \ldots, n$ und durch diejenigen Variablen, die für das Subjekt den Wert oder Unwert eines Umweltzustandes ausmachen, also seine Zielvariablen z_j, $j = 1, 2,$

. . ., m. Beide Arten von Größen können sich überschneiden, wenn ein Aktionsparameter seinen Wert in sich selbst hat; damit ist die bekannte Schwierigkeit leicht lösbar, daß die Wahl eines Instruments nicht wertneutral ist. Es erfolgt also keine Dichotomie in Mittel und Zwecke, denn auch die Zielvariablen sind nur Wertmaßstäbe und nicht ›letzte‹ Ziele; sie mögen ihrerseits durchaus Wert nur als Zwischenziele haben, also als Mittel zur Erreichung noch anderer Ziele. Die Umwelt des Subjekts ist dargestellt durch Umweltvariable y_k, $k = 1, 2, \ldots, p$. Diese sind so definiert, daß ihr Wert von den Aktionsparametern des Subjekts nicht beeinflußt wird. Die Variablen y_k enthalten Aktionsparameter anderer Personen oder sozialer Gebilde und andere Charakteristika der Umwelt, welche von Natur oder aufgrund sozialer Prozesse gegeben sind. Nur in dem Sonderfall bewußt interdependenter Entscheidungen von wenigen oder im Grenzfall zwei Subjekten können fremde Aktionsparameter nicht als Daten angesehen werden. Wiederum mögen die Variablen y_k zum Teil mit den Zielen des Subjekts z_j identisch sein, was aber bedeutet, daß hinsichtlich dieser Ziele eine Aktion einfach unmöglich ist.

Zu den Charakteristiken der Umwelt gehört die gesamte Technologie des Handelns, welche die Instrumente x_i des Handelns in Beziehung setzt zu den Zielen z_j. Diese Technologie drückt sich aus in den mathematischen Beziehungen zwischen den Variablen x_i und den Variablen z_j, Beziehungen, welche eventuell vermittelt sind durch intervenierende Variable u_l, $l = 1, 2, \ldots, q$. Die Art dieser Beziehungen wird bestimmt durch die Form der sie beschreibenden mathematischen Gleichungen und durch die in diesen Gleichungen enthaltenen unabhängigen Variablen, zu denen beispielsweise die erwähnten Aktionsparameter anderer handelnder Einheiten gehören. Man kann sich daher vorstellen, daß einige der Umweltvariablen y_k die Formen der technologischen Gleichungen beschreiben, sagen wir die Variablen $y_1, y_2, \ldots, y_d$; die übrigen Umweltvariablen $y_{d+1}, y_{d+2}, \ldots, y_{d+e}$, wobei $d + e = p$, stellen dann die unabhängigen Variablen in den technologischen Gleichungen dar.

Diese Hilfssprache würde beinhalten, daß bestimmte Werte der Variablen y_1 bis y_d nur eine einzige Gleichungsform darstellen und umgekehrt. Die Form einer Gleichung wird bestimmt sowohl von der Art der Gleichung als auch von der Größe der in der Gleichung enthaltenen Parameter; beispielsweise handele es sich bei einem bestimmten einfachen Typ von Handlungsproblemen um Gleichungen linearer Form mit bestimmten Parametern α_i, β_j, γ_k, so daß jede Gleichung folgende Form hätte:

$$\sum_{i=1}^{n} \alpha_{il} x_i + \sum_{j=1}^{m} \beta_{jl} z_j + \sum_{k=d+1} \gamma_{kl} y_k + u_l = 0, \quad l = 1, 2, \ldots, q$$

Das Handlungsproblem wäre dann lösbar, wenn durch Fixierung der x_i bei bestehenden Umweltvariablen y_k, $k = d + 1, d + 2, \ldots, p$, welche zumeist ›Daten‹ genannt werden, auch die Werte der Zielvariablen z_j festgelegt würden – wobei die Werte der nur intervenierenden Variablen u_l gleichfalls bei der Lösung mit anfielen. Daß die Variablen u_l überhaupt mit aufgeführt sind, liegt daran, daß die dem Subjekt zur Verfügung stehende technologische Information oft nicht in der Form vorliegt, welche ganz auf das zu lösende Problem zugeschnitten ist. Vielmehr kommen in den verfügbaren wissenschaftlichen Erklärungen von Zusammenhängen oft intervenierende Variable vor (manchmal sogar in nicht beobachtbarer Form, z. B. in psychologischen Erklärungen ›Motive‹, welche den Zusammenhang zwischen Stimulus-Variablen und verhaltensbeschreibenden Variablen erläutern). Im Gegensatz dazu dürfen Instrumentvariable x, Zielvariable z und Umweltvariable y nicht fehlen, um ein Handlungsproblem beschreiben zu können, und ihr Wert muß durch beobachtende Messung ermittelbar sein.

Die Formulierung eines Handlungsproblems mit Hilfe der genannten Variablen erlaubt es, Arten von Handlungstechnologien mathematisch und sachlich zu klassifizieren; in unserem Beispiel handelt es sich mathematisch um eine Lineartechnologie. Worum es sachlich geht, steht fest, wenn wir dazu noch die Umweltvariablen y_{d+1} bis y_p und Aktionsparameter definiert haben. Beschreiben die Umweltvariablen das Verhalten von Kunden und Konkurrenten eines Subjekts und die Aktionsparameter die Absatzpolitiken des Subjekts, so handelt es sich um eine Markttechnologie. Nehmen wir noch Zahl und Art der Zielvariablen hinzu, so haben wir nicht nur die Technologie klassifiziert, sondern die Art des *Handlungsproblems* klassifiziert. Dieses wird zu einer bestimmten Art von *Entscheidungsproblem,* wenn wir dazu noch angeben, nach welchen Prinzipien das Subjekt seine Aktionsparameter fixiert. Es mag sein, daß es für eine bestimmte Klasse oder Teilklasse von Entscheidungsproblemen allgemeine analytische Lösungen gibt. Im konkreten Fall hätten wir dann nur bestimmte Werte für die Umweltvariablen und gegebenenfalls die Zielvariablen in die Lösung einzusetzen, um die richtigen Werte für die Aktionsparameter zu bestimmen. Die Hilfsfunktion der Wissenschaft für die Politik sähe dann so aus, daß sie generelle Lösungen für bestimmte Arten und Unterarten von Entscheidungsproblemen bereitzustellen hätte. Ihre kritische

Funktion gegenüber der Politik ginge selbstverständlich darüber hinaus, indem sie die weiteren Folgen ihrer etwaigen manipulativen Hilfe bedenkt.

Neben den Gleichungen wird das technologische Beziehungssystem in der Regel auch Ungleichungen enthalten, etwa in der Form, daß die Werte der Aktionsparameter und der Zielvariablen sich nur in bestimmten Bereichen bewegen dürfen. Sofern die übrigen die Situation charakterisierenden technologischen Gleichungen die Begrenztheit der Handlungsmöglichkeiten noch nicht deutlich genug ausdrücken, geschieht dies eben durch Ungleichungen der erwähnten Art. Eine Maßnahme des Subjekts besteht darin, daß der Wert eines Aktionsparameters fixiert wird, eine vollständige Aktion ist ein Komplex von Maßnahmen derart, daß die Werte aller Instrumente festgelegt werden. Man kann eine solche Aktion darstellen als einen Punkt X in einem n-dimensionalen Raum, auf dessen n Koordinaten die Werte der Instrumentvariablen abgetragen werden. Alle denkbaren Aktionen bilden dann eine Punktmenge in diesem Aktionsraum; die Grenzen dieser Menge stellen die Grenzen der Handlungsmöglichkeiten dar. Diese Punktmenge muß man sich nicht nur als umgrenzt vorstellen, sondern kann sie sich auch für viele praktische Zwecke vorstellen als aus einer beschränkten Anzahl von Punkten bestehend, nämlich dann, wenn die Aktionsparameter nur in diskreten Schritten geändert werden können. Als Beispiel für alternative mögliche Aktionen diene etwa die Entscheidung, wie eine gegebene Budgetsumme auf n verschiedene Ausgabenarten zu verteilen ist: die Budgetsumme begrenzt die Menge der verschiedenen möglichen Ausgabenstrukturen, eine Ausgabenart kann jeweils nur um eine Währungseinheit geändert werden, wodurch eine endliche Anzahl von alternativ möglichen Aktionen – kurz auch in Ausdehnung des ursprünglichen Wortsinnes ›Alternativen‹ genannt – gebildet wird.

Analog können auch die Verhaltensmöglichkeiten der Umwelt in einem p-dimensionalen Datenraum dargestellt werden, auf dessen Koordinaten die Werte der Umweltvariablen y_k abgetragen sind. Die Punkte Y in diesem Raum stellen dann Kombinationen bestimmter Werte von Umweltvariablen dar, charakterisieren also den Umweltzustand, wie er sich dem Subjekt darbietet. Sind Umweltzustand Y und Aktion X festgelegt, so sind damit auch die Werte der Zielvariablen z_j fixiert. Werden auch diese in einem m-dimensionalen Koordinatensystem abgetragen, so bilden Kombinationen bestimmter z-Werte ihrerseits einen Punkt Z im m-dimensionalen Ergebnisraum. Aufgrund der Begrenzung der Punktmengen [X] und [Y] und des Gesamtzusammenhanges aller Variablen ergibt sich auch eine begrenzte Punktmenge [Z]; diese wird noch weiter begrenzt, wenn der Umweltzustand Y als gegeben und bekannt unterstellt werden kann. Die Punktmenge [Z] stellt dann alle in einer Situation tatsächlich durch Aktionen erreichbaren Ergebnisse dar, aufgrund deren eine der möglichen Aktionen auszuwählen ist.

Die damit unterstellte ›Abbildung‹ eines Punktes X auf einen Punkt Z bedeutet, daß vollkommene Information des Subjekts angenommen wurde; diese Abbildung ist nämlich deshalb eindeutig, weil angenommen wurde, daß das Subjekt den Umweltzustand Y einschließlich der Form aller Beziehungen zwischen allen Variablen kennt. Unvollkommene Information besteht also in mangelnder Kenntnis des Umweltzustandes Y. Sie äußert sich darin, daß ein Punkt X sich nicht mehr eindeutig auf einen bestimmten Punkt Z abbilden läßt. Läßt er sich gar nur auf eine Punktmenge im Ergebnisraum abbilden, welche alle überhaupt denkmöglichen Ergebnisse Z umfaßt, so besteht vollständige Ignoranz. Zwischen den Extremen vollkommener Information und vollkommener Ignoranz bewegen sich die realistischen Fälle partieller Information. Es mag sein, daß ein Punkt X sich auf eine Teilmenge von Punkten Z abbilden läßt, wobei jedoch für den Eintritt jedes Ergebnisses Z je nach Umweltzustand Y eine bestimmte objektive Wahrscheinlichkeit w angenommen werden kann. Mit dem Ergreifen einer Aktion geht man dann ein kalkulierbares Risiko ein, weshalb für diesen Fall nur stochastischer Information von F. A. Knight[8] die Bezeichnung *›Risiko‹* eingeführt wurde. Die hier gemeinten Risiken lassen sich praktisch nahezu vollständig ausschalten, wenn eine beliebige Mischung vieler kleiner Aktionen, eine Politik der Risikostreuung, zugelassen ist. Des Ergebnisses – hier des Mittelwertes aller Ergebnisse – kann das Subjekt dann fast ebenso gewiß sein wie bei voller Information. Ist eine derartige Mischung einer beliebig großen Zahl kleiner Handlungsfälle nicht möglich, so besteht *Ungewißheit* über die Ergebnisse jeder möglichen Aktion. Diese Ungewißheit besteht *im engeren Sinne* auch dann, wenn verschiedene Umweltzustände Y für möglich gehalten werden, ohne daß ein Wahrscheinlichkeitsgesetz bekannt ist. Diese Ungewißheit liegt nicht im stochastischen Charakter der Information, sondern im Fehlen von Information oder darin, daß man Informationen über Verhaltensweisen der Umwelt haben müßte, diese ihrerseits aber ihr Verhalten davon abhängig macht, welche Aktion das Subjekt selbst ergreift. Ungewißheit aus Informationsmangel ist also wohl zu unterscheiden von sogenannter strategischer Ungewißheit, einer Folge der Unmöglichkeit gegenseitiger Voraussicht bei interdependenten Handlungen. Hinsichtlich des Informationszustandes ist also zusammenfassend zu unterscheiden:

1. vollkommene Information	Gewißheit
2. stochastische Information	
a) mit beliebiger Risikostreuung	Beinahe-Gewißheit
b) ohne Risikostreuung	meßbare Ungewißheit
3. Informationsmangel	einfache Ungewißheit
4. Versuch gegenseitiger Voraussicht bei interdependenten Handlungen	strategische Ungewißheit
5. Ignoranz	

(andere in der Literatur verbreitete Terminologie: 1. Gewißheit, 2a) und 2b) Risiko, 3. und 4. Ungewißheit)

Diese Interpretation von Handlungsproblemen läßt sich anhand einer *Ergebnismatrix* leicht darstellen:

Mögliche Umweltzustände (mit ihren Wahrscheinlichkeiten) / Mögliche Aktionen	Y_1 (w_1	Y_2 w_2	....	Y_s w_s)
X_1	Z_{11}	Z_{12}	....	Z_{1s}
X_2	Z_{21}	Z_{22}	....	Z_{2s}
.	.	.	....	.
.	.	.	....	.
X_t	Z_{t1}	Z_{t2}	....	Z_{ts}

Diese Interpretation läßt sich auch dann halten, wenn sich Handlungen und/oder Umweltzustände bzw. Ergebnisse nicht als Punkte in einem vieldimensionalen Raum darstellen lassen, weil sie nicht durch quantitative Merkmale (Aktionsparameter, Zielvariable, Umweltvariable) beschrieben werden können. Aktionen wie auch Umweltzustände müssen nur anhand irgendwelcher Merkmale wohl voneinander zu unterscheiden, als unabhängig voneinander definiert sein und für das zu lösende Handlungsproblem erschöpfend aufgezählt werden. Dann läßt sich auch immer eine Ergebnismatrix aufstellen, welche sich für den Fall vollkommener Information auf *eine* Spalte von Ergebnissen reduziert und für den Fall stochastischer Information jeder Spalte eine objektive Wahrscheinlichkeit $w_1, w_2, \ldots, w_s$ zuordnet. Übrigens können verschiedene Aktionen durchaus identische Ergebnisse haben, die Abbildung der Punkte des x-Raumes auf die des z-Raumes bei vollkommener Information ist nicht in beiden Richtungen eindeutig. Zwischen solchen Aktionen kann nicht entschieden werden, da sie gemäß unserer Formulierung des Problems nicht verschieden zu bewertende Wege zum gleichen Ziel darstellen.

Die obige Ergebnismatrix besagt noch nichts über die Prinzipien, nach denen eine Aktion X auszuwählen ist, sie legt nur nahe, daß diese Auswahl anhand der Ergebnisse Z zu erfolgen hat. Eine Handlungs*maxime* im vorher definierten Sinne hätte für jedes durch eine Ergebnismatrix dargestellte Entscheidungsproblem aus der Gesamtmenge X aller möglichen Aktionen eine Teilmenge als ausgewählt anzugeben. Durch Einführung von übergeordneten Entscheidungs*prinzipien* werden Zahl und Art möglicher Maximen eingeschränkt; ein solches einschränkendes Prinzip ist die eingangs aufgestellte Forderung nach subjektiver Rationalität. Werden noch weitere Entscheidungsprinzipien aufgestellt, etwa das Prinzip, daß nur Bestlösungen des Entscheidungsproblems (im Unterschied zu nur befriedigenden Lösungen) in Frage kommen, so engt das Zahl und Art der möglichen Maximen noch weiter ein, bis schließlich die Prinzipien zusammen eine Entscheidungsregel ergeben, welche die Auswahlmaxime vollständig fixiert.[9] Daß subjektive Rationalität noch keine Entscheidungsregel beinhaltet, kann der Leser leicht anhand der allgemeinen Form der Ergebnismatrix nachprüfen, laut welcher es nicht einfach eine Aktion mit eindeutig bestem Ergebnis geben kann. Im Falle vollkommener Information ist zwar eine Bestlösung denkbar, es muß jedoch auch gefragt werden, ob es der Mühe wert ist, sie herauszufinden.

Bisher steht nur fest, daß die Auswahl einer Aktion anhand der Ergebnisse Z zu erfolgen hat und daß zuvor das Handlungsproblem in die Form einer Ergebnismatrix zu bringen ist. Die Aufstellung einer Ergebnismatrix, also eine vollständige Beschreibung aller Handlungsmöglichkeiten und aller Ergebnisse, welche sie je nach dem Zustand der Umwelt mit sich bringen, verlangt zuvor eine Abgrenzung des zu entscheidenden Problems danach, welche Eigentümlichkeiten des Handelns und welche der vielen zeitlich und sachlich breit gestreuten Ergebnisse noch für das Subjekt relevant sind. Diese Frage stellt sich generell in allen Verhaltenswissenschaften: ein Verhalten muß stets definiert werden als ein in sich relativ abgeschlossener Komplex von kleinsten Teilakten, ein sinnvoller Handlungsvollzug. Niemals ist aber dieses Verhalten einer Person in einem bestimmten sachlichen und zeitlichen Bereich vollkommen isoliert vom Verhalten in anderen Bereichen oder zu anderen Zeitpunkten, so daß einige Willkür in der Abgrenzung einer sinnvollen Aktion nicht zu vermeiden ist. Noch deutlicher stellt sich die Abgrenzungsfrage bei den Ergebnissen einer Aktion, welche niemals in toto zu überblicken sind, sondern gleichsam am Rande des Handlungsrahmens abgeschnitten werden müssen, wo sie zu Daten für andere Handlungsprobleme werden. Formal läßt sich dies dadurch berücksichtigen, daß man die durch eine Aktion induzierte Veränderung der Basis für Aktionen in anderen Sachbereichen oder für Aktionen zu späteren Zeitpunkten in abgekürzter Weise mit in den Zielvariablen z erfaßt. Wo diese Nebenergebnisse noch von enormer Wichtigkeit erscheinen, war der Handlungsrahmen falsch abgesteckt.

War etwa die Zukunft nicht genügend berücksichtigt, so muß die bisher als Handlungseinheit definierte Aktion zu einer Sequenz von Handlungen erweitert werden, welche sich weiter in die Zukunft erstreckt: Die Fixierung der Handlung zu Beginn einer Periode 1 und ihre Durchführung während der Periode 1 schafft eine bestimmte Ausgangssituation für eine weitere auszuwählende Handlung zu Beginn der Periode 2 usw. Gibt es ursprünglich in jeder Periode t Handlungsmöglichkeiten und sollen ihre Ergebnisse für r aufeinander folgende Perioden berücksichtigt werden, so sind nunmehr t mal r verschiedene Abfolgen von Handlungen möglich; die neue Ergebnismatrix enthält nun statt r mögliche Handlungen r mal t Handlungssequenzen, der Begriff der Aktion ist nunmehr also als Handlungssequenz zu verstehen. Entsprechend enthält nun der Ergebnisraum statt m-Dimensionen m mal r-Dimensionen, denn ein Ergebnis Z stellt nunmehr auch eine Verteilung von Ergebnissen über alle Perioden dar. Eine solche Erweiterung des Handlungsrahmens und damit der Ergebnismatrix ist nicht nur in zeitlicher, sondern auch in sachlicher Hinsicht möglich: Eine Handlung in einem Sachrahmen ändert den Sachrahmen für eine andere Art von Handlungen, z. B. die Aufteilung einer Budgetsumme auf Ausgabenarten schafft eine bestimmte Ausgangssituation für die weitere Aufteilung der Ausgaben innerhalb einer Ausgabenkategorie (der erste Handlungsrahmen war dem folgenden übergeordnet), oder: eine bestimmte gesetzgeberische Maßnahme in der Gesundheitspolitik schafft neue Daten für wirtschaftspolitische Entscheidungen über die pharmazeutische Industrie oder umgekehrt (beide Handlungsbereiche waren gleichrangig). Auch hier besteht eine Aktion aus einer Sequenz von Teilhandlungen und die Ergebnismatrix muß entsprechend erweitert werden.

Etwas komplizierter sieht diese Erweiterung der Ergebnismatrix in den Fällen unvollkommener Information aus: Jede Handlung in einer ersten Periode (in einem ersten Sachbereich) führt für die folgende Periode (den als nächstes betrachteten Sachbereich) zu einer unterschiedlichen Ausgangssituation, je nachdem, welcher der für möglich gehaltenen Umweltzustände tatsächlich herrschte; soll das Gesamtproblem für beide Perioden (beide Sachbereiche) gelöst werden, so muß für jeden der möglicherweise eintretenden Folgezustände wiederum eine Handlung zu Beginn der zweiten Periode (für den zweiten Sachbereich) vorgesehen werden. Das so entstehende sequentielle Problem hat die Struktur eines ›Spieles‹: zuerst ist das Subjekt am Zuge, es muß jedoch bei der Festlegung seines Zuges in Betracht ziehen, daß die Umwelt darauf mit verschiedenen möglichen Zügen antworten kann (d. h. verschiedene Umweltzustände realisieren kann). Welcher erste Zug für das Subjekt richtig ist, wird aber davon abhängen, wie es selbst dann in einem zweiten Schritt auf den unbekannten Gegenzug der Umwelt antworten wird. Es muß also für jede mögliche Antwort der Umwelt auf seinen ersten Zug einen zweiten Zug vorausplanen. Gibt es in jeder Phase des Spiels t mögliche Züge des Subjekts und s mögliche Umweltzustände, so gibt es für ein zweiphasiges Spiel t mal s mal t mögliche ›bedingte Aktionspläne‹, von denen einer wie folgt aussieht: (Beispiel $t = 2$, $s = 3$): Zuerst X_2; wenn dann Y_1, so X_1; wenn Y_2, so X_1, wenn Y_3, so X_2.

Diese bedingten Pläne werden *Strategien* genannt, da sie Reaktionen für alle möglichen Züge eines ›Gegners‹, also für alle Eventualitäten, vorsehen. Bei sequentiellen Handlungsproblemen unter Ungewißheit treten sie in der entsprechend erweiterten Ergebnismatrix an die Stelle der einfachen Aktionen. Auch die Umweltzustände Y sind nunmehr ›Strategien der Umwelt‹,[10] da sie alle möglichen Sequenzen von Reaktionen der Umwelt auf mögliche Züge des Subjekts in jeder Phase darstellen. Ursprünglich ist der Strategiebegriff durch die Theorie der Spiele eingeführt worden, welche Situationen interdependenter Handlungen mit Spielern und Gegenspielern analysiert.[11] Dieser Begriff der Strategie ist dem Begriff der Aktion übergeordnet, denn eine Aktion ist nichts anderes als eine Strategie für den Fall, daß mit einer Antwort des Gegenspielers das Spiel bereits beendet ist. Mit Hilfe der Permutation aller Züge und Gegenzüge läßt sich durch Verwendung des Strategiebegriffes ein Problem von Handlungssequenzen unter Gewißheit oder Ungewißheit stets auf die Form einer (erweiterten) Ergebnismatrix bringen. Umgekehrt läßt sich eine Ergebnismatrix durch Zerlegung der in ihr enthaltenen Aktionen in Abfolgen von Zügen und Gegenzügen zerlegen: man bringt ein ›Spiel‹ in seine ›explizite‹ Form: Das ist dann zweckmäßig, wenn die kondensierte Matrixform das Entscheidungsproblem zu komplex macht oder wenn Handlungsmaximen angewandt werden sollen, welche nur für Sequenzen bedingter Aktionen sinnvoll sind. Die Formulierung alternativer Strategien erlaubt es sogar, ursprünglich nicht als unabhängig voneinander definierte Aktionen und Umweltzustände in einer Ergebnismatrix darzustellen: hängen die Umweltzustände selbst davon ab, welche Aktion ergriffen wird, und muß dann je nach herbeigeführtem Umweltzustand wieder eine endgültige Aktion ausgewählt werden, so braucht man nur jede mögliche Sequenz von Aktion – Umweltbeeinflussung – weitere Aktion aufzuführen, um alle Handlungsmöglichkeiten zu erfassen.

2. *Zielformulierung und Ergebnisbewertung mit Hilfe der formalen Wertlehre*

2.1 Fixierung von Zielen und Zielbereichen

Ist die Ergebnismatrix für ein Handlungsproblem definiert, so müssen noch die Ergebnisse bewertet werden, um zur Auswahl einer oder mehrerer geeigneter Strategien (bzw. Aktionen) zu kommen. Die Ergebnisse Z stellen Kombinationen bestimmter Werte aller als relevant angesehenen Zielvariablen z_j, $j = 1, 2, \ldots, m$, dar, soweit die Ziele quantifizierbar sind. Bei nur qualitativ beschreibbaren Zielen sind die Ergebnisse Kombinationen von Merkmalsklassen. Die Zielmerkmale z_j sind somit bereits Bewertungsmaßstäbe. Für $j = 1$ ist durch die Existenz des einen Zielmaßstabes das Bewertungsproblem bereits gelöst, beispielsweise z_1 = ›erzielter Jahresgewinn einer Unternehmung in Geldeinheiten‹ oder ›Zuwachs an realem Bruttosozialprodukt im nächsten Quartal‹.

In der Regel handelt es sich bei Handlungsproblemen nicht um *einfache* Ziele, sondern um *komplexe* Ziele, welche durch mehrere Variable bzw. Merkmale beschrieben sind. Wie in den Wissenschaften, welche Handeln kausal erklären, zumeist ein Verhalten nicht auf ein einziges Motiv (in unserem Beispiel Profitmotiv) zurückgeführt werden kann, so muß auch in der Strategielehre, welche zu finalem Handeln verhelfen will, eine Vielzahl von Zielen unterstellt werden. Dabei ergeben sich im wesentlichen zwei Zielformulierungen: 1. die *Zielbereichs*politik bewertet einen bestimmten Bereich des Z-Raumes, also eine bestimmte Menge von Zielkombinationen, als zufriedenstellend; 2. die *Zieloptimierungs*politik bestimmt ein Ergebnis (oder eine Teilmenge von Ergebnissen z) als Bestlösung. Der Bereich befriedigender Ergebnisse läßt sich dann in besonders einfacher Weise angeben, wenn für jede der Zielvariablen z_j ein Mindestniveau z_j^* angegeben wird, dessen Unterschreitung das Ergebnis unbefriedigend macht. Die Bedingung für eine befriedigende Lösung des Handlungsproblems lautet dann also $z_j \geqq z_j^*$ für alle j; nach einer befriedigenden Strategie ist dann nur so lange zu suchen, bis ein X gefunden ist, dessen Ergebnis Z diesen j Mindestbedingungen genügt. Im Vergleich zur Suche nach einer Bestlösung bedeutet eine solche ›eingeschränkte Rationalität‹ eine bedeutsame Erleichterung, welche bei komplizierten Problemen eine rationale Lösung oft überhaupt erst praktikabel macht.[12] Psychologisch gesehen läßt sich diese Art der Bewertung als Festlegung eines Aspirationsniveaus einsichtig machen. Erstrebte Niveaus von Zielvariablen müssen allerdings nicht ohne weiteres realisierbar sein, so daß Frustrationen auftreten können, welche schließlich eine Senkung des Aspirationsniveaus zur Folge haben.

Wie sich eine solche Anspruchsanpassung zu vollziehen habe, läßt sich allerdings aus der Forderung nach rationaler Auswahl einer befriedigenden Handlungsweise nicht ableiten. Das gleiche gilt für eine Anhebung des Anspruchsniveaus, welche dann eintritt, wenn der Suchprozeß ergibt, daß sehr leicht Lösungen mit noch höheren Niveaus der Zielvariablen gefunden werden können. Noch in einem weiteren Punkte ist die bloße Zielbereichspolitik unvollständig: sie bestimmt für sich allein genommen noch nicht, welche Aktion in einer gegebenen Situation zu ergreifen ist. Dazu wäre vielmehr eine systematische Regelung des Suchprozesses erforderlich; diese hätte die Reihenfolge zu bestimmen, in welcher die sich bietenden Handlungsmöglichkeiten auf ihr befriedigendes oder unbefriedigendes Ergebnis hin zu untersuchen sind. Die abstrakten logisch-mathematischen Eigenschaften von Suchprozessen lassen sich zwar ihrerseits wieder beschreiben, beispielsweise – um eine Analogie zu verwenden – die verschiedenen Suchbewegungen, die der Aufspürung eines Gegenstandes in einem gegebenen geographischen Planquadrat dienen; jedoch benötigt man zur Beurteilung von Suchstrategien wiederum neue Optimalitätskriterien, welche den bei Informationshandlungen generell nötigen Beurteilungsmaßstäben gleichen (vgl. unten Abschn. 5). Der Bereich befriedigender Ergebnisse kann selbstverständlich statt durch Mindestniveaus auch durch Höchstniveaus von Zielvariablen bzw. durch beide Niveaus gleichzeitig beschrieben werden. Höchstniveaus bedeuten, daß Ziele jenseits eines bestimmten ›Sättigungspunktes‹ negative Wertmaßstäbe werden bzw. die Problemformulierung nach den handlungsrelevanten Aspekten von solchen Niveaus an unsinnig wird (z. B. ein Beschäftigungsgrad von über 100%). Überhaupt können Zielvariable von Anfang an negativ als Vermeidungsziele formuliert sein, wie etwa in der Gesundheitspolitik Morbiditätsziffern.

Die Eingrenzung befriedigender Lösungen durch Mindest- und/oder Höchstniveaus muß nicht als alleinige Bewertungsregel beschränkter Rationalität betrachtet werden, sie kann auch nur zu einer vorläufigen Einengung des Suchbereichs benutzt werden und stellt dann eine Reihe von Randbedingungen dar, innerhalb deren eine endgültig richtige Handlungsweise erst zu bestimmen ist. Eine bekannte Variante hierfür ist folgende Zielformulierung: Maximiere z_1 unter der Nebenbedingung, daß $z_2, z_3, \ldots, z_m$ bestimmte Niveaus nicht unterschreiten. Diese Aufgabenstellung findet sich häufig, wenn mit einer Strategie eine bestimmte möglichst große Hauptwirkung angesteuert werden soll, ohne daß allzu ungünstige Nebenwirkungen auftreten dürfen. Das Beispiel zeigt gleichzeitig, daß Zielbereichs- und Zieloptimierungspolitik auch gemischt auftreten können. Der Bereich befriedigender Ergebnisse wird nicht immer durch feste Höchst- und/oder Mindestniveaus der Zielvariablen dargestellt werden können, da der Sättigungspunkt eines Zieles auch davon abhängig sein kann, wieweit ein anderes Ziel schon erreicht ist; die z_j sind dann keine festen Größen mehr, sondern variieren mit dem Niveau der Zielvariablen selbst, z. B. $z_1 = f(z_2, z_3, \ldots, z_m)$. Die Zielbereichspolitik verliert dann manche Vorteile der Vereinfachung und muß die prinzipielle Interdependenz aller Einzelwertungen eines Handlungssubjekts berücksichtigen – ein Problem, welches vor allem bei der Optimierungspolitik auftritt und dort näher zu behandeln sein wird.

Ein Sonderfall der Zielbereichspolitik liegt dann vor, wenn der Bereich befriedigender Zielkombinationen nur aus einem einzigen Ergebnis Z besteht: sogenannte *Fix*zielpolitik. Dieser Grenzfall ist deshalb von Bedeutung, weil er keine weiteren Bewertungsprobleme stellt, weil oft Aufgaben des Politikers an den wissenschaftlichen Berater in Form der Vorgabe von Fixzielen gestellt werden, und schließlich, weil er keine erschöpfende Analyse der Handlungsmöglichkeiten verlangt, sondern nur die Suche nach einem Punkt im Aktionsraum, welcher dem vorgegebenen Z entspricht, ein Prozeß, der eventuell nur ein Rechenvorgang ist. Es handelt sich sozusagen um einen Grenzfall reiner Technologie (vgl. unten Abschn. 3).

2.2 Vollständige Bewertung und Optimierung

Im Gegensatz zur Zielbereichspolitik verlangt die Optimierungspolitik nicht nur eine Ja-Nein-Klassifikation der möglichen Ergebnisse von Aktionen, sondern eine Ordnung der Ergebnisse nach ihrer Erwünschtheit. Über die Menge aller Ergebnisse muß dann eine Ordnungsrelation

›r‹ definiert sein, die für je zwei Ergebnisse Z_1 und Z_2 angibt, ob Z_1 r Z_2, und/oder Z_2 r Z_1. Drücken wir durch die Relation ›r‹ die Beziehung ›erwünschter als oder gleichermaßen erwünscht‹ aus, so sind folgende Fälle denkbar: 1) Z_1 r Z_2, aber nicht Z_2 r Z_1. Das bedeutet, daß Z_1 gegenüber Z_2 vorgezogen wird, eine Relation, die als Präferenzrelation ›p‹ bezeichnet wird.
2) Z_2 r Z_1, aber nicht Z_1 r Z_2, was entsprechend bedeutet: Z_2 p Z_1.
3) Z_1 r Z_2 und gleichzeitig Z_2 r Z_1. Es besteht dann zwischen Z_1 und Z_2 die Relation ›i‹ der Gleichwertigkeit, der Indifferenz: Z_1 i Z_2.

Die Relationen p und i haben folgende Eigenschaften: die Präferenzrelation ist asymmetrisch: (wenn Z_1 p Z_2, dann nicht Z_2 p Z_1) und irreflexiv (es gilt nie: Z_1 p Z_1), während die Indifferenzrelation symmetrisch und reflexiv ist. Die mit ihrer Hilfe erzielte Ordnung der Punkte des Ergebnisraumes muß konsistent sein: wenn Z_1 p Z_2, dann nicht Z_2 p Z_1 oder Z_1 i Z_2; wenn Z_1 i Z_2, dann Z_2 i Z_1, aber nie Z_1 p Z_2 oder Z_2 p Z_1. Sie muß ferner transitiv sein: wenn Z_1 p Z_2 und Z_2 p Z_3, dann auch Z_1 p Z_3; wenn Z_1 i Z_2 und Z_2 i Z_3, dann auch Z_1 i Z_3. Konsistenz und Transitivität sichern die Widerspruchslosigkeit der Bewertung von Ergebnissen und erscheinen daher als durchaus vernunftsgemäße Postulate. Sie sind jedoch psychologisch schwer praktikabel, da schon die Existenz eines Ergebnisraumes bedeutet, daß die Ergebnisse anhand einer Vielzahl von heterogenen Wertdimensionen beurteilt werden müssen. Die Postulate setzen auch ein starkes Diskriminierungsvermögen der Bewertungsinstanz voraus; dieses kann etwa in der Weise fehlen, daß in einer Kette von zu vergleichenden Ergebnissen sich die einzelnen Z nur wenig voneinander unterscheiden und dadurch indifferent erscheinen, während der Wertunterschied zwischen dem ersten und dem letzten Glied der Kette sich dann doch als recht groß erweist. Aus diesem Grunde kann man auch mit abgeschwächten Forderungen an die Widerspruchsfreiheit der Bewertungen arbeiten, beispielsweise mit einer Art von nur stochastischer Transitivität: Ist die Wahrscheinlichkeit, daß Z_1 gegenüber Z_2 vorgezogen wird, größer als 0,5 und gilt das gleiche für Z_2 p Z_3, so wird auch Z_1 mit mehr als 50-prozentiger Wahrscheinlichkeit gegenüber Z_3 vorgezogen. Überlegungen dieser Art sind bei deskriptiver Anwendung in Form einer Psychologie der Wahlhandlungen unentbehrlich, während ihr Wert für eine normative Strategielehre fragwürdig erscheint.

Neben Konsistenz und Transitivität der Bewertungen ist auch noch Vollständigkeit erforderlich: Für *jedes* Paar von Punkten des Ergebnisraumes muß angegeben werden können, ob zwischen ihnen die Relation p oder die Relation i besteht. Eine Ordnung der möglichen Ergebnisse Z, welche unvollständig bleibt, ist etwa die sogenannte natürliche Ordnung, welche sich aus der Existenz der Zielmaßstäbe z_j ergibt: ist ein Punkt Z_1 nach mindestens einem Maßstab besser als ein anderer Punkt Z_2 und ist er gleichzeitig nach keinem der übrigen Maßstäbe schlechter als Z_2, so gilt Z_1 p Z_2. Eine solche natürliche Ordnung vermag zwar viele Ergebnisse als ›schlechter als eines der übrigen Ergebnisse‹ einzustufen, hebt damit aber nur eine noch große Menge von sogenannten pareto-optimalen Ergebnissen aus den übrigen heraus, ohne daß diese ›Optima‹ untereinander vergleichbar wären. Um Vollständigkeit eindeutig zu definieren, muß angegeben werden, wie groß denn der Ergebnisraum ist, über den sich die Ordnung erstrecken soll. Zur Bestimmung des besten erreichbaren Ergebnisses genügt es offenbar, wenn man alle in einer bestimmten Handlungssituation *erzielbaren* Ergebnisse in eine Bewertungsreihenfolge bringen kann. Der zu ordnende Ergebnisraum kann aber auch größer sein und alle in einem bestimmten *Typ* von Situation überhaupt *denk*baren Ergebnisse umfassen; ändert sich dann die Situation und treten dadurch bisher nicht realisierbare Ergebnisse in den Gesichtskreis des Handelnden, so bereitet ihre Einstufung keine Schwierigkeiten, da die Ordnungsrelationen sie bereits vorher erfaßten. Es ist dann möglich, richtige Aktionen auch für Situationen des gleichen Typs im voraus zu bestimmen, ja zu kalkulieren, z. B. jemanden im voraus Bewertungsregeln mitzugeben, nach denen er im Auftrage der Bewertungsinstanz bei späteren analogen Fällen vorzugehen hat.

Wiederum gilt psychologisch oft ein Gegenteiliges, daß nämlich die bewertende Instanz nur solche Ergebnisse sicher einzustufen vermag, mit denen sie schon in der Vergangenheit Erfahrung hatte. Das liegt daran, daß die Bewertungsmaßstäbe z_j ja keine letzten Wertungen sein können, sondern oft instrumentellen Charakter für die Ansteuerung wiederum anderer Ziele besitzen. Man denke an den Konsumenten, der verschiedene Warenkörbe Z nach den in ihnen enthaltenen Gütermengen z_j bewertet, die konsumtechnologische Eignung eines Warenkorbes für seinen Haushalt jedoch genauer nur für diejenigen Warenkombinationen kennt, die er bereits früher konsumiert hatte – also nicht einmal alle diejenigen Warenkombinationen einzustufen vermag, die er in früheren Situationen hätte kaufen *können*. Bei unvollständiger Bewertung liegt also oft Ungewißheit über die Konsequenzen vor, die ein erzieltes Ergebnis in weiteren Lebensbereichen mit sich bringt; das Handlungsproblem wäre durch (sequentielle) Einbeziehung der ungewissen ›Ergebnisse von Ergebnissen‹ zu erweitern, um die nötige Vollständigkeit in der Bewertung der Ergebnisse zu erreichen. Ginge es nur um die Deskription eines tatsächlichen Verhaltens und nicht um Hilfe zu rationaler Wahl, so würde man das Postulat der Vollständigkeit der Bewertung durch Hypothesen zu ersetzen haben, welche den Verhaltensbeobachtungen besser entsprechen, z. B. bei neu auftauchenden Alternativen eine besondere Präferenz für diejenigen, die sich nur in wenigen Merkmalen z_j oder bei jedem z_j nur in geringem Ausmaß vom bisher Gewohnten unterscheiden.

Die Ordnung des Ergebnisraumes durch die Bewertungsrelationen p und i führt unter bestimmten Bedingungen im Gegensatz zur Zielbereichspolitik zur Bestimmung eines eindeutig optimalen Ergebnisses. Wie leicht einzusehen, ist das dann der Fall, wenn nur die Relation der Präferenz zugelassen ist. Dann entsteht eine sogenannte *starke* Ordnung, in welcher alle erzielbaren Ergebnisse nach dem Grade ihrer Erwünschtheit hintereinander gestaffelt werden können, da es kein indifferentes Nebeneinander von Ergebnissen in der Wertreihenfolge geben kann. Ein konsistentes *Verhalten* bei Wahlakten ergibt beispielsweise eine starke Ordnung, auch wenn in den zugrundeliegenden *Wertungen* vielleicht Indifferenz bestand, denn bei zwei gleichwertigen Ergebnissen muß sich selbst Buridans Esel schließlich verhaltensmäßig für eines davon entscheiden. Das bekannteste Reihungsprinzip, das eine starke Ordnung der aufzureihenden Elemente ergibt, ist die lexikographische Ordnung, wie wir sie in Lexika und Karteien benutzen: hier sind die Maßstäbe selbst einer Wichtigkeitsreihenfolge $z_1, z_2, \ldots, z_m$ unterworfen. Die Ergebnisse werden zuerst nach Maßstab z_1 geordnet; sind zwei Ergebnisse nach z_1 gleichwertig, so wird zwischen ihnen nach z_2 unterschieden, dann nach z_3 u. s. f. Dies Prinzip ist überall da von Bedeutung, wo es über- und untergeordnete Beurteilungsgesichtspunkte gibt.

Eine mögliche Gleichwertigkeit von zwei beliebigen Ergebnissen nicht zuzulassen, stellt jedoch eine sehr strenge Anforderung an die Bewertungsfähigkeit dar. Mildert man diese durch Zulassung der Indifferenzrelation i ab, so gibt es möglicherweise kein eindeutig optimales Ergebnis mehr, sondern eine Klasse von unter sich indifferenten Optimalergebnissen. Graphisch kann man sich solche Klassen gleichwertiger Punkte des Ergebnisraumes als Indifferenzhyperebenen bestimmter Eigenschaften vorstellen: 1. Ist ein Z_1 nach einem der Maßstäbe z_j besser als ein Z_2 und nach keinem der übrigen Maßstäbe schlechter, so liegt es auf einer Indifferenzhyperebene, deren Punkte denjenigen auf der zu Z_2 gehörenden Hyperebene vorgezogen werden. Diese Hyperebene liegt vom Nullpunkt des Ergebnisraumes weiter entfernt als die von Z_2. 2. Die Indifferenzhyperebenen können sich nicht schneiden, da sonst ein Widerspruch entstehen würde: Z_1 p Z_2, Z_2 i Z_3, Z_3 i Z_1. Der ganze Ergebnisraum ist also von vielen nicht schneidenden Indifferenzhyperebenen durchzogen. 3. Die Menge der in einer Situation erzielbaren Ergebnisse ist von der der nicht realisierbaren durch eine Grenze getrennt, welche gleichfalls eine Hyperebene im Ergebnisraum bildet. Ist nun diese Grenzhyperebene der erzielbaren Ergebnisse zum Ursprung der Koordinaten z_j konkav und sind gleichzeitig die Indifferenzhyperebenen zum Koordinatenursprung konvex gekrümmt, so gibt es auch bei Zulassung von Indifferenz nur ein optimales Ergebnis: den Tangentialpunkt von der Grenze der erzielbaren Ergebnisse und einer am weitesten vom Nullpunkt entfernt liegenden Indifferenzhyperebene. Bei vielen Handlungsproblemen hat die Menge der erzielbaren Ergebnisse tatsächlich gewisse Konvexitätseigenschaften (sie ist in unserer vereinfachten Darstellung konkav zum Koordinatenursprung). Auch ist es oft mit den Wertungen eines Handlungssubjektes durchaus vereinbar, eine gewisse Konvexität der Indifferenzhyperebenen zu fordern. Dazu muß das Verhältnis von zwei Zielmaßstäben z_1 und z_2 bei konstanten Niveaus für $z_3, z_4, \ldots, z_m$ nur wie folgt aussehen: senkt man z_1 nach und nach um bestimmte gleichbleibende Beträge, so kann dieser Verlust nur ausgeglichen werden durch eine Erhöhung von z_2 um immer stärker zunehmende Beträge, damit das Gesamtergebnis noch gleich hoch bewertet bleibt. Beispiel für diese Anforderung an die Wertungen des Trägers der Politik: Der internationale good will einer Nation, gemessen an einem entsprechenden Index z_1, sinke mehrmals um jeweils einen Indexpunkt; das wird nur dann nicht als Verschlechterung der außenpolitischen Situation der Nation angesehen werden, wenn zum Ausgleich der Index z_2 ihrer machtmäßigen Überlegenheit zunehmende Zuwächse aufweist. Unter solchen Konvexitätsbedingungen kann also auch eine *schwache* Präferenzordnung mit den Relationen p *und* i zu einer eindeutigen Bestlösung führen.

2.3 Bildung von Nutzenmaßen

Präferenzordnungen lassen sich abbilden durch einen Bewertungsindex, indem man den Ergebnissen Z je nach ihrer Stellung in der Präferenzordnung eine reelle Zahl auf einer Zahlengeraden zuordnet. Ein solcher Bewertungsindex wird Nutzenindex genannt, da er sich ursprünglich aus der hedonistischen, später utilitaristischen Vorstellung vom Streben der Individuen nach maximalem Nutzen herleitet. Da die Höhe des Nutzens N(Z) eines Ergebnisses Z abhängt von den Werten der Zielvariablen z_j, welche das Ergebnis beschreiben, ist die Höhe des

Nutzenindex eine Funktion der Werte der Zielvariablen: N (Z) = N (z_1, z_2, . . ., z_m). Eine solche Nutzenfunktion läßt sich für die meisten Präferenzordnungen aufstellen – mit gewissen Ausnahmen, zu denen u. a. die lexikographische Ordnung gehört. Die Abbildung einer Präferenzordnung durch einen Nutzenindex muß dabei – am Beispiel der schwachen Ordnung demonstriert – nur folgenden Bedingungen genügen:

wenn Z_1 p Z_2, dann N (Z_1) > N (Z_2),
wenn Z_1 i Z_2, dann N (Z_1) = N (Z_2).

Genügt ein Nutzenindex diesen Anforderungen, so gilt das auch für einen beliebigen anderen Nutzenindex, der eine monoton steigende Funktion des erstgenannten Index ist: Die Bewertungsskala ist beliebig monoton transformierbar und wird dann eine *ordinale* Skala genannt, da ihre Zahlen nur die *Ordnung* im Sinne von Reihenfolge der zu messenden Elemente angeben, beispielsweise unterschiedliche Windstärken nach der Beaufort-Skala. Als Konvention kann man auch die nur *nominale* Einteilung der Ergebnisse nach befriedigend-unbefriedigend (oder nach noch mehr als nur zwei Stufen) auf einer Skala abbilden, etwa indem man den unbefriedigenden Ergebnissen die Zahl 0, den befriedigenden eine beliebige, aber für alle Ergebnisse gleiche positive Zahl zuordnet. Bei Vorliegen einer Nutzenfunktion drückt sich die Aufgabe der Suche nach einer Bestlösung aus als das Kalkül der Maximierung des benutzten Nutzenindex. Das umfaßt dann auch die Zielbereichspolitik, in welcher einfach ein Ergebnis mit positivem Nutzen, oder mit einem bestimmten Nutzenniveau, gesucht werden soll. Für viele Bewertungsprobleme sind nun Skalen erforderlich, welche an das Unterscheidungsvermögen der Bewertungsinstanz noch höhere Anforderungen stellen als eine ordinale Skala; diese besagt ja nur, daß zwischen einem höher und einem niedriger eingestuften Ergebnis ein Nutzenunterschied besteht, sie legt aber die *Größe* dieses Nutzenunterschiedes nicht fest, sagt also nichts über die *Stärke* der Präferenz. Sobald nun aber ein Subjekt auch Angaben darüber machen kann, ob es den Unterschied zwischen Z_1 und Z_2 als stärker oder schwächer (oder auch gleich stark) empfindet als den Unterschied zwischen Z_3 und Z_4, gelangt man zu einer *kardinalen* Nutzenskala mit Informationen etwa folgender Art: $N(Z_1) - N(Z_2) = N(Z_3) - N(Z_4)$. Damit ist das *Verhältnis* von Nutzendifferenzen festgelegt; im Beispiel nimmt es den Wert 1 an, es könnte aber auch das Subjekt beispielsweise sagen, daß es den einen Nutzenunterschied als dreimal so stark empfindet wie den anderen. Spiegelt ein Nutzenindex N′ solche Verhältnisse von Differenzen richtig wieder, so wird eine *Funktion* $N''(N')$ dieses Index nur dann den gleichen Dienst leisten, wenn sie folgende Form hat: $N'' = a + b\,N'$, wobei a und b = beliebige Konstanten. Ein kardinaler Nutzenindex ist also nicht mehr beliebig positiv transformierbar, sondern nur noch *linear* transformierbar. Man kann von ihm einen neuen Index ableiten, indem man eine Größe a addiert und so den Nullpunkt der Skala verschiebt oder indem man alle Intervalle der Skala mit dem gleichen Faktor b multipliziert. Auf diese Weise gelangt man z. B. von der Réaumur-Skala zur Fahrenheit-Skala, welche beide kardinale Temperaturskalen sind. Erst bei einer solchen Skala kann von einer Messung der Ergebniswerte im engeren Sinne die Rede sein, da man mit einer solchen Skala die meisten üblichen Rechenoperationen durchführen kann.

Für manche Zwecke ist jedoch eine noch weitere Einengung der Klasse der zulässigen Nutzenindizes erforderlich: kann der Nullpunkt der Skala nicht verändert werden, ist also $a = 0$, so können nur noch die Intervalle der Skala mit einem beliebigen Faktor b multipliziert werden. Damit ist nicht nur – wie bisher – das Verhältnis von Nutzenintervallen fixiert (*Intervall*-Skala), sondern das Verhältnis von Nutzengrößen selbst (*Verhältnis*-Skala), z. B. $N(Z_1)/N(Z_2) = 3$. Nullpunkte mögen natürliche absolute Nullpunkte sein, wie das absolute Temperaturminimum, oder soziale bzw. konventionelle Nullpunkte, z. B. mag man dem Nutzen des status quo ante bei Verhandlungen den Wert Null beilegen und von da aus die erzielbaren Ergebnisse für die beiden Verhandlungspartner messen. Logischerweise muß sich dann noch eine letzte Skalierungsmöglichkeit ergeben, bei welcher die Intervalle nicht mehr transformiert werden können und nur der Nullpunkt verschieblich ist: a = beliebig, $b = 1$. Damit sind Nutzendifferenzen, z. B. $N(Z_1)-N(Z_2) = 5$ festgelegt (*Differenz*-Skala), die Maßeinheit der Skala darf nicht mehr geändert werden. Kombiniert man die Anforderungen der Verhältnisskala mit denen der Differenzskala, also $a = 0$, $b = 1$, so ist die Skala vollkommen fixiert. Eine solche Festlegung ist immer rein konventionell, da man bei empirischen Messungen, etwa der Experimentalpsychologie, nie über die Intervall- oder Verhältnisskala hinausgelangen kann und daher auch Bewertungsakte von Handlungssubjekten nur höchstens bis zu diesem Grade präzisieren kann. Insgesamt ergeben sich also folgende logische Möglichkeiten von Bewertungsskalen:

Bezeichnung	Informationsgehalt	Zulässige Transformation
A. Nominal-Skala	Einordnung der Ergebnisse in Nutzenklassen	
B. Ordinal-Skala	Reihung der Ergebnisse nach Nutzengröße	monoton
C. Kardinal-Skalen	Reihung von Ergebnispaaren nach Nutzendifferenzen	
1. Intervall-Skala	Fixierung des Verhältnisses von Nutzendifferenzen	linear, Nullpunkt und Intervall der Skala beliebig
2. Verhältnis-Skala	Fixierung des Verhältnisses von Nutzengrößen	multiplikativ, Nullpunkt fest, Intervall beliebig
3. Differenz-Skala	Fixierung der Differenzen der Nutzengrößen	additiv, Nullpunkt beliebig, Intervall fest
4. Konventions-Skala	Fixierung der Nutzengrößen selbst	keine Transformation mehr möglich

Ist eine Bewertung durch eine Nutzenfunktion erfolgt, so brauchen die Ergebnisse Z, wie sie in der Ergebnismatrix auf S. 158 auftauchen, nicht mehr umständlich durch ihre vielen Merkmale z_j beschrieben zu werden. Sie werden nur noch durch ihre Nutzengrößen repräsentiert, da es für die Auswahl der richtigen Aktion ja nur auf diesen Gesamtausdruck für den Wert eines Ergebnisses ankommt. In den Zellen der Matrix stehen dann nur reelle Zahlen, welche je nach der benutzten Nutzenskalierung eindeutig bis auf die genannten zulässigen Transformationen sind. Mit Hilfe des Nutzenindex kann man sich auch das Wertverhältnis zwischen den Zielvariablen z_j leicht veranschaulichen: zwei Zielvariable z_1 und z_2 können sich zueinander im Hinblick auf den durch sie bewirkten Nutzen *substitutiv* verhalten, wenn bei Verminderung von z_1 der Nutzen konstant gehalten werden kann durch Vermehrung von z_2, wobei diese Veränderungen von einem bestimmten Punkt des Ergebnisraumes aus gemessen sind; denn das Verhältnis zweier Zielvariabler ist in der Regel weder seiner Art noch seinem Ausmaße nach über den ganzen Ergebnisraum gleich. Das Ausmaß der Substitutivität wird angegeben durch die nötige Vergrößerung von z_2, welche bei Verminderung von z_1 um eine Einheit zur Konstanthaltung des Nutzenniveaus erforderlich ist: $-\frac{dz_2}{dz_1}$, die Grenzrate der Substitution von z_1 durch z_2. Wird dieser Koeffizient unendlich groß, so verhalten sich z_1 und z_2 *limitational* zueinander. Die Vergrößerung des einen ist nichts wert ohne gleichzeitige Vergrößerung des anderen Zielmaßstabes bzw. bei gegebenem Niveau des einen Zieles ist bei dem anderen Ziel eine Sättigung eingetreten, die erst wieder aufgehoben wird, wenn auch bei dem erstgenannten Ziel ein Mehr erreicht ist. Beispiel: $N = a\, z_1 = b\, z_2$; $z_1/z_2 = b/a$. Solche relativen Sättigungen kennen wir aus den geäußerten Wertungen politischer Subjekte, wenn bei ihnen der Wunsch auftaucht, nun auf dem Gebiet z_1 mehr zu tun, da auf dem Gebiet z_2 schon relativ viel erreicht sei. Wird die Grenzrate der Substitution gleich Null, so liegt Sättigung von z_1 statt von z_2 vor; wird der Koeffizient positiv, so hebt selbst eine Verbesserung bei beiden Zielen das Nutzenniveau nicht mehr an, ein Handeln in dieser Richtung ist nicht mehr sinnvoll.

Für viele Überlegungen und Kalküle stellt es eine wichtige Erleichterung dar, wenn sich beide Ziele *unabhängig* zueinander verhalten: das eine z_1 hat je nach seinem Niveau einen Nutzwert $N_1(z_1)$, welcher unabhängig davon ist, welches Niveau bei dem anderen Ziel z_2 erreicht ist. Das bedeutet, daß für jede Zielvariable eine Teilnutzenfunktion besteht, so daß die Gesamtnutzenfunktion dann etwa wie folgt aussieht: $N = N_1(z_1) + N_2(z_2) + \ldots + N_m(z_m)$. (Eine solche additive Nutzenfunktion beinhaltet übrigens auch einen kardinalen Nutzenindex.) Sind auch noch die Teilnutzenfunktionen homogen und linear, also z. B. $N = a\, z_1 + b\, z_2$, so ist der Gesamtnutzen ein gewogenes arithmetisches Mittel aus den Zielvariablen; eine Einheit von z_1 trägt zum Gesamtnutzen immer a Einheiten bei, eine Einheit z_2 dagegen b Einheiten, z_1 und z_2 können sich stets im Verhältnis a/b ersetzen und so mit festen ›Äquivalenzziffern‹ ineinander umgerechnet werden. Solche einfachen Nutzenfunktionen treten zumeist dann auf, wenn die Zielvariablen bloße Unterziele sind, welche zu dem eigentlichen Ziel N in einem logischen oder technologischen Zusammenhang stehen; man spricht dann von Zielfunktionen, z. B. N = Umsatz einer Unternehmung, a = Preis des Produktes 1, z_1 = Absatzmenge des Produktes 1, b = Preis des Produktes 2, z_2 = Absatzmenge des Produktes 2.

Unabhängigkeit in der Wertung von zwei Zielvariablen ist auch dann von Bedeutung, wenn die eine einen Erfolg in einer ersten Periode, die andere einen Erfolg in einer späteren Periode mißt. Soll beispielsweise eine Planung des Wachstums des privaten Konsums eines Landes durchgeführt werden, so müssen alternative Kombinationen aus z_1 = Konsumhöhe im nächsten Jahr, z_2 = Konsumhöhe im übernächsten Jahr usw. miteinander verglichen werden. Das ist wesentlich leichter durchführbar, wenn die Nutzen der Zielgrößen der verschiedenen Jahre, vom Standpunkt des Planungszeitpunktes aus bewertet, nicht miteinander zusammenhängen, und noch leichter, wenn die Zielgrößen Gewichte haben, welche zueinander in einem festen Verhältnis stehen. Das ist in der Tat der Fall bei der in zeitlichen Planungen vielfach angewandten Diskontierungsmethode, nach welcher

$$N = \frac{z_1}{(1+r)} + \frac{z_2}{(1+r)^2} + \ldots + \frac{z_m}{(1+r)^m},$$

wobei r = zur Diskontierung benutzter Zinssatz, welcher die ›gesellschaftliche Zeitpräferenz‹ zum Ausdruck bringen soll. Diese Methode findet u. a. Anwendung in der Nutzen-Kostenanalyse[13] öffentlicher Großprojekte. Bei solchen Projekten fallen gesellschaftliche Vorteile (oft nur meßbar in verschiedenen Dimensionen, möglichst aber auf Sozialproduktsvergrößerungen zurückgeführt) zu verschiedenen zukünftigen Zeitpunkten an, ebenso aber ›Kosten‹ im Sinne von negativen Nutzengrößen. Das Verhältnis von Nutzen und Kosten, die ›Wirtschaftlichkeit‹ des Projektes oder des Programms von Projekten, ist dabei nur unter vielen Unabhängigkeitsannahmen hinsichtlich der Bewertung einzelner Komponenten der Rechnung festzustellen.

Ein Gegenfall zur Unabhängigkeit wäre die *Komplementarität* von Zielen; sie läge dann vor, wenn in unserem Beispiel $N = a\,z_1 + b\,z_2$ der Koeffizient a eine steigende Funktion von z_2 wäre, wenn also die Bedeutung von z_1 wächst, sobald bei z_2 ein höheres Niveau erreicht wird. Bei der lexikographischen Ordnung ist die Beziehung die der *Supplementarität,* bei welcher ein Nutzenzuwachs durch Vergrößerung von z_2 nur dann erreicht wird, wenn z_1 unverändert geblieben ist (was sich aber durch eine Nutzenfunktion nicht darstellen läßt).

Diese Logik der Bewertungsvorgänge ist ursprünglich innerhalb der ökonomischen Theorie entwickelt worden, sie ist jedoch von ökonomischen Gehalten unabhängig und sollte daher als formale Wertlehre aufgefaßt werden, welche einen Teil der Logik des rationalen Handelns bildet, ebenso wie die Logik schlechthin die formalen Eigenschaften rationalen Denkens behandelt.[14] Zu rationalem Handeln gehört aber nicht nur eine widerspruchsfreie und vollständige Bewertung möglicher Handlungs-Ergebnisse, sondern auch die richtige Verknüpfung von Aktion und Ergebnis, also die technologische Information über die möglichen Folgen alternativer Aktionen.

3.1 Bedeutung und Struktur von Modellen

Ist die Abbildung der Punkte des Aktionsraumes auf diejenigen des Ergebnisraumes vollzogen, so ist mit der Entscheidung für ein optimales oder befriedigendes Ergebnis auch schon die für die das Ergebnis bewirkenden Aktionen gefallen. Die einfachste Art der Abbildung ist die Identität der Aktionsparameter x_i und der Zielvariablen z_j; die Handlungsparameter haben hier Eigenwert, es gibt keine eigentliche Handlungstechnologie, beispielsweise weil diese zu komplex wäre oder weil noch keine Ansätze der empirischen Wissenschaften für das vorliegende Handlungsproblem existieren. Budget-Entscheidungen der privaten und öffentlichen Haushalte konnten entscheidungslogisch lange Zeit nur auf diese Weise dargestellt werden. Eine gegebene Ausgabensumme y^* sei beispielsweise auf verschiedene Ausgabenkategorien z_j zu verteilen; die Aktionsparameter sind dann die Ausgabensummen für die verschiedenen Zwecke, sie sind mit den z_j identisch. Die Menge der möglichen Aktionen bzw. Ergebnisse ist durch die Bedingung

$y^* = \sum_{j=1}^{m} z_j = \sum_{i=1}^{n} x_i$, $n = m$, definiert. Man erhält genauere Informationen, wenn man das reale Gerüst der Waren und Leistungen zugrundelegt, für deren Erwerb die Ausgaben getätigt werden. Aktionsparameter und zugleich Zielvariable sind dann die Einkaufsmengen, aus welchen sich durch Multiplikation mit den als Problemdaten gegebenen Einstandspreisen y_i die Höhe der verschiedenen Ausgabenarten ergeben. Die Menge der möglichen Aktionen ist dann definiert durch $y^* = \sum_{i=1}^{n} y_i x_i$, eventuell auch in Form einer Ungleichung, wenn die Summe y^* unterschritten werden darf. Es wird dabei eine ordinale Nutzenfunktion $N = N(x_1, x_2, \ldots, x_n)$ unterstellt, welche demnach unter der angegebenen Nebenbedingung zu maximieren ist. Die Informationen über die Handlungssituation beschränken sich hier auf die Daten y^* und y_i; ist dann noch die Nutzenfunktion spezifiziert, so ist der Rest ein rein logisches Kalkül. Erst wenn die Eignung der Einkaufsmengen für die verschiedenen Zwecke der einkaufenden Organisation spezifiziert wird, also eigentliche Sachprogramme aufgestellt werden, die ihrerseits optimal zu gestalten sind, sind Handlungsparameter und Zielvariable getrennt, und Entscheidungshilfe durch technologische Informationen wird möglich und erforderlich. Für den Staatshaushalt leisten dies die in jüngster Zeit entwickelten Methoden der *Planung-Programmierung-Budgetierung,* welche die Ausgaben aus Sachprogrammen ableiten und diese wiederum zu übergeordneten Zielen in Beziehung setzen.[15] Solange keine solche Handlungstechnologie einbezogen wird, bleibt jedoch die Theorie der rationalen Wahl von Aktionen eine bloße Kalkülhilfe.

Handlungstechnologie setzt ein erprobtes erfahrungswissenschaftliches Modell voraus, welches die Beziehungen zwischen Aktionsparametern, Umweltvariablen und Zielvariablen spezifiziert. Eine Vorstufe dazu bildet das *Kalkülmodell,* welches nur angibt, mit Hilfe welcher Begriffe und Beziehungen ein Problem gelöst werden kann. Sind die Ziele oder eine Zielfunktion sowie die Aktionsparameter bekannt, so kann aus diesen Angaben und denen des Kalkülmodells ein *Entscheidungskalkül* konstruiert werden, welches Lösungsmöglichkeiten für verschiedene Situationen zu liefern vermag. Die Leitung eines nationalisierten Industriezweiges habe z. B. das Ziel, einen bestimmten Mindestgewinn für den Fiskus zu erwirtschaften und zugleich ihre Abnehmer zu einheitlichem Preis möglichst weitgehend zu versorgen; als Aktionsparameter kann sie den Produktpreis oder die Produktmenge benutzen. Ihr Kalkülmodell müßte enthalten: eine Preis-Absatz-Funktion, welche angibt, welche Mengen die Abnehmer bei alternativen Preisen zu kaufen bereit sind, und eine Kostenfunktion, welche angibt, zu welchen geringstmöglichen Kosten der Industriezweig alternative Mengen zu erzeugen vermag. Das Entscheidungskalkül gibt dann an, wie man die Absatzmenge unter Einhaltung des Mindestgewinns maximieren kann. Das Kalkül wird dann konkret anwendbar, wenn das Kalkülmodell in ein echtes *Entscheidungsmodell,* welches empirisch gültige Beziehungen fixiert, transformiert wird, wenn also im genannten Beispiel die in einer konkreten Situation gültige Form der Preis-Absatz-Funktion und der Kostenfunktion ermittelt wird. Im Beispiel wären dazu Gesetzmäßigkeiten im Verhalten der potentiellen Abnehmer und der Zulieferer von Kostengütern sowie in der Produktionstechnik der angeschlossenen Betriebe erforderlich. Ein Entscheidungsmodell faßt also eine Reihe von problemrelevanten Hypothesen zusammen, welche einzeln oder auch simultan (im Gesamtmodell) an Beobachtungen überprüft worden sind. Diese Hypothesen mögen unterschiedlichen wissenschaftlichen Disziplinen entstammen oder aus unterschiedlichen übergeordneten Theorien abgeleitet sein. Für die Zwecke praktischer Entscheidungen braucht es sich nicht um universell gültige empirische Aussagen zu handeln, sondern nur um Quasigestze,[16] welche für den Zeitraum des Entscheidungszusammenhanges Geltung beanspruchen können. Solange allerdings für solche ad hoc als gültig unterstellten Zusammenhänge nicht bekannt ist, unter welchen Bedingungen sie gelten, solange sie also nicht auf universellere Aussagen reduziert werden können, bilden sie nur eine unsichere Entscheidungsgrundlage; denn diese Grundlage verschiebt sich unter dem Einfluß unbekannter und nicht berücksichtigter Faktoren.

Die Bewährung der Hypothesen bzw. des aus ihnen zusammengestellten Modells besteht darin, daß mit ihrer Hilfe bedingte Prognosen gemacht und diese mit Beobachtungen konfrontiert werden: Haben die Zielvariablen und die intervenierenden Variablen tatsächlich die bei gegebenen Umweltvariablen und Aktionsparametern prognostizierten Werte angenommen oder nicht? Im Grunde genommen wird damit nur explizit gemacht, was in der Praxis bei überlegten Entscheidungen implizit geschieht: die Entwicklung einer realitätsadäquaten Vorstellung von den Möglichkeiten eines Handlungssubjekts, seine Umwelt zu beeinflussen. Ein Entscheidungsmodell mit vereinfachten linearen Beziehungen für Zwecke einer *›quantitativen Politik‹* (mit quantitativ dosierbaren Zielen und Aktionsparametern) besteht z. B. aus Gleichungen des oben S. 154 ff. wiedergegebenen Typs. Ein solches System von Gleichungen läßt sich in Matrixform wie folgt schreiben:

$$Au + Bz + Cx = y,$$

wobei A, B und C die entsprechenden Koeffizientenmatrizen sind und u, z, x, y die Vektoren der intervenierenden Variablen, der Zielvariablen, der Aktionsparameter und der Umweltvariablen. Soll mit seiner Hilfe ein Entscheidungskalkül durchgeführt werden, so bedarf es einer Annahme über die Zielformulierung. Am einfachsten wäre hier eine Fixzielpolitik, welche festgelegte Werte der Zielvariablen anstrebt. Die Werte der Zielvariablen sind dann ebenso fixiert wie die der Umweltvariablen (und der Koeffizienten). Die Unbekannten des Systems sind die Werte der intervenierenden Variablen u_l und die gesuchten zieladäquaten Werte der Instrumentvariablen x_i. Diese Unbekannten lassen sich ermitteln, wenn u. a. die Zahl der Gleichungen gleich der der Unbekannten ist. Die Umweltvariablen y_k sind in jeder Gleichung zu einem Wert, also zu einer Umweltgröße summiert. Also muß die Anzahl p dieser Umweltgrößen gleich der Anzahl $n + q$ der Unbekannten sein (zur Notation vgl. S. 154 ff.). In einem theoretisch determinierten und prognostisch bewährten Modell muß aber auch $p = m + q$ sein; andernfalls hätten sich aus gegebenen y- und x-Werten in den Modellprüfungen nicht die z-Werte vorhersagen lassen. Also muß auch gelten: $n = m$, d. h. die Anzahl der Ziele muß gleich der der Aktionsparameter sein, damit sich der vorgegebene Zielkomplex erreichen läßt. Das ist nicht nur eine Anforderung an das Entscheidungsmodell, sondern eventuell auch an den institutionellen Rahmen, der einer Entscheidungsinstanz ein bestimmtes Instrumentarium zuweist, welches zur Erreichung der ihr auferlegten Ziele ausreichend sein muß, also selbst wieder ein politisches Gestaltungsproblem.

3.2 Kalkülverfahren

Aus dem Entscheidungsmodell, welches in dieser Form von Jan Tinbergen für die Wirtschaftspolitik vorgeschlagen wurde,[17] lassen sich die intervenierenden Variablen noch eliminieren, so daß nur noch ein Zusammenhang zwischen Aktionsparametern x, Zielvariablen z und Umweltgrößen übrigbleibt, beschrieben durch ein System von $m = n$ Gleichungen; in Matrixform und aufgelöst nach den Aktionsparametern:

$$x^0 = E\, z^0 + F\, y,$$

wobei E und F Koeffizientenmatrizen sind, deren Koeffizienten aus denen des ursprünglichen Gleichungssystems abgeleitet sind, während das Superskript o die gewünschten Werte der Ziele und Instrumente bezeichnet. Dieses reduzierte System ist völlig auf den Entscheidungszweck abgestellt und ermöglicht dann für jede Zielsetzung die direkte Errechnung der richtigen Dosierung von Handlungsinstrumenten.

Handelt es sich um eine Zieloptimierungspolitik, so muß zur Durchführung eines Entscheidungskalküls neben dem Modell noch eine Zielfunktion (Nutzenfunktion) vorgegeben sein, welche unter den durch das Modell spezifizierten Bedingungen zu maximieren ist. Bei ›technokratischer‹ Arbeitsteilung ermittelt der Fachmann diese Zielfunktion durch Befragen des ›Auftraggebers‹ und führt dann das Entscheidungskalkül durch – eine Methode, welche in Ansätzen schon in wirtschaftspolitischen Planungsstäben erprobt worden ist.[18] Ein einfacher Fall einer solchen vorgegebenen Nutzenfunktion wäre eine lineare Zielfunktion mit zwei Zielvariablen: $N = a\, z_1 + b\, z_2$. Existieren nun noch vier Aktionsparameter x_{11}, x_{12}, x_{21}, x_{22}, so mag das Modell der Beziehungen zwischen den z- und x-Variablen wieder von linearem Typ sein und (unter Außerachtlassung der y-Variablen und nach Eliminierung der u-Variablen) folgendermaßen aussehen:

$$\alpha_{11}x_{11} + \alpha_{21}x_{21} = z_1$$
$$\alpha_{12}x_{12} + \alpha_{22}x_{22} = z_2$$

$$x_{11} \quad + x_{12} \quad \leqq x^*_1$$

$$x_{21} \quad + x_{22} \quad \leqq x^*_2$$

Es ist dies das Entscheidungskalkül der *linearen Programmierung*, für welches – ebenso wie für andere Kalküle des Operations Research – mathematische Lösungsmethoden entwickelt worden sind. Ebenso existiert ein optimierender Algorithmus – eine Rechenmethode, welche mit Sicherheit in einer endlichen Anzahl von Schritten zu einer Lösung führt – unter gewissen Bedingungen auch für eine quadratische Zielfunktion.

Anhand eines Entscheidungsmodells läßt sich auch leicht prüfen, wie stark sich die Lösung eines Problems verschiebt, wenn sich bestimmte Parameter der Entscheidungssituation (Koeffizienten, Umweltvariable) verändern, wie empfindlich also eine gefundene Lösung in bezug auf Änderungen oder Unsicherheiten ist. Eine solche *Sensitivitätsanalyse* macht also ein Problemdatum zu einem variablen Parameter. Umgekehrt kann man auch einen Parameter zu einem Datum festsetzen, wenn das Problem analytisch nur durch diese Fixierung lösbar wird. Man erhält dann für jeden als denkbar fixierten Parameterwert eine eigene Lösung und wählt erst dann aus der Schar von Lösungen die geeignete bzw. beste aus *(parametrische Programmierung)*.

Je nach Zielformulierung oder Entscheidungsmodell wird man zu verschiedenen Kalkülmethoden im weitesten Sinne greifen müssen, um eine optimale oder befriedigende Lösung zu finden. Das umständlichste Verfahren wäre die kombinatorische Aufzählung aller Alternativen in bestimmter Reihenfolge, zu der man durch Permutation der möglichen Kombinationen der Aktionsparameter gelangt. Das Modell simuliert dann den Ablauf, der aus der Wahl der jeweiligen Werte der Aktionsparameter entsteht, und gibt somit die Ergebnisse jeder Alternative an. Von diesen Ergebnissen ist dann das am höchsten bewertete zu wählen. Diese *enumerative Vorgehensweise* stellt nur dann ein besonderes Entscheidungskalkül dar, wenn man nicht sämtliche Alternativen durchprüfen muß, sondern Methoden benutzen kann, welche schrittweise zu einer stark begrenzten Menge von Alternativen führen, welche garantiert eine befriedigende oder optimale Lösung enthält.[19] Die Praxis benutzt vielfach Suchverfahren, in denen die Reihenfolge, in welcher Alternativen geprüft werden, nicht geregelt ist: So kann man mit beliebigen Alternativen beginnen, bis man – unter Benutzung von Mindestniveaus der Zielvariablen – eine mit befriedigendem Ergebnis gefunden hat; diese Alternative wandelt man dann ab und prüft, ob man dadurch zu einer noch besseren Alternative gelangt usw. Dieses Verfahren *schrittweiser Verbesserung* führt in der Regel nicht zu einem Optimum, ja nicht einmal zu einer ›Endlösung‹, es sei denn, der Suchprozeß werde dann abgebrochen, wenn er eine bestimmte Zeit überschritten hat oder wenn ein vorgegebenes als absolut befriedigend angesehenes Niveau der Zielvariablen erreicht ist (so vielfach bei der Entwicklung von Produkten, Fertigungsverfahren, administrativen Organisationsformen). Die Entscheidungskalküle i. w. S. sind also selbst Strategien, nämlich Suchstrategien, zwischen denen gewählt werden muß; beispielsweise mag zu entscheiden sein zwischen einem Algorithmus, der einen enormen Rechenaufwand und Zeitverlust mit sich bringt und zu einem Optimum führt und einem abkürzenden enumerativen Verfahren, welches nur eine befriedigende Lösung verspricht (eine solche Entscheidung ist also eine Entscheidung über Informationsstrategien, wie sie unten im Abschnitt 4 skizziert werden). Die Bedeutung solcher Kalküle wird besonders deutlich, wenn eine Handlung selbst ein kompliziertes Geflecht verbundener Aktivitäten ist, welche von verschiedenen Trägern und/oder zeitlich hintereinander ausgeführt werden; es entsteht dann ein Netzwerk aus Pfeilen, welche Aktivitäten, und Punkte, welche Ergebnisse dieser Aktivitäten, darstellen, wobei die Aktivitäten einen Zeitbedarf haben und ihre Ergebnisse zeitlich datiert sind. Zur Handhabung derart komplexer Gefüge wurden Techniken der *Netzwerkplanung* entwickelt, welche angeben, welche Aktivitäten und Zwischenergebnisse auf keinen Fall verzögert werden dürfen und wie lange andere wiederum dauern dürfen. Verbesserungen an einem solchen Netzwerk führen zu einer optimal kurzen Ausführungszeit oder zu optimal niedrigen Gesamtaufwendungen für das Gesamtprojekt, welches in der Praxis etwa ein Großbauvorhaben, ein Forschungs- und Entwicklungsprojekt oder ein Plan zum Auf- und Ausbau einer neuen Organisation sein mag.[20]

Betrachten wir nicht das Nebeneinander, sondern nur das zeitliche Hintereinander der Teilhandlungen, so haben wir es mit alternativen Handlungssequenzen zu tun. Ein solch sequentielles Problem ist dann am einfachsten, wenn nur der durch die Teilhandlungen erreichte Endzustand zu bewerten ist; es sind dann alle die Wege optimal, welche zu dem höchstbewerteten Endzustand führen. In der Regel sind jedoch auch die Zwischenergebnisse mitzubewerten, so daß diejenigen Wege optimal sind, welche die höchste ›Nutzensumme‹ aus Zwischenergebnissen und Endergebnis ergeben. Da die Ergebnisse zu verschiedenen Zeitpunkten anfallen und sowohl nach ihrer Höhe als nach dem Zeitpunkt des Anfalls zu bewerten sind, muß bei der Bewertung eine ›Zeitpräferenz‹ unterstellt werden, z. B. in der bereits erwähnten Form der

Diskontierung zukünftiger Größen auf den Planungszeitpunkt mit Hilfe einer konstanten prozentualen Rate pro Zeitperiode. Da in jeder Teilperiode einige Handlungssequenzen eine gleichartige Vorgeschichte aufweisen, ist aus einer solchen Gruppe immer diejenige Alternative besser als die anderen, deren spätere Ergebnisse besser sind; man braucht also nicht sämtliche Alternativen voll zu vergleichen, sondern kann, bei der letzten Periode beginnend, immer diejenigen Alternativen ausscheiden, welche bei gleicher Vorgeschichte ungünstigere Ergebnisse in der jeweils als letzte betrachteten Periode aufweisen. Das ist eine Folge des sogenannten *Optimalitätstheorems* von Bellmann und Pontryagin,[21] wonach die optimale Gesamtpolitik immer aus optimalen Teilpolitiken zusammengesetzt ist, d. h. solchen, welche, von einem beliebigen Zwischenergebnis aus betrachtet, besser als andere rivalisierende Teilsequenzen sind.

4. *Handlungsstrategien unter Risiko und Ungewißheit*

4.1 Verhalten bei kalkulierbarem Risiko

Besteht zwischen einer Aktion und ihren Ergebnissen nur ein stochastischer Zusammenhang, was sich in einem Entscheidungsmodell am einfachsten dadurch ausdrücken läßt, daß mindestens eine der Umweltvariablen y in ihrer Größe zufällig schwankt, so lassen sich die üblichen Parameter der mit einer Aktion verbundenen Wahrscheinlichkeitsverteilung von Ergebnissen errechnen: Mittelwerte, Streuungen, Schiefemaße der Ergebnisse. Das arithmetische Mittel der Ergebnisse (mathematischer Erwartungswert) kann in einem solchen Falle *dann* wie ein sicheres Ergebnis behandelt werden, wenn das ›Gesetz der großen Zahl‹ erfüllt ist, d. h. wenn viele Entscheidungsfälle, die dem gleichen Wahrscheinlichkeitsgesetz unterliegen, zu einer Gesamtentscheidung zusammengefaßt werden. Mit zunehmender Zahl der zusammengefaßten Fälle nähert sich die Wahrscheinlichkeit, daß im Gesamtergebnis die Summe der Abweichungen vom arithmetischen Mittel gleich Null wird, der 100%-Grenze. Unterteilung eines Gesamtfalles in viele kleine Risiken (Risikostreuung) oder Zusammenfassung vieler kleiner Risikofälle zu einer Gesamtentscheidung (Versicherung) sind also Strategien, die es erlauben, Risikofälle beinahe auf solche der Gewißheit zu reduzieren. Völlige Gewißheit wird jedoch praktisch nie erreicht, da

1. das Wahrscheinlichkeitsgesetz selbst oft unsicher ist, und da

2. immer noch eine bestimmte, wenn auch kleine, Wahrscheinlichkeit dafür besteht, daß das Ergebnis eine vorgegebene Untergrenze (Katastrophen- oder Ruingrenze) unterschreitet.

Diese Ruinwahrscheinlichkeit kann ihrerseits als Kriterium dafür benutzt werden, wann ein subjektiv befriedigender Grad der Beinahe-Gewißheit erreicht ist. Nehmen wir an, diese Voraussetzung sei erfüllt, und wir kennen die Wahrscheinlichkeitsgesetze für die Entstehung einer ›*Warteschlange*‹ vor einer Reihe von Abfertigungsstellen (Publikum vor Behördenschaltern, Flugzeuge im Luftraum vor mehreren Landepisten). Sind dann die Kosten pro Wartestunde für abzufertigende Objekte und für unbeschäftigte Abfertigungsstellen bekannt, so läßt sich die optimale Zahl der Abfertigungsstellen durch Minimierung der mathematischen Erwartung der Gesamtwartekosten pro Stunde ermitteln. Steht der Sicherheitsgesichtspunkt im Vordergrund (z. B. Flugsicherheit), so wird man etwa die kleinstmögliche Zahl von Abfertigungsstellen wählen, für welche die Wahrscheinlichkeit einer vorgegebenen durchschnittlichen Wartezeit einen bestimmten Wert nicht überschreitet: Optimierung unter Einhaltung einer Ruinwahrscheinlichkeit. Ist ein analytisch behandelbares Modell mit Wahrscheinlichkeitsgesetzen zu schwer zu konstruieren, oder ist das entsprechende Entscheidungskalkül mit zuviel Aufwand verbunden, so ist ebenso wie bei anderen Entscheidungsmodellen wiederum eine *Simulation* möglich, welche Ergebnisse für hypothetisch unterstellte Alternativen liefert. Nur müssen hier künstliche Stichproben aus Zufallsvariablen bzw. aus Wahrscheinlichkeitsgesetzen erzeugt werden (sog. *Monte-Carlo-Methode*), aus welchen dann Ergebnisverteilungen abgeleitet werden. Auf diese Weise können Gestaltungsalternativen, auch unter Berücksichtigung komplizierter Zusammenhänge, entwickelt werden.

Sind die Voraussetzungen der ›großen Zahl‹ nicht gegeben, so ist die mathematische Erwartung der Ergebnisse nicht repräsentativ für eine Alternative: ein Lotteriespieler oder ein Versicherungsnehmer bezahlt für ein Los bzw. für den Versicherungsschutz selbst bei Kenntnis der Gewinn- oder Schadenswahrscheinlichkeit mehr als den Gegenwert der mathematischen Erwartung E(z) des Ergebnisses z. Er sollte jedoch nie mehr als die mathematische Erwartung des *Nutzens* des Ergebnisses E[N (z)] bezahlen. Dieses sogenannte *Bernoulli-Prinzip* der Maximierung der mathematischen Erwartung des Nutzens läßt sich aus einigen wenigen Axiomen ableiten, die von der Mehrzahl intelligenter Menschen als ›vernünftig‹ akzeptiert werden. Ein vernünftiger Mensch sollte danach nur dann eine Versicherung mit einer Prämie in Höhe von E(z) abschließen, wenn im Vergleich zu seiner bestehenden Vermögenssituation im Schadensfall die relative Abnahme seines Nutzens stärker wäre als die relative Abnahme des Geldwertes seines Vermögens. Darin käme seine Abneigung gegen das Verlustrisiko zum Ausdruck. Es mag auch sein, daß er die Schadenswahrscheinlichkeit höher einschätzt, als sie wirklich ist. Eine solche subjekte Wahrscheinlichkeit kann er sogar solchen Umweltzuständen zumessen, für welche eine objektiv ermittelbare Wahrscheinlichkeit gar nicht existiert; er kann demnach sogar dann die mathematische Erwartung des Nutzens maximieren, wenn gar kein meßbares Risiko vorliegt, sondern Ungewißheit im engeren Sinne. Aus diesen Gründen und wegen seiner Ableitbarkeit aus Grundforderungen der ›Rationalität‹ ist das Bernoulli-Prinzip eine Maxime, die besonders breit anwendbar erscheint.[22] Andere Maximen versuchen, einer Abneigung gegen oder Vorliebe für Risiken dadurch Rechnung zu tragen, daß sie sich den Nutzen einer Wahrscheinlichkeitsverteilung von Ergebnissen vorstellen als zusammengesetzt aus der Attraktivität der Verteilung gemessen an der mathematischen Erwartung E(z) und der Unsicherheit in der Realisierung dieses Mittelwertes gemessen etwa an der durchschnittlichen Streuung D(z) der Ergebnisse um diesen Mittelwert; hier werden also zwei oder auch mehr Parameter der Verteilung zu Dimensionen der Nutzenfunktion N [E(z), D(z)]; bei starker Risikoabneigung wird D(z) in der Nutzenfunktion des Entscheidungsträgers ein hohes negatives Gewicht haben. Diese vielfach vorgeschlagenen Maximen sind jedoch nur in besonders gelagerten Fällen mit der Rationalitätsaxiomatik des Bernoulli-Prinzips vereinbar. Die Auswahl der Parameter, welche eine Wahrscheinlichkeitsverteilung beschreiben und an denen sich ein Entscheidungsträger orientieren könnte, ist im allgemeinen recht groß; die allgemeinste Anforderung, welche an ihre Verwendung geknüpft werden muß, ist die, daß das Subjekt mit ihrer Hilfe die alternativen Ergebnisverteilungen widerspruchsfrei ihrer Nutzengröße nach ordnen kann: Es muß so handeln, als ob der Nutzen einer Alternative von der *Form* der (Wahrscheinlichkeits-) Dichtefunktion ihrer Ergebnisse abhinge; mathematisch: als ob ein Risikopräferenzfunktional zugrunde läge.

4.2 Ungewißheit als ›Spiel gegen die Natur‹

Das zuletzt Gesagte gilt auch für den Fall, daß das Subjekt den möglichen Umweltzuständen keinerlei Wahrscheinlichkeiten zuzuordnen vermag, jedoch einen Bereich möglicher Umweltzustände, z. B. möglicher Wahrscheinlichkeitsverteilungen einer Variablen y, angeben kann: Ungewißheit i. e. S. Das Subjekt hat hier gleichsam einen Zug in einem Spiel gegen die Natur zu tun, ohne von dem Gegenzug der Natur mehr zu wissen, als daß er den Regeln des Spiels unterliegt, also aus einer Anzahl möglicher Gegenzüge ausgewählt wird. Ein Ausweg aus dieser Lage besteht darin, alle Umweltzustände als gleich wahrscheinlich anzusehen nach dem *Laplace-Prinzip,* laut welchem man einen Zustand Y_1 als gleich wahrscheinlich mit einem anderen Y_2 ansehen soll, wenn man keinen hinreichenden Grund zu einer gegenteiligen Annahme hat. Die ›Natur‹ ihrerseits hat aber doch durchaus keine Vorliebe für ein solches Gesetz der Gleichwahrscheinlichkeit; überdies trägt das Laplace-Prinzip nicht der unterschiedlichen Streuung der Ergebnisse verschiedener Alternativen Rechnung, denn es bewertet zwei Alternativen schon dann als gleichwertig, wenn das ungewogene Mittel ihrer Ergebnisse gleich ist. Dieses Risiko der Abweichung vom Durchschnittsergebnis kann völlig ausgeschaltet werden, wenn man diejenige Alternative auswählt, deren ungünstigstes mögliches Ergebnis (Minimum) größer ist als das Minimum-Ergebnis der anderen Alternativen. Dieses *Maximin-Prinzip,* von Abraham Wald zuerst für statistische Entscheidungen entwickelt, rechnet immer mit dem schlimmsten Fall und bringt daher die größtmögliche Risikoabneigung zum Ausdruck. In den umgekehrten Fehler würde man verfallen, wenn man jede Alternative nach dem bestmöglichen Resultat bewertet und so das Maximum der Maxima auswählen würde. Zwischen beiden Extremfällen sind beliebige Zwischenpositionen denkbar, die man am einfachsten als gewogenen Durchschnitt zwischen Minimum- und Maximum-Ergebnis auffassen kann, wobei das relative Gewicht des Minimalergebnisses (der sog. Pessimismuskoeffizient) um so stärker sein wird, je mehr Vorsicht das Entscheidungssubjekt anzuwenden wünscht. Dieses sog. *Hurwicz-Prinzip* verlangt die vorgängige Ermittlung des Pessimismus- bzw. des Optimismus-Koeffizienten und berücksichtigt nicht, daß zwischen den extremen Ergebnissen noch andere mehr oder minder attraktive Ergebnisse möglich sind, während das Laplace-Prinzip gerade die Extreme vernachlässigt.

Vielerlei Mischungen solcher Prinzipien mit unterschiedlicher Berücksichtigung der Risikohaltung des Subjekts sind vorgeschlagen worden; sie alle ermitteln für jede Alternative ein ›Gewißheitsäquivalent‹, also eine Nutzen- oder Ergebnisgröße, welche es erlaubt, danach so zu entscheiden, als ob die Alternativen völlig gewisse Ergebnisse mit sich brächten. Da es zweifelhaft ist, ob man den Eigentümlichkeiten einer Ungewißheitslage dadurch Rechnung tragen kann, daß man eine Entscheidungssituation unter Gewißheit konstruiert, welche ihr äquivalent ist, d. h. welche zur gleichen Entscheidung führt, sei noch das *Savage-Prinzip* genannt, welches die Konstruktion eines solchen Äquivalents vermeidet: Das Subjekt soll sich danach an dem größtmöglichen nachträglichen Bedauern orientieren, welches die Wahl einer Alternative mit sich bringen könnte. Für jeden Umweltzustand Y_k ist das mögliche Bedauern, eine Alternative X_i gewählt zu haben, definiert als der Abstand zwischen dem Ergebnis Z_{ik} und dem Ergebnis derjenigen Alternative, welche für diesen Umweltzustand die beste ist. Die Ergebnismatrix von S. 158 läßt sich so in eine Matrix von Größen möglichen Bedauerns umwandeln. Es ist dann diejenige Alternative zu wählen, für welche das größtmögliche potentielle Bedauern am geringsten ist: Minimierung des maximalen Bedauerns. Auch dieses Prinzip ist einseitig geeignet für Entscheidungen, bei denen man auf keinen Fall etwas nachträglich bereuen möchte, auch wenn man dabei gute Chancen ausschlägt (denn man könnte sich ja auch an potentiellen Triumphen, gemessen am Unterschied zur beim jeweiligen Umweltzustand ungünstigsten Alternative, orientieren). Für Ungewißheitsfälle läßt sich aus den Postulaten der Rationalität also keine eindeutige Maxime ableiten, vielmehr kann man nur nachweisen, daß unterschiedliche Maximen neben den Rationalitätspostulaten auch unterschiedlichen sonstigen Axiomen genügen. Je nachdem, welche dieser Axiome der Entscheidungsträger akzeptiert oder vorschreibt, läßt sich eine eingeschränkte Klasse von Handlungsprinzipien, eventuell schließlich ein einziges, angeben.[23]

4.3 Strategien gegenüber intelligenten Opponenten

Für den Fall, daß der Spielgegner bestimmte bekannte Präferenzen hat, die ihn erreichte Ergebnisse mehr oder weniger entgegengesetzt zum Entscheidungssubjekt bewerten lassen, entsteht die Situation der Theorie der (Gesellschafts-)Spiele. Von einem einzelnen Entscheidungssubjekt kann hier nicht mehr gesprochen werden, da auch die Umwelt ihre Strategien rational und bewußt auswählt. Bedeutet hier jeder Gewinn für den einen Spieler einen Verlust für den anderen derart, daß die Summe der Ergebnisse für beide gleich Null ist *(Nullsummenspiele)*, so wird die Anwendung des Maximin-Kriteriums sinnvoll: Der Spieler muß damit rechnen, daß der andere jeweils diejenige Strategie wählen wird, welche bei gegebener Strategie des ersten für ihn die günstigste ist, d. h. er muß als Ergebnis einer Alternative immer das schlechtestmögliche ansehen. Ist das Ergebnis Z_{ik}, welches für i das maximale Minimum ist, zugleich für k das minimale Maximum, so steht die

Strategiewahl beider fest (das Spiel hat einen Sattelpunkt). Ist ein solcher Punkt nicht vorhanden, so gibt es doch eine Wahrscheinlichkeitsmischung von Strategien, bei welcher i die mathematische Erwartung eines Mindestnutzens erreichen kann, gleichgültig, welche einfache oder *gemischte Strategie* der Gegner anwendet. Dieser kann also auch keine mathematische Nutzenerwartung bei dem Spiel haben, die eine Verlusterwartung über den so festgelegten ›Wert des Spiels‹ hinaus bedeuten würde. Voraussetzung für dies durch *John von Neumann* und *Oskar Morgenstern*[24] bewiesene Theorem ist die Akzeptierung des Bernoulli-Prinzips für die Bewertung von Ergebnissen. Die spieltheoretische Grundform ist vielfach abwandelbar

1. durch Zulassung von mehr als zwei Spielern, welche zur Bildung von Koalitionen mit Zahlungen an zu gewinnende Koalitionspartner führt *(Mehrpersonen-Spiele)*;

2. durch Abwandlung der Regeln über den Informationsstand der Spieler, z. B. macht es einen bedeutsamen Unterschied für die Wahl der Gesamtstrategie, ob der Spieler nach jedem Zug des Gegners diesen erfährt oder nicht;

3. durch Änderung der Interessenlage, indem nicht mehr der Verlust des einen Gewinn des anderen bedeutet *(Nichtnullsummen-Spiele)*.

Im letzteren Falle wird es für beide interessant, zu kooperieren, d. h. sich gegenseitig zur Wahl einer bestimmten Strategie zu verpflichten, damit nicht ein Ergebnis zustandekommt, bei dem beide schlechter stehen als bei kombinierter Strategie. Es kommt dann zu Verhandlungen über die möglichen kombinierten Strategien und/oder über die Teilung des dabei erzielten Ergebnisses. Verhandlungen stellen jedoch ihrerseits wieder ein strategisches Problem dar (es muß über Sequenzen möglicher Züge, wie ›ein Angebot machen oder ablehnen‹, ›Drohen‹, ›Täuschen‹, usw. entschieden werden).[25] Verhandlungen können auch durch Einigung auf ein *Schlichtungsprinzip* entschieden werden, welches bestimmten Postulaten der Fairneß genügt – womit bereits ein Kollektiv (eine Schlichtungsgemeinschaft) entstanden ist, das in sich bestimmte Regeln zur Bildung von Kompromissen entwickelt (vgl. unten Abschnitt 6). An die Stelle der Kooperation kann auch eine einseitige Verpflichtung treten, vor allem wenn eine Instanz gegen eine Vielzahl von Gegenspielern spielt, welche untereinander vielleicht gar nicht kooperieren, jedoch auf die zukünftigen Züge der erstgenannten Instanz spekulieren, indem sie sich für jeden Zug einen möglichen Gegenzug zurechtlegen. Das ist etwa der Fall, wenn eine Regierung einen sozialen Ablauf steuern will, der aus dem Verhalten vieler Individuen und Gruppen entsteht. Sie kennt diejenigen Strategien, welche die anderen bei gegebener Regierungsstrategie wählen würden und somit die mit jeder Regierungsstrategie verbundenen Ergebnisse. Aufgrund dieser Kenntnis wird sie sich öffentlich auf diejenige eigene Strategie festlegen, welche mit Sicherheit das für sie befriedigendste durch einseitige Bindung erreichbare Ergebnis hervorbringt.

Da es hier einerseits nur um die Einordnung der spieltheoretischen Perspektive in die Theorie rationaler Aktion geht, andererseits *Spiel-*, *Konflikt-* und *Verhandlungstheorie* eine andere Perspektive politischen Geschehens behandeln, nämlich den Aspekt der politischen Auseinandersetzungen, mögen diese Hinweise auf das spieltheoretische Grundproblem an dieser Stelle genügen.

4.4 Sequentielle Wahlakte unter Ungewißheit

Mit Hilfe des eingangs gebildeten Begriffs der Strategie haben wir bisher davon abgesehen, daß es sich bei den Alternativen mit ungewissen Ergebnissen auch um Handlungssequenzen handeln kann. Bei sequentiellen Problemen muß jedoch die optimale Strategie nach dem schon bei Sequenzen unter Gewißheit (S. 180) erwähnten Optimalitätstheorem ausgewählt werden. Bei Ungewißheit ist aber Optimalität einer jeden Teilpolitik nicht einfach an deren Ergebnissen oder Zwischenergebnissen festzustellen, da diese ja ungewiß sind. Vielmehr heißt optimal hier: Richtig nach dem jeweils angewandten Entscheidungsprinzip, also nach dem Bernoulli-Prinzip, dem Savage-Prinzip usw. Auf jeder Stufe der Sequenz ist daher eines dieser Prinzipien anzuwenden, für das man sich vorgängig entschieden haben muß. Nehmen wir als Beispiel das Bernoulli-Prinzip in einer zweistufigen Entscheidung: Von jedem möglichen Zwischenzustand am Ende der ersten Periode aus gibt es mehrere Alternativen, von denen die mit der höchsten mathematischen Erwartung des Nutzens zu wählen ist. Dieser Bernoulli-Nutzenwert ist der Wert des zugehörigen Zwischenzustandes. Die Zwischenzustände hängen vom Zug in der ersten Periode und der Antwort der Natur ab, welche einem Wahrscheinlichkeitsgesetz unterliege. Der beste der alternativen Züge zu Beginn der ersten Periode ist dann derjenige, welcher das höchste arithmetische Mittel aus den oben zuerst berechneten Werten der damit möglicherweise erreichten Zwischenzustände zur Folge hat. Es müssen dabei Wahrscheinlichkeiten von Wahrscheinlichkeiten berücksichtigt, also *kombinierte Wahrscheinlichkeiten* berechnet werden. Das ist z. B. dann nicht ohne weiteres zulässig, wenn die Wahrscheinlichkeiten verschiedener Natur sind, wenn z. B. die Ergebnisse mehreren möglichen objektiven Wahrscheinlichkeitsgesetzen unterliegen, das Subjekt an diese verschiedenen Wahrscheinlichkeitshypothesen jedoch mit unterschiedlicher Stärke, ausgedrückt in einer subjektiven Wahrscheinlichkeit, ›glaubt‹. Für sequentielle Entscheidungen, die sich in immer gleicher Weise wiederholen, also sich im Typ nicht ändern, gilt dieser Einwand allerdings nicht. Für diese kann es sogar gelegentlich möglich sein, unter Vorgabe des Entscheidungsprinzips das sequentielle Programm umgrenzten Typs ein für allemal durchzurechnen, und daraus eine endgültige Handlungsregel abzuleiten, nach welcher bestimmten Klassen von Ausgangssituationen bestimmte Klassen von optimalen ersten Zügen zugeordnet sind. Damit werden Entscheidungen im voraus programmiert, wie das für organisatorische Zwecke oftmals notwendig ist.

Bei sequentiellen Entscheidungen führt auch die Politik der Fixierung von Mindestzielniveaus zu besonderen Erleichterungen: Bei Ungewißheit schlechthin würde diese einen Suchprozeß vorschreiben, welcher solange fortzusetzen ist, bis eine Alternative gefunden ist, welche bei jedem möglichen Umweltzustand mindestens das befriedigende Niveau erbringt – also Vermeidung jeden Risikos unter Verzicht auf eine Optimierung. Ist der Fall auch noch so sequentiell, so ist entsprechend bezüglich der gesamten Teilergebnisse der verschiedenen Stufen zu verfahren. Gibt es keine entsprechende Strategie, so läßt sich – bei kalkulierbarem Risiko – doch eine Alternative finden, für welche die Wahrscheinlichkeit der Erreichung des angestrebten Niveaus befriedigend hoch oder maximal ist (gleichbedeutend mit Minimierung der Ruinwahrscheinlichkeit). Diese Politik bewährt sich besonders in einem bisher nicht unterschiedenen Fall von Ungewißheit, nämlich bei nicht nur unbekannten, sondern auch im Laufe der Zeit nicht gleichbleibenden Umweltzuständen. Eine nicht-stationäre Umwelt bedeutet, daß die zu Anfang gewählte Strategie von einer nach dem ersten Schritt erreichten Zwischenlage aus dann nicht mehr optimal ist, wenn man inzwischen Anhaltspunkte für einen veränderten Charakter der Umwelt gewonnen hat; es ist dann in der neu entstandenen Situation wiederum eine neue Strategie zu bestimmen. Sind Anzahl und Art der möglichen Änderungen der Umwelt bekannt, so muß eine übergeordnete Strategie festlegen, wie man auf bei den einzelnen Schritten gewonnene Anhaltspunkte über eine etwaige Änderung der Umwelt reagieren will. Die Art des so erweiterten Spiels hängt davon ab, ob und in welchem Grade nach jedem Zug Informationen über den Gegenzug der Natur verfügbar sind oder nicht. Maximen über die Art der Verwendung der so gewonnenen Information gehören zu den unten im nächsten Abschnitt behandelten Informationsproblemen.

Besonders einfach ist bei nicht-stationärer Umgebung wiederum die Politik des Aspirationsniveaus: Für den jeweils nächsten Schritt wird eine auf jeden Fall befriedigende Alternative gesucht, bei Lageänderung setzt der Suchprozeß erneut ein. So bewegen sich oft biologische Organismen in einem bestimmten ökologischen Milieu, das eine begrenzte Variationsbreite aufweist.[26] Wird diese überschritten, oder erweist sich das Milieu als besonders günstig, so werden Anpassungen des Aspirationsniveaus nach oben oder unten möglich oder notwendig. Hier werden mögliche Sequenzen noch nicht einmal antizipiert, wie das auch dann der Fall sein kann, wenn die Länge der Sequenz unbekannt ist. Ein einfaches Beispiel bietet der Fall, bei dem sich die Umgebung bei jedem Schritt ändert, das Subjekt aber nur einmal zu handeln hat, womit das Spiel endet. Bei jedem Schritt ist zu entscheiden zwischen Abwarten und Handeln; wiederum ist die einfachste Strategie die des Abwartens, bis sich durch Änderung der Umgebung ein im voraus als befriedigend festgelegtes Resultat der Handlung bietet (obwohl sich später vielleicht eine noch günstigere Gelegenheit bieten könnte; die Analogien zum Verhalten im Alltagsleben und der Politik sind hier offensichtlich). Wir haben hier gleichzeitig ein Beispiel für eine *Stoppregel,* welche festlegt, wann ein Suchprozeß abgebrochen werden soll, und welche nicht nur für Sequenzen unbekannter Dauer nötig ist, sondern für Prozesse des Suchens nach einer Lösung bei jedem Entscheidungsproblem. Auch Spiele gegen intelligente Opponenten können mehr oder minder vollkommene Information über die Lageänderung nach jedem Zug enthalten, z. B. Information nur für einen Spieler. Man wird sie dann oft in ihrer ursprünglichen sequentiellen Form (der sog. expliziten Form) behandeln, um eine geeignete Strategie herauszufinden. Je länger die Sequenzen sind und je mehr mögliche Änderungen der Umwelt sie enthalten, desto größer die kombinatorischen Probleme bei der Erfassung der möglichen Strategien und desto weniger können praktikable Entscheidungskalküle angeboten werden.

5. *Informations- und Lernstrategien*

5.1 Optimale Informationsbeschaffung

Strategisches Handeln umfaßt nicht nur Entscheidungen bei gegebener Information, sondern auch die aktive Beschaffung von Information. Die Information verursacht Kosten in Form von Mittelaufwendungen und von Zeitverlusten (entgangene Handlungschancen); ihr Nutzen besteht in der Verbesserung der Handlungsmöglichkeiten, kann also erst ermittelt werden, wenn die nach ihrer Einholung in einem zweiten Schritt ermöglichte Entscheidung über die eigentliche Handlung berücksichtigt wird. Informationsprobleme sind daher notwendig sequentiell, wie das folgende roh skizzierte Beispiel zeigt: Eine Interessengruppe, ohne besondere Affinität zu einer von zwei Parteien 1 und 2 in einem Zweiparteiensystem, hat zu entscheiden, ob sie sich mehr der einen oder der anderen Partei verbinden will (X_{21} oder X_{22}). Sie halte den Sieg der einen Partei im nächsten Wahlkampf für subjektiv etwas wahrscheinlicher als den anderen (Y_1 habe 0,6, Y_2 dagegen 0,4 Wahrscheinlichkeit). Es bestehe die Möglichkeit, durch einen Meinungstest mit 90%iger Wahrscheinlichkeit den Sieg einer Partei richtig vorauszusagen, die Informationshandlung X_{11} verursache Kosten in Höhe von 3 Nutzeneinheiten, welche bei Verzicht auf Informationsaktivität X_{12} nicht anfallen. Bei rechtzeitiger Verbindung mit einer siegreichen Partei 1 erwarte die Interessengruppe durch begünstigende Gesetzgebung einen Nutzen von 10, bei Setzen auf 2 dagegen 20 Nutzeneinheiten; sie handle nach dem Prinzip der Maximierung des erwarteten Nutzens. Gehen wir nach dem Optimalitätsprinzip vor und ermitteln

1. die beste Teilpolitik ohne Informationsschritt X_{22} = Entscheidung für Partei 2 mit erwartetem Nutzen von $0{,}4 \cdot 20 + 0{,}6 \cdot 0 = 8$

2. a) die beste Teilpolitik mit Informationsschritt, falls Y_1 (= Sieg von 1) vorhergesagt:

X_{21} = Entscheidung für Partei 1 mit erwartetem Nutzen $0{,}9 \cdot 10 + 0{,}1 \cdot 0 = 9$

b) die beste Teilpolitik mit Informationsschritt, falls Y_2 (= Sieg von 2) vorausgesagt:

X_{22} = Entscheidung für Partei 2 mit erwartetem Nutzen von $0{,}9 \cdot 20 + 0{,}1 \cdot 0 = 18$

Die beste Gesamtstrategie ohne Information (X_{12}, dann X_{22}) ist mit der unter 1 genannten Teilpolitik identisch; die beste Gesamtstrategie mit Information besteht aus dem Informationsschritt X_{11}, der eine Verlusterwartung von 3 Einheiten bedeutet, und der mathematischen Nutzenerwartung der beiden Teilschritte 2. a) und 2. b), welche $0{,}6 \cdot 9 + 0{,}4 \cdot 18 = 12{,}6$ Einheiten Gewinnerwartung bedeutet, also insgesamt eine mathematische Nutzenerwartung von 9,6 Einheiten. Die beste Strategie mit Information (X_{11}, dann Y_1/X_{21}, Y_2/X_{22}) ist der besten ohne Information also überlegen bzw. der ›Wert der Information‹ beträgt 12,6

– 8 = 4,6 Einheiten, ihre Kosten aber nur 3 Einheiten. Man kann die Frage also auch so stellen, daß danach gefragt wird, wieviel man maximal für eine bestimmte Art von Information an Nutzen zu opfern bereit wäre.

Informationsstrategien werden oft in einem noch weiteren Sinne sequentieller Natur sein, nämlich dann, wenn nach Erhalt der Informationen entschieden werden muß, ob man noch weitere Informationen einholen will oder ob man aufgrund der erhaltenen Information schon zur endgültigen Aktion schreiten will. Man stelle sich im obigen Beispiel vor, daß dem Meinungstest zunächst eine kleine Stichprobe von Wählern zugrundelag, die in beliebig vielen Schritten – gegen entsprechende Kosten – erweitert werden kann. Für jeden der möglichen Umweltzustände (Y_1, Y_2) gibt es eine Wahrscheinlichkeit, daß eine Stichprobe in bestimmter Weise ausfällt; für jedes mögliche Ergebnis einer Stichprobe bzw. einer Stichprobenerweiterung gibt es dann wieder eine optimale Teilpolitik (Stichprobenerweiterung oder Aktion) usw. Demnach läßt sich die mathematische Nutzenerwartung einer jeden Strategie, welche festlegt, wie bei jedem Ausfall einer Stichprobe weiter zu verfahren ist, bestimmen. Jede Strategie sieht auch vor, daß irgendwann, je nach Ausfall der bis dahin erhaltenen Teilinformationen, der Prozeß der Informationsgewinnung abzubrechen ist, nämlich dann, wenn die Zusatzkosten nicht mehr durch die zusätzliche mathematische Nutzenerwartung übertroffen werden. Benutzt man ein anderes Entscheidungsprinzip als das der Maximierung der mathematischen Nutzenerwartung, so gelangt man auch zu einer anderen Stoppregel. Unser Beispiel ist auf die bereits von der theoretischen Statistik entwickelte Methode der *sequentiellen Stichprobe* abgestellt,[27] weil allgemeinere Methoden zur Bewältigung sequentieller Informationsprobleme erst allmählich entwickelt werden.

5.2 Rationales Lernen und Anpassen

Entstehen Informationen ohne Kosten in einem sequentiellen Entscheidungsproblem, so handelt es sich um einen Prozeß des Lernens (aus Erfahrung). Im Extremfall hat das Subjekt einen ›schwarzen Kasten‹ vor sich, der ein zunächst völlig unbekanntes Entscheidungsmodell enthält. Um das Verhalten in einer solchen Lage rational zu gestalten, müssen – z. B. bei stochastisch in zunächst unbekannter Weise verteilten Umweltzuständen – *statistische Lernstrategien* benutzt werden. Diese geben an, wie das Subjekt seine Schätzungen von den Wahrscheinlichkeiten der Umweltzustände aufgrund des jeweils erfahrenen Zwischenergebnisses revidiert und für welche Aktion es sich daraufhin entscheidet. Eine einfache Lernregel bei zwei möglichen Umweltzuständen Y_1 und Y_2 mit völlig unbekannten Wahrscheinlichkeiten wäre etwa die, daß das Subjekt beiden die Wahrscheinlichkeit zumißt, mit der sie bisher in der Summe der einzelnen Schritte des Prozesses aufgetaucht sind, wobei es zu Beginn beide als gleich wahrscheinlich ansieht *(Laplace-Hypothese)*. Gibt es bei jedem Schritt nur zwei Alternativen und nur zwei mögliche Ergebnisse: Gewinn oder Verlust je nach Auftauchen von Y_1 oder Y_2, so besteht eine Handlungsregel darin, sich immer für diejenige Alternative zu entscheiden, welche bisher am häufigsten gewonnen hatte. Ob die Strategie, die sich aus diesen beiden Regeln herleitet und die nur eine von vielen möglichen darstellt, auch optimal ist, hängt davon ab, ob sie vorausgesetzten grundlegenden Entscheidungsprinzipien genügt, ferner davon, ob die Wahrscheinlichkeitsverteilung der Umweltzustände als stationär angesehen werden kann. Ist letzteres etwa nicht der Fall, so könnte es rationaler sein, die beiden Alternativen immer mit der Häufigkeit anzuwenden, mit der sie bisher einen Gewinn zur Folge hatten.[28] Bei stationärer Wahrscheinlichkeitsverteilung der Umweltzustände konvergiert ein Prozeß des Lernens schließlich zu einem stationären ›Wissen‹ und die Wahl der Alternativen zu einem konstant bleibendem Verhalten – und zwar je nach Art der angewandten Strategie mehr oder minder schnell.

Lernen aus praktischer Erfahrung kann hohe Kosten von Fehlentscheidungen bedeuten. Diese können vermindert werden, wenn die Realität durch ein Modell simuliert wird, welches die gleiche Struktur wie ein Entscheidungsmodell besitzt und an dem künstliche Erfahrungen gesammelt werden können. Was hierbei gelernt wird, ist kein Wissen über die reale Welt, sondern Wissen über die vorgegebenen Eigenschaften und Implikationen des Modells. Das ist, wie in Abschnitt 3 gezeigt, für reale Entscheidungen nützlich, wenn die Modellprämissen zwar realistisch sind, das Problem jedoch analytisch nicht behandelt werden kann. Es kann auch für genuin pädagogische Zwecke nützlich sein, wenn mit einem ›realistischen‹ Modell Wissen über einen Erfahrungsbereich vermittelt werden soll. Der praktisch wichtigste pädagogische Zweck der *Simulation* ist jedoch die Übung der Entscheidungsfähigkeit, allgemein oder speziell für Typen praktisch vorkommender Entscheidungen. Insbesondere kann auch das Spiel gegen intelligente Opponenten so geübt werden (Unternehmensspiele, militärische Spiele). Diese Erweiterung über den zu engen Erfahrungsbereich des Alltags hinaus dient in der Regel nicht einfach der Erlernung bestimmter Entscheidungskalküle, sondern der Entwicklung geistiger Fähigkeiten, die auch dann noch von Nutzen sind, wenn empirische Informationen oder logische Methoden in neu auftauchenden Situationen ihren Wert verlieren.

Bei evolutionärer Umwelt wird ein Teil der bisherigen Erfahrungen ungültig, aus dem Lernen konstanter Zusammenhänge wird ein Sich-Anpassen an immer neue Informationen. Demnach kann hier nur für den jeweils gegebenen Informationsstand (einschließlich Erwartungen bis zu einem bestimmten Zeithorizont) eine optimale Strategie bestimmt werden. Nach dem ersten Schritt hat sich die Umwelt verändert und der Zeithorizont hinausgeschoben, so daß von der neuen Zwischensituation aus die bisher ins Auge gefaßte Strategie nicht mehr optimal ist und abgewandelt werden muß. Diese möglichen Anpassungen müssen ebenfalls im voraus in das Kalkül einbezogen werden, was u. a. möglich ist, wenn ein bestimmtes Grundmodell über die Zusammenhänge zwischen x-, y- und z-Variablen und die dabei bestehenden zeitlichen Verzögerungen vorhanden ist. Eine Strategie beschreibt hier also eine Regel der Anpassung an veränderte Umweltzustände Y und ›programmiert‹ demnach das Anpassungsverhalten. Das Subjekt betreibe etwa eine Fixzielpolitik und hat zu entscheiden, wie schnell und in welchem Ausmaße es seinen Aktionsparameter x verändern soll, wenn Abweichungen von der gewünschten Zielgröße z^* infolge von unvorhersehbaren Änderungen von Störgrößen y auftauchen. Das wäre in rohen Zügen ein *kybernetisches Regelungsproblem,* wie es etwa in der volkswirtschaftlichen Stabilisierungspolitik auftaucht.[29] Je nach Art der Anpassung von x an die z-Abweichungen entstehen dabei andere zeitliche Schwingungen von z um den Idealwert z^*. Eine Anpassungsregel könnte dann beispielsweise als optimal angesehen werden, wenn sie das Integral über die Zeit der Abweichungen von z^* möglichst klein hält.

6. Strategien für kollektive Aktionen

6.1 Regeln für kollektiven Konsens

Ist der Handlungsträger – im Gegensatz zum bisher Unterstellten – kein einheitliches Subjekt, sondern eine Mehrzahl von Subjekten, so können diese sich unterscheiden durch verschiedene Zielsetzungen und/oder unterschiedliche Aktionsparameter. Ein Punkt im Aktionsraum des Kollektivs ist dann erst fixiert durch Festlegung der Aktionsparameter der verschiedenen Individuen; von den so definierten kollektiven Aktionen kann nur dann eine als befriedigend oder optimal ausgewählt werden, wenn aus den heterogenen individuellen Wertungen ein Kompromiß hervorgegangen ist. Soll demnach das Kollektiv als Ganzes kooperativ handeln, so bedarf es sowohl der Kompromißbildung als auch der Koordination der individuellen Aktionen. Fehlt die Kooperation, so entsteht die Situation der Theorie der Spiele, für welche in vielen Fällen jedoch Lösungen auch nur dann angeboten werden können, wenn Einigung auf ein Ergebnis (etwa durch Schlichtung) und verabredete Aktionen zur Erzielung dieses Ergebnisses zugelassen sind *(kooperative Spiele)*. Eine kollektive Aktion ist insofern immer ein mehrstufiges Problem, als zuerst Regeln für Kompromißbildung und Kooperation aufgestellt werden müssen, welche dann ihrerseits das kollektive Optimum im Ergebnisraum und die ihm entsprechenden Werte der Aktionsparameter der Beteiligten festlegen.

Kompromiß-Regeln lassen sich ganz analog den Maximen der Entscheidung unter Ungewißheit konstruieren: Ebenso wie im Falle der Ungewißheit eine Aktion je nach dem wahren Umweltzustand einen unterschiedlichen Nutzen abwirft, so wirft sie nunmehr für verschiedene Individuen einen unterschiedlichen Nutzen ab. Diese heterogenen Nutzengrößen müssen also zu einem Gesamtnutzen der Aktion, hier einem ›Sozialnutzen‹, zusammengefaßt werden. Wiederum besteht die stärkste Vereinfachung darin, eine Aktion dann als befriedigend anzusehen, wenn sie nach jedem individuellen Nutzenindex befriedigend ist. Wiederum gibt es eine Regel, nach welcher die individuellen Nutzen zu einem gewogenen Gesamtnutzen zusammenzufassen sind, wobei die Gewichte jetzt als ›Stimmengewichte‹ der Beteiligten (sonst als Wahrscheinlichkeiten) zu interpretieren sind. Diese Regeln der *Aggregation individueller Nutzen* können als ein Abstimmungsmechanismus aufgefaßt werden, für welchen ein einfaches Beispiel das *Mehrheitsprinzip* wäre. Fast alle Regeln setzen implizit eine Vergleichbarkeit der individuellen Nutzenvorstellungen voraus, welche empirisch nicht möglich ist, und, selbst wenn sie es wäre, dennoch eine Festsetzung der sozialen Bedeutung individueller Urteile bedeutet, beispielsweise die Festsetzung, daß für jeden ›Wähler‹ der Abstand zwischen der höchst- und der niedrigstbewerteten Alternative sozial gleich bedeutsam sein solle. Die so beschreibbaren, ›social choice‹-Mechanismen haben eine alte Tradition im Utilitarismus, in der Wohlfahrtsökonomik und in der individualistisch-rationalistischen Begründung der Demokratie.[30] Sie können sehr komplex bis zu einer rationalen Theorie der Formen demokratischer Willensbildung ausgebaut werden und werden zweckmäßig, ebenso wie andere Maximen danach beurteilt, welchen Grundpostulaten sie Rechnung tragen und welchen nicht. In diesem Zusammenhang von Bedeutung ist der Nachweis von Kenneth J. Arrow, daß es keine Regel sozialer Wahl geben kann, die einer Reihe von ›vernünftigen‹ Grundpostulaten gleichzeitig genügt;[31] zu diesen Postulaten gehört beispielsweise das der Transitivität der entstehenden kollektiven Urteile, ein Postulat, dem z. B. die Regel der Mehrheitswahl nicht genügt, da es Fälle gibt, in denen ein Kollektiv trotz transitiver Wertungen seiner Mitglieder eine Reihe von Ergebnissen infolge wechselnder Mehrheiten intransitiv bewertet. Je nachdem, welche Maxime das Kollektiv anwendet, ergeben sich auch unterschiedliche Möglichkeiten strategischen Verhaltens seiner Mitglieder, z. B. durch Verbergen ihrer wahren Präferenzen bei manchen Wahlgängen, durch ›Stimmenkauf‹, durch gegenseitige Konzessionen u. ä. m. Die Untersuchung der logischen Eigenschaften kollektiver Bewertungsmaximen deckt diese Möglichkeiten ebenso wie Widersprüche zwischen den Grundpostulaten auf.

6.2 Rationale Gestaltung von Organisationen

Setzt man das Problem der kollektiven Zielformulierung als gelöst voraus, so bleibt das Problem der Koordination individueller Aktionen derart, daß in jeder Situation die nach dem kollektiven Nutzenindex beste Gesamtaktion erfolgt. Das ist ein Problem der *Organisation,* der Schaffung eines Gefüges von Handlungsregeln für jeden Beteiligten, nach welchen er in einer bestimmten Situation auch in bestimmter Weise zu handeln hat. Sind dem Einzelnen die Aktionsparameter noch nicht zugeordnet, so muß auch diese Funktionsteilung des Kollektivs in optimaler Weise erfolgen (wobei an die alte Theorie der Arbeitsteilung angeknüpft werden kann). Sind die Funktionsbereiche abgesteckt, so ist jedem Funktionsträger vorzuschreiben, wie er in verschiedenen Situationen

1. sich Informationen aus der Außenwelt des Kollektivs beschaffen soll,
2. Meldungen mit anderen Funktionsträgern austauschen soll und
3. durch Handlung auf die Außenwelt einwirken soll.

Neben die Handlungs- und Informationsvorgänge treten hier also Kommunikationen, z. B. Kommunikationsnetze verschiedener Struktur mit Angabe der Arten von Informationen, welche zwischen den Polen dieses Netzes fließen sollen.[32] Die Eigenschaften der so entstehenden organisatorischen Alternativen sind bereits logisch sehr komplex, so daß eine *Theorie der rationalen Organisation* erst allmählich die alte kaufmännische und administrative Kunstlehre von der Organisation, welche nur mit deskriptiven Kategorien wie Zentralisation-Dezentralisation und mit vagen Grundsätzen, z. B. ›unity of command‹ arbeitete, abzulösen vermag. Organisatorische Strategie setzt aber nicht nur Kenntnis der logischen Eigenschaften möglicher Strukturen voraus, sondern auch ein empirisch erprobtes Modell von den zu manipulierenden Tatbeständen. Das ist leicht einzusehen, was die Wirksamkeit und die Kosten moderner physischer Organisationsmittel anbelangt, gilt jedoch auch für soziologisch-psychologische Tatbestände: Selbst wenn die Funktionsträger ein Team bilden, das sich die kollektiven Zielsetzungen völlig zu eigen macht, muß ein befriedigendes Funktionsschema ihren begrenzten Fähigkeiten Rechnung tragen. Verfolgen sie jedoch auch noch eigene Ziele, so müssen Anreizregeln geschaffen werden, welche dafür sorgen, daß der Einzelne nur dann einen Erfolg bei seinen eigenen Zielen hat, wenn er gleichzeitig durch seine Handlungen auch den Kollektivzielen dient. Auch solche Regeln über positive und negative Sanktionen haben alte geistesgeschichtliche Wurzeln, können jedoch nicht so einfach gesehen werden wie etwa die Rechtfertigung des unternehmerischen Egoismus in der klassischen Nationalökonomie, denn ein Sanktionsmechanismus bringt seinerseits Kosten in Form von Zieleinbußen mit sich. Für einen ›Organisator‹ müssen auch nicht unbedingt die Eigenziele möglicher Funktionsträger bekannt sein, es genügt, wenn er Gesetzmäßigkeiten in ihrem Verhalten kennt, die er ausnutzen kann, um ihre Umwelt jeweils so zu gestalten, daß sie im Sinne des Ganzen handeln, ja Organisationstheorie im engsten Sinne kann aufgefaßt werden als Strategielehre für ein rationales Subjekt, welches a-rational handelnde Objekte im Sinne seiner eigenen Ziele durch dauerhafte Gestaltung ihrer Umwelt manipuliert.[33]

Als Beispiel für organisatorische Alternativen sei die Frage der Zentralisation oder Dezentralisation der Wirtschaftspolitik erwähnt. Gegeben seien zwei fixe Ziele: Vollbeschäftigung und Zahlungsbilanzausgleich, und ein Entscheidungsmodell, welches bestimmte Werte von Umweltvariablen umfaßt und Beziehungen zwischen diesen, den Zielen und zwei Aktionsparametern: Diskontsatz und Staatsausgaben. Es läßt sich dann prüfen, ob man die beiden Ziele auch erreichen kann, wenn man der Notenbank die Ansteuerung des Zieles Zahlungsbilanzausgleich mit dem Instrument des Diskontsatzes und dem Finanzministerium die Ansteuerung der Vollbeschäftigung durch flexible Ausgabenpolitik überläßt, oder ob ein Mechanismus zur Koordination beider Stellen erforderlich ist (welcher Geld und Zeit kostet). Die Beantwortung der Frage wird ganz von den Eigenschaften des Entscheidungsmodells abhängen, welches die zur Ermittlung der richtigen organisatorischen Strategie erforderlichen empirischen Informationen enthalten muß. Eben hier und in der logischen Komplexität der Fragen liegen die Grenzen einer Organisationstheorie, da andernfalls ja für jede gesamtgesellschaftliche Zielfunktion die ihr entsprechende optimale Gesellschaftsordnung ermittelt werden könnte. Die tatsächliche Diskussion um eine ›rationale‹ Wirtschafts- und Gesellschaftsordnung trägt jedoch nicht einmal den einfachsten Regeln der Organisationslogik, insbesondere solchen über die nötige empirisch-informatorische Basis der Gestaltungsmöglichkeiten, Rechnung und führt so zu holistisch-utopischen Ordnungsvorstellungen, in denen zu Vieles oder auch zu Weniges als realisierbar erscheint.[34]

7. Praktikabilität und Notwendigkeit einer Logik des strategischen Handelns

Erscheint, wie zuletzt angedeutet, das utopische Denken als Sünde wider den Geist rationaler Strategie, so hat es doch die positive Funktion, Hoffnungen auf Gestaltungsmöglichkeiten zu wecken und zu erhalten, die sich vielleicht doch einmal als verwirklichbar erweisen könnten. Aus dieser Sicht erscheint die nüchterne Handlungslogik als Fessel für Phantasie, Intuition und umwälzende Totalanalyse. In der Tat scheinen schöpferisches Denken und revolutionäre Neuerung als ›höhere Form des Handelns‹ ständig den Rahmen strategischer Klugheit zu sprengen. Jedoch darf darüber nicht vergessen werden, daß seit Jahrhunderten auch nach Methoden des Erfindens, also nach Strategien der Kreativität gesucht wird, vielleicht besonders deutlich formuliert in *René Descartes*' Forderung nach einer ›*Heuristik*‹. Die moderne Literatur zur Praxeologie zählt denn auch eine ganze Reihe älterer und neuerer heuristischer Methoden auf, die man den Informationsstrategien im weiteren Sinne zuordnen könnte.[35] Als Beispiele für in der Praxis angewandte Methoden seien etwa erwähnt die *morphologische Methode* des Erfindens von *Fritz Zwicky*, welche bekannte Objekte oder Verfahren in Elemente zerlegt, welche dann in erschöpfender Weise neu miteinander oder mit zusätzlichen anderen Elementen kombiniert werden. Im Gegensatz zu diesem Verfahren strenger Kombinatorik steht etwa das kollektiv praktizierte ›brain-storming‹, bei dem

Ideen zufällig assoziiert werden, bis man zu brauchbaren neuen Alternativen gelangt – ein Verfahren zur Nutzung der Phantasie, welches jedoch Reflexion und Analyse nicht regelt. Selbst umfassende epistemologische und philosophische Methoden, wie die phänomenologische oder die kritisch-dialektische werden in diesem Sinne als heuristische Strategien aufgefaßt. Die Handlungslogik kann die Kreativität auch noch dadurch fördern, daß sie den Intellekt von kalkulatorisch regulierbaren Sucharbeiten entlastet und für übergeordnete Aufgaben der Bestimmung des Handlungsrahmens frei macht.

Ein weiterer wichtiger Einwand gegen die Praxeologie richtet sich gegen die Zwangsläufigkeit des Kalküls, welches ›echte‹ Entscheidungen nicht mehr zulasse. Erscheint das Ergebnis eines Kalküls jedoch dem Handlungsträger nicht akzeptabel, so zeigt das nur, daß er den Problemrahmen falsch abgesteckt hatte, z. B. durch Nichtberücksichtigung wichtiger Wertdimensionen. Damit liefert es ihm weitere wichtige Erkenntnisse, auch solche über die eigenen Präferenzen und deren Begründung. Für Intuition und freie Formen der Vernunft wird immer genügend Raum bleiben; selbst die Ablehnung von Kalkülergebnissen macht die strategischen Kalkülhilfen nicht wertlos, da eine mit ihnen verbundene bessere Erkenntnis der Probleme wichtiger ist als ihre leichte Lösbarkeit. Der Zwang zur Rationalität im Sinne von logischer Konsistenz der Wertungen kann bei Benutzung vieler strategischer Hilfen auch durchaus aufgehoben werden zugunsten freier widersprüchlicher und wandelbarer Präferenzen – wenn nämlich formale Rationalität für das Subjekt keinen Wert darstellt. Überhaupt darf nicht vergessen werden, daß die rationale Lösung von Handlungsproblemen auch Kosten mit sich bringt, welche gegen den Rationalisierungserfolg und gegen einen eventuellen Eigenwert der Rationalität abzuwägen wären. Diese Kosten werden um so eher in Kauf genommen werden müssen, je schwerwiegendere Folgen das Nichtbeachten der Rationalitätspostulate nach sich zieht. Nicht von ungefähr wird das Vordringen von immer differenzierteren und schlagkräftigeren Planungs- und Kalkülverfahren häufig begründet mit der zunehmenden Komplexität der modernen Welt und der Beschleunigung ihres historischen Wandels. Die zunehmende Verflechtung und Erweiterung vieler Strukturen und Bereiche, unter anderem eine Folge der Entwicklung des Transport-, Kommunikations- und Informationswesens, führt zu Aktionshorizonten zeitlicher und sachlicher Art, welche intuitiv nicht mehr bewältigt werden können. Der rasche Wandel der Situationen und der Beurteilungsmaßstäbe verlangt dauernd neue und rasche Entscheidungen sowie antizipative Überlegungen über Sequentialität und Flexibilität. Wenn so gewichtige Gründe für einen Ausbau der praxeologischen Techniken sprechen, verbleibt als letzter Einwand die Frage nach ihrer Praktikabilität. In der Tat sind manche Kalküle mit den heutigen Mitteln noch gar nicht vollständig durchführbar, z. B. erreichen manche kombinatorischen Lösungsgänge derart astronomische Größenordnungen, daß die Computertechnik sie noch nicht zu bewältigen vermag. Nicht nur enormer kalkulatorischer Aufwand, sondern auch die übertriebenen Anforderungen an das Wissen über weitverzweigte Zusammenhänge und schließlich an die Bewertungsfähigkeit der Instanzen stehen der Verwirklichung der Maximierung von Zielfunktionen anhand umfassender Entscheidungsmodelle entgegen. Daher sind auch schon bescheidenere Strategien der Zerlegung in Teilprobleme und kleine Schritte entwickelt worden, die einer Rechtfertigung tatsächlicher politischer Praktiken recht nahekommen.[36] Andererseits zeigt jedoch die ›Computerisierung‹ vieler Planungs- und Entscheidungsbereiche, die enorme Zunahme des mathematischen Wissens und die zunehmende Verwissenschaftlichung, daß die Lehre von der rationalen Wahl von Strategien sich auch immer mehr in Praxis umsetzen läßt – ja die Entwicklung gerade dieser Art von Politiklehre erklärt sich selbst aus diesen neuen Möglichkeiten, verbunden mit den vorher genannten Notwendigkeiten.

Anmerkungen

1 Für die hier involvierten Probleme der Annäherung an eine intendierte Wahrheit der Theorien und Hypothesen durch Bemühung um ihre vorläufige Bestätigung mit Hilfe von Falsifizierungsbemühungen sei auf die einschlägige wissenschaftstheoretische Literatur verwiesen, insbesondere auf Karl Popper, *Logik der Forschung,* Wien 1935, Tübingen ²1966.

2 Zur Kritik des Dezisionismus siehe Jürgen Habermas, »Dogmatismus, Vernunft und Entscheidung«, in: derselbe, *Theorie und Praxis,* Neuwied–Berlin 1963, insbesondere S. 239 ff.

3 Diese Rolle der Handlungsmaximen wird beschrieben von Jürgen von Kempski, »Handlung, Maxime und Situation», in: *Studium Generale,* Jg. 7 (1954), S. 60 ff.

4 Das gilt nicht nur für die bekannte Konzeption Max Webers, sondern auch für ökonomisch-rationale Deutungen der Funktionsweise einfacher Gesellschaften (David Martin Goodfellow, *Principles of Economic Sociology,* deutsche Ausgabe: *Grundzüge der ökonomischen Soziologie,* Zürich–Stuttgart 1954) oder politischer Systeme (Anthony Downs, *An Economic Theory of Democracy,* New York 1957).

5 Vgl. Jürgen von Kempski, a. a. O., sowie ders., »Zur Logik der Ordnungsbegriffe, besonders in den Sozialwissenschaften«, in: Hans Albert (Hrsg.), *Theorie und Realität,* Tübingen 1964, S. 209–232.

6 Einen Überblick hierüber bietet Ward Edwards, »The Theory of Decision Making«, in: *Psychological Bulletin,* Vol. 51 (1954), S. 380 ff.

7 Diesen handlungstheoretischen Apriorismus vertritt Ludwig von Mises, *Human Action,* London–Edinburgh–Glasgow 1949.

8 Frank H. Knight, *Risk, Uncertainty, and Profit,* New York 1921, Neudruck London 1946.

9 In der mathematischen Wirtschaftstheorie und der theoretischen Statistik werden die Entscheidungs- bzw. Auswahlmaximen auch Auswahlfunktionen genannt. Auch wird zwischen verschiedenen Entscheidungskriterien, also -prinzipien, -regeln usw. noch schärfer unterschieden. Siehe etwa Hans Schneeweiß, *Entscheidungskriterien bei Risiko,* Berlin–Heidelberg–New York 1967, S. 17 ff. sowie die dort genannte Literatur.

10 Der Ausdruck stammt von Wilhelm Krelle, *Preistheorie,* Tübingen–Zürich 1961, S. 241 f.

11 Siehe den Strategiebegriff von John von Neumann und Oskar Morgenstern, *Theory of Games and Economic Behavior,* Princeton [3]1953.

12 Das Prinzip der begrenzten Rationalität ist vor allem propagiert worden von Herbert A. Simon, vgl. etwa ders., »Rational Choice and the Structure of the Environment«, abgedruckt in: ders., *Models of Man,* New York–London 1957, S. 261 ff.

13 Siehe die Übersicht von Alan R. Prest und Ralph Turvey, »Cost-Benefit Analysis: A Survey«, abgedruckt in: *Surveys of Economic Theory,* Vol. III, London–New York 1967, S. 155 ff.

14 Diese Interpretation findet sich u. a. bei D. Davidson, J. C. C. McKinsey und Patrick Suppes, »Outlines of a Formal Theory of Value«, in: *Philosophy of Science,* Vol. 22 (1955), S. 140 ff.

15 Vgl. den Sammelband von David Novick (Hrsg.), *Program Budgeting – Program Analysis and the Federal Budget,* Cambridge, Mass. 1965.

16 Der Ausdruck ›Quasigesetze‹ für Beziehungen von räumlich-zeitlich beschränkter Geltung wurde von Hans Albert im Zusammenhang mit dem Problem historischer Relativierung benutzt, vgl. dazu seinen Aufsatz: »Theorie und Prognose in den Sozialwissenschaften«, in: *Schweizerische Zeitschrift für Volkswirtschaft und Statistik,* 93. Jg. (1957), S. 60 ff.

17 Zuerst in seinem Buch: *On the Theory of Economic Policy,* Amsterdam 1952, deutsche Übersetzung von Auszügen in Gérard Gäfgen (Hrsg.), *Grundlagen der Wirtschaftspolitik,* Köln 1966, S. 383 ff.

18 C. J. van Eijk und Jan Sandee, »Quantitative Determination of an Optimum Economic Policy«, in: *Econometrica,* Vol. 27 (1959), S. 1 ff., benutzten Bruchstücke einer aus Äußerungen von Mitgliedern des Niederländischen Wirtschafts- und Sozialrates gewonnenen Zielfunktion.

19 Die Logik eines solchen enumerativen Verfahrens kann aus Raummangel hier nicht geschildert werden. Für eine einfache Einführung siehe Arnold Kaufmann, *The Science of Decision Making,* London 1968, S. 110 ff.

20 Wichtige Beispiele der jüngsten Zeit sind Entwicklungsprojekte der Luft- und Raumfahrttechnik.

21 Vgl. Richard Bellmann, *Dynamic Programming,* Princeton 1957, insbes. S. 83 sowie L. S. Pontryagin u. a., *The Mathematical Theory of Optimal Processes,* New York 1962.

22 Eine besonders ausführliche Untersuchung der Vorzüge dieses Entscheidungsprinzips findet sich bei Hans Schneeweiß, a. a. O.

23 Zur Axiomatik der verschiedenen Maximen siehe R. Duncan Luce und Howard Raiffa, *Games and Decisions,* New York 1957, S. 278 ff.

24 John von Neumann und Oscar Morgenstern, a. a. O., S. 186 ff.

25 Es handelt sich hier um das Gebiet der ›bargaining theory‹, für welche es vielerlei Anwendungsfelder, z. B. ökonomische Situation des bilateralen Monopols, zwischenstaatliche Verhandlungen in der Außenpolitik usw., sowie vielerlei praxeologische und auch deskriptiv-analytische Ansatzpunkte gibt.

26 Diese ökologische Begründung des Prinzips der begrenzten Rationalität findet sich bei Herbert A. Simon, a. a. O., sowie in: »A Behavioral Model of Rational Choice«, in: ders., *Models of Man,* a. a. O., S. 241 ff. – Für die Dynamik des Aspirationsniveaus in Abhängigkeit von den erreichten Ergebnissen sprechen auch zahlreiche psychologische Untersuchungen; vgl. etwa David C. McClelland, *The Achieving Society,* Princeton–New York–London–Toronto 1961 (deutsch: *Die Leistungsgesellschaft,* Stuttgart 1966).

27 Die früheste Entwicklung geht zurück auf Abraham Wald, *Sequential Analysis,* New York–London 1947. Für praktische Anwendungen siehe Robert Schlaifer, *Probability and Statistics for Business Decision,* New York 1959.

28 Zur Abhängigkeit des Verhaltens von der Stationarität der Umwelt siehe Merill M. Flood, »Environmental Non-Stationarity in a Sequential Decision-Making Experiment«, in: R. McDonell Thrall u. a. (Hrsg.), *Decison Processes,* New York–London 1954. Lernstrategien werden deskriptiv in der Literatur zur Psychologie des Lernens, ihrer Logik nach in der statistischen Literatur über stochastische Prozesse (Markow-Ketten), ihrer praktischen Anwendung nach in der Literatur über dynamische Programmierung behandelt. Vgl. etwa L. S. Pontryagin u. a., a. a. O., sowie Richard Bellmann, *Adaptive Control Processes,* Princeton 1959.

29 Siehe A. W. Philips, »Stabilization Policy in a Closed Economy«, in: *Economic Journal,* Vol. 64 (1954), S. 290 ff. sowie ders., »Stabilization Policy and the Time-Forms of Lagged Responses«, ebd., Vol. 67 (1957), S. 265 ff.

30 Zu dieser Herkunft und Bedeutung der Kompromiß-Regeln sowie ihrer logischen Struktur vgl. Jerome Rothenberg, *The Measurement of Social Welfare,* Englewood Cliffs 1961; Gérard Gäfgen, »Zur Theorie kollektiver Entscheidungen in der Wirtschaft«, in: *Jahrbücher für Nationalökonomie und Statistik,* Band 173 (1961), S. 1 ff.; James M. Buchanan und Gordon Tullock, *The Calculus of Consent. Logical Foundations of Constitutional Democracy,* Ann Arbor 1962.

31 Kenneth J. Arrow, *Social Choice and Individual Values,* New York 1951.

32 Zu den Schwierigkeiten der Analyse und insbesondere der Optimierung von Kommunikationsstrukturen siehe Eva Bössmann, *Die ökonomische Analyse von Kommunikationsbeziehungen in Organisationen,* Berlin–Heidelberg–New York 1967.

33 Organisationstheoretische Ansätze unterscheiden sich danach, ob sie dieser letzteren Konzeption vom allein rationalen Organisator folgen, ob sie überhaupt die faktischen Begrenzungen der Rationalität in Organisa-

tionen berücksichtigen (so Herbert A. Simon, *Administrative Behavior,* New York ²1957) und somit stärker die Organisationssoziologie heranziehen (so Herbert A. Simon und James G. March, *Organizations,* New York–London 1958) oder ob sie volle Rationalität aller Funktionsträger voraussetzen und daraus optimale Organisationsformen ableiten wollen, was bereits bei winzigen Strukturen zu enormen Schwierigkeiten führt (so Jacob Marschak, »Elements for a Theory of Teams«, in: *Management Science*, Vol. 1 (1955), S. 127 ff.).

34 Zu dieser Kritik der Ordnungsdiskussion siehe Hans Albert, »Rationalität und Wirtschaftsordnung«, in: *Jahrbuch für Sozialwissenschaft,* Band 14, H. 3 (1963), S. 86–113.

35 Vgl. den Überblick über Hilfsmethoden der Aktion bei R. Caude und A. Moles, *Méthodologie – vers une Science de l'Action,* Paris 1964.

36 Das gilt vor allem für die Strategielehre von David Braybrooke und Charles E. Lindblom, *A Strategy of Decision,* London 1963.

KARL W. DEUTSCH

Konflikte in der Spieltheorie

In welche Art Konflikt sich ein Staat auch immer hineinmanövriert, er beherrscht stets bis zum gewissen Grade nicht nur sein eigenes Verhalten, sondern auch das seines Gegners. Die verschiedenen Konflikttypen unterscheiden sich durch das Ausmaß und die Art der Selbstbeherrschung und der gegenseitigen Beeinflussung, die darin eine Rolle spielen. Dem Mathematiker und Spieltheoretiker Anatol Rapoport zufolge kann man die drei wichtigsten Konflikttypen mit den Bezeichnungen »Kämpfe«, »Spiele« und »Debatten« belegen. Jeder Typ hat seine eigenen Bedingungen, seinen eigenen Entwicklungsgang und seine eigene Skala prognostizierbarer Ergebnisse.

1. »Kämpfe«: Quasi-automatische Konflikttypen

In einem Konflikt dieses Typs schwindet die Herrschaft der Akteure über ihr eigenes Verhalten und über das ihres Gegners schnell dahin, denn die Maßnahmen der einen Seite dienen der anderen jeweils als Ausgangspunkt für ähnliche Gegenmaßnahmen. Ein Hund, der auf der Straße einen Artgenossen trifft, braucht diesen nur anzuknurren, und schon knurrt der andere zurück. Darauf steigert er seine Lautstärke, und der andere überbietet ihn darin. Der erste Hund fletscht die Zähne, der zweite erwidert die Geste. In der klassischen Eskalationssequenz folgen dann das Zähnezeigen, das Zuschnappen und schließlich verbissener Kampf. Dem Kampf zweier kleiner Jungen auf dem Schulhof kann eine ähnliche Sequenz vorausgehen: Der Austausch spöttischer Blicke führt zum Austausch von Schmähwörtern

K. W. Deutsch, »Wie Konflikte zwischen Staaten entstehen«, aus: *Die Analyse internationaler Beziehungen*, Frankfurt a. M.: Europäische Verlagsanstalt, 1968, S. 161–189 (*The Analysis of International Relations*, Englewood Cliffs, N. J.: Prentice-Hall, 1968). Deutsche Übersetzung von Hans Joachim Krüger.

und feindlichen Gesten, dann zu Drohungen, Herausforderungen und deren Erwiderung, bis endlich Schläge ausgetauscht werden und ein regelrechter Kampf im Gange ist.

Was bei Hunden und kleinen Jungen beobachtbar ist, kann man auch bei Rüstungswettläufen zwischen Nationen und bei Konfrontationen großer Mächte beobachten. Die Höhe der Rüstung oder der Rüstungsausgaben einer Nation wird zur Bezugsbasis einer zweiten Nation, die beschließt, diesen Aufwand mit einer »Sicherheitsmarge« von beispielsweise 10 Prozent zu überbieten. Aber nun wird dieser neue, höhere Rüstungsstand der zweiten Nation wiederum zur Grundlage des Sicherheitskalküls der ersten, die dann ihrerseits versucht, 10 Prozent mehr als ihr Rivale für Waffen auszugeben. Der Rivale antwortet darauf mit einem neuerlichen Versuch, seine 10 Prozent Vorsprung zu behaupten, und so geht es fort in einer Folge ständiger Eskalation der Rüstungen, bis einer der beiden Rivalen oder beide erschöpft sind oder Krieg ausbricht oder – was höchst unwahrscheinlich ist – bis es auf beiden Seiten in letzter Minute zu einer Änderung der Politik kommt.

Auch in einer Konfrontation zwischen Großmächten ist jede der beteiligten Mächte bestrebt, die andere hinsichtlich des verbalen oder materiellen Engagements in jeder Phase ein Stück zu überbieten. Mäßig gehaltene Noten werden durch solche in scharfem Ton abgelöst. Auf Noten folgt die Verlegung von Schiffen, Truppen und Flugzeugen in die Nähe des strittigen Punktes der Erde, und vielleicht werden einige Streitkräfte eingeschleust oder offen gelandet. Es fallen Schüsse, auf die eine mehr als gleichgroße Vergeltung der anderen Seite folgt, es kommen verbündete Nationen ins Spiel, und so weiter mit Drohung und Gegendrohung, Vergeltung und Wiedervergeltung, bis die Schwelle des mit allen Mitteln geführten Krieges erreicht und vielleicht überschritten wird.

Ihrem Wesen nach tendieren Konfliktprozesse dieses Typs (»Kämpfe«) dazu, automatisch und ohne Überlegung abzulaufen, ähnlich etwa einem Brettspiel zwischen zwei Anfängern, die davon weniger verstehen als sie glauben: jeder Zug erscheint ihnen notwendig und naheliegend. Tatsächlich gehen diese Abläufe wie die Züge zweier geübter, aber noch nicht zu Könnerschaft gediehener Brettspieler oft so rasch vor sich, daß sie kaum vom Reflexhaften zu unterscheiden sind. So kommt es, daß Staatsmänner sagen können: »Wir haben keine andere Wahl«, und daß Nationen, die (wie es sogar die meisten Neulinge beim Brettspiel tun) aus ihren Erfahrungen lernen sollten, sich in Konfliktabläufe verstrickt finden, die (jedenfalls ihnen) unvermeidlich scheinen und den Ausbruch aus der Folge sich überstürzender Ereignisse zunehmend schwieriger gestalten.

In seinem automatischen Charakter ähnelt ein Konflikt dieser Art auch gewissen natürlichen Vorgängen und ist wie diese durch ein Paar Differentialgleichungen beschreibbar. (Mathematische Modelle solcher Konfliktprozesse sind von verschiedenen Natur- und Sozialwissenschaftlern, darunter Lewis F. Richardson, Nicholas Rashevsky, G. F. Gause, Anatol Rapoport und Kenneth Boulding, untersucht worden.) Im typischen Fall umfassen solche Gleichungen zwei Arten von Gliedern. Die Glieder der einen Art repräsentieren *Beschleunigungsvorgänge*, d. h. sie stehen für die Beschleunigungswirkungen, die die Maßnahmen jedes Akteurs auf die Maßnahmen des jeweils anderen und möglicherweise auch auf die eigenen nächsten Schritte ausüben. Die Glieder der zweiten Art hingegen repräsentieren die umgekehrten Wirkungen, die ebenfalls in vielen Konfliktsituationen beobachtbar sind. Dies sind die verlangsamenden oder *verzögernden* Effekte, die wachsende Selbstbeschränkung der Beteiligten bei Zuspitzung des Konflikts begünstigen. Zu ihnen gehören die wachsenden (politischen oder finanziellen) Belastungen, wachsende innenpolitische Opposition, nachlassende Ressourcen oder auch Kombinationen aus mehreren dieser Faktoren.

Unter bestimmten Bedingungen überwiegen die beschleunigenden Faktoren, und ein geeignetes mathematisches Modell zeigt, daß in diesem Fall der Konflikt eskaliert, bis Zerstörung oder Zusammenbruch eines Akteurs oder eines Systembestandteils eintritt. Das Modell vermag sogar zu zeigen, wann das Erreichen einer solchen Grenze oder eines Zusammenbruchs zu erwarten steht. Unter anderen Bedingungen dagegen können Faktoren der Selbstbeschränkung schneller wachsen als die den Konflikt akzelerierenden Faktoren. Dann verlangsamt sich die Eskalationsrate des Konflikts, und das ganze Konfliktsystem kann an einem Punkt vor seinem Zusammenbruch und der Zerstörung einer der streitenden Parteien zur Ruhe kommen. Die mathematischen Modelle zeigen, wann und wie unter diesen Bedingungen z. B. konkurrierende Käferarten in ein und demselben Mehlsack unbegrenzt nebeneinander existieren können, wann und wie konkurrierende religiöse Heilslehren oder politische Ideologien in einem stabilen Zustand wetteifernder Koexistenz überdauern können, oder wann und bei welchem Ausgabenstand ein Rüstungswettlauf zum Stillstand kommen kann. Deshalb dürfen wir, falls es uns gelingt, die auf größere Zurückhaltung der konkurrierenden Staaten hinwirkenden Faktoren zu entdecken und zu stärken, selbst angesichts des gedankenlosen Automatismus der Konflikte des soeben behandelten Typs noch etwas Hoffnung hegen.

2. »*Spiele*«: *Rationale Konflikte durch Strategie*

Ein ganz anderer Konflikttyp erinnert an Spiele, in welchen jeder Spieler rationale Gewalt über seine Züge – aber nicht notwendig über ihre Resultate – hat; und auf ihn lassen sich einige der Modelle der Spieltheorie anwenden. Viele Spiele, denen wir uns zur Erholung und Kurzweil widmen, etwa Poker, Bridge oder Schach, haben eine abstrakte und begrenzte Ähnlichkeit mit Konfliktsituationen des wirklichen Lebens – Konkurrenzkampf im Geschäftsleben, Politik und Krieg – und sind teils aus diesem Grunde für Menschen interessant und attraktiv. Bei jedem Spiel dieser Art hat jeder Spieler eine Nutzwertskala, derzufolge er für die Dauer des Spiels bestimmte Ergebnisse bevorzugt und anstrebt. Er hat weiter die Wahl zwischen verschiedenen ihm möglichen Zügen, und schließlich hat er einen Satz Erwartungen bezüglich des wahrscheinlichen Ergebnisses eines von ihm gewählten Zuges.

Um gut zu spielen, muß ein Spieler deshalb wissen, was er will, er muß wissen, was er weiß und was nicht, und er muß wissen, was er tun kann und was nicht. Seine Kenntnis der Ergebnisse seiner Maßnahmen hingegen ist ungewiß, denn in einem typischen Spiel hängt sein eigener Zug auch von dem Zug ab, den sein Opponent tut. Oft wird er nicht genau wissen, was sein Opponent tun kann (welche Möglichkeiten diesem – etwa mit den in seiner Hand befindlichen Karten – offenstehen), noch wird er wissen, was sein Opponent beschließen oder planen kann (d. h. welche Absichten er hat). Angesichts solcher Ungewißheit muß jeder Spieler seine Züge auf möglichst rationalen Mutmaßungen oder Schätzungen aufbauen. Man sagt, daß Napoleon seinen Generalen geraten habe, sich bei ihren militärischen Schachzügen an ihrer Einschätzung der Möglichkeiten ihrer Gegner und nicht an ihrer notwendigerweise weniger verläßlichen Einschätzung der Absichten ihrer Gegner zu orientieren.

Solange er »mitspielt«, versucht jeder Spieler zu gewinnen oder wenigstens nicht zu verlieren. In dieser Absicht wählt er seine einzelnen Züge und kurzfristigen Zugsequenzen, die wir seine *Taktik* nennen, und auch seine längerfristigen Maßnahmen und Zugsequenzen, die wir seine *Strategie* nennen, und die die taktischen Züge als Bestandteile einschließen. Die für einen Spieler rationalste Strategie ist dann diejenige, die ihn mit größter Wahrscheinlichkeit gewinnen oder, um ein anderes Kriterium zu benutzen, nicht verlieren läßt. Sofern die im Spiel möglichen Gewinne und Verluste quantitativ faßbar sind, ist die rationalste Strategie diejenige, die die Nettogewinne maximiert, bzw. diejenige, die die Nettoverluste minimiert.

3. Nullsummen- oder Festsummenspiele

Eine große Klasse von Spielen bilden die *Nullsummenspiele*, die allgemeiner auch *Festsummenspiele* genannt werden. Bei einem Nullsummenspiel ist die Summe aller Gewinne und Verluste aller Spieler Null, so daß alles, was ein Spieler gewinnt, von einem oder mehreren anderen Spielern verloren werden muß. (Schach, Bridge und Poker sind Beispiele für Nullsummenspiele.) Bei einem Festsummenspiel hat die Summe aller Gewinne und Verluste einen festen Wert, der nicht Null sein muß, sondern größer oder kleiner sein kann. (Aber auch hier gehen Gewinne eines Spielers notwendig zu Lasten anderer Spieler.) Nullsummenspiele sind deshalb eine Abart von Festsummenspielen, und jedes Festsummenspiel läßt sich durch einfache mathematische Transformation in ein Nullsummenspiel verwandeln. In allen wichtigen mathematischen Eigenschaften sind Nullsummenspiele mit anderen Festsummenspielen identisch, und was im folgenden über Nullsummenspiele gesagt wird, gilt deshalb für alle Festsummenspiele.

Jedes Nullsummenspiel stellt eine ungemischte und ungelöste Konfliktkonstellation dar. Bei einem Zweipersonenspiel dieser Art ist jeder Gewinn eines Spielers für den anderen ein Verlust. Was für den einen gut ist, ist für seinen Spielgegner notwendigerweise schlecht, und umgekehrt muß ein irgendwie gearteter Vorteil des Gegners für den ersten Spieler einen gleichgroßen Nachteil bedeuten. Mehr als vier Jahrhunderte vor der Entdeckung der Spieltheorie benutzte Niccoló Machiavelli dieses Schema modellhaft für seinen Begriff von Macht, als er schrieb, daß ein Fürst, der die Macht eines anderen mehre, notwendig die eigene schmälere.

Ein ähnlich am Nullsummenspiel orientiertes Verständnis von Macht und vom Konkurrenzkampf rivalisierender Staaten und insbesondere rivalisierender Ideologien finden wir heute in einigen grundlegenden Varianten des Denkens in den Kategorien des Kalten Krieges. Was für den Westen gut oder auch nur akzeptabel ist, so könnten einige Verfechter des militanten Kommunismus in Peking oder Moskau denken, muß für den Kommunismus schlecht sein; und was für den Kommunismus gut oder auch nur akzeptabel ist, so meinen einige unserer eigenen Verfechter des militanten Antikommunismus, muß automatisch für die Vereinigten Staaten von Nachteil sein. Jeder Schritt in Richtung auf Mäßigung, gegenseitiges Entgegenkommen oder Kompromiß zwischen den Vereinigten Staaten und der Sowjetunion oder zwischen den Vereinigten Staaten und China in irgendeiner Sache, so meinen die Verfechter des Kalten Krieges auf beiden Seiten, ist nichts als vergebliche Beschwichtigung eines unersättlichen Feindes und Ausverkauf der Interessen der eigenen Nation.

Strategien und Lösungen. Die Welt der Zweipersonen-Nullsummenspiele ist eine Welt des gnadenlosen und unversöhnlichen Konflikts. Nach den Annahmen dieses Modells können sich weder die Motivierungen noch die Interessen der Spieler jemals ändern; sie müssen für alle Zeiten einander feindlich bleiben. Aber selbst diese Welt ist rational erfaßbar. Jeder Spieler kann für eine Folge aus mehreren Partien desselben Spiels seine langfristigen Verlust- oder Gewinnchancen berechnen. Er kann seine hierfür günstigste Strategie berechnen, und solange nichts für das Gegenteil spricht, darf er annehmen, daß diese Strategie auch bei nur einer Partei die für ihn günstigste ist. Auch kann jeder Spieler die günstigste Strategie seines Opponenten berechnen.

Gibt es für jeden Spieler eine »günstigste Strategie« und kann jeder Spieler von der seinen Gebrauch machen, hat das Spiel eine »stabile Lösung«. *Lösungen* sind mithin Strategien, von denen kein Spieler ohne Nachteil abweichen kann; sie liefern deshalb für alle rationalen Spieler stabile Spielergebnisse.

Es stellt sich oft heraus, daß ein solches Spiel mehr als eine Lösung dieser Art besitzt, obgleich die Zahl der stabilen Lösungen meist klein ist. Andererseits gibt es natürlich meist viele unkluge Strategien, aber es lohnt sich festzuhalten, daß es mehr als einen stabilen und gangbaren Weg zur Behandlung von Konfliktsituationen gibt. Wenn wir die internationale Politik und die menschlichen Beziehungen allgemein als Mittel zur Beherrschung möglicher Konflikte verstehen, können wir aus diesen Überlegungen die Einsicht gewinnen, daß es eine Mehrzahl gangbarer Wege zu ihrer Behandlung geben kann. Zwar wäre es ein Fehler, gegenüber den Dingen der Außenpolitik und der Lebensweise völlig indifferent zu sein, doch ist es wahrscheinlich realistisch zu erkennen, daß sich trotz unserer Neigung, *für uns selbst* nur eine Außenpolitik und nur eine Lebensordnung als mit unseren Werten und Traditionen am besten vereinbar zu akzeptieren, durchaus mehrere Alternativen zu beidem als stabil und gangbar erweisen können. Diese philosophischen Folgerungen aus der Spieltheorie sprechen für Pluralismus, aber nicht für Indifferenz. Sie deuten an, daß wir wohl mit völlig rationaler Begründung eine Gruppe gangbarer politischer oder strategischer Alternativen wählen können, daß aber unsere letzte Entscheidung für eine von ihnen manchmal anders als durch den Wunsch nach Sieg im Wettstreit motiviert sein muß.

Der Sattelpunkt- oder Minimaxbegriff. Sogar für die Situation des unversöhnlichen Konflikts nach dem Modell des Zweipersonen-Nullsummenspiels kann es eine oder mehrere stabile Lösungen geben, die in mancher Hinsicht wie mathematische Entsprechungen zu Kompromissen anmuten. Es sind die sogenannten *Minimax-* (oder *Maximin-*) Lösungen. Wenn ein Spieler annimmt, daß sein Gegner so klug wie möglich vorgeht und auf größtmöglichen Gewinn spielt, gibt es für ihn oft eine (berechenbare oder entdeckbare) Strategie, mit welcher er seine eigenen Verluste und mithin den Gewinn seines Gegners auf einem Minimum halten kann. Wenn es eine solche Strategie gibt, verlangt sie meist von unserem Spieler, daß er entweder den kleinsten der erreichbaren Gewinne (das Minimum seiner Maxima) oder den kleinsten seiner möglichen Verluste (das Maximum seiner Minima) als Spielausgang akzeptiert.

Die Spieltheoretiker sind sich darin einig, daß in solchen Spielsituationen unversöhnlichen Konflikts die sicherste Strategie für einen Spieler darin besteht, entweder »den besten der schlechtesten« oder »den schlechtesten der besten« möglichen Spielausgänge zu wählen. Sie sagen, daß, wenn ein Spieler eine solche Strategie strikt durchzuführen vermag, die Menge der möglichen Spielausgänge mindestens einen »Sattelpunkt«, d. h. einen Punkt enthalten muß, an welchem das Minimum der Maxima des einen Spielers mit dem Maximum der Minima seines Gegners zusammenfällt. Auch in Spielsituationen, in denen es einen solchen Sattelpunkt nicht gibt, kann ein Spieler häufig einen der Minimaxlösung gleichwertigen Spielausgang erzwingen, indem er eine entsprechend kalkulierte »Mischstrategie« verfolgt. Nehmen wir an, daß ihm vier mögliche Strategien zur Verfügung stehen, dann könnte es beispielsweise für ihn am günstigsten sein, beliebig zwischen den Strategien 1 und 3 zu wechseln, dabei aber Strategie 1 doppelt so oft wie Strategie 3 zu gebrauchen und die Strategien 2 und 4 überhaupt zu meiden. (Die hier nur grob und skizzenhaft angedeuteten Argumente der Spieltheorie können in ihren faszinierenden Einzelheiten nachgelesen werden in den Werken von Spieltheoretikern wie Martin Shubik, Anatol Rapoport, Duncan Luce und Howard Raiffa, und natürlich in dem klassischen Werk *»Theory of Games and Economic Behaviour«* von John von Neumann und Oskar Morgenstern.)

Da die soeben besprochene besonnene Strategie (die übrigens interessante Parallelen zu bestimmten außenpolitischen Stilen aufweist) von der Annahme ausgeht, daß der Gegner sein Bestes tun wird, ist sie keine »offensive« Strategie; sie kann nicht jeden Fehler des Gegners ausnutzen. Daher ist sie ihrem Wesen nach eher defensiv. Sie bewahrt einen Spieler vor unnötigen Risiken und stellt das Beste dar, was er auf lange Sicht gegen einen optimal spielenden Opponenten tun kann. Sie ist eine harte Strategie der Festigkeit und Vorsicht: sie garantiert dem Spieler, der sich ihrer bedient, das bestmögliche Abschneiden gegenüber einem gleichklugen Opponenten und kann diesen sogar mit der Zeit zu Fall bringen. Aber sie vermag keinen schnellen Sieg zu verheißen, und als (sogenannte) »Politik des Nichtgewinnens« findet sie bei Anwendung auf die internationale Politik kaum Anklang bei aktionslüsternen Generalen und ungeduldigen Zivilisten. Ungeachtet dieser mangelnden Popularität und trotz der Tatsache, daß Außenpolitik in erster Linie von Politikern und Diplomaten und nicht von Spieltheoretikern gemacht wird, scheint jedoch die von den Vereinigten Staaten gegenüber der Sowjetunion praktizierte »Eindämmungspolitik« einiges vom Denkstil der Minimaxstrategie widerzuspiegeln. Diese Politik, die George F. Kennan in den Jahren 1946 und 1947 zuerst formulierte, wurde von den Vereinigten Staaten bald zwei Jahrzehnte lang verfolgt.

4. *Spiele mit variablen Gewinn- und Verlustsummen (oder gemischten Motiven)*

Die meisten Konfliktsituationen im täglichen Leben oder in der internationalen Politik ähneln jedoch weniger dem Nullsummenspiel als vielmehr *Spielen mit variablen Gewinn- und Verlustsummen.* Dabei handelt es sich um Spiele, in denen die Spieler nicht nur in Konkurrenz um Gewinne stehen, sondern auch gemeinsam etwas an einen weiteren *Beteiligten* (oder Sekundärspieler, unter dem wir uns bei Spielen etwa »die Bank« und in gewissen Realsituationen etwa »die Wirklichkeit« oder »die Natur« vorstellen können,) verlieren oder von diesem gewinnen können. Für die Primärspieler sind Spiele dieser Art deshalb *Spiele mit gemischten Motiven.* Sie sind *Konkurrenzspiele* insoweit, als die Streitpartner einander Gewinne oder Vorteile abzujagen trachten, doch sind sie insofern auch *Koordinationsspiele*, als die Spieler je nach ihrer Fähigkeit, ihre Züge um ihrer gemeinsamen Interessen gegenüber der »Natur« oder der »Bank« willen aufeinander abzustimmen, auch gemeinsamen Gewinn oder Verlust haben.

Eine Revolte von Gefängnisinsassen etwa würde sich als Konkurrenzspiel zwischen den auf Ausbruch bedachten Häftlingen und ihren Wärtern auffassen lassen, die ihren Ausbruch zu verhindern trachten. Das kann bereits wenigen Wärtern gelingen, solange sie die ihnen an Zahl überlegenen Häftlinge daran hindern können, ihre Bemühungen zu koordinieren. Gleichzeitig würde eine solche Revolte aber auch an ein Koordinationsspiel zwischen den Häftlingen erinnern, und zwar insofern, als sie ihr Vorgehen gegen ihre wenigen Wärter koordinieren müssen, um sie überwältigen zu können. Schließlich würde die Revolte auch ein Element der Konkurrenz der Häftlinge untereinander enthalten, da sich einige von ihnen gegen ihre Mithäftlinge auf die Seite der Wärter schlagen könnten, um als Lohn für ihr frühes Überlaufen eine Vorzugsbehandlung in der Haft oder vorzeitige Freilassung zu gewinnen. Die grundsätzliche Ähnlichkeit dieses Modells mit vielen Streiks, Meutereien, Kolonialrevolten, Volksaufständen oder auch Revolutionen liegt auf der Hand. Ebenso offensichtlich ist seine Ähnlichkeit mit manchen Problemsituationen der kollektiven Sicherheit und der Koalitionsbildung gegen eine Großmacht in der internationalen Politik.

Gegenseitige Drohungen: Das »Feiglingsspiel«. Gewisse spieltheoretische Modelle von Konfliktssituationen mit gemischten Motivierungen sind gründlicher untersucht worden. Eines davon ist das sogenannte »Feiglingsspiel« (»Chicken«). Bei diesem Spiel, das der Legende nach einmal unter den Teenagergruppen der amerikanischen Westküste im Schwange war, lenken zwei Spieler ihre Autos auf einer einsamen Straße mit hoher Geschwindigkeit geradewegs aufeinander zu. Wer zuerst von der Straßenmitte abweicht, um den Zusammenstoß zu vermeiden, ist der »Feigling« und hat unter seinesgleichen nichts mehr zu melden, während der verwegenere Fahrer, der sich weigerte auszuweichen, von ihnen als Held bewundert wird. (Nach Meinung mancher erinnert dies Spiel nicht nur rein zufällig an frontale Konfrontationen in der Weltpolitik, bei denen größere Mächte einander mit Kernwaffenkrieg drohen.)

Nähere Betrachtung des »Feiglingsspiels« läßt das zugrunde liegende mathematische Schema sichtbar werden. Jeder der beiden Beteiligten hat die Wahl zwischen zwei Strategien: er kann mit dem anderen »kooperieren«, indem er die Kollision durch Ausbiegen verhindert (und dabei das Risiko des Gesichtsverlustes in dem Falle auf sich nimmt, daß er zuerst ausweicht,) oder er kann sich vom gemeinsamen Überlebensinteresse »lossagen« und geradeaus weiterfahren, was ihm Tod oder Triumph bringt, je nachdem, ob sein Opponent dasselbe tut oder nachgibt. Jeder Spieler tut seinen »Zug«, indem er sich für Kooperation oder Lossagung entscheidet, doch das Resultat seiner Entscheidung hängt von der Entscheidung seines Opponenten ab.

Das abstrakte Modell dieser Situation läßt vier mögliche Spielausgänge zu: Erstens können beide Spieler »kooperieren« (KK), indem sie gleichzeitig ausweichen, so daß keiner sein Gesicht verliert; beide können sich vom gemeinsamen Interesse »lossagen« (LL), indem sie geradeaus in einen Frontalzusammenstoß steuern, bei dem sie höchstwahrscheinlich getötet oder schwer verletzt werden; drittens kann Spieler A durch Ausweichen kooperieren, während B geradeaus weiterfährt (KL), in welchem Falle A sein Gesicht verliert und B als Held gefeiert wird; und viertens schließlich kann A sich »lossagen« und geradeaus weiterfahren, während B durch Ausweichen kooperiert (LK), in welchem Falle A gefeiert und B verachtet wird.

Während er mit hoher Geschwindigkeit auf den anderen zufährt, hat keiner der beiden Teilnehmer an diesem Spiel Zeit und Gelegenheit, die Absicht seines Gegners herauszufinden. Also muß jeder seine beste Strategie im voraus wählen und danach verfahren. Aber welche Strategie ist etwa für den Spieler A die beste? Im »Feiglingsspiel« ist für A eindeutig Kooperation (K) am besten, denn im günstigsten Fall (d. h. wenn B ebenfalls K wählt), geht er unversehrt und ohne Gesichtsverlust aus dem Spiel hervor, während er im ungünstigsten Fall (d. h. wenn B aufs Ganze geht) trotz Prestigeverlust immerhin lebend

1. *»Minimax«:*

Spieler B: senkrecht

Strategien	B–1	B–2
A–1	− 10 + 10	+ 20 − 20
Spieler A: waagerecht A–2	− 10 + 10	+ 10 − 10

Matrix der Spielausgänge: Die vier Felder stellen die Spielausgänge dar, die eintreten, wenn A und B die dazu führenden Strategien wählen. Die Gewinne oder Verluste von A erscheinen in jedem Feld links unten, während diejenigen von B jeweils rechts oben im Feld angegeben sind.

»Natürlicher« Ausgang oder Minimaxlösung: A–2, B–2 (− 10; + 10). A–2 ist das Beste, was A für sich erreichen kann, wenn B seine stärkste Strategie gegen ihn einsetzt; B–2 ist das Beste, was B gegen die stärkste Strategie von A tun kann.

2. *»Feiglingsspiel«:*

	B–1 (K)	B–2 (L)
A–1 (K)	− 5 − 5	+ 10 − 10
A–2 (L)	− 10 + 10	− 50 − 50

»Natürlicher« Ausgang oder Minimaxlösung: KK (− 5; − 5)

3. *»Gefangenendilemma«:*

	B–1 (K)	B–2 (L)
A–1 (K)	+ 10 + 10	+ 20 − 20
A–2 (L)	− 20 + 20	− 10 − 10

»Natürlicher« Ausgang oder Minimaxlösung: LL (− 10; − 10)

nach Hause kommt. Dasselbe gilt natürlich für B: auch für ihn ist Kooperation (K) die beste Strategie, solange die Wahl seines Opponenten nicht zuverlässig vorausgesagt werden kann. Ihre Wahl auf K fallen zu lassen, ist für beide Spieler zweifellos die rationalste Entscheidung, solange bei beiden die Abneigung gegen die Konsequenz doppelter Lossagung (LL) – hier: getötet oder zermalmt zu werden – größer ist als die Abneigung gegen das Los, als der »Dumme« dazustehen, der vertrauensselig kooperiert, während sein Gegner sich triumphierend lossagt (KL); und solange die Abneigung gegen die Konsequenz von LL schwerer wiegt als die Versuchung, den Gegner zu überlisten, indem man ihn allein kooperieren läßt, so daß man selbst Triumph erntet, während ihm der Makel des Feiglings angeheftet wird. Nun mögen Teenager zuweilen weniger rational sein als Spieltheoretiker, doch das Urteil der Spieltheorie ist klar. Solange der negative Gewinn aus LL größer ist als jeder positive oder negative Gewinn bei den Spielausgängen KL oder LK, ist das Spiel ein echtes »Feiglingsspiel«. Es besitzt eine rationale Lösung, die darin besteht, daß beide Spieler die Zusammenarbeit dem Konflikt vorziehen. Entspricht eine Konfrontation in der internationalen Politik diesem Spieltyp, sollten rationale Staatsmänner dieser Theorie zufolge keine harte, unnachgiebige Politik wählen.

Drohungen und Versprechungen: Das »Dilemma der Gefangenen«. Leider jedoch erfordert realistische Behandlung internationaler Konfliktsituationen oft ein noch anderes spieltheoretisches Modell, das unter der Bezeichnung »Dilemma der Gefangenen« bekannt ist. Die um seine Erklärung sich rankende Geschichte besagt, daß der Direktor eines Gefängnisses einst zwei Gefangene hatte, die er ohne ein freiwilliges Geständnis von wenigstens einem der beiden nicht hängen konnte. Er ließ sich einen der Gefangenen vorführen und bot ihm Freilassung und einen Geldbetrag für den Fall, daß er mindestens einen Tag vor seinem Mitgefangenen ein Geständnis ablege, damit ein Schuldspruch gefällt und der Mitgefangene gehängt werden könne. Sollte aber der Mitgefangene mindestens einen Tag vor ihm ein Geständnis ablegen, so wurde dem ersten Gefangenen gesagt, werde jenem Freiheit und Geldlohn, ihm aber der Galgen beschieden sein. »Und was geschieht, falls wir beide am gleichen Tag ein Geständnis ablegen?«, fragte der erste Gefangene. »Dann behaltet ihr beide euer Leben und bekommt 10 Jahre Gefängnis.« »Und falls keiner von uns gesteht?« »In diesem Falle werdet ihr beide freigelassen – natürlich ohne Belohnung. Aber würdest du deinen Kopf verwetten, daß dein Mitgefangener, dieser Gauner, nicht eiligst gestehen und die Belohnung einstecken wird? Nun geh' zurück in deine einsame Zelle und überlege dir bis morgen, was du tun willst.« Dem zweiten Gefangenen wurde dasselbe gesagt, und jeder der beiden verbrachte die Nacht, indem er allein über sein Dilemma nachdachte.

Die mathematische Struktur ähnelt in mancher Hinsicht derjenigen des »Feiglingsspiels«. Jedem Spieler stehen zwei Strategien zur Wahl: er kann entweder mit seinem Gefährten kooperieren, indem er schweigt (K), oder er kann sich von diesem lossagen, indem er ein Geständnis ablegt (L). Wieder gibt es vier mögliche Spielausgänge: (1) KK – beide Gefangene schweigen und gewinnen ihre Freiheit, aber kein Geld; (2) KL – der erste Gefangene schweigt, aber der zweite sagt sich los, überantwortet ihn dem Galgen und geht mit dem Geldlohn in die Freiheit; (3) LK – der erste Gefangene sagt sich los, wird freigelassen und belohnt, während der zweite auf Kooperation setzt und sein Vertrauen mit dem Leben bezahlt; (4) LL – beide Gefangene handeln als nüchterne Realisten, legen ein Geständnis ab, und verbringen 10 Jahre im Gefängnis.

Was ist die rationalste Strategie jedes der isolierten Gefangenen, wenn er diese möglichen Ergebnisse, nicht aber die Entscheidung seines Mitgefangenen kennt und mit diesem auf keine Weise in Verbindung treten und kooperieren kann? Wiederum liefert die klassische Spieltheorie eine klare Antwort: er sollte sich lossagen, weil ihm dies im günstigsten Falle Freiheit und Geld, im ungünstigsten Falle 10 Jahre Gefängnis einbringt. Kooperation verschafft ihm bestenfalls Freiheit ohne Geld, im ungünstigsten Fall bringt sie ihn an den Galgen. Solange er nicht auf seinen Mitgefangenen rechnen kann, gebietet das rationale Eigeninteresse jedem der Gefangenen, daß er sich lossage, weil dann der größere Lohn oder die gelindere Strafe wartet. Also verfahren beide Gefangene entsprechend: sie legen ein Geständnis ab, und da sie gleichermaßen rational sind, tun sie es am gleichen Tag. Und obgleich sie beide durch Stillschweigen die Freiheit hätten erlangen können, haben sie nun 10 Jahre Zeit, im Gefängnis über das Ergebnis ihrer kaltblütigen Rationalität nachzudenken.

Wie beim »Feiglingsspiel« würde es für beide Spieler besser stehen, wenn sie die Möglichkeit hätten, ihre Strategien aufeinander abzustimmen und KK zu spielen, aber anders als beim »Feiglingsspiel« ist es diesmal für die Spieler sehr schwer (und vom individuellen Standpunkt gesehen auch nicht rational), dies zu tun. Warum?

Beim »Feiglingsspiel« ist es rational zu kooperieren und sich nicht loszusagen, weil der Schaden aus einer LL-Entscheidung schwerer wiegt als die Versuchung, sich von einem auf Kooperation spielenden Partner loszusagen, um aus dem Verrat Vorteil zu ziehen. Beim »Gefangenendilemma« dagegen ist der Schaden des »Dummen«, dessen vertrauensvolle Entscheidung für Kooperation mit Verrat quittiert wird, ungleich größer als der Schaden im Falle doppelter Lossagung. Deshalb erscheint es nicht rational, Verrat zu riskieren. Wo es um Rüstungsbegrenzung und Abrüstung oder um Deeskalation zwischen bitter verfeindeten ideologischen Gegnern geht, finden sich ähnliche Situationsmerkmale: beide Seiten könnten aus gegenseitigem Vertrauen realen Nutzen ziehen, doch fällt der Lohn für erfolgreichen Betrug und der Schaden aus eigenem Vertrauen und Betrug durch die andere Seite gleich schwer oder schwerer ins Gewicht.

Für das einmalig durchgespielte Gefangenendilemma gibt es außer dem erwähnten, etwas absurd anmutenden Ausgang mit LL und 10 Jahren Gefängnis für beide, keine überzeugende rationale Lösung. Wir könnten deshalb die bisher unserem Modell anhaftende Annahme der Einmaligkeit und Endgültigkeit fallen lassen. Fragen wir nunmehr nach der besten Strategie für eine Folge aus mehreren Spielen dieses Typs, beginnt sich eine Lösung abzuzeichnen.

Der Weg zu dieser Entdeckung kombiniert analytische mit experimentellen Elementen. Könnten die Gefangenen in unserem Spiel ihre Strategien aufeinander abstimmen, könnten sie beide die Freiheit gewinnen, doch fehlt ihnen jede Verständigungsmöglichkeit. In einer Serie von Spielen dagegen haben sie eine solche Möglichkeit, denn durch jeden Zug, den sie tun, und durch das Ergebnis, zu dem er beiträgt, teilen sie einander gewolllt oder ungewollt etwas mit. Anatol Rapoport und seine Mitarbeiter an der *University of Michigan* haben

Experimente angestellt, in denen das »Gefangenendilemma« von jeweils zwei Spielern jeweils 300mal durchgespielt wurde. Ihre veröffentlichten Erkenntnisse stützen sich auf insgesamt über 100 000 Spiele und sind von großem Interesse für alle, die Konflikte zwischen Individuen, Gruppen und Nationen erforschen.

Hier können nur einige wenige Aspekte dieser Ergebnisse erwähnt werden. In den frühen Stadien einer typischen Folge aus 300 Spielen gelingt es den beiden Beteiligten nur in etwas über 50 Prozent der Spiele, den auf gegenseitige Kooperation (KK) stehenden Gewinn zu erlangen. Gewöhnlich folgt dann eine Phase der Desillusionierung, in der sie aufeinander böse werden; das Spiel wird konkurrenzbetonter und die Häufigkeit der Fälle gegenseitiger Kooperation (KK) sinkt auf etwa 27 Prozent, so daß beide Spieler schwere Verluste erleiden. Während der nächsten 100 Spiele lernen sie allmählich, daß sich diese halsabschneiderische Konkurrenz nicht auszahlt, und während der letzten 50 Spiele erzielen sie durch erfolgreiche Zusammenarbeit in etwa 73 Prozent ihrer Spiele den erstrebenswerten Gewinn aus der KK-Konstellation.

Eine mögliche Erklärung für diesen typischen Ablauf ist, daß beide Spieler anfänglich eher zur kooperativen Strategie neigen, aber die entsprechenden Spielentscheidungen nicht miteinander zu koordinieren vermögen. Für den Spieler, der auf Kooperation setzt, bedeutet aber eine gegenteilige Entscheidung seines Gegners einen schweren Nachteil, was er wahrscheinlich als Boshaftigkeit und Verrat interpretiert. Er übt Vergeltung, indem er seinerseits auf die dem gemeinsamen Interesse zuwiderlaufende Strategie umschaltet, und es folgt eine lange Phase gegenseitiger Vergeltung (aus der beide Spieler nur langsam wieder herausfinden), bis sie endlich lernen, eine im Vergleich zur anfänglichen erheblich bessere Koordination zu erreichen und aufrecht zu erhalten.

Die Persönlichkeit der einzelnen Spieler erweist sich als weitgehend irrelevant für den typischen Ablauf der Spielserie. Den größten Einfluß hat das Ergebnisbild der ersten paar Spiele der Serie, das den weiteren Ablauf stark zu prägen scheint. Begünstigt es eine feindselige Haltung der Spielgegner, folgt eine ausgeprägte, langdauernde Phase des Konflikts und der gegenseitigen Bestrafung, und die Wiederherstellung von Vertrauen, und die Einübung häufigerer Zusammenarbeit wird sehr verzögert. Ist das Ergebnisbild der ersten Spielrunden dagegen kooperativ betont, bleibt der förderliche Effekt daraus in den späteren Phasen weitgehend erhalten.

Diese Beobachtungen liefern Anregungen für die Voraussage und

Handhabung internationaler Konflikte. Sie legen uns nahe, unser Augenmerk weniger auf die Intentionen oder auf die mutmaßlichen Wesensmerkmale ausländischer Regierungen und mehr auf die Wechselwirkungsstrukturen zwischen Regierungen, und zwar einschließlich unserer eigenen, zu richten. Die Frage, was die Regierung des Landes X mit diesem oder jenem Schritt gegenüber Land Y beabsichtigt haben mag, hätte dann zurückzutreten hinter der Frage, was den Ländern X und Y durch den Schritt der Regierung von X und durch die Reaktion von Y auf diesen Schritt tatsächlich geschehen ist. Und weiter hätte man nach der möglichen »atmosphärischen« Auswirkung der Erfahrung dieses Vorgeschehens auf die Zukunft zu fragen.

Die Ergebnisse aus Michigan bestätigen auch, was die Politologen erwartet haben dürften: daß nämlich sowohl Märtyrer als auch Zyniker in diesem Spiel schlecht abschneiden. Ein Märtyrer ist ein Spieler, der ständig die kooperative Strategie (K) spielt, gleichgültig, wie oft sein Gegner ihn durch Lossagung vom Gemeininteresse verrät. Die Beobachtungen zeigen,daß solche Märtyrer leicht von ihren Gegnern schamlos ausgebeutet werden; sie scheinen schärfste Gegnerschaft zu aktivieren und sind meist bis zum Ende der Spielserie die Verlierer. Zyniker dagegen, die ständig das Gemeininteresse verraten, fahren beinahe ebenso schlecht. Sie fordern alsbald Vergeltung heraus, und wenn sie an ihrer Strategie festhalten, bleiben sie auf den verlustreichen Spielausgang des Typs LL abonniert. Als erfolgversprechendste Strategie erweist es sich, (a) mit Kooperation zu beginnen, (b) dabei zu bleiben, solange sie erwidert wird, (c) wiederholten oder häufigen Verrat wirksam zu vergelten, aber (d) danach von Fall zu Fall eine Sequenz aus zwei oder drei kooperativen Zügen anzubieten, um den Gegner zu einer Phase gegenseitiger Kooperation zu stimulieren.

Es wurde festgestellt, daß sich die Häufigkeit kooperativen Spielverhaltens verdoppelte, wenn die Gewinn- und Verlustmatrix der Spielausgänge beiden Spielern während der ganzen Spielfolge ständig gut sichtbar war. (Dieser Effekt wurde beobachtet, obgleich alle Spieler zu Beginn des Spiels über die Gewinn- und Verlustmatrix unterrichtet worden waren und obgleich ihnen nach jedem Einzelspiel ihre Gewinne oder Verluste mitgeteilt wurden.) Dieses Resultat stützt die Ansicht von Immanuel Kant und anderen Philosophen, daß die Menschen um so eher zu kooperativem und moralischem Verhalten bereit sind, je mehr sie sich ihrer eigenen Situation bewußt sind.

Indem man die Spielgegner das »Gefangenendilemma« 300mal durchspielen läßt, wird das Spiel in einer wichtigen Hinsicht realistischer. Es ist dann nicht mehr ein »Weltuntergangsspiel« in dem Sinne, daß die Spieler (jedenfalls in dieser Eigenschaft) keine Zukunft und mithin keinen Anlaß haben, über die Auswirkung ihrer Strategien auf das künftige Verhalten der Mitspieler nachzudenken. Vielmehr kommt es nun mehr einem *Spiel mit Überleben* gleich, in welchem der Lohn für Erfolg großenteils in der Möglichkeit zum Weiterspielen und die Strafe für Mißerfolg darin besteht, daß man ruiniert wird und – ähnlich wie in realen Wettkampfsituationen des Geschäftslebens, der Parteipolitik und den außenpolitischen Beziehungen zwischen Regierungen – das Spiel aufgeben muß. Die besseren spieltheoretischen Modelle der Zukunft werden als Spiele mit Überleben anzulegen sein, wenn sie den Realsituationen in Wirtschaft und Politik und in den internationalen Beziehungen ähnlich und uns allen in unserem gegenwärtigen Spiel um das Überleben der Menschheit von Nutzen sein sollen.

Die Modelle der Spieltheorie bedürfen noch einer weiteren entscheidenden Verbesserung, die jedoch noch viel schwerer durchführbar sein wird. Um den Realitäten der nationalen und internationalen Politik näher zu kommen, müssen die Modelle den *Preis des Nachdenkens und Entscheidens* explizit berücksichtigen. In der klassischen Spieltheorie gilt die Annahme, daß die Spieler die eigenen möglichen Züge und die ihrer Gegner auf sämtliche zu erwartenden Konsequenzen hin durchrechnen können, und daß ihnen dies augenblicklich, vollkommen und ohne Aufwand an Zeit, Mühe oder Ressourcen möglich ist. Zwar gesteht die klassische, auf von Neumann und Morgenstern zurückgehende Spieltheorie zu, daß es nicht immer wie beim Schach sein muß, wo jeder Spieler jederzeit die Figuren und Positionen seines Gegners kennt, sondern daß ihm – wie beim Poker und bei vielen anderen Kartenspielen – auch manche oder alle Karten und Kombinationen in der Hand des Opponenten unbekannt sein können. Aber sie geht in jedem Falle von der Annahme aus, daß es den Spielern keinerlei Schwierigkeiten bereitet, anhand der ihnen sichtbaren Tatsachen augenblicklich sämtliche möglichen Zugkombinationen nebst ihren Resultaten zu durchdenken.

Tatsächlich ist dies weder beim Schach noch beim Poker möglich. Das Schachspiel ist gerade deshalb interessant, weil die Zeit zwischen zwei aufeinander folgenden Zügen – bei Schachturnieren beträgt sie oft eine Stunde – bei weitem nicht ausreicht, um die enorme Vielfalt der von den 32 Schachfiguren auf ihren 64 Feldern gebotenen kombinatorischen Möglichkeiten zu überblicken. (Auch wenn mehr Bedenkzeit verfügbar wäre, würde die Denkfähigkeit der Spieler nicht ausreichen, dies zu leisten.) Im Falle des Pokerspiels ist die Vielzahl der möglichen Kombinationen bei der durch das Spiel gegebenen Zeitbeschränkung und bei den menschlichen Grenzen der Spieler ähnlich undurchdringlich. Unter diesen Umständen kann ein Spieler nichts Besseres tun, als mit einer Mischung aus Rationalität, Mutmaßung und Intuition ein paar vielversprechende Strategien oder Lösungen herauszugreifen, um sodann seine begrenzte Bedenkzeit und sein begrenztes Rechenvermögen auf die Analyse ihrer Implikationen zu verwenden. Dabei ist er auf die Hoffnung angewiesen, daß sich wenigstens eine dieser Vorzugstaktiken als akzeptabel erweisen wird. Vergreift er sich bei der Auswahl, ist er verloren.

Eine ähnliche Einengung herrscht in der Politik und in vielen anderen menschlichen Entscheidungssituationen. Meist ist die Zahl der Kombinationen aus allen möglichen Entscheidungen und Resultaten für alle Beteiligten viel zu groß, als daß in der begrenzten Zeit so etwas wie eine erschöpfende Analyse möglich wäre. Unter diesen Bedingungen ist es eine Selbsttäuschung, von der »optimalen« Lösung (d. h. von der »besten aller möglichen« Lösungen) zu reden, weil es mehr als wahrscheinlich ist, daß weder die Beteiligten noch die Beobachter innerhalb einer irgendwie begrenzten Zeitspanne sämtliche möglichen Lösungen zu überblicken imstande sind. So wird aus der Frage nach der *absolut* besten Gewinnstrategie die Frage nach derjenigen *Zwischenstrategie*, die am besten geeignet ist, nach der relativ besten Gewinnstrategie, die unter den gegebenen Beschränkungen hinsichtlich Zeit und Denkkapazität aufgefunden werden kann, zu *suchen*.

Wie jede andere Bemühung ist jede derartige Suche mit Kosten verknüpft. Man hat sich zwischen potentiell besseren, aber nur mit größerem Aufwand und geringerer Wahrscheinlichkeit auffindbaren Lösungen einerseits und naheliegenderen, schneller und billiger auffindbaren, aber dafür weniger guten Lösungen oder Strategien andererseits zu entscheiden. In der nationalen und internationalen Politik sind sowohl der Zeit als auch dem Denkaufwand Grenzen gezogen. Die Suche nach der »besten« Strategie hört auf, sobald mit vertretbarem Aufwand an Such- und Rechenarbeit irgendeine akzeptable Strategie gefunden wurde, ohne daß eine gleich attraktive Alternativstrategie in Sicht ist. Obgleich Staatsmänner und Wirtschaftsführer oft davon überzeugt sind, daß sie sich auf das »Optimieren« ihrer Strategien in dem Sinne verstehen, daß sie stets die bestgeeignete Strategie wählen, betreiben sie in Wahrheit nichts anderes als das von dem Soziologen Herbert Simon so genannte »satisficing«, d. h. sie greifen aus den wenigen Alternativen, die sie ohne Überschreitung der auferlegten oder selbstverhängten Beschränkung des Zeit- und Denkaufwandes für die Suche zu überblicken vermögen, die akzeptabelste heraus.

In der internationalen Politik kommt dabei oft so etwas wie ein »Gesetz des geringsten geistigen Aufwandes« heraus. Außenpolitische Richtlinien müssen von geplagten und geschäftigen Männern gefunden oder genehmigt werden, die unter Zeitdruck stehen und durch die auf sie einstürmenden Informationen überfordert sind. Jede Richtlinie, die leicht zu entdecken und zu erklären ist, die sich in die bestehenden Denkgewohnheiten der betreffenden Entscheidungsträger einfügt und keine größeren Nachteile aufzuweisen scheint, hat dann gute Aussicht, akzeptiert zu werden. Ist sie einmal verbindlich geworden, bekommt sie wegen der großen Zahl der an ihrer Durchführung beteiligten Menschen, die sich darauf einstellen und sich untereinander abstimmen müssen, alsbald soviel Eigengewicht, daß nachträgliche Änderung nur sehr schwer möglich ist. Deshalb sind wichtige außenpolitische Strategien, entgegen den Prämissen der klassischen spieltheoretischen Modelle, keineswegs immer die Frucht rationalen Kalküls, sondern das Ergebnis eines nur teilweise rationalen, teils aber auch zufallsabhängigen Prozesses begrenzter Analyse und Auswertung, für den uns verläßliche spieltheoretische Modelle bislang noch fehlen.

6. Drohungen und Abschreckung als Spiele mit gemischten Motiven

Ein wertvoller Beitrag zum besseren Verständnis der internationalen Politik stammt von Thomas C. Schelling, der gezeigt hat, daß Situationen mit Drohung und Abschreckung als Spiele mit gemischten Motiven behandelt werden können. Die die Drohung aussprechende Partei und die den Adressaten der Drohung bildende Partei müssen mindestens eine Gruppe unvereinbarer Interessen haben: der Adressat muß etwas tun oder zu tun sich anschicken, was die drohende Seite so sehr ablehnt, daß sie es durch ihre Drohung stoppen, verhindern oder ändern will. Schelling sagt weiter, daß beide Beteiligten auch ein gemeinsames Interesse daran haben, daß die Drohung nicht wahrgemacht wird. Denn die angedrohte Maßnahme ist nicht nur für den Bedrohten, sondern auch für den Drohenden schmerzlich und kostspielig. Läge nämlich die angedrohte Maßnahme im Interesse des Drohenden, würde er sie vollziehen und nicht androhen. Die Tatsache, daß er es vorzieht sie anzudrohen, beweist nicht seine Freundlichkeit, sondern sein Wissen um die Nachteile, die ihm aus dem angedrohten Akt erwachsen würden, und seine Abneigung dagegen. Deshalb haben die Drohpartei und die bedrohte Partei gemeinsam etwas zu gewinnen, wenn die Durchführung der angedrohten Maßnahme vermieden werden kann.

Diese Analyse liefert zwei verschiedene Folgerungen, die einander manchmal widersprechen. Die erste ist, daß auch in Droh- und Abschreckungssituationen beide Seiten ein gemeinsames Interesse behalten. Es wächst mit dem Nachteil oder Verlust, den die Verwirklichung der Drohung bedeuten würde. Sind die Gegner etwa gleichstark und wiegt dieser gemeinsame Nachteil schwerer als das Streitobjekt, dann wird die Abschreckungssituation der Struktur des »Feiglingsspiels« ähnlich; ist der strittige Vorteil dagegen größer als der gemeinsam zu erwartende Nachteil, wird die Abschreckungssituation dem »Dilemma der Gefangenen« ähnlich. Und wenn bei ungefähr gleicher Stärke der Gegner die Intensität der zwischen ihnen bestehenden Drohung (wegen größerer Skrupellosigkeit oder wegen vernichtungsintensiverer Waffen) wächst, während der aus einem Sieg zu erwartende Vorteil nicht größer wird, bewegt sich die Abschreckungssituation erneut vom »Dilemma der Gefangenen« weg und hin zur Struktur des »Feiglingsspiels«. Je größer die Intensität der gegenseitigen Drohungen, desto weniger können die Streitpartner ihre Verwirklichung *rational* abstützen.

Deshalb ist Abschreckung gegen relativ schwache Gegner am rationalsten. Eine schwere Drohung gegenüber einem Gegner, der nicht mit gleicher Münze zurückzahlen kann, bedeutet, daß ihm im Vollzugsfall große, der Drohpartei dagegen nur geringe Nachteile entstehen würden. Es erscheint dann verlockend, beispielsweise einem widerspenstigen kleineren oder ärmeren Land, das über keine nennenswerte See- oder Luftstreitmacht verfügt, Beschuß durch Marineeinheiten oder Luftbombardement anzudrohen. Je intensiver die Drohung (etwa mit schwereren Waffen oder mit Angriff auf Städte, Kinder, die Herrscher des Landes und andere dem Gegner als besonders schutzwürdig geltende Ziele), desto erfolgreicher müßte sie der Theorie zufolge gegenüber einem schwächeren aber rationalen Opponenten sein.

Aber selbst die klassische Abschreckungstheorie muß einräumen, daß intensivere Drohungen (d. h. solche mit schwereren Waffen oder Angriffen auf schutzwürdigere Ziele), genau das Gegenteil bewirken, wenn sie gegenüber einem Widersacher ausgesprochen werden, der mit gleicher Furchtbarkeit vergelten kann oder Verbündete hat, die es für ihn tun. So gewannen die Drohungen der Sowjetunion gegenüber Westdeutschland oder Großbritannien durch den in den 50er Jahren vorgenommenen Austausch der Atombomben in den Gefechtsköpfen ihrer Fernraketen gegen die brisanteren Wasserstoffladungen nichts an Wirksamkeit, weil beide Länder nach wie vor auf den Schutz durch die Vergeltungsgewalt der amerikanischen Wasserstoffwaffen rechnen konnten. Und umgekehrt wurde natürlich auch den kommunistischen Ländern durch das wachsende Kernwaffenarsenal der Vereinigten Staaten in den 50er und 60er Jahren nicht allzu viel Furcht eingeflößt, *sofern* sie (wie die Sowjetunion, die zudem bald auch ihrerseits Kernwaffen vorweisen konnte) über große konventionelle Stärke verfügten oder (wie Kuba im Jahre 1962) die Garantie nuklearen Schutzes durch die Sowjetunion erhielten. Ebensowenig hatten sie zu fürchten, wenn sie über gewaltige Landstreitkräfte und wenigstens etwas sowjetischen Schutz verfügten, oder wenn sie, wie China im Jahre 1964, einige Kernwaffen ihr eigen nannten. Es gibt kaum Zweifel daran, daß intensivierte, auf chemische oder biologische Waffen gestützte Drohungen der Großmächte untereinander ebensowenig geeignet sein würden, politische Zugeständnisse hervorzulocken. Solange beide Seiten zu rationalem Denken und zum Austausch enorm verlustbringender Schläge fähig bleiben, wird jede Intensivierung ihrer Drohungen lediglich die (rationalen) Motivierungen zu deren Verwirklichung schwinden lassen. Da sich beide Seiten dieser Situation bewußt sind, würden intensivierte gegenseitige Drohungen an Glaubhaftigkeit und Wirksamkeit verlieren.

Die zweite Folgerung aus Schellings Modell hat mit eben diesem Punkt zu tun. Nach Schelling hängt die Wirksamkeit einer Drohung nicht nur von ihrer Intensität, sondern auch von ihrer *Glaubhaftigkeit* ab. Diese Glaubhaftigkeit ist ein Aspekt der Drohung, der von einer listigen Drohpartei getrennt gehandhabt werden kann. Eine Drohpartei, so Schelling, kann ihre Drohung glaubhafter machen, indem sie sich den Anschein des teilweise Irrationalen gibt und teilweise irrational handelt. Sie tut dies, indem sie in ihren Gesten und Selbstverpflichtungen streng rational nicht mehr zu rechtfertigende Verwegenheit zeigt. In einem der von Schelling benutzten Beispiele machen zwei Autofahrer einander an einer Kreuzung die Vorfahrt streitig, und nach Schelling liegt der Erfolg dann wahrscheinlich bei dem Fahrer, der als erster sein Auto so beschleunigt, daß er, selbst wenn er es wollte, nicht mehr rechtzeitig vor einem Zusammenprall abbremsen könnte. Dies irrationale Verhalten, meint Schelling, dürfte den anderen Fahrer zur rechtzeitigen Fahrtverlangsamung zwingen. Dem wäre unter der Voraussetzung beizupflichten, daß der andere Fahrer nicht Schelling gelesen hat, oder dem Schellingschen Denken folgend, ebenfalls soweit beschleunigt, daß er nicht mehr stoppen kann, bevor er mit dem ersten Fahrer oder einem anderen Verkehrsteilnehmer zusammenprallt. Beim »Feiglingsspiel« würde aufgrund derselben Überlegung der Sieg demjenigen Spieler zufallen, der, während er stur geradeaus fährt, das Lenkrad seines Fahrzeugs fortwirft oder seine Windschutzscheibe mit einem schwarzen Tuch verhängt, und zwar wieder unter der Voraussetzung, daß sein Gegner nicht dieselbe Taktik benutzt.

Im Kern basieren die von Schelling untersuchten Taktiken auf der bewußten Schaffung eines von beiden Gegnern geteilten Risikos. Je größer das gemeinsame Risiko, das durch gefährliche Taktiken oder bewußtes Spiel mit dem Zufall (Abschuß eines Kernwaffensatelliten mit glücksradabhängiger Auslösung oder Eintritt in einen begrenzten, aber eskalierenden Krieg, der offensichtlich leicht der Kontrolle entgleiten kann) geschaffen wird, desto glaubwürdiger die Drohung (und desto größer das rationale Interesse beider Parteien an der Beseitigung dieser gefährlichen Situation). Und, da die Drohpartei sich auf irrationales Festhalten an ihrem Kurs festgelegt hat, desto größer ist nach Schellings Meinung dann auch das rationale Interesse der bedrohten Partei am Nachgeben.

Die Abschreckungstheorie fragt nicht nach der Größenordnung des Streites, dessen Einsatz schwerwiegend oder nebensächlich und dessen Gefahren unmittelbar oder fernliegend sein können. Sofern sie stimmt, gilt die Theorie für Abschreckungssituationen zwischen um periphere Interessen streitenden Mächten ebenso wie für solche zwischen Mächten, deren Metropolen und zentrale Institutionen auf dem Spiele stehen, gilt sie für internationale Konflikte, in denen es lediglich um die Ziele bestimmter Eliten oder Sonderinteressengruppen geht, ebenso wie für solche, in denen das Überleben ganzer Regimes, Staaten oder Bevölkerungen in Frage steht. Indem sie den potentiellen Nutzen irrationalen Verhaltens zur Hebung der Glaubhaftigkeit von Drohungen unterstreicht, rechnet die Abschreckungstheorie es einer Regierung oder Nation als Vorzug an, wenn sie die Fähigkeit besitzt, ihre in einem solchen Streit auf dem Spiele stehenden Interessen übertrieben darzustellen oder einzuschätzen. Je glaubhafter also die Überschätzung dieser Interessen und die diesbezügliche Selbsttäuschung einer Regierung, desto wirksamer ihre Drohungen. Hier ist die Abschreckungstheorie nicht weit davon entfernt, zu einer Theorie der Selbsttäuschung zu werden.

Die Abschreckungstheorie ist interessant und wichtig, doch hat sie schwerwiegende und potentiell verderbliche Lücken. Sie scheint bei vielen einflußreichen Staatsmännern, Militärs und bei Teilen der Öffentlichkeit vieler Länder großen Anklang zu finden und kombiniert und synthetisiert mit geflissentlicher Eleganz viele der in diesen Gruppen gängigen Überzeugungen. Fraglos hat sie viel zur Verbesserung des Nachdenkens über diese Dinge beigetragen. Sie ersetzte den Kreuzfahrergeist durch den Geist des Wettspiels und des Kalküls, sie lehrte die Menschen, stets beide Seiten des Spielfeldes im Auge zu haben und die realen Fähigkeiten und möglichen Strategien des Gegenspielers zu berücksichtigen, sie ersetzte den selbstgerechten Eifer durch kritisches Denken und lehrte die Gegner, neben den unvereinbaren Interessen auch die möglichen gemeinsamen Interessen zu sehen.

Aber die Abschreckungstheorie schuf auch ihre eigenen emotionalen und kognitiven Gefahren. Sie ermutigte manche Menschen dazu, gedanklich mit Leben und Tod von Millionen zu spielen, mit Herman Kahn das »Undenkbare zu denken« und in ihren Sandkastenspielen mit »Megatoten« (d. h. Millionen Menschenleben) fast ebenso unbedenklich umzugehen wie mit Dollarmillionen. Sie begünstigte bei manchen Menschen eine gewisse Gleichgültigkeit und Gefühlsverhärtung, ließ sie zu der Auffassung tendieren, daß der Zweck jedes Mittel rechtfertige, und verringerte ihre emotionalen Widerstände dagegen, das unverhohlene Äquivalent massenhafter Metzelei und Folterung als potentielles Mittel öffentlicher Politik zu betrachten. In dieser Hinsicht stellte sie unsere zentralsten religiösen und ethischen Traditionen ernstlich in Frage.

Noch größer sind ihre kognitiven Gefahren, weil sie in ihrem heutigen Zustand mit intellektuellen Schwächen durchsetzt ist. Acht dieser Schwächen verdienen es, hier aufgezählt zu werden. Drei davon könnten durch bessere Nutzung der intellektuellen Möglichkeiten der Spieltheorie in ihrem heutigen Zustand relativ leicht abgestellt werden, während die anderen fünf tiefergreifende Änderungen unseres Denkens zu erfordern scheinen.

Die heutige Abschreckungstheorie hat eine Vorliebe für kurzfristiges Vorausdenken. Erstens neigt sie dazu, die Fähigkeiten der Streitparteien als unveränderlich zu betrachten und die entwicklungshemmende Wirkung des Konflikts auf jede von ihnen zu ignorieren. Sie fragt mehr danach, was jede Seite der anderen an den Reibungs- und Konfliktpunkten abjagen kann, als danach, was beide mit dem gleichen Aufwand gewinnen könnten, wenn der Konflikt vermieden oder strikt auf die Erhaltung des jeweiligen Status reduziert und das freiwerdende

Potential an Ressourcen aller Art an anderer Stelle produktiver angewandt würde. Zweitens neigt sie vielfach dazu, die unmittelbaren Verlustrisiken der meisten größeren internationalen Konflikte höher zu bewerten als die Nachteile aus einem Kernwaffenkrieg, d. h. diese Konflikte so zu behandeln, als seien sie dem »Gefangenendilemma« (das starke Motive für Mißtrauen und Feindseligkeit voraussetzt) ähnlicher als dem »Feiglingsspiel«, obgleich letzteres in manchen Fällen realistischer sein kann.

Drittens legt die heutige Abschreckungstheorie den Akzent mehr auf einmalige als auf wiederholte Konfrontation, obgleich sich die rationalen Taktiken für Spiele mit Endgültigkeitscharakter von jenen für Spiele mit Überleben beider Spieler unterscheiden. Beispielsweise könnte es für den Augenblick rational scheinen, nach dem Beginn eines Bombardements des eigenen Territoriums durch den Gegner zu verhandeln, doch könnte dies den Gegner dazu ermuntern, diese Taktik beim nächsten Streit zu wiederholen, womit dann einer Sequenz aus Einschüchterungsakten und schrittweiser Selbstaufgabe Tür und Tor geöffnet wäre. Statt dessen könnte die rationalste Taktik für eine noch ungeschlagene Nation die glatte Verweigerung von Verhandlungen unter Druck sein. Und tatsächlich haben sich die meisten Nationen, die nicht schon besiegt oder hoffnungslos isoliert oder verzagt waren, über ein Jahrhundert lang immer wieder dieser Taktik bedient.

Die fünf verbleibenden Mängel der Abschreckungstheorie sind ernsterer Natur. Erstens nimmt die heutige Theorie an, daß Drohpartei und bedrohte Partei ihres Verhaltens völlig mächtig seien. Diese Annahme ist oft falsch. Soweit die Drohpartei, um ihre Drohungen glaubhafter zu machen, irrational handelt, beeinträchtigt sie fast unweigerlich die Glaubhaftigkeit ihrer Versicherung, daß sie im Falle eines Nachgebens der bedrohten Partei vom Vollzug der angedrohten Maßnahme Abstand nehmen werde. Benutzt sie verwegene Taktiken, kann die Drohpartei ihre Drohungen und ihre Zusicherungen nicht gleichzeitig glaubhaft machen. Kommt aber die bedrohte Partei zu dem Schluß, daß sie von seiten des erschreckend fahrlässigen und irrationalen Gegners *in keinem Falle* Schonung erwarten kann, gibt es für sie keinen Anreiz zum Nachgeben, und sie kann beschließen, der Drohpartei um jeden Preis zu trotzen. Hitler war 1939 glaubhafter als 1936, doch seine Drohungen konnten England und Frankreich nicht davon abhalten, gegen ihn zu Felde zu ziehen. Und das nicht etwa, weil sie seine Drohungen nicht ernst genommen hätten, sondern weil sie seinen Zusicherungen nicht mehr glaubten.

Die bedrohte Seite kann jedoch ihres Verhaltens noch weniger mächtig sein als die Drohpartei. Die klassische Abschreckungstheorie berücksichtigt nicht die *autonome Wahrscheinlichkeit* des Verhaltens, das durch Abschreckung verhindert werden soll. Ist es sowieso unwahrscheinlich, kann die Abschreckungstheorie leicht – tatsächlich oder scheinbar – Erfolg haben, ist es dagegen sehr wahrscheinlich oder, wie im Falle religiöser oder sozialrevolutionärer Bewegungen, durch starke Motive gestützt, müßte die Abschreckung zu seiner völligen Verhinderung extrem intensiv sein. Unter den letztgenannten Bedingungen sind Abschreckungsversuche höchstwahrscheinlich zum Scheitern verurteilt.

Zweitens unterläßt es die Abschreckungstheorie häufig, das *kumulative Risiko* in ihr Kalkül einzubeziehen. Schellings verwegener Autofahrer hat in der Tat Aussicht, an der ersten Kreuzung die Vorfahrt zu bekommen und die Kreuzung schnell und lebend zu passieren. Nehmen wir einmal an, daß seine Überlebenschance 0,9 oder 90 Prozent betrage, und nehmen wir weiter an, er halte an seiner verwegenen Taktik bei jeweils unveränderter Erfolgs- und Überlebenschance auch an den folgenden Kreuzungen fest, dann ist seine Aussicht, nach zwei Kreuzungen noch am Leben zu sein, 0,9 Prozent von 90 Prozent, also $0{,}9^2$ oder 81 Prozent. Nach drei in diesem Stile passierten Kreuzungen ist sie $0{,}9^3$ oder 72,9 Prozent, und so weiter, bis sie nach sieben Kreuzungen auf unter 50 Prozent gesunken ist. Durch jede der weiteren sieben Kreuzungen wird die Überlebensaussicht erneut halbiert, so daß sie für 21 von ihm passierte Kreuzungen auf 1 : 8, für 49 auf 1 : 100 und für 70 Kreuzungen auf weniger als 1 : 1000 absinkt. Daß seine Überlebensaussicht im Einzelfall 9 : 10 betrug, ist angesichts der tödlichen Auswirkung seines kumulativen Risikos nahezu bedeutungslos. Die Außenpolitik von Nationen und Staaten, die Bestand haben wollen, muß von Methoden geleitet sein, die ihr Überleben über Generationen und Jahrhunderte, d. h. die Meisterung sehr vieler mit einem gewissen Kriegsrisiko behafteten außenpolitischen Zuspitzungen wahrscheinlich machen.

Noch bedenklicher ist die dritte Grundannahme der klassischen Abschreckungstheorie, derzufolge sowohl die Bedroher als auch die Bedrohten – genauer gesagt die Regierungen und Eliten beider in eine Konfrontation mit Abschreckung verwickelten Länder – in einer mit Drohungen, Furcht, Ungewißheit, Ermüdung und Überforderung einhergehenden Krise *völlig rational bleiben*. Die Erfahrungen, ebenso wie viele psychologische Erkenntnisse, besagen aber das Gegenteil. Angespannte, eingeschüchterte und erschöpfte Menschen – Staatsmänner und Militärs nicht ausgenommen – werden reizbar und aggressiv, ihr Beobachtungs- und Urteilsvermögen läßt nach. Kurzum, sie werden *weniger* rational, während die Abschreckungstheorie der Drohpartei dazu rät, ihre eigene Überlebenshoffnung wie die der Gegenseite auf deren rationale Reaktionen auf die eigenen Drohungen aufzubauen.

Die vierte zweifelhafte Grundannahme der Abschreckungstheorie ist die versteckte Annahme einer signifikanten *Asymmetrie* zwischen dem Urheber und dem Adressaten der Drohung, besonders dann, wenn das Land des Verfassers der Theorie am Streit beteiligt ist. Die amerikanischen Abschreckungstheoretiker wie auch manche amerikanische Politiker und Militärs nehmen an, daß Ausländer mit Drohungen oder Verwegenheitsdemonstrationen in Furcht versetzt werden können, die die Amerikaner nur in Wut bringen würden: der Ausländer gilt beinahe automatisch als schwächer, weniger standhaft und weniger risikofest. Im gegenwärtigen Zeitalter des Nationalismus ist dies eine sattsam bekannte, mehr oder weniger internationale Illusion, die fast alle Regierungen im eigenen Land fördern. In der Politik der nuklearen Abschreckung kann sie tödlich sein.

Die fünfte Grundannahme der Abschreckungstheorie ist vielleicht die schwerwiegendste von allen; sie erstreckt sich auf sämtliche spieltheoretischen Modelle. Es ist die bekannte Annahme der *Konstanz der Motive* der Spieler während des ganzen Spiels. Und zwar müssen rationale Spieler der Annahme zufolge von Anfang bis Ende des Spiels nichts anderes wollen als gewinnen. Aber diese Annahme paßt nicht auf menschliche Beziehungen und insbesondere nicht auf die Politik. Wir wissen, daß Individuen, Gruppen, Parteien, Regierungen und Nationen sämtlich ihren Sinn wandeln, und daß sie es nicht selten während eines sie betreffenden Konflikts tun. Manche dieser Sinnesänderungen können durch den Ablauf des Konflikts selbst verursacht sein.

Diese Annahme der Konstanz der Motive ist von besonderer Bedeutung für die Berechnung des wahrscheinlichen Erfolgs der Abschreckung durch kalkulierte Fahrlässigkeit und partielle Irrationalität, d. h. der von Schelling untersuchten Drohungen, die bewußt einiges dem Zufall überlassen. Würden sowohl die Auffassungen als auch die Werte des Bedrohten unverändert bleiben, solange er diesen Taktiken ausgesetzt ist, wäre es in der Tat rational, wenn er nachgäbe. Aber diese Annahme ist nicht plausibel, weil sich das Bild ändern kann, das sich die bedrohte Partei von der Drohpartei macht. Versucht sich eine Drohpartei den Anschein des teilweise Irrationalen zu geben, indem sie etwa ihr Fahrzeug vor Kreuzungen beschleunigt, bei Verhandlungen ihre Hörhilfe abschaltet, Stolpern oder Trunkenheit vortäuscht, während sie Explosivstoffe am Gegner vorüberträgt, oder die Massenmeinung ihres Landes aufstachelt, dann ist es wahrscheinlich, daß ihr Gegner sie als weitgehend oder völlig irrational *versteht* und in ihr nur noch ein blindes Übel sieht, das schnellstmöglich und auf fast jedes Risiko hin zerstört werden muß. So könnten scheinbar irrationale oder unzureichend kontrollierte Drohungen mit Kernwaffen eine entsprechend ausgerüstete Gegenseite durchaus zu einem ersten atomaren Vernichtungsschlag einladen.

Eine Verschiebung in den Werten des Adressaten der fahrlässigen Drohung könnte ähnlich wirken. Die »Schellingschen« Drohungen sind am wirksamsten in Situationen, die dem »Feiglingsspiel« ähneln, d. h. in Situationen, in denen der Nachteil aus beiderseitigem Nichtkooperieren für jede Seite eindeutig größer ist als der Nachteil aus einseitigem Nachgeben. Und genau deshalb kann der Fahrlässigere, der sein Fahrzeug beschleunigte oder sich auf eine andere Art frühzeitig unwiderruflich festlegte, damit rechnen, daß sein Opponent aus Eigeninteressen in der weniger hoch veranschlagten Sache, um die es in Situationen dieses Typs geht, nachgeben wird. Tatsächlich aber können sich die Werte des Bedrohten drastisch ändern. Was ihm wichtig ist, ist dann nicht mehr der relativ triviale ursprüngliche Streitgegenstand (etwa das Vorfahrtsrecht an der ersten Kreuzung oder, im Falle von Regierungen, ein unfruchtbarer, relativ wertloser Landstreifen in einem Grenzkonflikt), sondern er kann sich weigern, *eine solche Einschüchterungstaktik hinzunehmen.* »Dem werde ich es zeigen, und wenn es mich Kopf und Kragen kostet«, könnte ein zorniger Autofahrer murmeln, auch wenn er es an der Kreuzung eigentlich nicht so eilig hat; und die Regierung und Massenmeinung eines bedrohten Landes könnte nunmehr das größte Risiko einem Nachgeben vorziehen, auch wenn der ursprüngliche Streit trivialer Art war. Mathematisch ausgedrückt hat die Änderung in der Nutzwertskala des Bedrohten das »Feiglingsspiel« für mindestens einen Spieler in ein »Gefangenendilemma« transformiert, in welchem für ihn die Einbuße bei einseitigem Nachgeben (KL) erheblich größer ist als sein Anteil an der gemeinsamen Einbuße bei beiderseitiger Konflikthaltung (LL). Ist dies geschehen, werden die durch unwiderrufliche Maßnahmen oder gewollten partiellen Verzicht auf Beherrschung des Konfliktablaufes gekennzeichneten »Schellingschen« Drohungen selbstvereitelnd und potentiell selbstmörderisch, und die anfangs fahrlässige Drohpartei kann sich dann unter Umständen nur noch durch eilige Rückkehr zu gemäßigten Taktiken und gegenseitiger Kooperation retten.

In den Frühstadien eines Konflikts mit Abschreckung können daher beide Seiten durch ihr Verhalten bis zum gewissen Grade die Werte und Auffassungen der jeweils anderen und auch der eigenen Seite, sowie das Gewicht der ihnen gemeinsamen Interessen verändern. Insofern sie auf diese Weise gegenseitig ihre Motivierungen ändern, nimmt ihre Auseinandersetzung den Charakter einer echten Debatte an.

7. Debatten: Auseinandersetzungen, die Änderungen der Wirklichkeitsbilder und Motivationen zulassen

Konflikte, in denen die Gegner gegenseitig ihre Motive, Werte oder kognitiven Wirklichkeitsbilder ändern, sind »Debatten« im strengen Sinne des Wortes. Nicht jeder Austausch von Worten oder Botschaften und nicht jedes als »Debatte« etikettierte Ereignis ist eine in diesem Sinne echte Debatte. Zwei Debattiermannschaften, an einer höheren Schule beispielsweise, versuchen nicht etwa, gegenseitig ihre Meinungen über den ihnen zugewiesenen Gegenstand der Debatte zu ändern, sondern sie spielen ein Spiel, in welchem sie darin wetteifern, auf die Schiedsrichter und vielleicht auf die Zuhörer Eindruck zu machen. Sie spielen also in Gewinnabsicht. Würde eine Mannschaft im Verlauf der »Debatte« erklären, daß die Gegenmannschaft sie mit ihren Argumenten überzeugt habe, würden ihre Mitglieder wohl an Einsicht bezüglich des Diskussionsthemas, nicht aber das Spiel gewonnen haben. Auch gerichtliche Auseinandersetzungen haben gewöhnlich diesen Wettspielcharakter. Ankläger und Verteidigung oder die Anwälte der gegnerischen Parteien in Zivilprozessen versuchen nicht, einander zu überzeugen. Sie wollen ihren Fall gewinnen, und zwar für gewöhnlich dadurch, daß sie den Richter oder die Geschworenen beeindrucken. Indem eine Seite ein angestrebtes Urteil erreicht, verliert die andere Seite. Nur vom Richter oder von den Geschworenen wird erwartet, daß sie ihre Ansichten aufgrund der gegnerischen Plädoyers ändern. Richter und Geschworene gehen (meist mit gutem Grund) von der Annahme aus, daß die streitenden Parteien alle relevanten Tatsachen besser ans Licht bringen können, als es einem unparteiischen Untersuchungsbeamten möglich wäre.

Debatten in der Legislatur, im Auftrag von Regierungen stattfindende Verhandlungen zwischen Diplomaten und Debatten zwischen Regierungsvertretern in internationalen Organisationen haben bessere Aussicht, zu echten Debatten zu werden. Natürlich versuchen die Beteiligten in jedem der genannten Fälle, etwas für die Interessen, Parteien, Gruppen, Regierungen oder Nationen herauszuholen, die sie vertreten. Oft ist dies nur auf Kosten entgegengerichteter Interessen und mithin auf Kosten anderer Gruppen oder Regierungen möglich. Aber in vielen Fällen ist zunächst nicht genau bekannt, welche Ergebnisse oder Lösungen für die durch die verschiedenen Verhandlungspartner repräsentierten Interessen tatsächlich am besten sind. Dann müssen die für jede der Parteien und vielleicht für mehrere oder alle von ihnen gemeinsam vorteilhaftesten Lösungen erst gefunden und dann zur Beschlußfassung vorgelegt werden.

Daher sind echte Verhandlungen eine Mischung aus Wettspiel, gemeinsamer Entdeckungsreise und Erziehungskampagne auf Gegenseitigkeit mit dem Ziel, die Auffassungen und Präferenzen einiger oder aller Beteiligten zu verstehen und gegebenenfalls zu korrigieren. Die langen Verhandlungen, die dazu führten, daß die Vereinigten Staaten und die Sowjetunion 1963 den partiellen Teststoppvertrag abschlossen, der dann von den meisten Ländern der Welt mit Ausnahme Frankreichs und Rotchinas unterzeichnet wurde, sind ein Beispiel für eine echte Debatte dieser Art. Glücklicherweise entwickelten sich in ihrem Verlauf neben den hartnäckig konträren Interessen der verschiedenen Mächte auch so starke gemeinsame Auffassungen und Interessen, daß das Ergebnis von fast allen Ländern als in ihrem Interesse liegend akzeptiert wurde.

Es scheint, als seien echte nationale oder internationale Debatten nicht gut durch spieltheoretische Modelle und schon gar nicht durch die vor diesen besprochenen wortlosen, quasi-automatischen »Kampf«-Prozesse darstellbar, doch ist ihr Wesen noch wenig erforscht. Man hat allerdings aus dem reichlichen empirischen Material über Debatten gewisse Prinzipien herausschälen können. Eines davon könnte das Prinzip der *beiderseits akzeptablen Bestätigung* genannt werden. Es besagt, daß eine Debatte dann mit größerer Wahrscheinlichkeit zu einer für beide Seiten akzeptablen und guten Lösung führt, wenn jede Seite den Standpunkt und die Ansichten der Gegenseite so klar und überzeugend zu formulieren lernt, daß diese selbst die Darstellung akzeptiert.

Ein weiterer wichtiger Schritt ist, daß jede Seite herausfindet, welche Gründe die andere Seite von der Richtigkeit der eigenen Ansichten überzeugen könnten. Nachdem eine Seite die Ansichten und Wirklichkeitsbilder ihrer Gegner verstanden hat, muß sie den *Gültigkeitsbereich* jeder dieser Ansichten herauszufinden versuchen. In einem Disput zwischen einer Exkolonie und ihrem früheren »Mutterland« werden sich die Sprecher des jungen Landes wahrscheinlich über die ehedem vom früheren Kolonialland ihm zugefügte Unterdrückung und Ausbeutung beklagen, währenddessen Sprecher die Verbesserungen und Segnungen betonen werden, die ihre Herrschaft den Menschen der ursprünglich armen Kolonie einst gebracht hat. Wahrscheinlich ist jede dieser Ansichten im Blick auf jeweils bestimmte Tatsachenkomplexe gültig. Lernt nun jede Seite den wie immer kleinen Gültigkeitsbereich der scheinbar absurden Ansichten der Gegenseite und die Grenzen der Gültigkeit ihrer eigenen (scheinbar so vernünftigen) Argumente erkennen, wächst damit die Wahrscheinlichkeit (wenn auch nicht die Gewißheit) einer echten Debatte mit fruchtbarem und für beide Seiten vorteilhaftem Ergebnis.

Wie diese Beispiele zeigen, scheinen viele Auseinandersetzungen zwischen Interessengruppen, Parteien, Nationen oder Ideologien vieles vom Charakter der Debatte an sich zu haben. Wenn das so ist, können wir erwarten, daß die Zeit, die Ereignisse und die Ergebnisse des Verhaltens der Streitenden selbst schließlich nicht nur ihre Schicksale, sondern auch ihre Betrachtungsweise, ihre Ziele und ihre Werte ändern werden. In diese Richtung deutet auch die Bemerkung John Deweys, daß die Menschen viele ihrer Kontroversen nicht austragen, sondern hinter sich lassen. Derlei isolierte Weisheiten ändern indessen wenig daran, daß geeignete Formalmodelle echter Debatten erst noch entwickelt werden müssen.

Wirkliche zwischenstaatliche Konflikte sind oft Mischungen aus Kämpfen, Wettspielen und Debatten mit nach Zeit und Ort wechselnder Schwerpunktverteilung. Die Kunst der Staatsmänner, Regierungen und verantwortlichen Bürger besteht dann darin, diese Konflikte in erträglichen Grenzen zu halten, die stetem Wandel unterworfenen nationalen Interessen soweit wie möglich zu schützen, Zeit und Stärke zu gewinnen und das Überleben der Nationen zu gewährleisten.

HERBERT A. SIMON

Die Architektur der Komplexität

In den letzten Jahren ist eine ganze Reihe von Vorschlägen für die Entwicklung einer »allgemeinen Systemtheorie« gemacht worden, die von den besonderen Eigenschaften von physikalischen, biologischen oder sozialen Systemen absehen könnte und auf alle diese Systeme anwendbar wäre.[1] Man kann nun sehr wohl der Ansicht sein, daß es sich hier um ein lobenswertes Ziel handle, daß so unterschiedliche Systeme aber wohl kaum irgendwelche nicht-trivialen Eigenschaften gemeinsam haben könnten. Metapher und Analogie können hilfreich sein, sie können aber auch irreführen. Alles hängt davon ab, ob die durch die Metapher aufgedeckten Ähnlichkeiten wirklich wesentlich oder ob sie unwesentlich sind.

Trotzdem mag es nicht völlig vergebens sein, unter den verschiedenen Arten von komplexen Systemen nach gemeinsamen Eigenschaften zu suchen. Die Ideen, die mit dem Namen »Kybernetik« verbunden sind, bieten, wenn schon nicht eine Theorie, so doch zumindest eine Perspektive, die sich für einen großen Bereich von Anwendungen als fruchtbar erwiesen hat.[2] Es ist durchaus nützlich gewesen, das Verhalten von adaptiven Systemen im Rahmen der Begriffe »Rückkopplung« und »Homöostase« zu beschreiben und ihre Anpassungsfähigkeit mit den Mitteln der Informationstheorie zu analysieren.[3] Die Konzepte der Rückkopplung und der Information bieten einen brauchbaren Bezugsrahmen, um eine große Reihe von Situationen ordnen zu können, ebenso wie sich die Ideen der Evolution, des Relativismus, der axiomatischen Methode und des Operationalismus als fruchtbar erwiesen haben.

In diesem Aufsatz möchte ich von einigen Dingen berichten, die wir

---

Herbert A. Simon, »The Architecture of Complexity«, In H. A. Simon, *The Sciences of the Artificial,* Cambridge, Mass., und London: M. I. T. Press, © 1969, S. 84–118; ursprünglich in: *Proceedings of the American Philosophical Society* 106 (1962), S. 467–482. Übersetzung durch den Herausgeber.

über verschiedene Arten von Systemen im Zusammenhang der Verhaltenswissenschaften gelernt haben. Die Entwicklungen, die ich diskutieren werde, haben sich im Kontext ganz bestimmter Phänomene ergeben, aber die theoretischen Formulierungen selbst haben nur geringen Bezug zu den strukturellen Details. Sie beziehen sich statt dessen vor allem auf die Komplexität des betreffenden Systems, ohne den genauen Inhalt dieser Komplexität anzugeben. Wegen ihrer Abstraktheit können diese Theorien aufschlußreich sein – »anwendbar« wäre zu viel gesagt – für andere Arten von komplexen Systemen, die in den Sozialwissenschaften, in der Biologie oder der Physik untersucht werden.

Wenn ich diese Entwicklungen ausführe, werde ich technische Details, die im allgemeinen anderswo nachgelesen werden können, vernachlässigen. Ich werde jeweils eine Theorie in dem speziellen Kontext beschreiben, in dem sie entstanden ist. Dann werde ich einige Beispiele von komplexen Systemen aus anderen Wissenschaftsgebieten als aus dem der ursprünglichen Anwendung anführen, für die der theoretische Bezugsrahmen ebenfalls aufschlußreich erscheint. Dabei werde ich mich zwangsläufig auf Wissensgebiete beziehen, für die ich nicht Experte – vielleicht nicht einmal vorgebildet genug – bin. Ich bin sicher, daß der Leser es nicht schwer haben wird, die Fälle, die auf Phantasterei oder bloßer Ignoranz beruhen, von Fällen zu unterscheiden, die einiges Licht auf die Art und Weise zu werfen vermögen, wie die Komplexität, wo immer sie sich in der Natur findet, sich enthüllt.

Ich werde keine formale Definition von »komplexen Systemen« versuchen.[4] Grob gesprochen verstehe ich unter einem komplexen System ein System, das aus einer großen Anzahl von Teilen besteht, die in einer typischen Weise miteinander interagieren. In solchen Systemen ist das Ganze mehr als die Summe der Teile – nicht in einem letzten und metaphysischen Sinn, sondern in dem ganz pragmatischen Sinn, daß es nicht so einfach ist – vorausgesetzt, die Eigenschaften der Teile und die Gesetze ihrer Interaktion sind bekannt –, die Eigenschaften des Ganzen daraus abzuleiten. Im Falle der Komplexität kann ein prinzipieller Reduktionist zur gleichen Zeit auch ein pragmatischer Holist sein.[5]

Die vier folgenden Abschnitte diskutieren vier Aspekte der Komplexität. Der erste Abschnitt bringt einige Anmerkungen zur Häufigkeit, mit der komplexe Systeme die Form von Hierarchien annehmen – indem das komplexe System nämlich aus Subsystemen zusammengesetzt ist, die wiederum ihre eigenen Subsysteme haben, usw. Der zweite Abschnitt theoretisiert über die Beziehungen zwischen der

Struktur eines komplexen Systems und der Zeit, die für seine Entstehung in einem evolutionären Prozeß erforderlich ist; insbesondere wird dargestellt werden, daß hierarchische Systeme weit schneller als nicht-hierarchische Systeme einer vergleichbaren Größe entstehen. Der dritte Abschnitt geht den dynamischen Eigenschaften von hierarchisch organisierten Systemen nach und zeigt, daß sie zum Zwecke der Analyse ihres Verhaltens in Subsysteme zerlegt werden können. Der vierte Abschnitt überprüft die Beziehung zwischen komplexen Systemen und ihren Beschreibungen.

Mein zentrales Thema ist also, daß die Komplexität oft die Form der Hierarchie annimmt und daß hierarchische Systeme einige gemeinsame Eigenschaften haben, die unabhängig sind von ihrem speziellen Inhalt. Hierarchie, so werde ich darlegen, ist eines der zentralen Strukturschemata, das der Architekt der Komplexität anwendet.

1. Hierarchische Systeme

Unter einem *hierarchischen System* oder einer Hierarchie verstehe ich ein System, das aus miteinander verbundenen Subsystemen zusammengesetzt ist, wobei letztere wiederum hierarchisch aufgebaut sind, usw., bis wir eine niederste Ebene von Subsystemen erreichen. In den meisten Systemen der Natur bleibt die Entscheidung, wo wir zu unterteilen aufhören und welche Subsysteme wir als elementar annehmen, etwas willkürlich. Die Physik macht freizügig Gebrauch vom Konzept der »Elementarteilchen«, obgleich diese Teilchen die beunruhigende Tendenz haben, nicht sehr lange elementar zu bleiben. Nur ein paar Generationen vor uns galten noch die Atome selbst als Elementarteilchen; heute stellen sie für den Kernphysiker komplexe Systeme dar. Für bestimmte Zwecke der Astronomie können ganze Sterne oder sogar Milchstraßen als elementare Subsysteme betrachtet werden. In dem einen Ansatz biologischer Forschung kann eine Zelle als ein elementares Subsystem behandelt werden; für den anderen ist sie ein Eiweißmolekül; und wieder für einen anderen Ansatz ist sie ein Aminosäureresiduum.

Warum genau nun ein Wissenschaftler das Recht hat, ein Subsystem, das in Wirklichkeit äußerst komplex ist, als elementar zu behandeln, ist eine der Fragen, die wir diskutieren müssen. Vorerst sollten wir die Tatsache akzeptieren, daß eben dies die Wissenschaftler dauernd tun und daß sie, wenn sie gewissenhafte Wissenschaftler sind, damit in der Regel auch zurechtkommen.

Etymologisch hat das Wort »Hierarchie« eine engere Bedeutung gehabt, als ich ihm nun zuschreibe. Der Term wurde im allgemeinen dazu benutzt, um ein komplexes System zu kennzeichnen, in dem jedes der Subsysteme durch eine Autoritätsbeziehung dem System untergeordnet ist, zu dem es gehört. Genauer: in einer hierarchischen formalen Organisation hat jedes System einen Chef und eine Reihe von untergeordneten Abteilungen. Jede dieser Unterabteilung hat wiederum einen Chef, der der unmittelbare Untergebene des obersten Chefs ist. Wir möchten uns nun aber auf Systeme beziehen, in denen die Beziehungen zwischen den Subsystemen komplexer sind als in der eben beschriebenen formalen Organisationshierarchie. Wir möchten außerdem Systeme miteinbeziehen, in denen es kein Unterordnungsverhältnis zwischen den Subsystemen gibt. (Selbst in den menschlichen Organisationen steht ja die formale Hierarchie de facto nur auf dem Papier; die wirkliche Organisation aus »Fleisch und Blut« hat viele dazwischenliegende Beziehungen, die aus den formalen Autoritätslinien herausfallen.) In Ermangelung eines besseren Ausdrucks werde ich »Hierarchie« im weiteren, oben eingeführten Sinne verwenden, um damit alle komplexen Systeme zu bezeichnen, die in sukzessive Reihen von Subsystemen zerlegbar sind, und ich werde von »formaler Hierarchie« sprechen, wenn ich mich auf den engeren Begriff beziehen möchte.[6]

1.1 Soziale Systeme

Ich habe eben ein Beispiel für eine Art von Hierarchie angeführt, der man in den Sozialwissenschaften häufig begegnet: einer formalen Organisation. Geschäftsfirmen, Regierungen und Universitäten haben alle eine klar erkennbare Abteilungsstruktur. Fast alle Gesellschaften haben Elementareinheiten, die man Familien nennt, die sich in Dörfern oder Stämmen gruppieren, und diese wiederum in größeren Gruppierungen usw. Wenn wir eine Karte der sozialen Interaktionen zeichnen, wer mit wem spricht, werden die Zonen großer Interaktionsdichte auf der Karte eine ziemlich klar abgrenzbare hierarchische Struktur zeigen. Diese Verdichtungen in der Struktur können durch irgendein Maß der Häufigkeit der Interaktionen in dieser soziometrischen Matrix operational definiert werden.

1.2 Biologische und physikalische Systeme

Die hierarchische Struktur der biologischen Systeme ist eine bekannte Tatsache. Wenn wir die Zelle als den grundlegenden Baustein nehmen, werden wir sehen, daß Zellen zu Geweben organisiert sind, Gewebe zu Organen, Organe zu Systemen. Wenn wir von der Zelle aus abwärts gehen, finden wir gut abgrenzbare Subsysteme – z. B. den Zellkern, die Zellmembrane, Mikrosomen, Mitochondrien, usw. –, wie sie in Tierzellen identifiziert worden sind. Die hierarchische Struktur vieler physikalischer Systeme ist ebenso eindeutig. Ich habe bereits die zwei wichtigsten Reihen genannt. Auf der mikroskopischen Ebene haben wir Elementarteilchen, Atome, Moleküle und Makromoleküle. Auf der makroskopischen Ebene haben wir Satellitensysteme, planetarische Systeme, Milchstraßen. Die Materie ist über den Raum in einer eindeutig ungleichen Weise verteilt. Auch die angenäherten Zufallsverteilungen, die wir kennen, nämlich die Gase, sind nicht Zufallsverteilungen von Elementarteilchen, sondern Zufallsverteilungen von komplexen Systemen, nämlich von Molekülen.

Unter den Begriff »Hierarchie«, wie ich ihn definiert habe, ist eine beträchtliche Variationsbreite von strukturalen Typen subsumierbar. Nach dieser Definition gilt ein Diamant als hierarchisch, weil er eine Kristallstruktur von Kohleatomen repräsentiert, welche weiter zerlegt werden können in Protonen, Neutronen und Elektronen. Er stellt aber eine ziemlich »flache« Hierarchie dar, in der die zum Kristall gehörige Anzahl der Subsysteme erster Ordnung beliebig groß sein kann. Ein beliebiges Volumen von molekularem Gas stellt eine flache Hierarchie im gleichen Sinn dar. Im normalen Sprachgebrauch reservieren wir das Wort »Hierarchie« für ein System, das in eine *kleine oder überschaubare Zahl* von Subsystemen zerfällt, von denen jedes noch weiter unterteilt werden kann. So betrachten wir gewöhnlich einen Diamanten oder ein Gas nicht als eine hierarchische Struktur. So gilt auch ein lineares Polymer nur als eine Kette, die zwar sehr lang sein mag und aus identischen Untereinheiten, aus Monomeren, zusammengesetzt ist. Auf der molekularen Ebene ist es eine sehr flache Hierarchie.

Wenn man von formalen Organisationen spricht, dann bezeichnet die Anzahl der Untergebenen, die einem Chef direkt unterstellt sind, seine *Kontrollspanne*. Analog dazu werde ich von *Systemspanne* sprechen, d. h. von der Anzahl der Subsysteme, in die es unterteilt ist. So ist ein hierarchisches System auf einer bestimmten Ebene flach, wenn es auf dieser Ebene eine weite Spanne hat. Ein Diamant hat eine weite Spanne auf der Kristallebene, nicht aber auf der darunterliegenden Ebene, der Molekularebene.

In der Theoriekonstruktion der folgenden Abschnitte werden wir unsere Aufmerksamkeit meistenteils Hierarchien von mäßiger Spannweite zuwenden; aber gelegentlich werde ich anmerken, inwieweit diese Theorien auf sehr flache Hierarchien anwendbar sein können oder nicht.

Zwischen den physikalischen und biologischen Hierarchien auf der einen und den sozialen Hierarchien auf der anderen Seite gibt es einen wichtigen Unterschied. Die meisten physikalischen und biologischen Hierarchien sind nämlich in räumlichen Ausdrücken beschreibbar. Wir ermitteln die Organellen in einer Zelle auf die gleiche Weise wie wir Rosinen in einem Kuchen finden – sie sind »sichtbar« differenzierte Substrukturen, die in der größeren Struktur räumlich lokalisiert sind. Auf der anderen Seite aber beabsichtigen wir nicht, soziale Hierarchien dadurch zu identifizieren, daß wir beobachten, wer nahe bei wem lebt, sondern wer mit wem interagiert. Diese beiden Punkte können dadurch in Einklang miteinander gebracht werden, daß man die Hierarchie durch die Intensität der Interaktion definiert, wobei man anmerkt, daß in den meisten biologischen und physikalischen Systemen eine relativ intensive Interaktion räumliche Nähe impliziert. Eines der interessantesten Charakteristika der Nervenzellen und der Telephonleitung ist, daß sie sehr spezifische intensive Interaktionen über weite Distanz erlauben. In dem Ausmaß, als Interaktionen mittels spezialisierter Kommunikations- und Transportsysteme kanalisiert werden, ist die räumliche Nähe also weniger bestimmend für die Struktur.

1.3 Symbolische Systeme

Eine sehr wichtige Klasse von Systemen wurde in meinen bisherigen Beispielen ausgelassen: Systeme der menschlichen symbolischen Produktion. Ein Buch ist in dem hier verwendeten Sinne eine Hierarchie. Es ist im allgemeinen in Kapitel aufgeteilt, die Kapitel sind in Abschnitte gegliedert, die Abschnitte in Paragraphen, die Paragraphen in Sätze, die Sätze in Satzteile und Wortverbindungen, die Satzteile und Wortverbindungen in Wörter. Wir können die Wörter als unterste Elementareinheiten ansehen, oder wir können sie, wie das der Linguist gerne tut, weiter in kleinere Einheiten unterteilen. Wenn das Buch erzählenden Inhalt hat, wird es besser in »Episoden« als in logische Abschnitte unterteilt; aber Unterteilungen wird es auch hier geben.

Die hierarchische Struktur der Musik, unterteilt in Einheiten wie Sätze, Themen und Phrasen, ist jedem vertraut. Die hierarchische Struktur der Produkte der bildenden Künste sind schwerer zu charakterisieren, aber ich werde diesen Punkt später noch ausführen.

2. *Evolution und Selektion*

2.1 Die Evolution komplexer Systeme

Das Thema Evolution möchte ich mit einer Parabel einführen. Es waren einmal zwei Uhrmacher, mit Namen Hora und Tempus, die sehr schöne Uhren herstellten. Beide waren deshalb auch sehr angesehen, und die Telephone in ihren Werkstätten klingelten oft – neue Kunden riefen sie in einem fort an. Nun aber wurde Hora immer reicher, während Tempus immer ärmer wurde und schließlich seinen Laden aufgeben mußte. Was war der Grund dafür?

Die Uhren, die die beiden machten, bestanden aus ungefähr 1000 Teilen. Tempus hatte seine Uhr so konstruiert, daß sie – wenn er sie teilweise zusammengebaut hatte, jedoch weglegen mußte, um einen Anruf zu beantworten – gleich wieder auseinanderfiel und von neuem aus allen ihren Elementen zusammengesetzt werden mußte. Je mehr die Kunden seine Uhren schätzen, um so öfter riefen sie ihn an und um so schwieriger wurde es für ihn, genug ungestörte Zeit zu finden, um auch nur eine Uhr fertig zu stellen.

Die Uhren, die Hora machte, waren nicht weniger komplex als die von Tempus. Aber er hatte sie so konstruiert, daß er Untereinheiten von jeweils ungefähr zehn Teilen zusammenbauen konnte. Zehn dieser Untereinheiten konnten wiederum zu einer größeren Einheit zusammengesetzt werden; und ein System der letzten zehn Einheiten ergab eine vollständige Uhr. Wenn daher Hora eine teilweise zusammengesetzte Uhr ablegen mußte, um einen Anruf zu beantworten, verlor er nur einen kleinen Teil an Arbeitszeit, und er baute seine Uhren in einem Bruchteil der Arbeitsstunden zusammen, die Tempus brauchte.

Es ist nicht schwer, eine quantitative Analyse der relativen Schwierigkeit der Aufgaben von Tempus und Hora zu erstellen. Nehmen wir an, die Wahrscheinlichkeit, daß eine Unterbrechung eintreten wird, während die Teile zusammengesetzt werden, ist p. Dann ist die Wahrscheinlichkeit, daß Tempus eine Uhr, die er begonnen hat, ohne Unterbrechung vollenden kann $(1-p)^{1000}$ – eine sehr kleine Zahl, so daß $p = 0{,}001$ oder kleiner. Jede Unterbrechung kostet im Durchschnitt die Zeit, die notwendig ist, um $1/p$ Teile (d. h. die vor der Unterbrechung vorgesehene Anzahl von Teilen) zusammenzusetzen. Auf der anderen Seite muß Hora 111 Untereinheiten von jeweils 10 Teilen zusammenbauen. Die Wahrscheinlichkeit, daß er nicht unterbrochen wird, während er einen dieser Sätze von 10 Teilen zusammenbaut, ist

$(1-p)^{10}$, und jede Unterbrechung kostet im Durchschnitt nur die Zeit, die zum Zusammenbau von fünf Teilen erforderlich ist.[7]

Wenn nun p um 0,01 liegt – das heißt, wenn die Wahrscheinlichkeit 1 : 100 ist, daß jeder Uhrmacher unterbrochen wird, wenn er seine Teile zusammenbaut – dann zeigt eine überschlagsmäßige Berechnung, daß Tempus im Durchschnitt gerechnet über viertausendmal so lang brauchen wird, um eine Uhr zusammenzubauen wie Hora. Wir kommen zu dieser Schätzung wie folgt:

1. Hora muß 111 mal mehr Ensembles pro Uhr zusammenbauen als Tempus; aber

2. Tempus wird im Durchschnitt für jedes unvollendete Ensemble 20mal mehr Zeit verlieren als Hora (durchschnittlich 100 Teile gegenüber 5 Teilen); und

3. Tempus wird ein Ensemble nur 44mal auf eine Million Versuche vollenden ($0{,}99^{1000} = 44 \times 10^{-6}$), während Hora neun von zehn Ensembles fertigstellt ($0{,}99^{10} = 9 \times 10^{-1}$). Darum wird Tempus 20 000 mal pro fertiggestelltem Ensemble mehr machen müssen als Hora $(9 \times 10^{-1})/(44 \times 10^{-6}) = 2 \times 10^4$. Wenn man diese drei Verhältniszahlen multipliziert, erhalten wir $1/111 \times 100/5 \times 0{,}99^{10}/0{,}99^{1000} = 1/111 \times 20 \times 20000 \sim 4000$.

2.2 Biologische Evolution

Welche Nutzanwendung können wir aus unserer Parabel für die biologische Evolution ziehen? Wir können ein teilweise vollendetes Subensemble von k Elementarteilen vorläufig – indem wir ihre Ausrichtung aufeinander vernachlässigen – als die Koexistenz von k Teilen, zusammengedrängt auf engen Raum, interpretieren. In diesem Modell wird angenommen, daß die Teile in diese Raumeinheit mit einer konstanten Rate eingebracht werden, daß es aber auch eine konstante Wahrscheinlichkeit, p, gibt, daß ein Teil wieder verlorengehen wird, bevor ein weiteres hinzugefügt worden ist, außer wenn das Ensemble einen stabilen Zustand erreicht hat. Diese Annahmen sind nicht besonders realistisch. Zweifellos unterschätzen sie die Abnahme der Wahrscheinlichkeit der Vervollständigung des Ensembles mit der zunehmenden Größe dieses Ensembles. So wird in diesen Annahmen – wahrscheinlich geht es um einen gewichtigen Faktor – der relative Vorteil einer hierarchischen Struktur weit unterschätzt.

Obgleich wir daher die numerische Schätzung nicht ganz ernst nehmen können, sind die Schlußfolgerungen für die biologische Evolution völlig klar und unmittelbar faßbar. Die Zeit, die für die Evolution einer komplexen Form aus einfachen Elementen benötigt wird, hängt ganz wesentlich von der Anzahl und der Verteilung der potentiellen intermediären stabilen Formen ab. Insbesondere, wenn es eine Hierarchie von potentiellen stabilen Subensembles gibt, die auf jeder Ebene der Hirarchie ungefähr die gleiche Spanne *s* haben, dann ist anzunehmen, daß die für ein Subensemble benötigte Zeit auf jeder Ebene ungefähr die gleiche ist – d. h. proportional $1/(1-p)^s$. Die Zeit, die für den Zusammenbau eines Systems von *n* Elementen erforderlich ist, wird proportional zu $\log_s n$ sein, d. h. proportional zur Anzahl der Ebenen im System. Man kann annehmen – um diesen Punkt etwas zu illustrieren –, daß die für die Evolution eines vielzelligen Organismus aus einzelligen Organismen benötigte Zeit die gleiche Größenordnung haben dürfte wie die Zeit, die für die Evolution eines einzelligen Organismus aus Makromolekülen erforderlich war. Ebenso könnte in bezug auf die Evolution der Proteine aus Aminosäuren, der Moleküle aus Atomen oder der Atome aus Elementareinheiten argumentiert werden.

Ich weiß, daß jeder praktizierende Biologe, Chemiker oder Physiker eine Unmenge von Einwänden gegen dieses übervereinfachte Schema vorbringen kann. Bevor ich mich aber Dingen zuwende, von denen ich mehr verstehe, möchte ich nur noch auf drei Probleme eingehen; die übrigen möchte ich gerne den Spezialisten überlassen.

Erstens unterstellt diese Theorie, nun im Widerspruch zum Begriffskontext der Uhrmacher-Parabel, keinen teleologischen Mechanismus. Die komplexen Formen können aus den einfachen durch pure Zufallsprozesse entstehen. (Ich werde gleich ein anderes Modell vorschlagen, das dies klar zeigt.) Eine Entwicklungsrichtung wird im Schema lediglich im Hinblick auf die Stabilität der komplexen Formen angenommen, wenn diese sich einmal herausgebildet haben. Aber das ist nichts anderes als das Überleben des Tüchtigsten, hier: des Stabilen.

Zweitens scheinen nicht alle großen Systeme hierarchisch zu sein. Z. B. sind die meisten Polymere – wie Nylon – einfache lineare Ketten einer großen Anzahl von identischen Komponenten, den Monomeren. Für unsere Zwecke aber können wir eine solche Struktur ruhig als eine Hierarchie definieren – eben mit der Spanne 1, als Grenzfall. Denn eine Kette beliebiger Länge repräsentiert einen Zustand relativen Gleichgewichts.[8]

Drittens impliziert die Evolution von komplexen Systemen aus einfachen Elementen noch keine Aussage – weder in der einen, noch in der anderen Richtung – über eine Veränderung der Entropie des Gesamtsystems. Wenn der Prozeß freie Energie absorbiert, wird das komplexe System einen kleineren Grad der Entropie aufweisen als die Teile; wenn Energie freigesetzt wird, wird das Gegenteil der Fall sein. Die erstere Alternative trifft auf die meisten biologischen Systeme zu; und der Nettozustrom von freier Energie muß von der Sonne oder einer anderen Energiequelle kommen, wenn das zweite thermodynamische Gesetz gültig sein soll. Für den hier beschriebenen evolutionären Prozeß ist nur erforderlich, daß die Gleichgewichtszustände auf den mittleren Ebenen lokalen, nicht aber globalen Umfang haben; und es genügt, wenn sie nur ein stabiles Gleichgewicht aufweisen, d. h. daß sie das Gleichgewicht nur solange halten, als eine äußere Energiequelle verfügbar ist, die angezapft werden kann.[9]

Da Organismen in energetischer Hinsicht keine geschlossenen Systeme darstellen, gibt es keine Möglichkeit, die Entwicklungsrichtung, noch weniger die Geschwindigkeit der Evolution aus den klassischen thermodynamischen Überlegungen abzuleiten. Alle Schätzungen zeigen aber, daß der für die Herausbildung von einzelligen biologischen Organismen erforderliche Energiebetrag verschwindend klein ist – ungefähr -10^{-11} cal/Grad.[10] Die »Unwahrscheinlichkeit« der Evolution hat nichts zu tun mit dem Ausmaß an Entropie, das durch jede Bakterienzelle in jeder Generation erzeugt wird. Die Irrelevanz der Quantität an Information, die die Evolution beschleunigen könnte, läßt sich auch aus der Tatsache erschließen, daß genausoviel Information erforderlich ist, um eine Zelle im Reproduktionsprozeß zu »kopieren«, wie notwendig ist, um die erste Zelle im Laufe der Evolution zu produzieren.

Die Existenz stabiler intermediärer Formen hat ganz entscheidende Auswirkungen für die Evolution von komplexen Formen, die sich in etwa mit der dramatischen Wirkung vergleichen lassen, die Katalysatoren auf die Reaktionsraten und auf die Verteilung der Reaktionsprodukte auf Gleichgewichtszustände in offenen Systemen haben.[11] Auf keinen Fall läßt sich aus einem Wandel der Entropie auf die Charakteristik des Systemverhaltens schließen.

2.3 Problemlösung als natürliche Auslese

Wir wollen uns nun einigen Phänomenen zuwenden, die keine direkte Beziehung zur biologischen Evolution haben: dem menschlichen Problemlösungsverhalten. Nehmen wir zum Beispiel die Aufgabe, für einen schwierigen mathematischen Satz einen Beweis zu finden. Der Prozeß kann beschrieben werden – und ist oft so dargestellt worden – als Gang durch ein Labyrinth. Beginnend mit den Axiomen und früher bewiesenen Theoremen, werden verschiedene nach den Regeln der Mathematik mögliche Transformationen versucht, um zu neuen Aussagen zu kommen. Diese werden wiederum, mit Hartnäckigkeit und Glück, solange modifiziert, bis eine stimmige Reihe oder ein Pfad von Transformationen gefunden ist, die zum angestrebten Ziel führen.

Der Prozeß schließt gewöhnlich viele vergebliche Versuche ein. Verschiedene Wege werden eingeschlagen; einige werden wieder aufgegeben, andere werden weiter vorangetrieben. Bevor eine Lösung gefunden ist, sind wohl viele der Wege des Labyrinths durchwandert worden. Um so schwieriger und neuartiger das Problem ist, desto größer ist wahrscheinlich der Aufwand von Versuch und Irrtum, der zur Auffindung einer Lösung erforderlich ist. Trotzdem ist dieses Verfahren von Versuch und Irrtum nicht völlig blind und dem Zufall ausgeliefert; tatsächlich ist es nämlich eher außerordentlich selektiv.

Die neuen Aussagen, die durch die Transformation aus bekannten Aussagen gewonnen werden, müssen überprüft werden, ob sie im Hinblick auf das Ziel einen Fortschritt bringen. Anzeichen des Fortschritts ermuntern eine Fortsetzung der Suche in der gleichen Richtung; das Ausbleiben des Fortschritts signalisiert eine Abkehr von dem bisherigen Weg. Problemlösungen erfordern ein *selektives* Verfahren von Erfolg und Irrtum.[12]

Es ist nicht schwer zu erkennen, daß jene Anzeichen von Fortschritt die gleiche Rolle im Problemlösungsprozeß spielen wie die stabilen intermediären Formen im biologischen Evolutionsprozeß. In der Tat können wir die Uhrmacher-Parabel übernehmen und sie ebenso auf das Problemlösen anwenden. Beim Problemlösen spielt eine Teillösung, die einen erkennbaren Fortschritt anzeigt, die gleiche Rolle wie das stabile Subensemble beim Uhrenbau.

Nehmen wir an, die Aufgabe bestünde darin, einen Safe zu öffnen, dessen Schloß 10 Wählscheiben trägt, jede mit 100 möglichen Einstellungen und numeriert von 0 bis 99. Wie lange würde man bei einer wahllosen Suche brauchen, um die richtige Einstellung zu finden? Da es 100^{10} mögliche Kombinationen gibt, können wir annehmen, daß man im Durchschnitt etwa die Hälfte dieser Kombinationen durchspielen müßte, bevor man die richtige finden könnte – das heißt 50 Trillionen Kombinationen. Nehmen wir jedoch an, daß der Safe einen Defekt hat, so daß man jeweils einen Klick hören kann, wenn eine Wählscheibe bei der richtigen Kombination angekommen ist. Nun kann jede Wählscheibe unabhängig von den anderen eingestellt werden und braucht nicht mehr verändert zu werden, während die anderen eingestellt werden. Die Gesamtzahl der Kombinationen, die nunmehr ausprobiert werden müssen, ist 10 x 50 oder 500. Die Aufgabe, den Safe zu öffnen, ist dank der Klicks von einer praktisch unlösbaren in eine recht triviale Aufgabe verwandelt worden.[13]

Was die Struktur jener Labyrinthe betrifft, die die allgemeinen menschlichen Problemlösungsaufgaben repräsentieren – das Beweisen von mathematischen Lehrsätzen, das Lösen von Puzzles, Schachspielen, die richtige Verteilung von Investitionen, das Aufeinanderabstimmen von Montagebändern, usw. –, so hat man in den letzten fünf Jahren eine ganze Menge dazugelernt. Alles, was wir über diese Labyrinthlösungen gelernt haben, verweist auf denselben Schluß: daß menschliche Problemlösungsversuche, angefangen von den plumpesten bis zu den intelligentesten, nur aus unterschiedlichen Mixturen von Versuch und Irrtum und ihrer Selektion zusammengesetzt sind. Die Selektivität ergibt sich aus einigen groben Faustregeln oder auch ausgefeilten Erkenntnismethoden, die uns sagen, welche Wege wir zuerst einschlagen sollen und welche Wegzeichen erfolgversprechend sind. Es ist nicht nötig, daß wir Prozesse postulieren, die noch komplizierter sind als die in der organischen Evolution, um darstellen zu können, wie enorme Problemlabyrinthe auf eine durchaus zu bewältigende Größe zusammenschrumpfen.[14]

2.4 Grundlagen der Selektivität

Wenn wir die Gründe untersuchen, aus denen das problemlösende System oder – je nach Lage des Falles – das sich entwickelnde System seine Selektivität gewinnt, werden wir entdecken, daß Selektivität immer mit irgendeiner Art von Rückkopplung von Information aus der Umgebung zu tun hat. Nehmen wir zuerst den Fall der Problemlösung. Hier gibt es zwei grundlegende Arten von Selektivität. Die eine haben wir schon diskutiert: verschiedene Wege werden ausprobiert; die Konsequenzen, die sich daraus ergeben, wenn man ihnen folgt, werden notiert; und die gewonnene Information dient als Wegweiser für die weitere Suche. Auf die gleiche Weise entstehen in der organischen Evolution verschiedene organische Komplexe, zumindest vorübergehend, und diejenigen, die sich als stabil erweisen, dienen als Bausteine für den Weiterbau. Es ist diese Information über stabile Konfigurationen, und nicht die freie Energie oder Negentropie von der Sonne, die den Prozeß der Evolution lenkt und jene Selektivität bewirkt, die von entscheidender Bedeutung für die Rapidität der Evolution ist.

Die zweite Grundlage der Selektivität im Problemlösen ist die frühere Erfahrung. Wir können dies besonders deutlich sehen, wenn das zu lösende Problem einem früher schon gelösten Problem gleicht. In diesem Fall wird der Prozeß von Versuch und Irrtum durch die bloße Wiederholung der gleichen Schritte, die früher zur Lösung geführt hatten, oder durch analoge Schritte, erheblich reduziert oder sogar erübrigt.

Was entspricht dieser letzten Art von Information in der organischen Evolution? Das passendste Analogon ist die Reproduktion. Wenn einmal die Ebene von sich selbst reproduzierenden Systemen, nämlich das komplexe System, erreicht ist, dann können sie sich in unbeschränkter Weise multiplizieren. Die Reproduktion ermöglicht in der Tat die Vererbung von erworbenen Eigenschaften, aber nun selbstverständlich auf der Ebene des genetischen Materials; d. h. nur Eigenschaften, die durch die Gene erworben worden sind, können weitervererbt werden. Wir werden diesem Punkt der Reproduktion im abschließenden Abschnitt dieses Aufsatzes noch nachgehen.

2.5 Über Reiche und Reichsgründungen

Wir haben die Reihe der komplexen Systeme, auf die die Uhrmacher-Parabel sinnvollerweise anwendbar ist, noch nicht erschöpft. Philipp gründete sein Mazedonisches Reich und vermachte es seinem Sohn Alexander, der es später mit dem Persischen Subensemble und anderen Teilen zu einem größeren System vereinigte. Bei Alexanders Tod zerfiel sein Reich nicht in Staub, sondern es zerfiel nur in eine Reihe seiner größeren Subsysteme, aus denen es zusammengesetzt war.

Das Uhrmacher-Argument impliziert, daß ein Alexander in eine Welt hineingeboren werden müßte, wo bereits große stabile politische Systeme existieren. Wo diese Bedingung nicht erfüllt war, wie z. B. an der skytischen oder indischen Grenze, erwies sich die Reichsgründung für Alexander als eine unsichere Sache. So war auch T. E. Lawrences Versuch, eine arabische Revolte gegen die Türken zu organisieren, durch den Charakter seiner größten stabilen Bauelemente, nämlich durch die isolierten und mißtrauischen Wüstenstämme, behindert.

Die Geschichtswissenschaft legt größeres Gewicht auf gesicherte Einzelerkenntnisse als auf tendenziöse Spekulationen. Ich werde meinen Punkt daher nicht weiter ausspinnen, sondern möchte es den Historikern überlassen, zu entscheiden, ob für sie etwas aus einer abstrakten Theorie der hierarchischen komplexen Systeme zu gewinnen ist.

2.6 Schlußfolgerung: Die evolutionistische Erklärung der Hierarchie

Wir haben nun dargestellt, daß komplexe Systeme sich aus einfachen Systemen viel schneller herausbilden, wenn es stabile intermediäre Formen gibt. Die in diesem Fall entstehenden Formen werden hierarchisch sein. Wir müssen dieses Argument nur umdrehen, um die beobachtete Vorherrschaft der Hierarchien unter den komplexen Systemen der Natur erklären zu können. Unter allen möglichen Formen von komplexen Systemen sind die hierarchischen Systeme diejenigen, die genügend Zeit für ihren Aufbau finden. Die Hypothese, daß Komplexität hierarchisch aufgebaut sein muß, macht keinen Unterschied zwischen sehr flachen Hierarchien, wie Kristallen, Geweben und Polymeren, und den intermediären Formen. Unter den komplexen Systemen, auf die wir in der Natur treffen, finden wir ja tatsächlich beide Formen. Eine besser ausgearbeitetete Theorie als die hier angebotene müßte sich vermutlich viel eingehender mit den Determinanten der Kontrollspanne in diesen Systemen beschäftigen.

3. *Dekomponierbare Systeme*

In hierarchischen Systemen können wir Interaktionen *zwischen* Subsystemen einerseits und Interaktionen *innerhalb* von Subsystemen andererseits unterscheiden. Die Interaktionen auf den verschiedenen Ebenen können und werden oft von ganz verschiedener Größenordnung sein. In einer formalen Organisation wird in der Regel mehr Interaktion zwischen zwei Angestellten der gleichen Abteilung als zwischen zwei Angestellten aus verschiedenen Abteilungen festzustellen sein. In organischen Substanzen werden die intermolekularen Kräfte im allgemeinen schwächer sein als die molekularen Bindekräfte, und die molekularen Kräfte werden schwächer sein als die nuklearen Kräfte.

In einem dünnen Gas werden die intermolekularen Kräfte im Vergleich zu den molekularen Bindekräften im allgemeinen zu vernachlässigen sein, d. h. wir können die einzelnen Partikel in vielen Fällen so behandeln, als seien sie unabhängig voneinander. Wir können ein solches System als *dekomponierbar* in seine Subsysteme, die wiederum aus Einzelteilen sich zusammensetzen, bezeichnen. Wenn das Gas dichter wird, bekommen die molekularen Interaktionen größeres Gewicht. Aber in einem gewissen Anwendungsbereich können wir den dekomponierbaren Fall als Grenzfall und als erste Annäherung betrachten. Wir können z. B. mit einer Theorie des perfekten Gases arbeiten, um annäherungsweise das Verhalten von wirklichen Gasen zu beschreiben, wenn sie nicht allzu dicht sind. Als eine zweite Annäherung können wir zu einer Theorie der *nahezu dekomponierbaren* Systeme übergehen, in denen die Interaktionen zwischen den Subsystemen zwar schwach, aber doch nicht vollständig zu vernachlässigen sind.

Wenigstens einige Arten von hierarchischen Systemen können mit Erfolg annäherungsweise als nahezu dekomponierbare Systeme behandelt werden. Die wichtigsten theoretischen Ergebnisse dieses Ansatzes können in zwei Sätze zusammengefaßt werden: (a) In einem nahezu dekomponierbaren System ist das Kurzzeit-Verhalten jedes der Subsysteme mehr oder weniger unabhängig vom Kurzzeit-Verhalten der anderen Komponenten. (b) Auf lange Sicht gesehen hängt das Verhalten jeder dieser Komponenten nur in einer aggregierten Weise vom Verhalten der anderen Komponenten ab.

Ich will dies an einem sehr naheliegenden einfachen Beispiel eines nahezu dekomponierbaren Systems darstellen.[15] Nehmen wir ein Gebäude, dessen äußere Wände eine vollständige Wärmeisolierung von der Außenwelt gewährleisten. Wir können diese Wände als die Grenzen unseres Systems nehmen. Das Gebäude ist in eine große Anzahl von Räumen unterteilt, wobei die Zwischenwände zwar gute, aber keine perfekten Wärmeisolatoren darstellen.

Die Wände zwischen den verschiedenen Räumen sind die Grenzen unserer größeren Subsysteme. Jeder Raum ist wiederum durch Zwischenwände in eine Reihe von Zellen aufgeteilt; diese Zwischenwände nun aber sind schlechte Isolatoren. In jeder Zelle hängt ein Thermometer. Nehmen wir an, daß zum Zeitpunkt unserer ersten Beobachtung die Temperatur in den einzelnen Zellen und den einzelnen Räumen in einer großen Variationsbreite voneinander abweicht, d. h. die verschiedenen Zellen innerhalb des Gebäudes befinden sich in einem Zustand des thermischen Ungleichgewichts. Was ist zu erwarten, wenn wir nach einigen Stunden neue Temperaturablesungen vornehmen? Zwischen den verschiedenen Zellen innerhalb der einzelnen Räume wird es nur geringe Temperaturunterschiede geben, aber *zwischen* den verschiedenen Räumen werden noch große Temperaturunterschiede zu beobachten sein. Wenn wir einige Tage später wieder die Temperaturen ablesen, dann werden wir im ganzen Gebäude fast die gleiche Temperatur finden; die Temperaturunterschiede zwischen den einzelnen Räumen sind so gut wie verschwunden.

Wir können den Prozeß des Temperaturausgleichs formal dadurch beschreiben, daß wir die üblichen Gleichungen für die Wärmeströmung aufstellen. Die Gleichungen können durch die Matrix ihrer Koeffizienten repräsentiert werden, r_{ij}, wobei r_{ij} die Rate bezeichnet, mit der die Wärme von der i^{ten} zur j^{ten} Zelle je Grad Temperaturunterschied abströmt. Wenn die Zellen i und j keine gemeinsame Wand haben, wird r_{ij} Null sein. Wenn die Zellen i und j eine gemeinsame Wand haben, wird r_{ij} groß sein. Wenn die Zellen i und j durch die stärkere Mauer eines Raumes getrennt sind, wird r_{ij} nicht gerade Null sein, aber es wird klein sein. Wenn man daher alle Zellen zusammenfaßt, die sich im gleichen Raum befinden, können wir die Matrix der Koeffizienten so gliedern, daß alle ihre großen Elemente innerhalb eines Segments von (quadratischen) Submatrizen entlang der Hauptdiagonale liegen. Alle Elemente außerhalb dieser diagonalen Quadrate werden entweder Null oder ziemlich klein sein (vgl. die folgende Tabelle). Wir können irgendeine kleine Zahl, ε, als Obergrenze für die Elemente außerhalb der Diagonale nehmen. Wir werden eine Matrix, die diese Eigenschaften hat, eine *nahezu dekomponierbare Matrix* nennen.

Damit ist nachgewiesen worden, daß ein dynamisches System, das durch eine nahezu dekomponierbare Matrix beschreibbar ist, die vorher schon festgestellten Eigenschaften eines nahezu dekomponierbaren Systems hat. In unserem einfachen Beispiel der Wärmeströmung heißt das, daß auf kurze Sicht gesehen jeder Raum sich nahezu unabhängig von den anderen auf eine bestimmte Temperatur einpendeln wird (auf ein Mittel der Ausgangstemperaturen seiner Unterabteilungen); und es heißt, daß jeder Raum über die längere Zeit, für die durch das Gebäude ein alle einschließendes Temperaturgleichgewicht gesichert ist, ebenfalls ungefähr in einem Gleichgewichtszustand verharren wird. Nachdem der Kurzzeit-Wärmeausgleich innerhalb der Räume vollzogen ist, wird ein einziges Thermometer in jedem Raum genügen, um das dynamische Verhalten des gesamten Systems zu kontrollieren, und eigene Thermometer in jeder Zelle werden überflüssig sein.

3.1 Die angenäherte Dekomponierbarkeit von sozialen Systemen

Wie ein Blick auf die untenstehende Darstellung zeigt[16], ist die angenäherte Dekomponierbarkeit ein ziemlich strenges Kriterium für eine Matrix; und die Matrizen, die dieses Kriterium erfüllen, beschreiben deshalb sehr spezielle dynamische Systeme – verschwindend wenig Systeme aus dem Bereich aller denkbaren Systeme. Wieviele es sein werden, hängt natürlich davon ab, eine wie gute Annäherung wir verlangen. Wenn wir verlangen, daß Epsilon (ε) sehr klein ist, werden dementsprechend nur wenige dynamische Systeme dieser Definition entsprechen. Aber wir haben schon gesehen, daß in der Welt der Natur nahezu dekomponierbare Systeme gar nicht so selten sind. Im Gegenteil sind Systeme, in denen jede Variable mit jeder anderen fast gleich stark verbunden ist, weitaus seltener und viel weniger typisch.

	A 1	A 2	A 3	B 1	B 2	C 1	C 2	C 3
A 1	–	100	–	2	–	–	–	–
A 2	100	–	100	1	1	–	–	–
A 3	–	100	–	–	2	–	–	–
B 1	2	1	–	–	100	2	1	–
B 2	–	1	2	100	–	–	1	2
C 1	–	–	–	2	–	–	100	–
C 2	–	–	–	1	1	100	–	100
C 3	–	–	–	–	2	–	100	–

In der ökonomischen Dynamik sind die Hauptvariablen die Preise und die Quantitäten von Gütern und Dienstleistungen. Es ist empirisch zu bestätigen, daß der Preis irgendeines bestimmten Gutes und die Quantität, in der er getauscht wird, in einem bestimmten Ausmaß nur von den Preisen und Quantitäten von ein paar anderen Gütern abhängt, zusammen mit ein paar anderen Aggregatgrößen wie dem durchschnittlichen Preisniveau oder irgendeinem Gesamtindex der ökonomischen Aktivität. Die entscheidenden Korrelationskoeffizienten sind im allgemeinen mit den Hauptströmen von Rohmaterial und Halbfertigprodukten innerhalb und zwischen den Industrien verbunden. Eine Input-Output-Matrix der Wirtschaft, die die Größe dieser Ströme angibt, enthüllt die angenähert dekomponierbare Struktur des Systems – mit einer Einschränkung: Es gibt ein Konsum-Subsystem der Wirtschaft, das stark an Variablen in den meisten anderen Subsystemen gebunden ist. So müssen wir unsere Anmerkungen zur Dekomponierbarkeit etwas modifizieren, um der Sonderrolle des Konsumsystems in unserer Analyse des dynamischen Verhaltens der Wirtschaft gerecht zu werden.

In der Dynamik von sozialen Systemen, in denen Mitglieder eines Systems mit den anderen Mitgliedern kommunizieren und sie beeinflussen, springt die Nahezu-Dekomponierbarkeit im allgemeinen schnell ins Auge. Das wird am deutlichsten bei formalen Organisationen, wo die formalen Autoritätslinien jedes Mitglied der Organisation mit einem unmittelbaren Vorgesetzten und mit einer kleinen Zahl von

Untergebenen verbinden. Selbstverständlich folgen viele Kommunikationen in Organisationen auch anderen Kanälen als den formalen Autoritätslinien. Aber die meisten dieser Kanäle führen von einem einzelnen Individuum zu einer sehr beschränkten Anzahl seiner Vorgesetzten, seiner Untergebenen und Kollegen. Deshalb spielen die Abteilungsgrenzen hier so ziemlich die gleiche Rolle wie die Wände in unserem Beispiel vom Wärmeaustausch.

3.2 Physikochemische Systeme

In den in der biologischen Chemie bekannten komplexen Systemen ist eine ganz ähnliche Struktur nachweisbar, fassen wir die Atomkerne in einem solchen System als die Elementareinheiten dieses Systems auf und konstruieren wir eine Matrix der Bindekräfte zwischen den Elementen. Auch hier wird es Matrixelemente von ganz verschiedener Größenordnung geben. Die größten werden im allgemeinen mit den kovalenten Kräften korrespondieren, die nächsten mit den ionischen Kräften, die dritte Gruppe mit den Wasserstoffkräften, die noch kleineren mit den Van-der-Waals-Kräften.[17] Wenn wir Epsilon (ε) nur ein bißchen kleiner wählen als die Größe einer kovalenten Bindung beträgt, wird das System in seine Subsysteme dekomponierbar sein – in die es konstituierenden Moleküle. Die schwächeren Bindungen werden den intermolekularen Bindekräften entsprechen.

Es ist wohlbekannt, daß Hochenergie- bzw. Hochfrequenzvibrationen mit den kleineren physikalischen Subsystemen zu tun haben, Niederfrequenzvibrationen dagegen mit den größeren Systemen, zu denen sich die Subsysteme verbinden. Die Strahlungsfrequenzen z. B., die mit Molekularvibrationen zu tun haben, sind wesentlich niedriger als diejenigen, die mit den Vibrationen der planetarischen Elektronen der Atome assoziiert sind; die letzteren sind wiederum niedriger als die mit den nuklearen Prozessen auftretenden Frequenzen.[18] Molekulare Systeme sind nahezu dekomponierbare Systeme, wobei die Kurzzeitdynamik auf die internen Strukturen dieser Subsysteme zu beziehen ist, die Langzeitdynamik dagegen auf die Interaktionen dieser Subsysteme.

Die Gültigkeit einer großen Anzahl der wichtigen in der Physik verwendeten Annäherungen beruht auf der annähernden Dekomponierbarkeit der untersuchten Systeme. Die Theorie der Thermodynamik der irreversiblen Prozesse erfordert z. B. die Annahme eines makroskopischen Ungleichgewichts, jedoch eines mikroskopischen Gleichgewichts[19], also genau die in unserem Wärmebeispiel beschriebene

Situation. Ganz ähnlich werden Berechnungen in der Quantenmechanik oft nur dadurch bewältigt, daß schwache Interkationen nur als Störungen eines Systems von starken Interaktionen behandelt werden.

3.3 Einige Beobachtungen über die hierarchische Spanne

Um zu verstehen, warum die Spanne von Hierarchien manchmal sehr groß – wie z. B. in Kristallen – und manchmal ziemlich klein ist, müssen wir uns die Interkationen etwas näher ansehen. Im allgemeinen gilt als der kritische Punkt, inwieweit die Interaktion zwischen zwei (oder mehreren) Subsystemen eine Interaktion dieser Subsysteme mit anderen ausschließt. Wir wollen uns zuerst mit einigen physikalischen Beispielen befassen.

Betrachten wir ein Gas aus gleichen Molekülen, von denen jedes – in einer bestimmten Weise – kovalente Bindungen mit anderen eingehen kann. Nehmen wir an, daß wir bei jedem Atom mit einer bestimmten Anzahl von Bindungen rechnen können, die es gleichzeitig aufrechterhalten kann. (Diese Anzahl hat bekanntlich mit der Zahl zu tun, die wir gewöhnlich seine Wertigkeit oder Valenz nennen.) Nehmen wir nun an, daß sich zwei Atome miteinander verbinden und daß wir für diese Verbindung nun auch eine bestimmte Anzahl von externen Bindungen, die sie als ganze aufrechterhalten kann, angeben können. Wenn diese Anzahl die gleiche ist wie die für die einzelnen Atome gültige Zahl, kann der Bindeprozeß unbegrenzt weiterschreiten – die Atome können Kristalle oder Polymere von unbegrenzter Größe bilden. Wenn jedoch die Anzahl der externen Bindekräfte kleiner ist als die der Einzelteile, dann muß der Prozeß der Agglomeration schnell an ein Ende kommen.

Wir brauchen nur ein paar einfache Beispiele zu nennen. Gewöhnliche Gase zeigen keine Tendenz zur Agglomeration, weil die vielfache Bindung der Atome ihre Kapazität zu Interaktionen »aufbraucht«. Während jedes Sauerstoffatom eine Valenz von 2 hat, haben die O_2-Moleküle eine Valenz von 0. Umgekehrt können unbegrenzte Ketten von einwertigen Karbonatomen aufgebaut werden, weil eine Kette jeder beliebigen Anzahl solcher Atome eine Valenz von genau 2 hat.

Was passiert nun, wenn wir ein System von Elementen haben, das sowohl starke wie schwache Interaktionspotenzen hat und dessen starke Bindekräfte durch die Kombination der Atome absorbiert werden können? Es werden sich Subsysteme herausbilden, bis die gesamte Potenz für starke Interaktionen in ihrem Aufbau aufgebraucht worden ist. Dann werden sich diese Subsysteme dank der schwächeren

Bindekräfte zweiter Ordnung in größere Systeme gruppieren. Ein Wassermolekül hat z. B. eine Valenz von 0 – alle kovalenten Bindekräfte sind voll besetzt durch die Interaktion der Wasserstoff- und der Sauerstoffmoleküle. Aber die Geometrie der Moleküle schafft einen elektrischen Dipol, der eine schwache Interaktion zwischen dem Wasser und den in ihm aufgelösten Salzen ermöglicht – daraus erklären sich schließlich Phänomene wie seine elektrolytische Leitfähigkeit.[20]

Ebenso ist beobachtet worden, daß, obwohl die elektrischen Kräfte weitaus größer sind als die Gravitationskräfte, die letzteren sehr viel wichtiger für Systeme astronomischer Größenordnung sind als die ersteren. Die Erklärung ist ganz einfach, daß die elektrischen Kräfte, indem sie bipolar sind, in den Verbindungen der kleineren Subsysteme aufgebraucht werden und daß nennenswerte Nettobalancen von positiven oder negativen Ladungen in den Bereichen makroskopischer Größenordnung im allgemeinen nicht festgestellt werden.

In sozialen wie in physikalischen Systemen gibt es im allgemeinen enge Grenzen für die gleichzeitige Interaktion einer großen Anzahl von Subsystemen. Im Fall der sozialen Systeme sind diese Grenzen darin begründet, daß der Mensch eher ein Informationsverarbeitungssystem ist, das in Reihe geschaltet ist, als daß es parallel geschaltet wäre. Er kann nur eine Konversation zur gleichen Zeit führen, und obgleich dies nicht die Größe seiner Zuhörerschaft begrenzt, an die er sich mit Hilfe von Massenkommunikationsmitteln wenden kann, so begrenzt es doch die Anzahl der Menschen, die gleichzeitig in eine der anderen Formen der sozialen Interaktion einbezogen sein können. Ganz abgesehen von den Erfordernissen der direkten Interaktion, erlegen uns die meisten Rollen Aufgaben und Verpflichtungen auf, die Zeit kosten. Man kann beispielsweise nicht die Rolle eines »Freundes« mit einer großen Anzahl von Leuten spielen.

Es stimmt wahrscheinlich, daß in sozialen wie in physikalischen Systemen die Hochfrequenz-Dynamik mit den Subsystemen verbunden ist, während Probleme der Niederfrequenz-Dynamik in den größeren Systemen auftreten. Im allgemeinen ist man z. B. davon überzeugt, daß der handlungsrelevante Planungshorizont von Beamten um so weiter ist, je höher ihre Stellung in der Organisationshierarchie ist. Vermutlich stimmt es auch, daß sowohl die durchschnittliche Dauer einer Interaktion zwischen zwei Beamten als auch die durchschnittliche Dauer des Intervalls zwischen solchen Interaktionen um so größer ist, je höher diese Interaktionen in der Hierarchie lokalisiert sind.

3.4 Zusammenfassung: Angenäherte Dekomponierbarkeit

Wir haben gesehen, daß Hierarchien die Eigenschaft der angenäherten Dekomponierbarkeit haben. Verbindungen innerhalb der Komponenten sind im allgemeinen stärker als die Bindungen zwischen diesen Komponenten. Dieser Tatsache haben wir es zu verdanken, daß sich die Hochfrequenz-Dynamik einer Hierarchie, die die interne Struktur der Komponenten betrifft, von der Niederfrequenz-Dynamik, die die Interaktion zwischen den Komponenten betrifft, trennen läßt. Wir werden uns im folgenden einigen wichtigen Konsequenzen dieser Trennung zuwenden, die sich für die Beschreibung und Erklärung von komplexen Systemen ergeben.

4. *Zur Beschreibung der Komplexität*

Wenn man jemanden bittet, ein komplexes Objekt zu zeichnen – wie z. B. ein menschliches Gesicht – dann wird er fast immer in einer hierarchischen Weise vorgehen.[21] Zuerst wird er die Umrisse des Gesichts zeichnen. Dann wird er die Gesichtszüge einfügen: Augen, Nase, Mund, Ohren, Haare. Wenn er gebeten wird, die Zeichnung weiter auszuarbeiten, wird er anfangen, die Details der einzelnen Gesichtszüge auszuarbeiten – Pupillen, Augenlider, Wimpern usw. – solange, bis er die Grenzen seiner anatomischen Kenntnisse erreicht hat. Seine Information über die Objekte ist im Gedächtnis offenbar hierarchisch geordnet, wie eine thematische Gliederung.

Wenn die Information erst einmal in Umrissen gegeben ist, dann ist es leicht, Informationen über die Beziehungen zwischen den größeren Teilen und Informationen über die internen Beziehungen der Teile in jeder dieser Untergliederungen anzuschließen. Detaillierte Informationen über die Beziehungen von Untereinheiten, die zu verschiedenen Teilen gehören, haben aber keinen Ort in dieser Gliederung und werden deshalb wieder verlorengehen. Der Verlust solcher Informationen und die Erhaltung der Information über die hierarchische Ordnung ist ein hervorstechendes Charakteristikum, das die Zeichnungen eines Kindes oder eines sonstwie im Zeichnen Ungeübten von der Darstellung eines Künstlers unterscheidet.

(Ich spreche von einem Künstler, der um eine gegenständliche Darstellung bemüht ist.)

4.1 Annähernde Dekomponierbarkeit und Verstehbarkeit

In unserer Diskussion der dynamischen Eigenschaften von annähernd dekomponierbaren Systemen haben wir gesehen, daß vergleichsweise wenig Information verlorengeht, wenn man sie als hierarchische Systeme repräsentiert. Untereinheiten, die zu verschiedenen Einheiten gehören, interagieren nur in einer aggregierten Weise miteinander – die Details dieser Interaktion können weitgehend vernachlässigt werden. Wenn wir die Interaktion von zwei großen Molekülen untersuchen, so brauchen wir uns im allgemeinen nicht im Detail mit den Interaktionen der Atomkerne des einen oder anderen Moleküls zu beschäftigen. Wenn wir die Interaktionen von zwei Nationen studieren, brauchen wir die Interaktionen jedes Bürgers der ersten Nation mit jedem Bürger der zweiten Nation nicht genau zu kennen.

Die Tatsache also, daß viele komplexe Systeme eine näherungsweise dekomponierbare hierarchische Struktur haben, ist einer der Hauptfaktoren, die es uns ermöglichen, solche Systeme und ihre Teile zu verstehen, zu beschreiben und sogar zu »sehen«. Oder vielleicht sollte man umgekehrt formulieren: Wenn es wichtige Systeme in der Welt geben sollte, die komplex sind, ohne hierarchisch zu sein, dann werden sie sich unserer Beobachtung und unserem Verstehen weitgehend entziehen. Eine Analyse ihres Verhaltens würde derart detailliertes Wissen und so umfangreiche Berechnungen der Interaktionen ihrer Elementarteile voraussetzen, daß sie jenseits unserer Gedächtnis- und Rechenkapazitäten läge.[22]

Ich werde hier nicht versuchen zu entscheiden, wo hier die Henne und wo das Ei ist: ob wir in der Lage sind, die Welt zu verstehen, weil sie hierarchisch ist, oder ob sie uns hierarchisch aufgebaut zu sein scheint, weil alle anderen Aspekte sich unserem Verständnis und unserer Beobachtung entziehen. Ich habe schon einige Gründe angegeben, die für die erstere Annahme sprechen – daß nämlich die sich herausbildende Komplexität hierarchisch sein muß –, aber das mag noch nicht die ganze Wahrheit sein.

4.2 Einfache Beschreibungen von komplexen Systemen

Nun könnte man annehmen, daß die Beschreibung eines komplexen Systems selbst aber eine komplexe Struktur von Symbolen voraussetzen würde – und genau so kann es in der Tat sein. Aber es gibt hier kein Gesetz der Energieerhaltung, das erfordern würde, daß die Beschreibung so kompliziert sein müßte wie das beschriebene Objekt.

Ein triviales Beispiel soll zeigen, wie ein System in einer ökonomischen Weise beschrieben werden kann. Nehmen wir an, das System sei eine zweidimensionale Anordnung wie die folgende:

$$\begin{matrix} A & B & M & N & R & S & H & I \\ C & D & O & P & T & U & J & K \\ M & N & A & B & H & I & R & S \\ O & P & C & D & J & K & T & U \\ R & S & H & I & A & B & M & N \\ T & U & J & K & C & D & O & P \\ H & I & R & S & M & N & A & B \\ J & K & T & U & O & P & C & D \end{matrix}$$

Nun nennen wir die Reihenfolge $\begin{vmatrix} \mathrm{AB} \\ \mathrm{CD} \end{vmatrix}$ *a*, die Reihe $\begin{vmatrix} \mathrm{MN} \\ \mathrm{OP} \end{vmatrix}$ *m*, die Reihe $\begin{vmatrix} \mathrm{RS} \\ \mathrm{TU} \end{vmatrix}$ *r*, und die Reihe $\begin{vmatrix} \mathrm{HI} \\ \mathrm{JK} \end{vmatrix}$ *h*. Nennen wir dann die Reihenfolge $\begin{vmatrix} am \\ ma \end{vmatrix}$ *w*, und die Reihe $\begin{vmatrix} rh \\ hr \end{vmatrix}$ *x*. Dann ist die ganze Anordnung einfach mit $\begin{vmatrix} wx \\ xw \end{vmatrix}$ zu beschreiben. Während die ursprüngliche Anordnung aus 64 Symbolen bestand, braucht man nur noch 35 Symbole, um die folgende Beschreibung aufzuzeichnen:

$$S = \begin{matrix} wx \\ xw \end{matrix}$$

$$w = \begin{matrix} am \\ ma \end{matrix} \qquad x = \begin{matrix} rh \\ hr \end{matrix}$$

$$a = \begin{matrix} \mathrm{AB} \\ \mathrm{CD} \end{matrix} \qquad m = \begin{matrix} \mathrm{MN} \\ \mathrm{OP} \end{matrix} \qquad r = \begin{matrix} \mathrm{RS} \\ \mathrm{TU} \end{matrix} \qquad h = \begin{matrix} \mathrm{HI} \\ \mathrm{JK} \end{matrix}$$

Wir erreichen die Abkürzung dadurch, daß wir die Redundanz in der ursprünglichen Struktur berücksichtigen. Da das Muster $\begin{matrix} \mathrm{AB} \\ \mathrm{CD} \end{matrix}$ z.B. viermal vorkommt, ist es ökonomisch, es durch das einzelne Symbol *a* zu kennzeichnen.

Wenn eine komplexe Struktur völlig unredundant ist, d. h. wenn kein Aspekt seiner Struktur aus einem anderen Aspekt erschließbar ist, dann gibt es keine einfachere Beschreibung. Wir können sie aufzeigen, aber wir können sie nicht durch eine einfachere Struktur beschreiben. Die hierarchischen Strukturen, die wir hier besprochen haben, weisen jedoch einen hohen Grad von Redundanz auf und können daher oft in einer recht sparsamen Weise beschrieben werden. Die Redundanz nimmt eine Reihe von Formen an, von denen ich drei erwähnen möchte.

(1) Hierarchische Systeme sind in der Regel nur aus wenigen verschiedenen Arten von Subsystemen zusammengesetzt, allerdings in verschiedenen Kombinationen und Arrangements. Ein bekanntes Beispiel sind die Proteine, deren vielfältige Formen alle aus nur zwölf verschiedenen Aminosäuren aufgebaut sind. In ähnlicher Weise sind die über neunzig Elemente die Bausteine einer schier unbegrenzten Varietät von Molekülen. So können wir unsere Beschreibung sehr wohl mit einem relativ eingeschränkten Alphabet von Elementarbegriffen aufbauen, insofern sie mit der grundlegenden Reihe von elementaren Subsystemen übereinstimmen, aus denen das komplexe System sich aufbaut.

(2) Hierarchische Systeme sind, wie wir schon gesehen haben, oft annähernd dekomponierbar. Daher gehen nur Aggregateigenschaften ihrer Teile in die Beschreibung der Interaktionen zwischen den Teilen ein. Eine etwas überzogene Verallgemeinerung unserer These von der annähernden Dekomponierbarkeit könnte man die »Hypothese des leeren Raumes« nennen – die meisten Dinge sind mit den meisten anderen Dingen nämlich nur schwach verbunden; für eine akzeptable Beschreibung der Wirklichkeit muß nur ein sehr kleiner Bruchteil aller möglichen Interaktionen in Betracht gezogen werden. Wenn wir eine deskriptive Sprache einführen, die es uns erlaubt, die Abwesenheit von etwas nicht feststellen zu müssen, dann kann eine beinahe leere Welt sehr knapp beschrieben werden. Mutter Hubbard brauchte keine Checkliste aller möglichen Inhalte abzuhaken, um festzustellen, daß ihr Speiseschrank leer war.

(3) Durch eine entsprechende »Verkodung« kann die vorhandene, aber unsichtbare Redundanz in der Struktur eines komplexen Systems oft sichtbar gemacht werden. Die gebräuchlichste Form der Verkodung von Beschreibungen dynamischer Systeme besteht in der Ersetzung einer Beschreibung des Zeitverlaufes durch die Angabe einer Differentialgleichung, die diesem Zeitverlauf entspricht. Die Einfachheit dieses Verfahrens ergibt sich aus einer konstanten Beziehung zwischen dem Zustand des Systems zu irgendeinem bestimmten Zeitpunkt und dem Zustand des Systems eine kurze Zeit später. Die Struktur der Reihe 1 3 5 7 9 11 ... wird am einfachsten dadurch ausgedrückt, daß man feststellt, daß jedes Glied dieser Kette durch die sukzessive Addition von 2 gewonnen wird. Aber das ist schon eine Sequenz, die Galilei für die Beschreibung der Geschwindigkeit am Ende von sukzessi-

ven Zeitintervallen für eine rollende Kugel auf einer schiefen Ebene fand.

Es ist kein schlechter Lehrsatz zu sagen, daß es die Aufgabe der Wissenschaft sei, von der Redundanz der Welt Gebrauch zu machen, um diese Welt auf einfache Weise zu beschreiben. Ich werde die allgemeinen methodologischen Konsequenzen hier nicht ausführen, aber ich möchte statt dessen einen eingehenderen Blick auf zwei Haupttypen der Deskription werfen, auf die wir immer dann zurückgreifen sollten, wenn wir komplexe Systeme zu verstehen suchen. Ich nenne diese Beschreibungsstrategien *Zustandsbeschreibung* bzw. *Prozeßbeschreibung.*

4.3 Zustandsbeschreibungen und Prozeßbeschreibungen

»Ein Kreis ist der Ort aller Punkte mit dem gleichen Abstand zu einem gegebenen Punkt.« »Um einen Kreis zu zeichnen, muß man einen Zirkel mit einem feststehenden Schenkel solange drehen, bis der freie Schenkel auf seinen Ausgangspunkt zurückgekehrt ist.« Es ist in der Definition des Kreises impliziert, daß, wenn man den im zweiten Satz angegebenen Prozeß ausführt, man ein Objekt hervorbringen wird, das die Definition des ersten Satzes erfüllt. Der erste Satz ist die Zustandsbeschreibung eines Kreises, der zweite ist seine Prozeßbeschreibung.

Diese zwei Arten, Strukturen zu erfassen, sind Kette und Schuß der Textur unserer Erfahrung. Bilder, Pläne, die meisten Schemata und chemischen Strukturformeln sind Zustandsbeschreibungen. Rezepte, Differentialgleichungen und Gleichungen für chemische Reaktionen sind Prozeßbeschreibungen. Die ersteren charakterisieren die Welt als Wahrnehmung; sie geben uns Kriterien an die Hand, um Dinge zu identifizieren, oft sogar indem die Dinge selbst nachmodelliert werden. Die letzteren charakterisieren die Welt als Handlungszusammenhang; sie geben uns die Mittel an die Hand, um diese Dinge hervorzubringen oder Dinge zu schaffen, die die gewünschten Charakteristika haben.

Die Unterscheidung zwischen der Welt als Wahrnehmung und der Welt als Handlungszusammenhang definiert die grundlegende Bedingung für das Überleben eines anpassungsfähigen Organismus. Der Organismus muß Beziehungen zwischen den Zielen in der wahrgenommenen Welt und den Handlungen in der Welt der Prozesse herstellen. Wenn diese Beziehungen bewußt gemacht worden sind und verbalisiert werden, entsprechen diese Korrelationen im allgemeinen dem, was wir eine Zweck-Mittel-Analyse nennen. Wenn ein bestimmter Zielzustand und ein bestimmter Ausgangszustand gegeben ist, dann besteht die Aufgabe eines adaptiven Organismus darin, den Unterschied zwischen diesen beiden Zuständen auszumachen und dann den Korrelationsprozeß herauszufinden, der diese Differenz zum Verschwinden bringt.[23]

Das Problemlösen erfordert so ein ständiges Hin- und Her-Übersetzen zwischen den Zustands- und den Prozeßbeschreibungen derselben komplexen Wirklichkeit. Plato sagt im Menon, daß alles Lernen Erinnern sei. Er konnte nicht anders erklären, wie wir die Antwort auf eine Frage finden können, als eben dadurch, daß wir die Antwort im Grunde schon wüßten.[24] Aber unsere zweifache Beziehung zur Welt ist der Grund und ist die Lösung dieses Paradoxons. Wir stellen ein Problem, indem wir eine Zustandsbeschreibung der Lösung geben. Die Aufgabe ist dann, die Reihenfolge der Prozesse zu finden, die den Zielzustand von einem bestimmten Ausgangszustand aus herbeiführt. Die Übersetzung der Prozeßbeschreibung in eine Zustandsbeschreibung befähigt uns festzustellen, ob wir unser Ziel erreicht haben. Diese Lösung ist wirklich neu für uns – und wir brauchen nicht mehr auf Platos Theorie der Wiedererinnerung zurückzugreifen, um zu erklären, wie wir erkennen.

Es wird heute immer mehr evident, daß die menschliche Aktivität, die wir Problemlösen nennen, im Grunde eine Art Zweck-Mittel-Analyse ist, die darauf abzielt, eine Prozeßbeschreibung jenes Pfades zu liefern, der zu dem erwünschten Ziel führt. Das allgemeine Paradigma ist: ein Plan ist gegeben, das entsprechende Rezept ist zu finden. Ein großer Teil der wissenschaftlichen Aktivitäten besteht in der Anwendung dieses Paradigmas: gegeben ist die Beschreibung irgendeines Phänomens, zu ermitteln sind die Differentialgleichungen für diejenigen Prozesse, die das Phänomen hervorbringen werden.

4.4 Die Beschreibung der Komplexität von sich selbst reproduzierenden Systemen

Das Problem einer relativ einfachen Beschreibung für komplexe Systeme ist nicht nur von Interesse für ein besseres Verständnis des menschlichen Wissens von der Welt, sondern auch für eine Erklärung dessen, wie ein komplexes System sich selbst reproduzieren kann. In meiner Darstellung der Evolution von komplexen Systemen bin ich nur kurz auf die Rolle der Selbstreproduktion eingegangen.

Atome mit einem hohen Atomgewicht und komplexen anorganischen Molekülen zeigen, daß die Entstehung von Komplexität nicht notwendigerweise die Selbstreproduktion miteinschließt. Wenn die Evolution komplexer Systeme aus einfachen Bestandteilen hinreichend wahrscheinlich ist, dann wird sie sich wiederholen; das statistische Gleichgewicht des Systems wird einem großen Bruchteil der Elementarteilchen ermöglichen, sich zu komplexen Systemen zu verbinden.

Wenn jedoch die Existenz einer bestimmten komplexen Form die Wahrscheinlichkeit der Schaffung einer anderen ähnlichen Form erhöhen würde, könnte das Gleichgewicht zwischen Komplexen und Komponenten noch ganz entscheidend zugunsten der ersteren verschoben werden. Wenn wir eine Beschreibung eines Objektes haben, die hinreichend klar und vollständig ist, dann können wir das Objekt aus der Beschreibung rekonstruieren. Was immer die genauen Mechanismen der Reproduktion sein mögen, die Beschreibung gibt uns die notwendige Information.

Nun haben wir gesehen, daß die Beschreibungen von komplexen Systemen viele Formen annehmen können. Insbesondere können wir Zustandsbeschreibungen oder Prozeßbeschreibungen haben, Pläne oder Rezepte. Reproduktive Prozesse lassen sich auf jede dieser Informationsquellen aufbauen. Die einfachste Möglichkeit für die Reproduktion komplexer Systeme ist vielleicht, daß diese als Beschreibung ihrer selbst dienen – als Schablone, nach der ein Doppel angefertigt werden kann. Eine der gegenwärtig plausibelsten Theorien z. B., die die Reproduktion der Deoxyribonukleinsäure (DNA) betrifft, besagt, daß ein DNA-Molekül in der Form einer doppelten Spirale von komplementären Teilen (von denen jedes ein »Negativ« der anderen ist) aufgespult ist, so daß jede Hälfte der Spirale als eine Schablone für eine neue komplementäre Hälfte dienen kann.

Auf der anderen Seite wissen wir, wie das DNA den Stoffwechsel des Organismus kontrolliert; das läßt vermuten, daß die Reproduktion durch Schablonen nur eine der Möglichkeiten der Reproduktion ist. Nach Auffassung der herrschenden Theorie dient das DNA-Molekül sowohl als Schablone für sich selbst wie für die verwandte Substanz der Ribonukleinsäure (RNA). RNA dient nun wiederum als Schablone für Proteine. Aber Proteine lenken – nach unserem bisherigen Wissen – den Stoffwechsel des Organismus nicht durch die Schabloniermethode, sondern durch ihre Funktion als Katalysatoren, die die Reaktionen in den Zellen regulieren. Während das RNA ein Bauplan für das Protein ist, ist das Protein ein Rezept für den Stoffwechsel.[25]

4.5 Die Ontogenese wiederholt die Phylogenese

Das DNA in den Chromosomen eines Organismus enthält einige, und vielleicht die meiste Information, die für die Bestimmung der Entwicklung und der Aktivität nötig ist. Wir haben gesehen – wenn die gegenwärtigen Theorien einigermaßen stimmen –, daß die Information nicht als eine Zustandsbeschreibung des Organismus gespeichert ist, sondern als eine Reihe von »Instruktionen« für die Konstruktion und die Erhaltung des Organismus aus Nährstoffen. Ich habe eben das Bild eines »Rezeptes« gebraucht; ich könnte ebenso das Computer-Programm anführen, das auch nichts anderes ist als eine Reihenfolge von Instruktionen für die Konstruktion von symbolischen Strukturen. Ich möchte einige der Konsequenzen dieses letzten Vergleiches noch etwas erläutern.

Wenn genetisches Material ein Programm ist – nämlich in seiner Beziehung auf den Organismus –, so ist es ein Programm mit ganz spezifischen und eigentümlichen Eigenschaften. Erstens handelt es sich hier um ein sich selbst reproduzierendes Programm; wir haben uns eben seinen vermutlichen Kopier-Mechanismus angesehen. Zweitens ist es ein Programm, das sich in der Darwinschen Evolution entwickelt hat. Auf der Grundlage unserer Uhrmacher-These können wir behaupten, daß viele seiner Vorgänger ebenso durchaus lebensfähige Programme waren – Programme nämlich für die Subensembles.

Gibt es noch andere Vermutungen, die sich über die Struktur dieses Programms anstellen lassen? Es gibt eine wohlbekannte Behauptung in der Biologie, die so gut klingt, daß wir sie nicht gerne aufgeben möchten, selbst wenn sie von den Tatsachen nicht ganz unterstützt werden sollte: die Ontogenese rekapituliert die Phylogenese. Der individuelle Organismus geht in seiner Entwicklung durch Stadien hindurch, die einigen Vorgänger-Formen ähneln. Die Tatsache, daß der menschliche Embryo Kiemen entwickelt, um sie dann für andere Zwecke zu modifizieren, ist nur eine bekannte Einzelheit, die diese Behauptung stützt. Heute ziehen es die Biologen vor, die Modifikationen dieses Prinzips hervorzuheben – daß die Ontogenese nur die Grundzüge der Phylogenese wiederholt, und auch die nur sehr grob. Aber diese Modifikationen sollten uns nicht den Blick für die Tatsache verstellen, daß die generelle Behauptung in einer groben Annäherung durchaus vertretbar ist – sie faßt eine sehr wichtige Reihe von Tatsachen über die Entwicklung der Organismen zusammen. Wie können wir diese Tatsachen erklären?

Eine Methode, ein komplexes Problem zu lösen, ist, es auf ein früher schon gelöstes Problem zu reduzieren bzw. zu zeigen, welche Schritte von der früheren Lösung zur Lösung des neuen Problems führen. Wenn man um die Jahrhundertwende einem Handwerker beibringen wollte, wie man ein Auto baut, so war vielleicht die einfachste Methode, ihm zu erklären, wie man einen Pferdewagen umbauen müßte, indem man die Deichsel abnimmt und einen Motor und eine Transmission einbaut. In ähnlicher Weise könnte ein genetisches Programm im Laufe der Evolution dadurch geändert worden sein, daß neue Prozesse hinzugefügt wurden, die eine einfachere Form in eine komplexere verwandelten – um eine Gastrula zu konstruieren, nehme man eine Blastula und modifiziere sie!

Die genetische Beschreibung einer Einzelzelle kann daher eine ganz andere Form annehmen als die genetische Beschreibung, nach der Zellen sich zu vielzelligen Organismen zusammenschließen. Vermehrung durch Zellteilung würde als Minimum eine Zustandsbeschreibung (sagen wir, der DNA) und – um einen Ausdruck aus der Computersprache zu benutzen – einen einfachen »interpretativen« Prozeß erfordern, der diese Beschreibung im Prozeß der fortschreitenden Zellteilung laufend kopieren kann. Aber ein solcher Mechanismus würde noch nicht genügen, um eine Differenzierung der Zellen im Entwicklungsprozeß zu bewerkstelligen. Es scheint vernünftiger, diesen Mechanismus als Prozeßbeschreibung zu begreifen, verbunden mit einem etwas komplexeren interpretativen Prozeß, der den erwachsenen ausgereiften Organismus in einer Reihe von Stadien hervorbringt, wobei jedes neue Stadium der Entwicklung den Effekt eines Operators für das nächste Stadium übernähme.

Es ist schwierig, die Beziehung dieser beiden Beschreibungen zu konzipieren. Miteinander verbunden müssen sie ja sein, denn wir wissen genug über die Mechanismen der Gen-Enzyme, um zu erkennen, daß sie eine wesentliche Rolle sowohl in der Entwicklung wie im Stoffwechsel haben. Der einzige Hinweis, den wir aus der vorhergehenden Diskussion gewinnen, ist, daß die Beschreibung der Struktur selbst hierarchisch sein kann – oder angenähert dekomponierbar –, wobei die unteren Ebenen die schnelle, die »Hochfrequenz«-Dynamik der einzelnen Zellen regeln, und die Interaktionen der höheren Ebenen die langsame, die »Niederfrequenz«-Dynamik des sich entwickelnden vielzelligen Organismus bestimmen.

Es gibt hier, abgesehen von den Tatsachen der Rekapitulation, nur dürftige Hinweise darauf, daß das genetische Programm in dieser Weise organisiert ist; aber das bisher verfügbare Wissen ist mit unserer These durchaus vereinbar.[26] Dadurch, daß wir die genetische Information, die den Zellstoffwechsel reguliert, von denjenigen Informationen unterscheiden, die die Entwicklung der Zelldifferenzierung in der vielzelligen Organisation steuern, vereinfachen wir – wie wir schon gesehen haben – unsere Aufgabe der theoretischen Beschreibung ganz erheblich. Aber ich habe diese Spekulation nun wohl weit genug getrieben.

Die Generalisierung, daß wir bei evolutionären Systemen, deren Code in einer Prozeßsprache gespeichert ist, erwarten können, daß die Ontogenese teilweise die Phylogenese wiederholt, läßt sich auch auf Gegenstände außerhalb des Bereichs der Biologie anwenden. Sie kann beispielsweise ebenso leicht auf die Übermittlung des Wissens im Bildungsprozeß angewandt werden. In den meisten wissenschaftlichen Gegenständen, besonders in den sich rasch entwickelnden Wissenschaften, rekapituliert der Fortgang von Elementarkenntnissen bis zu fortgeschrittenen Kursen im wesentlichen den Fortschritt der Begriffsgeschichte der betreffenden Wissenschaft selbst. Glücklicherweise ist diese Rekapitulation nicht buchstabengetreu – wohl noch weniger als im biologischen Fall. Wir lehren z. B. in der Chemie nicht die Phlogiston-Theorie, um sie dann später doch wieder widerrufen zu müssen. (Ich bin nicht sicher, ob ich nicht doch Beispiele in anderen Wissenschaftsgegenständen zitieren könnte, wo wir dies dennoch tun.) Aber Lehrplanrevisionen, die uns von den Anhäufungen der Vergangenheit befreien, sind doch recht selten und schmerzhaft; noch sind sie immer wünschenswert – eine teilweise Rekapitulation kann oft der beste Weg zu einem wirklich fortgeschrittenen Wissen sein.

4.6 Zusammenfassung: Die Beschreibung der Komplexität

Wie komplex oder einfach eine Struktur ist, hängt vor allem davon ab, wie wir sie beschreiben. Die meisten in unserer Welt auffindbaren komplexen Strukturen sind außerordentlich redundant, und wir können diese Redundanz ausnutzen, um ihre Beschreibung zu vereinfachen. Aber um diese Redundanz nutzen zu können und die Vereinfachung zustandezubringen, müssen wir erst die richtige Repräsentation dieser Struktur finden.

Die Erkenntnis, daß sich eine Prozeßbeschreibung durch eine Zustandsbeschreibung der Natur ersetzen läßt, hat eine zentrale Rolle in der Entwicklung der modernen Wissenschaft gespielt. Dynamische Gesetze, die in der Form von Systemen von Differentialgleichungen ausgedrückt werden, haben es sehr oft ermöglicht, komplexe Strukturen durch einfache Beschreibungen darzustellen. In den vorangehenden

Abschnitten habe ich zu zeigen versucht, daß dieses Charakteristikum der wissenschaftlichen Forschung nicht zufällig oder äußerlich ist. Die Beziehung zwischen Zustandsbeschreibung und Prozeßbeschreibung ist grundlegend für das Funktionieren jedes adaptiven Organismus und für seine Fähigkeit, zweckvoll auf seine Umgebung einzuwirken. Bei unserem derzeitigen Wissen über den genetischen Mechanismus drängt sich uns der Gedanke auf, daß auch der vielzellige Organismus die beste Beschreibung seiner selbst in einer Prozeßdefinition – einem genetisch kodierten Programm – findet, die offenbar eine recht sparsame und zweckmäßige Repräsentation darstellt.

4.7 Schlußfolgerung

Unsere Überlegungen haben uns in eine ganze Reihe von beunruhigenden Problemen gestürzt; aber das ist der Preis, der zu zahlen ist, wenn wir die gemeinsamen Eigenschaften einer großen Reihe von komplexen Systemen ausfindig machen wollen. Meine These war, daß ein Weg für die Gewinnung einer nicht-trivialen Theorie der komplexen Systeme über eine Theorie der Hierarchie führen müßte. Empirisch ist nachgewiesen worden, daß eine große Reihe der in der Natur beobachtbaren komplexen Systeme eine hierarchische Struktur zeigt. Aus theoretischen Gründen konnten wir annehmen, daß komplexe Systeme in einer Welt, in der Komplexität sich aus Einfachheit entwickelt hat, hierarchisch sein müssen. In ihrer Dynamik zeigen die Hierarchien eine sehr günstige Eigenschaft, ihre angenäherte Dekomponierbarkeit nämlich, die ihr Verhalten wesentlich vereinfacht. Die angenäherte Dekomponierbarkeit vereinfacht auch die Beschreibung eines komplexen Systems und macht es uns leichter, zu verstehen, wie die für die Entwicklung oder Reproduktion des Systems benötigte Information innerhalb vernünftiger Grenzen gespeichert werden kann.

Sowohl in der Wissenschaft wie auch in der Technik findet das Studium von »Systemen« immer mehr Anklang. Aber dieses Interesse ist mehr eine Antwort auf das zwingende Bedürfnis nach der Synthese und Analyse von komplexen Strukturen, als daß bisher schon ein sich entwickelnder Bestand an Wissen und Techniken für den fachgerechten Umgang mit Fragen der Komplexität zur Verfügung stünde. Wenn dieses Interesse mehr ist als eine Mode, dann wird die Not erfinderisch machen und der Name »Systemtheorie« wird Inhalt bekommen. Die hier dargestellten Untersuchungen stellen nur eine mögliche Richtung in dieser Suche nach Inhalt dar.

Anmerkungen

1 Vgl. insbesondere die Jahrbücher der Society for General Systems Research. Zu den Exponenten der allgemeinen Systemtheorie gehören vor allem L. von Bertalanffy, K. Boulding, R. W. Gerard, und J. G. Miller. Für eine etwas skeptischere Abhandlung – für die gegenwärtige Diskussion vielleicht zu skeptisch – vgl. H. A. Simon und A. Newell, »Models: Their Uses and Limitations«, in: L. D. White, Hrsg., *The State of the Social Sciences,* Chicago 1956, S. 66–83.

2 N. Wiener, *Cybernetics,* New York 1958 (dt.: *Kybernetik,* Düsseldorf 1965). Als einen phantasievollen Vorläufer vgl. A. J. Lotka, *Elements of Mathematical Biology,* New York 1951, zum erstenmal veröffentlicht 1924 unter dem Titel *Elements of Physical Biology.*

3 C. Shannon und W. Weaver, *The Mathematical Theory of Communication,* Urbana 1949; W. R. Ashby, *Design for a Brain,* New York 1952.

4 W. Weaver, in »Science and Complexity«, in: *American Scientist* 36 (1948), S. 536, hat zwei Arten von Komplexität unterschieden, nämlich eine organisierte und eine desorganisierte. Wir haben es hier in erster Linie mit organisierter Komplexität zu tun.

5 Vgl. auch John R. Platt, »Properties of Large Molecules That Go beyond the Properties of Their Chemical Sub-groups«, in: *Journal of Theoretical Biology* 1 (1961), S. 342–358. Da das Reduktionismus-Holismus-Problem einer der Hauptstreitpunkte zwischen Naturwissenschaftlern und Humanwissenschaftlern ist, können wir vielleicht sogar hoffen, daß zwischen den »zwei Kulturen« anhand des angebotenen Kompromisses ein Frieden ausgehandelt werden könnte. In meiner Abhandlung werde ich wenig über die Komplexität in den Künsten oder in den Naturwissenschaften aussagen können. Ich muß nochmals den pragmatischen Zweck meines Holismus hervorheben, um mich eindeutig von der von W. M. Elsasser eingenommenen Position zu unterscheiden; vgl. sein: *The Physical Foundation of Biology,* New York 1958.

6 Der mathematische Ausdruck »unterteilen« genügt hier nicht, um das zu kennzeichnen, was ich »Hierarchie« nennen möchte; denn die Unterteilung in eine Reihe von Subsystemen und eine sukzessive Abfolge von Untereinheiten in jedem dieser Subsysteme ist unabhängig von jedem Beziehungssystem zwischen den Teilen. Unter »Hierarchie« aber verstehe ich eine Unterteilung im Zusammenhang mit den zwischen den Teilen bestehenden Beziehungen.

7 Solche Spekulationen über die Geschwindigkeit der Evolution wurden zuerst angeregt von J. Jacobsons Anwendung der Informationstheorie auf eine Schätzung der für die biologische Evolution erforderlichen Zeit. Vgl. seinen Aufsatz: »Information, Reproduction, and the Origin of Life«, in: *American Scientist* 43 (1955), S. 119–127. In thermodynamischer Hinsicht ist es durchaus möglich, den Zuwachs an Entropie, der bei der Auflösung eines komplexen Systems in seine Elemente entsteht, abzuschätzen. (Vgl. z. B. R. B. Setlow und E. C. Pollard, *Molecular Biophysics,* Reading, Mass., 1962, S. 63–65, und die dort zitierte Literatur.) Aber die Entropie ist der Logarithmus einer Wahrscheinlichkeit; somit kann die Information, als Negativ zur Entropie, als der Logarithmus des

reziproken Wertes der Wahrscheinlichkeit, d. h. sozusagen als »Unwahrscheinlichkeit«, gedeutet werden. Die wesentliche Idee in Jacobsons Modell ist, daß die für die Erreichung eines bestimmten Systemzustandes erforderliche Zeit umgekehrt proportional zur Wahrscheinlichkeit dieses Zustandes ist, d. h. sie wächst exponentiell mit dem Betrag an Information (Negentropie) des betreffenden Zustandes. Indem Jacobson diesem Argument folgt, jedoch versäumte, den Begriff der Ebene und des stabilen Subensembles einzuführen, kam er zu Schätzungen der für die Evolution erforderlichen Zeit, die so groß waren, daß die Evolution unwahrscheinlich erscheinen mußte. Unsere Analyse, die in ganz ähnlicher Weise durchgeführt worden ist, jedoch unter Einbeziehung der stabilen intermediären Formen, kommt zu sehr viel kleineren Werten.

8 Es gibt eine gut ausgebaute Theorie der Größe von Polymeren, die auf den Annahmen der Zufallsverteilung beruht. Vgl. z. B. P. J. Flory, *Principles of Polymer Chemistry,* Ithaca 1953, Kap. 8. Da nach der Polymerisationstheorie *alle* Subensembles stabil sind, hängt die Begrenzung des molekularen Wachstums allein von der »Vergiftung« der Endgruppen infolge von Unreinheiten oder der Bildung von Kreisen statt der Unterbrechung von Ketten ab.

9 Dieser Punkt ist schon oft dargestellt worden, aber er kann nicht genug betont werden. Für eine eingehendere Klärung vgl. Setlov und Pollard, a. a. O., S. 49–64; E. Schrödinger, *What is Life?* Cambridge, Mass., 1945; und H. Linschitz, »The Information Content of a Bacterial Cell«; in: H. Quastler, Hrsg., *Information Theory in Biology,* Urbana 1953, S. 251 bis 262.

10 Vgl. Linschitz, a. a. O. Diese Größe, 10^{-11} cal/Grad, entspricht ungefähr 10^{13} Bits.

11 Vgl. H. Kacser, »Some Physico-chemical Aspects of Biological Organization«, Anhang, S. 191–249, in: C. H. Waddington, *The Strategy of the Genes,* London 1957.

12 Vgl. A. Newell, J. C. Shaw, und H. A. Simon, »Empirical Explorations of the Logic Theory Machine«, in: *Proceedings of the 1957 Western Joint Computer Conference,* Februar 1957, New York: Institute of Radio Engineers«; »Chess-Playing Programs and the Problem of Complexity«, in: *IBM Journal of Research and Development* 2 (1958), S. 320–335; und für einen ähnlichen Ansatz der Problemlösung vgl. W. R. Ashby, »Design for an Intelligence Amplifier«, S. 215–233, in: C. E. Shannon und J. McCarthy, *Automata Studies,* Princeton 1956.

13 Dieses Beispiel vom klickenden Safe wurde von D. P. Simon ausgearbeitet. Ashby, a. a. O., S. 230, hat die in solchen Situationen auftretende Selektivität eine »Selektivität durch Komponenten« genannt. Die im Vergleich zum Uhrmacher-Beispiel noch wesentlich größere Zeitersparnis durch Hierarchiebildung ist darauf zurückzuführen, daß im Safe-Beispiel eine Zufallssuche nach der richtigen Kombination vorausgesetzt wird, während es nach dem Uhrmacherbeispiel eine vorgesehene Reihenfolge im Zusammenbau der Teile gibt. Es ist schwer zu sagen, welches dieser Beispiele das bessere Modell für die biologische Evolution abgibt; aber wir können sicher annehmen, daß das Uhrmacherbeispiel eine außerordentlich vorsichtige Schätzung der der Hierarchisierung zu verdankenden Zeiteinsparung ergibt. Das Safe-Beispiel kann zu einer

übertrieben hohen Schätzung führen, weil es davon ausgeht, daß alle möglichen Kombinationen der Elemente gleich wahrscheinlich sind.

14 A. Newell und H. A. Simon, »Computer Simulation of Human Thinking«, in: *Science* 134 (1961), S. 2011–2017.

15 Diese Diskussion der angenäherten Dekomponierbarkeit basiert auf H. A. Simon und A. Ando, »Aggregation of Variables in Dynamic Systems«, in: *Econometrica* 29 (1961), S. 111–138. Das Beispiel stammt aus derselben Quelle, S. 117–118. Die Theorie ist weiterentwickelt und auf eine Reihe von ökonomischen und politischen Phänomenen angewandt worden von A. Ando und F. M. Fisher. Vgl. F. M. Fisher, »On the Costs of Approximate Specification in Simultaneous Equation Estimation«, in: *Econometrica* 29 (1961), S. 139–170; und F. M. Fisher und A. Ando, »Two Theorems on *Ceteris Paribus* in the Analysis of Dynamic Systems«, in: *American Political Science Review* 61 (1962), S. 103–113.

16 In der Ausdrucksweise des Wärmeaustausch-Beispiels können A1, A2 und A3 als Zellen in einem Raum, B1 und B2 als Zellen in einem zweiten Raum, und C1, C2 und C3 als Zellen in einem dritten Raum interpretiert werden. Die Matrixeingänge sind dann die Koeffizienten der Wärmediffusion zwischen den Zellen:

<table>
<tr><td rowspan="2">A1</td><td rowspan="3">B1</td><td rowspan="2">C1</td></tr>
<tr></tr>
<tr><td rowspan="2">A2</td><td rowspan="2">C2</td></tr>
<tr><td rowspan="3">B2</td></tr>
<tr><td rowspan="2">A3</td><td rowspan="2">C3</td></tr>
<tr></tr>
</table>

17 Für einen Überblick über die verschiedenen Kategorien von molekularen und intermolekularen Kräften und die bei der Dissoziation freigesetzte Energie vgl. Setlov und Pollard, a. a. O., Kap. 6. Die Energien von typisch kovalenten Bindekräften bewegen sich in der Größenordnung von 80–100 k cal/Mol, der Wasserstoffkräfte von 10 k cal/Mol; die der Ionenbindung liegen im allgemeinen zwischen diesen beiden Größenordnung; die Van-der-Waals-Kräfte weisen einen kleineren Energiebetrag auf.

18 Typische Wellenzahlen für die mit verschiedenen Systemen verbundenen Vibrationen sind (die Wellenzahl ist reziprok zur Wellenlänge und damit proportional der Frequenz):

Stahldraht unter Spannung	10^{-10}	bis 10^{-9} cm^{-1}
Molekularrotationen:	10^{0}	bis 10^{2} cm^{-1}
Molekularvibrationen:	10^{2}	bis 10^{3} cm^{-1}
Planetarische Elektronen:	10^{4}	bis 10^{5} cm^{-1}
Kernrotationen:	10^{9}	bis 10^{10} cm^{-1}
Vibrationen an der Kernoberfläche:	10^{11}	bis 10^{12} cm^{-1}

19 S. R. de Groot, *Thermodynamics of Irreversible Processes*, New York 1951, S. 11–12.

20 Vgl. z. B. L. Pauling, *General Chemistry*, San Francisco 1953, Kap. 15.

21 George A. Miller hat Protokolle von Personen gesammelt, denen die Aufgabe gestellt war, Gesichter zu zeichnen. Er hat festgestellt, daß sie sich in eben der beschriebenen Weise verhalten haben (private Mitteilung). Vgl. auch E. H. Gombrich, *Art and Illusion*, New York 1960, S. 291–296.

22 Ich glaube, daß der Fehler in der zentralen These von W. M. Elsassers *The Physical Foundation of Biology* gerade darin liegt, daß er die Vereinfachung der Beschreibung hierarchischer Systeme, die sich aus ihrer hierarchischen Struktur ergibt, übersieht. Vgl. S. 155, und vgl. die Rezension von J. R. Platt in: *Perspectives in Biology and Medicine* 2 (1959), S. 243–245.

23 Vgl, H. A. Simon und A. Newell, »Simulation of Human Thinking«, in: M. Greenberger, Hrsg., *Management and the Computer of the Future,* New York 1962, S. 95–114, insbes. S. 110 ff.

24 *The Works of Plato,* übersetzt von B. Jowett, New York 1936, Bd. 3, S. 26–35.

25 C. B. Anfinsen, *The Molecular Basis of Evolution,* New York 1959, Kap. 3 und 10, kann diese skizzenhafte und übervereinfachte Darstellung absichern. Für eine einfallsreiche Diskussion einiger Mechanismen der Prozeßbeschreibung, die die Molekularstruktur regeln könnten, vgl. H. H. Pattee, »On the Origin of Macromolecular Sequences«, in: *Biophysical Journal* 1 (1961), S. 683–710.

26 Es besteht große Wahrscheinlichkeit, daß in einem Chromosom sukzessiv aufgereihte Gene Enzyme determinieren, welche wiederum sukzessive Stadien der Eiweißsynthese kontrollieren. Für eine Diskussion dieser Einsichten vgl. P. E. Hartman, »Transduction: A Comparative Review«, in: W. D. McElroy und B. Glass, Hrsg., *The Chemical Basis of Heredity,* Baltimore 1957, S. 442–454. Die unterschiedliche Aktivität von Genen in verschiedenen Geweben und in verschiedenen Stadien der Entwicklung wird abgehandelt bei J. G. Gall, »Chromosomal Differentiation«, in: W. D. McElroy und B. Glass, Hrsg., *The Chemical Basis of Development,* Baltimore 1958, S. 103–135. Schließlich ist ein ganz ähnliches Modell wie hier, unabhängig und weitaus besser ausgearbeitet, von J. R. Platt skizziert worden; vgl. »A ›Book Model‹ of Genetic Information Transfer in Cells and Tissues«, in: M. Kasha und B. Pullman, Hrsg., *Horizons in Biochemistry,* New York 1962. Selbstverständlich ist diese Art von Mechanismus nicht die einzige, vermittels derer die Entwicklung durch eine Prozeßbeschreibung kontrolliert werden könnte. Ebenso basiert die Induktion, wie sie von Spemann dargestellt worden ist, auf einer Prozeßbeschreibung, in der Stoffwechselprodukte im bereits ausgeformten Gewebe die nächsten Stufen der Entwicklung regulieren.

PETER A. CORNING

Biologische Grundlagen des sozialen Verhaltens

1. Einleitung

Es ist zweifellos eine der seltsamsten Episoden in der ganzen Geschichte der Wissenschaft, daß zwei Generationen unserer unmittelbaren Vorgänger in den Sozialwissenschaften es fertiggebracht haben, die »Darwinsche« Theorie der biologischen Evolution faktisch zu ignorieren und jede eingehende Beschäftigung mit der Rolle der biologischen Faktoren in der Ausformung des menschlichen Verhaltens aus ihrem Gesichtskreis zu verbannen. Ohne ein zureichendes Verständnis der evolutionären Ursprünge und der genetischen Grundlagen unseres Verhaltens können wir jedoch nicht hoffen, die grundlegenden Prinzipien, durch die das menschliche Leben organisiert ist, zu begreifen; eine tieferreichende Erklärung des menschlichen Verhaltens muß nicht nur biologische Variablen überhaupt einschließen, sondern muß – und das ist ebenso wichtig – auch auf die evolutionären Funktionen und auf die Konsequenzen dieses Verhaltens für das Überleben eingehen. Aber das uns bis heute in den Sozialwissenschaften bestimmende Erbe war eben der milieutheoretische (kulturelle) Determinismus und ein Funktionalismus ohne Theorie – d. h. ein Funktionalismus, der die Verbindung zu der einzigen wissenschaftlich annehmbaren Erklärung des Ursprungs, der Natur und des »Zwecks« des menschlichen Lebens verloren hat. Infolgedessen sind unsere theoretischen Bezugsrahmen und Begriffe oft eindimensional und merkwürdig leer geblieben.

»The Biological Bases of Behavior and Some Implications for Political Science«, in: *World Politics* 23 (1970/71), S. 321–370. Übersetzung vom Herausgeber. Der Anmerkungsteil wurde geringfügig gekürzt (vor allem wurden die allzu persönlichen und außerhalb ihres polemischen Kontextes entbehrlichen Anmerkungen gestrichen), ein Informationsverlust sollte damit nicht verbunden sein.

Es gibt natürlich eine Reihe von Gründen für dieses zweifelhafte Erbe. Ein Hauptgrund war der verderbliche Einfluß des Sozialdarwinismus. Indem sie die wirklich gültigen Arbeiten über die biologische Evolution weitgehend falsch dargestellt hatten (oft um ganz naheliegende politische Ziele zu unterstützen), lösten die Sozialdarwinisten und andere Apologeten des *Laissez-faire*-Kapitalismus eine Gegenbewegung aus, die die Distanz zwischen dem Menschen als Kulturwesen und seinen tierischen Verwandten so weit wie möglich ausdehnen wollte.[1] Ein anderer Grund war das reduktionistische und heute weitgehend überholte Reiz-Reaktions-Schema des Verhaltens, das die behavioristische Psychologie so lange beherrscht hatte.[2] Obwohl der Behaviorismus nie mehr als eine Arbeitshypothese sein wollte, ermöglichte es die unkritische Außerachtlassung seines hypothetischen Charakters vielen Sozialwissenschaftlern, nun ihrerseits die Position zu vertreten, daß die Kultur ein geschlossenes System sei – völlig autonom und nur aus sich selbst zu erklären. So wurde in der Anthropologie die Erforschung der »menschlichen Natur« – in der Form von kulturellen Universalien – in den letzten Jahrzehnten dadurch auf ein falsches Geleise umgelenkt, daß man sich von den kulturellen Unterschieden faszinieren ließ; viele Anthropologen vergaßen dabei die viel grundlegenderen Ähnlichkeiten der Kulturen.[3] Auf der anderen Seite ließen sich die Soziologen von der Durkheimschen Doktrin fesseln, daß die Soziologie autonom sein müsse – soziale Tatsachen sollten nur durch andere soziale Tatsachen erklärt werden dürfen.[4] Und die Politikwissenschaften waren durch ihre Zersplitterung in Behavioristen und Traditionalisten charakterisiert, wobei die behavioristische Psychologie die milieutheoretischen Ansätze noch verstärkt hatte. Zusätzlich zu diesen Gründen gab es eine sehr verständliche Gegenbewegung auf die fremdenfeindliche und rassistische Perversion der »eugenischen« Bewegung in der Biologie; auch hat die intellektuelle Befangenheit in einer allzu eng definierten positivistischen Methodologie der Sozialwissenschaften eine Rolle gespielt, ebenso eine schöne Portion sozialen und politischen Idealismus, die Fächerspezialisierung und die daraus resultierende Abschottung, nicht zuletzt eine gewisse theoretische Hochnäsigkeit gegenüber einigen selbstverständlichen und intuitiv gefundenen Erkenntnissen über Mensch und Gesellschaft. Fairerweise muß aber auch der bis in die jüngste Zeit kennzeichnende Mangel an überzeugenden empirischen Arbeiten bezüglich der Bedeutung der biologischen Variablen im menschlichen Verhalten seit Charles Darwins wegweisendem Werk *The Expression of the Emotions in Man and Animals* von 1873 angeführt werden.

Die herrschende Ansicht über die »menschliche Natur«, die sich daraus ergab, wurde durch den Anthropologen M. F. Ashley in zwei Sätzen prägnant zum Ausdruck gebracht: »Der Mensch ist Mensch, weil er keine Instinkte hat, weil er alles, was er ist und geworden ist, gelernt hat, sich erworben hat von seiner Kultur, von seiner von Menschen gemachten Umgebung, von anderen Menschen ... Wenn im Menschen noch irgendwelche Instinktreste vorhanden sein sollten, so bestehen sie möglicherweise in einer automatischen Reaktion auf ein lautes Geräusch oder in einem unwillkürlichen Zusammenzucken, wenn er den Halt verliert; im übrigen hat der Mensch keine Instinkte«.[5] In der gleichen Tonart hat der Anthropologe Leslie A. White seine Ansicht dahingehend zusammengefaßt, daß die »Instinkte am Anfang gestanden haben mögen; aber keiner sollte sich erlauben zu behaupten, daß irgendeine kulturelle Form durch Gene oder Chromosomen *determiniert* ist«.[6] Natürlich ist es ein Unterschied, ob man sagt, daß das Verhalten durch Instinkte »determiniert« ist, oder ob man sagt, daß es ebenso durch genetische oder neurophysiologische Komponenten »geformt« und »organisiert« wird wie durch Umweltfaktoren. Wie sich noch zeigen wird, ist dies eine grundlegende Unterscheidung. Denn im vergangenen Jahrzehnt hat sich ein kritischer »interaktionistischer Ansatz« in der biologischen Forschung herausgebildet, ein Ansatz, der auch in den Sozialwissenschaften eine immer weitergehende Verbreitung erfährt. Dieser Ansatz wurde durch den Psychologen David C. Glass in seinem Vorwort zu den Verhandlungen einer ersten interdisziplinären Konferenz über Genetik und Verhalten kurz wie folgt zusammengefaßt: »Die jetzigen Sozialwissenschaftler sind keine Anhänger eines simplizistischen Umweltdeterminismus mehr, ebensowenig huldigen die heutigen Biologen dem genetischen Determinismus. Auf beiden Gebieten erkennt man allmählich die Bedeutung der Interaktion zwischen Organismus und Umgebung. Weder allein die genetische noch allein die Umwelts-Parameter können mehr als einen Bruchteil der Verhaltensvariabilität erklären. Mit der Entwicklung dieses interaktionistischen Ansatzes aber läßt sich ein neues Interesse an der genetischen Grundlage des sozialen Verhaltens beobachten«.[7]

Trotz all ihrer Fehler haben einige der populären Bestseller[8] viel dazu beigetragen, das Interesse an den biologischen Aspekten des Verhaltens zu wecken. Aber wichtiger ist noch, daß neuere Untersuchungen und theoretische Arbeiten im Bereich der Sozialwissenschaften begonnen haben, sich mit den evolutionären und biologischen Problemen auseinanderzusetzen.[9] Es ist nicht zu übersehen, daß die Bio-

Wissenschaften und die Sozial-Wissenschaften zunehmend konvergieren und interdisziplinär werden. Ein Ergebnis dieser Bewegung war die Gründung eines Komitees für die biologischen Grundlagen des Verhaltens im Social Science Research Council. Eine andere Folge war in der allerletzten Zeit die Begründung neuer Spezialdisziplinen wie Neuroethologie, Psychobiologie, Biokybernetik und Verhaltensgenetik. Außerdem sind an einer Reihe von Universitäten interdisziplinäre Forschungsinstitute geschaffen worden.

Auch die Politischen Wissenschaften sind nicht unberührt davon geblieben. James C. Davies hat schon vor einigen Jahren einen bemerkenswerten Versuch gemacht, die konstruktive, aber unzureichende Theorie des Psychologen Abraham Maslow über »menschliche Bedürfnisse« zum Ausgangspunkt seiner Arbeit zu machen. Davies suchte nach »Verhaltenstendenzen, deren Ursprung im Organismus liegt und die, durch eine lange Kausalkette, in jenes Bündel von Kräften einmünden, die das politische Verhalten von menschlichen Individuen bestimmen«.[10] Er sammelte aus einer großen Menge von historischen und gegenwärtigen Erfahrungen Belege für individuelle psychische Motivationen. Das war sicher eine beeindruckende Leistung, die viele der tiefsitzenden persönlichen Motivationen offenlegte, die unser soziales und politisches Leben bestimmen. Die Begrenzung dieses Buches lag jedoch darin, daß es die evolutionären Zusammenhänge außer acht ließ und statt dessen sich auf eine unangemessene »psychologische« Formel für die menschlichen Bedürfnisse festlegte, die von ihren evolutionären Funktionen begrifflich losgelöst wurden. Aber man darf eben nicht vergessen, daß Davies Buch schon einige Zeit vor der gegenwärtigen Welle der Forschung und des Interesses an den biologischen Aspekten aus einem spezifisch evolutionären Blickwinkel entstanden ist. In einem neueren Aufsatz von 1969 hat Davies einige der neuen Forschungsergebnisse (mit Schwerpunkt auf der Psychobiologie) eingearbeitet.[11] In ähnlicher Weise hat Albert Somit die Bedeutung ethologischer und psychopharmakologischer Daten für die politischen Wissenschaften beschrieben und kurz diskutiert[12], und Charles Adrian hat eine Diskussion der Konsequenzen der gegenwärtigen ethologischen Forschung für die Politischen Wissenschaften beigesteuert.[13] Arthur L. Kalleberg hat uns insofern einen guten Dienst erwiesen, als er in einem neueren Artikel das theoretische Unterholz unserer Disziplin etwas durchforstet hat[14]; insbesondere hat er gegen einen radikalen Behaviorismus Stellung genommen und die Rolle des »Organismus« oder der »Black Box« (ein Begriff, der der Elektronik entnommen worden ist) in der gegenwärtigen psychologischen Forschung und Theorie einer eingehenden Analyse unterzogen. Ebenso hat Ted Gurr, der ein Kausalmodell der Gewaltanwendung zu entwickeln suchte, biologische Faktoren miteinbezogen. »Der zugrundeliegende kausale Mechanismus«, erklärt Gurr, »leitet sich aus der psychologischen Theorie und der Erkenntnis ab, daß Unzufriedenheit oder Ärger eine *angeborene Reaktion* auf eine wahrgenommene Deprivation darstellt und daß Ärger ein Motivationszustand ist, für den Aggression eine *natürliche* Abfuhrmöglichkeit ist«.[15]

Bis jetzt aber ist kein systematischer Versuch unternommen worden, um die Perspektive der modernen Evolutionsbiologie und unser gegenwärtiges Wissen über die biologischen Komponenten des menschlichen Verhaltens in das Denken unserer Disziplin einzuarbeiten.[16] Deshalb möchte ich in diesem Aufsatz versuchen, einige relevante Aspekte der modernen »synthetischen« Theorie der Evolution zu skizzieren und den gegenwärtigen Stand der Verhaltensforschung von einem biologischen und evolutionären Blickwinkel aus zu beschreiben. Im Anschluß daran werde ich einige mögliche Implikationen für die politische Theorie und die Sozialforschung aufzeigen. Weil es sich hier um einen noch recht neuen und sich rapid ausdehnenden Forschungsbereich handelt, müssen die Schlußfolgerungen über die Grundlagen des menschlichen Verhaltens tentativ bleiben; einige Punkte – insbesondere politisch so brisante Probleme wie das der Ursachen der Aggression oder der Vererbbarkeit von Intelligenz – sind auch höchst kontrovers. Als ganzes genommen aber sollte uns dieser Ansatz einige neue Einsichten über eine ganze Reihe von sozialen und politischen Problemen bringen. Darüber hinaus zeichnet sich der Evolutionsansatz durch eine so zwingende Einheit und einen so großen theoretischen Reichtum aus, daß er uns sehr wohl helfen könnte, einige unserer schwierigsten theoretischen Dilemmas einer Lösung zuzuführen.

2. *Das Evolutionsmodell der Gesellschaft*

In dem Jahrhundert, das seit der Veröffentlichung von Darwins *On the Origin of Species* vergangen ist, ist seine Theorie der Evolution von einer Reihe von Wissenschaftsdisziplinen in überwältigender Weise bestätigt worden. Und wenn die aktuellen Arbeiten der Evolutionstheorie auch sehr viel komplizierter sind, als sich das noch Darwin vorstellen konnte, so ist ihm doch die grundlegende Einsicht zu verdanken, die eine kausale Erklärung der Geschichte des Lebens auf diesem

Planeten einschließlich der Entwicklung des *homo sapiens* ermöglicht. Die wichtigsten Prinzipien der Evolutionstheorie sind in umfassender Weise in verschiedenen gut greifbaren Arbeiten dargestellt worden.[17] Kurz gesagt, ist die Evolution ein Prozeß, durch den eine Population von Organismen ihr Überlebenspotential durch sukzessive genetische Veränderungen oder Adaptationen erhöht. Zufällige Mutationen, genetische Neukombinationen (oder Umgruppierungen) und Verhaltensänderungen sind das Rohmaterial der Adaptation. Dieses Rohmaterial wird dann in der Umwelt auf seinen Überlebenswert bzw. auf seine relative Zweckmäßigkeit hin getestet. Der Editionsprozeß sozusagen wird dann »natürliche Auslese« genannt. Natürlich ist dieser scheinbar einfache Prozeß in Wirklichkeit außerordentlich verwickelt und komplex. Es ist in diesem Rahmen unmöglich, eine angemessene Darstellung zu geben. Da aber der hier darzustellende interaktionistische Ansatz der Verhaltenswissenschaften nur in diesem gegenwärtigen Verständnis der biologischen Evolution zu begründen ist, sollen wenigstens einige der hervorstechendsten Punkte für unsere Zwecke zusammengefaßt werden.

2.1 Der erste und vielleicht wichtigste Punkt ist, daß in der modernen Evolutionstheorie nicht, wie allgemein angenommen, das isolierte Individuum die Grundeinheit ist, sondern der Genpool oder die Zuchtpopulation. Die kollektive Natur des Überlebens gilt sowohl auf der Ebene der Gene (der Grundeinheit der Vererbung) wie auf der Ebene des Verhaltens.[18] Das Überleben (oder der Reproduktionserfolg auf lange Sicht) eines Genpools ist daher abhängig von seiner kollektiven »Tauglichkeit«. Darüber hinaus zeigt eine große Reihe von Arten, einschließlich der meisten höheren Tierarten, ein hochorganisiertes Gruppenleben als Teil ihres das Überleben sichernden Verhaltensrepertoires. Wie der Biologe Theodosius Dobzhansky zeigt, ist »ein wirklich solitäres Tier ein seltenes Phänomen. Individuen derselben Art und Individuen verschiedener Arten hängen in verschiedenen Graden voneinander ab ... Die strenge Disziplin der Natur gebietet die gegenseitige Hilfe mindestens ebensooft wie den Kampf. Der Tauglichste kann auch der Zahmste sein«.[19] Das Gruppenleben bietet viele evolutionäre Vorteile. Es erleichtert die Reproduktion auf verschiedene Weise; es ermöglicht eine gewisse Arbeitsteilung, insbesondere im Hinblick auf das Futtersammeln und die Aufzucht der Jungen; in Gruppen lebende Tiere sind auch viel weniger Raubtieren ausgesetzt und oft unternehmen sie koordinierte Abwehrhandlungen gegen einen Räuber. Die Erscheinung, daß sich Gruppenmitglieder gegen eine äußere Bedrohung zusammenschließen – ein Verhalten, das man oft dem Menschen zugeschrieben hat[20] – ist auch in der übrigen Tierwelt weit verbreitet. Kurz, das Gruppenleben ist ganz wesentlich ein biologisches Phänomen mit einem bestimmten Überlebenswert. Was immer sonst noch im sozialen Leben des Menschen eine Rolle spielen mag, so ist doch klar, daß Altruismus, Kooperation und Gruppenloyalität ebenso eine genetische Wurzel haben; Thomas Hobbes zum Trotz sind die Gene, die dem Gruppenleben – zusammen mit denen, die der Selbsterhaltung dienen, durch die natürliche Auslese wahrscheinlich begünstigt worden.[21]

2.2 In dem oben ausgeführten Punkt ist eine zweite allgemeine Beobachtung eingeschlossen. Die moderne Evolutionstheorie geht nämlich davon aus, daß die natürliche Auslese in der Regel keinen Kampf mit Zähnen und Klauen bedeutet. Wie einer der führenden Evolutionstheoretiker, George Gaylor Simpson, in seinem klassischen Buch *The Meaning of Evolution* ausgeführt hat, schließt die natürliche Auslese eher solche Charakteristika ein wie »bessere Integration in eine ökologische Situation; die Aufrechterhaltung des Gleichgewichts der Natur; eine bessere Nutzung der verfügbaren Nahrung; eine bessere Brutpflege; die Ausschaltung von Streitigkeiten innerhalb der Gruppe, die die Reproduktion behindern könnten; die Nutzung von Umweltgegebenheiten, die nicht Gegenstand der Konkurrenz sind oder von anderen Arten weniger effektiv genutzt werden«.[22] Das Wort »Überleben« kann sich seinem Sinn nach nur auf einen fortschreitenden Prozeß beziehen, der eine ganze Konstellation von Verhaltenseigenschaften – sowohl individuellen wie kollektiven – umfaßt. Und wenn Genetiker von kollektiver »Tauglichkeit« sprechen, dann meinen sie etwas ähnlich Abstraktes wie wenn andere von der »allgemeinen Wohlfahrt« sprechen. (Tatsächlich gelten viele dieser *qualitativen* Aussagen für das Überleben fast jeder Art.)

Wenn wir die Gruppenbasis des Überlebens so sehr herausstellen, so können wir doch die Rolle der Konkurrenz und des Kampfes nicht leugnen. Gerade in neueren Studien wurde oft größeres Gewicht auf die Rolle des direkten und individuellen Kampfes in der Auslese innerhalb der Art (besonders zwischen Männchen) gelegt. Aber ein derartiger Kampf wird normalerweise durch die dringenderen Gruppenbedürfnisse im Zaum gehalten und begrenzt. Außerdem kann er ohne Gewaltanwendung ausgetragen werden (Drohverhalten, ritualisierte Kämpfe und andere »konventionelle« Formen des Kampfes sind eher die Regel). Nur unter außergewöhnlichen Umständen (wie extreme Überbevölkerung oder eine plötzliche oder drastische Verstärkung der aus der Umwelt kommenden Zwänge) kann die Konkurrenz in einen

Kampf um Leben oder Tod ausarten. In den meisten in Gruppen lebenden Arten wird das Konkurrenzverhalten ausgewogen und kontrolliert durch eine Reihe von Verhaltensformen, die dem Gruppenzusammenhalt, der Geselligkeit oder der Fortpflanzung dienen. Das kooperative Verhalten ist zumindest ebenso wichtig für das Überleben der allermeisten Arten, den Menschen eingeschlossen, wie der Konflikt.[23] In der philosophischen Literatur ist eines der durchgehenden Themen das des irritierenden ethischen Manichäismus des Menschen gewesen. Wir wissen heute aber, daß diese Verhaltensparadoxie keineswegs nur für den Menschen kennzeichnend ist. Wie der Biologe William Etkin bemerkt, »gibt es viele kontradiktorische und konfligierende Antriebe in jedem Organismus, und das in der Evolution entstandene Verhaltenssystem stellt einen Kompromiß dieser Antriebe dar – oder vielleicht besser gesagt: ein dynamisches Äquilibrium dieser Antriebe...«.[24] Konkurrenz gibt es selbstverständlich auch zwischen den Gruppen oder Populationen. Wie gerade Simpson zeigt, kann dieses Konkurrenzverhalten, das oft von einer ziemlich gutartigen und passiven Art ist, aber auftreten, ohne daß die konkurrierenden Arten miteinander in Kontakt treten oder ihrer Konkurrenzsituation gewahr werden würden. Darüber hinaus sagt Simpson: »Die Selektion ist nicht in erster Linie ein Prozeß der Elimination, sondern sie ist ein Prozeß der unterschiedlichen Reproduktion«.[25]

2.3 Damit kommen wir zu einem dritten Punkt: Die natürliche Auslese spielt sich vor allem in Form unterschiedlicher Reproduktionserfolge von Zuchtpopulationen ab.[26] Der Maßstab der Genetiker für die allgemeine Angepaßtheit einer Mendelschen Zuchtpopulation ist der reproduktive Erfolg auf lange Sicht. Die Biologen seit Darwin haben diesen Erfolg traditionalerweise weitgehend nur zahlenmäßig bestimmt, so daß die größte Population jeweils die erfolgreichere gewesen wäre. In der neuesten Forschung ist diese Annahme jedoch in Frage gestellt worden. Es scheint, daß viele Arten in der Lage sind, ihre Anzahl in Beziehung auf die in einer bestimmten Umwelt verfügbaren Ressourcen zu regulieren, so daß sie ein relativ stabiles homöostatisches Gleichgewicht in ihren ökologischen Nischen halten können. Insbesondere der Zoologe V. C. Wynne-Edwards behauptet, daß die potentielle Fruchtbarkeit einer Art gewöhnlich sehr viel größer ist als sie tatsächlich genutzt wird, wobei eine Übertreibung recht oft durch »soziale Konventionen« der verschiedensten Art unterbunden wird – so z. B. durch die Verminderung der Anzahl der Männchen oder Weibchen, die zur Zeugung zugelassen werden; durch Begrenzung in der Anzahl der Eier, die pro Gelege zugelassen werden; oder sogar, wie bei einigen Insektenarten, die Schaffung von Kasten mit sterilen Individuen. Auch der soziale (d. h. der nicht-tödliche) Wettkampf zwischen den Männchen (oft um das Recht für einen Brutplatz) ist ein recht weit verbreitetes Kontrollmuster. Nur sehr wenige Arten entwickeln einen so dramatischen Mechanismus wie die Lemminge.[27] (Der Mensch scheint eher eine Ausnahme von der Regel zu sein. Als ein relativ später Ankömmling auf dieser Szene, hat der *homo sapiens* mit einer ziemlich kleinen Population begonnen, die sich in jüngster Zeit in geradezu explosiver Weise vermehrt hat.[28] Jetzt erst erreicht er – oder überschreitet er bereits – die »Tragfähigkeit« der ihm zur Verfügung stehenden ökologischen Nische, und er hat noch kaum begonnen, den grundlegenden Wandel zu begreifen, der schließlich seine Beziehung zur Umwelt verändern wird). Dementsprechend tritt neuerdings eine ganze Reihe von Biologen dafür ein, die Überlebenschancen auf lange Sicht besser an der Fähigkeit einer Population zu messen, ihre situationsspezifische »optimale Größe«[29] zu halten.[30]

2.4 Wenn nun der reproduktive Erfolg als das grundlegende Kriterium der evolutionären Anpassung gilt, so ist damit auch gesagt, daß die Anpassungsfähigkeit sehr weitgehend vom Verhalten abhängt. Ein vierter Punkt in unserem Überblick ist daher, daß diejenigen Verhaltenszüge, die Folgen für die Überlebens- und die Reproduktionsfähigkeit eines Individuums oder einer Zuchtbevölkerung haben, ein Produkt der Evolution und der natürlichen Auslese sind. »Wenn wir von einem sich entwickelnden oder von einem phylogenetisch adaptiven Verhalten sprechen«, erklärt Daniel G. Freedman, »dann beziehen wir uns auf eine Verhaltenseinheit, die durch den Evolutionsprozeß auf die gleiche Weise wie die physischen oder biochemischen Charakteristika einer Art hervorgebracht worden ist«.[31] Verhaltensformen, die zum reproduktiven Erfolg beitragen, werden durch die natürliche Auslese gefördert werden, und die genetische Grundlage für jene erfolgreichen Verhaltensformen wird in den Genpool einer Population inkorporiert werden. Es gibt also einen Rückkopplungsprozeß zwischen dem Verhalten und seiner biologischen Grundlage.[32] Oder in anderen Worten: das Verhalten und die äußere Gestalt entstehen im Verbund miteinander. Auch dort, wo das Verhalten nicht so sehr genetisch begründet als vielmehr erlernt ist, ist es dem sogenannten »Baldwin-Effekt« unterworfen; d. h. wenn eine Tiersozietät ein neues Anpassungsverhalten entwickelt, wird jedes genetische Charakteristikum, das mit diesem neuen Verhaltensmuster vereinbar ist, in den folgenden Generationen fixiert oder zumindest nicht ausselektiert werden.[33] Man kann daher auch sagen, daß das gesamte Verhaltensrepertoire einer jeden Art ein charakteristisches und in sich verbundenes System bildet. Die soziale Organisation jeder in Gruppen lebenden Art schließt viele Anpassungen an die möglicherweise konfligierenden und widersprüchlichen Erfordernisse der Natur ein, und die Art und Weise, in der eine Spezies die verschiedenen Verhaltensweisen integriert, kann ebenso wichtig sein wie die Charakteristik eines einzelnen, isoliert betrachteten Verhaltenszuges.[34]

Die Tatsache jedoch, daß das Verhaltenssystem jeder Spezies eine eigene und einmalige Konfiguration zeigt, heißt aber nicht, daß Übereinstimmungen im Verhalten von verschiedenen Arten nur Zufall sind. Im Gegenteil: Arten mit denselben biologischen Grundbedürfnissen, die ungefähr die gleiche Überlebensstrategie einschlagen, werden ein konvergentes Verhaltensrepertoire entwickeln. Verhaltensformen, die sich auf einer früheren Stufe der Evolution als adaptiv erwiesen haben, werden außerdem oft in ihren allgemeinen Grundzügen bewahrt und können, wenn eine neue Spezies entsteht, weiterentwickelt werden. Wie der Biologe Gerald E. McClearn, eine führende Kapazität auf dem Gebiet der Verhaltensgenetik, gezeigt hat, »würde es keinen Grund geben, irgendwelche gemeinsamen Verhaltensprinzipien anzunehmen, wenn die Arten nicht voneinander abhängen würden, sondern jede das Ergebnis einer eigenen Schöpfung wäre. Mit Hilfe der Evolutionstheorie aber begreifen wir, daß die verschiedenen Arten nur Variationen über gemeinsame Themen sind«.[35] Wenn es daher auch ein grober Fehler wäre, bestimmte menschliche Verhaltenszüge mit augenscheinlich ähnlichen Verhaltenszügen bei niederen Tieren zu identifizieren, so können große funktionale Analogien doch hilfreich sein.[36] Das Territorialverhalten z. B. kann bei niederen Tieren und beim Menschen sehr wohl gewisse Funktionen gemeinsam haben. Es kann aber auch das Umgekehrte der Fall sein, d. h. ähnliche Verhaltenszüge verschiedener Arten können auf ganz verschiedene Weise adaptiv sein, je nach den unterschiedlichen Verhaltensmustern oder den Überlebensbedingungen der beiden Arten.

2.5 Ein anderer allgemeiner Punkt zum Problem der Adaptivität ist der, daß – genauso wie Verhaltenszüge, die sich als adaptiv erwiesen haben, im Verhaltensrepertoire der Spezies wahrscheinlich erhalten bleiben – schlecht angepaßte Verhaltenszüge früher oder später ausgesondert werden. Etkin erklärt dies so: »Im großen und ganzen gesehen *muß* man annehmen, daß die ausgelesenen Verhaltenszüge eines Organismus adaptiv in dem Sinn sind, daß sie den reproduktiven Erfolg einer Art sichern, solange sie in ihrer eigenen ökologischen Nische lebt«.[37] Das heißt nicht, daß jederzeit alle Verhaltenszüge eines

Individuums oder einer Art adaptiv sein müssen. Angesichts der Tatsache, daß im organischen Leben gerade die Veränderung die Regel ist, ist das sogar höchst unwahrscheinlich. Vielmehr liefert die Veränderung und Variation das Rohmaterial der evolutionären Auslese; es wird z. B. geschätzt, daß mehr als zehn Prozent aller menschlichen befruchteten Eizellen eine neue Mutation tragen.[38] Noch dazu ist jede Zuchtpopulation ebenso wie ihre Umwelt einem fortdauernden Prozeß der Rückkoppelung unterworfen; wenn sich die Umwelt ändert, können auf einmal gutangepaßte Verhaltensformen und Körperformen sehr wohl unangepaßt sein. Manchmal wird eine Tierart in ihren Anpassungsversuchen so überspezialisiert, daß sie für die kleinste Veränderung in ihrer gewohnten Umwelt anfällig ist. Die fossilen Ablagerungen sind schließlich voll von Beispielen von einstmals angepaßten Arten, die heute ausgelöscht sind.[39]

In der Regel kann man erwarten, daß eine erfolgreiche Population ihr Verhalten so ausgerichtet hat, daß ihre Überlebensfähigkeit maximiert und das Risiko des Untergangs – in bezug auf die spezielle ökologische Nische – minimiert wird.[40] Das muß schon deshalb gelten, weil die Evolution ein funktionaler Prozeß ist. Die natürliche Auslese verfährt in einer Weise, daß sie die eufunktionalen (adaptiven) Verhaltensformen belohnt und die dysfunktionalen (die mangelhaft adaptiven) Verhaltensformen sozusagen bestraft. *Per definitionem* ist dann jede Art, die sich im Evolutionsprozeß als »erfolgreich« erweist, eine Spezies, deren Verhaltensweisen in der Nettobalance adaptiv sind (oder es zumindest noch in der unmittelbaren Vergangenheit waren).[41] Eine ausgezeichnete Illustration dieses Punktes wird in einer neuen Untersuchung des Karimojong-Stammes in Uganda geboten.[42] Im Ggensatz zu dem auf wirtschaftliche Effektivität bedachten und marktorientierten und vermeintlich »rationaleren« westlichen System der Viehzucht, in dem eine kleine Anzahl von Leuten eine große Anzahl von Tieren großzieht und ihre Produkte (Fleisch und Milch) vermarktet, praktizieren die Karimojong eine Form der Subsistenzwirtschaft. Es wird gar kein Versuch gemacht, einen Überschuß für den Markt zu erzeugen, und Kühe werden kaum geschlachtet. Die Stammesangehörigen ernähren sich statt dessen von Milch und von Blut, das den Tieren mit großer Sorgfalt entnommen wird. Auf diese Weise werden die Rinder erhalten, um die maximale Anzahl von Stammesangehörigen ernähren zu können. Die Erklärung für dieses System besteht darin, daß Regen und Viehfutter im Stammesgebiet der Karimojong unregelmäßig und knapp sind. Die Ressourcen sind äußerst begrenzt – und so wäre es gefährlich, sich auf die Bodenbewirtschaftung zu verlassen. Die Rinder sind daher die primäre Nahrungsquelle. Doch häufige unvorhersehbare Trockenperioden können selbst die größten Rinderherden dezimieren. Der Bericht über die Karimojong schließt: »Die Viehhaltung der Karimojong stellt eine rationale Lösung des Problems dar, eine große Bevölkerung in einer sehr wechselhaften Umgebung zu ernähren«.[43]

Es ist sicher, daß sich die Vorfahren des modernen Menschen allgemein in einer adaptiven Weise verhalten haben müssen. Verhaltensformen, die einen so langen Prozeß der positiven Auslese voraussetzen, hätten nicht artspezifisch werden können, wenn sie zur Zeit ihrer Selektion unangefaßt gewesen wären. Daraus folgt aber natürlich noch nicht mit Notwendigkeit, daß das Verhalten des Menschen heute adaptiv ist. In den vergangenen Jahrtausenden hat sich seine Umgebung so rapide verändert (weitgehend dank seiner eigenen Anstrengungen), daß einst adaptive Verhaltensformen möglicherweise nicht mehr adaptiv sind. Die einmalige Verhaltensflexibilität des Menschen, seine außerordentliche Lernfähigkeit, seine Wißbegierde und seine imitativen und manipulativen Fähigkeiten statten ihn mit einem weit größeren Verhaltensarsenal als die anderen Arten aus (einschließlich eines indifferenten oder unangepaßten Verhaltens).[44] Diese Fähigkeiten haben ihm geholfen, auf zwei Ebenen Fortschritte zu machen: auf der biologischen wie auf der kulturellen Ebene. Aber sie erlegen dem Menschen auch eine zusätzliche Verantwortung auf, die den anderen Arten nicht aufgebürdet werden kann. Es ist keineswegs sicher, daß die Menschen ihre Chance wahrnehmen und sich für eine adaptive Lebensweise entscheiden. Die moderne Technik z. B. ist nur ungefähr zwei Jahrhunderte alt und es ist noch nicht ganz klar, ob sie sich letztendlich als adaptiv erweisen wird oder nicht. Auf kurze Sicht gesehen hat sie unsere Überlebenschancen erhöht, aber die fernere Zukunft steht durchaus in Frage.[45]

2.6 Das führt uns zu einem weiteren Problem der Evolution – der Rolle der »Instinkte« und des »Lernens« in der Herausbildung des Verhaltens. Wie oben schon angeführt, muß jeder lebende Organismus mit seiner Umwelt (was in der Regel andere Mitglieder seiner Spezies miteinschließt) auf die eine oder andere Weise interagieren. Und da gerade die Wirksamkeit dieser Interaktion weitgehend bestimmt, ob der Organismus überleben wird oder nicht, um sich reproduzieren zu können, ist die Frage, wie jede Art ihr Verhalten organisiert, von ganz entscheidender Bedeutung. Ein bestimmtes Verhaltensrepertoire mag angeboren oder erlernt sein oder eine Kombination von beidem darstellen. Was das Tier lernt, ist sowohl eine Funktion seiner genetischen

Ausstattung wie seiner Lebenssituation, aber die Typizität und die Kapazität des Lernens ist genetisch bestimmt.[46] Nach dem heutigen Stand der Forschung kann man kein wirklich beobachtbares Verhalten »instinktiv« im Sinne von »unausweichlich« nennen. Nur das genetische Programm und die neuralen und sensomotorischen Strukturen kann man angeboren nennen; aber selbst ein überaus starr vorprogrammiertes Verhalten wird möglicherweise niemals auftreten, wenn sich der Organismus nicht »normal« entwickeln kann oder wenn die nötigen Umweltvoraussetzungen fehlen.[47] Trotzdem ist es sinnvoll, zwischen genetisch vorprogrammierten Verhaltensformen, welche in der Regel stereotyp und starr sind, und Verhaltensformen zu unterscheiden, die mehr oder weniger durch die Erfahrungen des Organismus in seiner Umwelt geformt worden sind. Genetisch bestimmte Verhaltensweisen laufen oft ab wie ein Computer-Programm. Sie haben den Vorteil der Vorhersehbarkeit und der Kontinuität von einer zur anderen Generation, aber sie können veränderten Umständen nur schwer angepaßt werden. Solche Verhaltensformen können von einfachen Annäherungs- und Fluchtreaktionen oder Reflexen bis zu ausgearbeiteten Verhaltensalternativen und -ketten reichen, die durch bestimmte Umweltreize ausgelöst werden und die in der Art ihrer Ausführung von Erfahrungsfaktoren beeinflußt sein können oder nicht. Ein Teil des »Lernens« dient möglicherweise nur der Vervollständigung eines relativ stereotypen Verhaltensprogramms. Die »Prägung« ist beispielsweise ein Mechanismus, durch den ein neugeborenes Tier während einer »kritischen« oder »sensitiven« Periode seiner Entwicklung eine starke Bindung »praktisch an jedes sich bewegende Objekt, das es sieht«, eingeht, normalerweise an seine Mutter. Wenn diese Prägung erfolgt ist, wird das Tierbaby getreulich seinen Eltern nachlaufen, entsprechend eben dem genetisch vorprogrammierten Verhaltensmuster.[48]

Der größte Teil des Verhaltens, vor allem das Verhalten von höheren Tieren, stellt eine Verbindung von vorprogrammiertem und erfahrungsbestimmtem Verhalten dar. Ja, viele Tiere haben hochspezialisierte Lernfähigkeiten, die beeindruckend sind, welche Standards man auch zugrundelegen will. Ratten z. B. können lernen, ein Labyrinth zu durchwandern, wie es der Mensch nicht besser könnte. Sie haben außerdem einen enormen Wissensdrang, der keineswegs von Futtergaben abhängig ist; in Laboratoriumsexperimenten hat man herausgefunden, daß diesem Drang nachzugehen eine »innere Befriedigung« für die Ratten darstellt.[49] Psychologen haben dieses Phänomen »latentes Lernen« genannt; aber das ist in Wirklichkeit eine falsche Bezeichnung. Denn obwohl ein solches Explorationsverhalten in einer Laboratoriumssituation ziellos erscheint und damit einen Selbstwert darzustellen scheint, ist dieses Verhalten in der freien Natur höchst funktional. Indem die Ratte nämlich alles durchforscht und alle Besonderheiten in ihrer Reichweite kennenlernt, ist sie viel besser in der Lage, ohne Übereilung Deckung zu nehmen, wenn eine Gefahr droht.[50] Das Lernen spielt oft eine große Rolle in der Aneignung oder der Verbesserung von Fähigkeiten bei erwachsenen Tieren; und einige Tierarten lernen nicht nur von ihrer Umgebung, sondern sie können ein solches Wissen auch von Generation zu Generation durch soziale Traditionierung weitergeben.

Abgesehen von diesen speziellen »geistigen« Fähigkeiten haben natürlich, an unseren Standards gemessen, andere Arten gewöhnlich nur außerordentlich begrenzte intellektuelle Fähigkeiten. Die Tatsache, daß es solche Fähigkeiten aber überhaupt gibt, ist theoretisch von großer Bedeutung – korrelieren doch die »geistigen« Fähigkeiten einer Art eher mit ökologischen Faktoren als mit ihrem Rang auf der Stufenleiter der Evolution. »Es ist ganz klar«, sagt Etkin, »daß diese ›geistigen‹ Fähigkeiten Teil der Anpassung einer Tierart an ihre besondere Lebensweise sind ...«[51] Das Lernen ist ein Mechanismus der Veränderung, der dem Individuum noch in seiner eigenen Lebenszeit eine Anpassung ermöglicht. Die Fähigkeit zu lernen maximiert die Lebensmöglichkeiten, indem sie den Organismus mit einem höchst effektiven Rückkopplungssystem ausstattet, durch das er Information aus der Umwelt verarbeiten und in den fortlaufenden Prozeß der Selbststeuerung einarbeiten kann. Die Lernfähigkeiten ermöglichen positive Variationen, die sofort manifest werden können.[52] Es ist deshalb evident, daß die hochentwickelten intellektuellen Fähigkeiten des Menschen nur eine Ausdehnung und Weiterentwicklung eines adaptiven Prinzips sind, das im Tierreich weitverbreitet ist. Das vom Menschen zu sagen – ihn sozusagen auf die Erde herunterzuholen –, soll seine Leistungen oder seine Kapazität keineswegs herabsetzen. Vielmehr kann es nur darum gehen, eine Verzerrung wieder auszugleichen, die in einem großen Teil der sozialwissenschaftlichen Theorie noch der jüngsten Zeit zu finden ist. Der biologische und der soziale Mensch müssen wieder integriert werden. Der Mensch hat sich eben doch nicht »selbst geschaffen«. Er ist von der Evolution mit intellektuellen Fähigkeiten ausgestattet worden, die er großartig weiterentwickelt und genutzt hat, um größere – aber keineswegs unbegrenzte – Macht über seine Umwelt und sich selbst zu gewinnen.

Was hier über das Lernen im allgemeinen gesagt worden ist, gilt auch für das kumulative Produkt der Lernfähigkeiten des Menschen, für seine Kultur. Kultur ist oft für eine einmalige menschliche Erwerbung gehalten worden, welche den Menschen absolut von den anderen Tieren trenne. Insbesondere die Kulturanthropologie war darauf bedacht, die biologische Natur des Menschen und seine Überlebenserfordernisse mit einem eigenen »super-organischen« Leben zu überbauen, das angeblich nur seinen eigenen Entwicklungsgesetzen folgt.[53] Inzwischen haben aber einige der führenden Anthropologen erkannt, daß die Kultur nur innerhalb des Rahmens der menschlichen biologischen Antriebe zu verstehen ist.[54] Clyde Kluckhohn z. B. hat herausgestellt, daß »jede der verschiedenen Kulturen mit universellen Problemen zu tun hat, die durch die menschliche Biologie und durch die menschliche Situation gestellt werden. Die kulturellen Unterschiede müssen auf dem Hintergrund einer gemeinsamen Menschheit gesehen werden... Der große Grundplan aller Kulturen ergibt sich aus den funktionalen Erfordernissen der menschlichen Gesellschaft als solcher...«.[55] Und vor kurzem hat der physische Anthropologe Alexander Alland vorgeschlagen, die Evolutionstheorie »als eine allgemeine Theorie zur Erklärung der Arbeitsweise von biologischen Systemen einschließlich des Verhaltens und der Kultur« zu verwenden.[56] Denn »um die Kultur als eine außerkörperliche Erscheinung darzustellen, ist es nicht erforderlich, daß wir das biologische Modell der Evolution aufgeben, da auch das kulturell verankerte Verhalten grundlegende biologische Probleme lösen muß«.[57] Anders gesagt: ein Evolutionsmodell kann sowohl kulturelle als auch organische Prozesse einschließen.

Im Rahmen der Evolution gesehen fungiert die Kultur als ein Adaptationsmechanismus von großer Wirksamkeit. Genauso wie der genetische Kode es den Tierarten ermöglicht, mit der Zeit entwickelte biologische Adaptationen von einer Generation auf die nächste weiterzugeben, so ermöglicht es die Kultur gewissen Gruppen von Menschen, ihr Wissen über die Umwelt (sowohl »Erfindungen« wie auch andere Lösungen von verschiedenen Überlebensproblemen) zu speichern und solche Adaptationen an die folgenden Generationen weiterzugeben. Auf diese Weise können adaptive Verhaltensformen viel schneller erworben und innerhalb der menschlichen Spezies weitergegeben werden, als das bei allein von der genetischen Adaptation abhängigen Mechanismen möglich wäre.[58] Außerdem kann sich der Mensch viel leichter auf Wandlungen in seiner Umwelt und auf eine größere Variationsbreite solcher Umwelten einstellen. Kulturelle Variationen müssen so im Zusammenhang mit einem Evolutionsmodell gesehen werden. Im

Prozeß der Adaptation an sehr unterschiedliche ökologische Nischen sind die menschlichen Gesellschaften gezwungen worden, verschiedene Strategien zur Befriedigung der gemeinsamen menschlichen Bedürfnisse zu entwickeln. Das Evolutionsmodell berücksichtigt in diesem Zusammenhang auch Variationen, die sich aus einer historisch spezifischen Situation oder sogar aus dem Zufall ergeben.[59]

Kurz gesagt: wenn es keine Kultur gäbe, wir müßten sie erfinden. Denn die Kultur erfüllt eine Reihe von notwendigen arterhaltenden Funktionen, die bei vielen anderen vergesellschafteten Arten weitgehend durch vorprogrammierte Verhaltensabläufe gesichert werden. Wie der Anthropologe Robert Fox sagt, sind wir ein »kulturelles Tier«. Tatsächlich sind ja viele der Grundformen des sozialen Verhaltens, von denen einige als unerreichte menschliche Eigenheiten angesehen wurden, auch anderen Tierarten gemeinsam, so z. B. soziale Hierarchien (gewöhnlich sind sie auf die Konkurrenz der Männchen begründet), Gefühlsbindungen (einschließlich der Paarbindung, der Eltern-Kind-Beziehung und der Gruppenloyalitäten), Kooperation, Nahrungsteilung und Arbeitsteilung, Territorialität und territoriale Verteidigung, das Spiel, der Werkzeuggebrauch, soziale Traditionen, der Wissensdrang, und verschiedene Formen der Kommunikation.[60] Selbstverständlich sind diese »kulturellen« Verhaltensformen im Menschen hochentwickelt. Zusätzlich haben wir einen neuen und sehr wirkungsvollen adaptiven Mechanismus entwickelt, der allen unseren tierischen Verwandten unbekannt ist – nämlich die Sprache.[61] Soviel wir aber über die Arbeitsweise der Evolution wissen, so können sich unsere außerordentlichen Fähigkeiten nur recht allmählich und schrittweise, über einen Zeitraum von mehreren Millionen Jahren hinweg, entwickelt haben. Diese ganze Zeit waren unsere Vorfahren einem wiederholten Test durch die natürliche Auslese unterworfen. Wie Washburn und Shirek erklären, »entwickelte sich das Gehirn nicht zu Beginn und zu einem unbekannten Zweck, um dann die Entdeckung der menschlichen Lebensweise möglich zu machen; die menschliche Lebensweise und ihre strukturelle Basis entstanden zur gleichen Zeit und in einer engen Rückkopplungsbeziehung zueinander«.[62] Mit anderen Worten: unsere kulturellen Fähigkeiten entwickelten sich, weil sie die Überlebensfähigkeit unserer Vorfahren in einer (verglichen mit der Umwelt der Bäume) überaus gefährlichen neuen ökologischen Nische gewährleisteten. Die Kultur ist als eine schrittweise Erwerbung entstanden und hat auf jeder der verschiedenen Stufen unsere Überlebenschancen insoweit erhöht, als wir mit unserer natürlichen Umgebung und den uns verwandten Arten interagierten.

Es gibt keine andere Erklärung des Ursprungs und der Funktion der Kultur, wenn wir nicht dem wohlbegründeten Wissen über den evolutionären Wandel widersprechen wollen. Das daraus hervorgegangene »kulturelle Tier« erfreut sich einer großen, wenn auch nicht unbegrenzten Flexibilität. Wie der Psychologe Gardner Murphy gesagt hat: »Die Menschen verhalten sich nicht wie Zedern, Regenwürmer, Katzen oder Elefanten; sie verhalten sich wie Menschen. Und alle Kulturen arbeiten an diesem menschlichen Rohmaterial; in jeder Kultur muß der Erziehungsprozeß scheitern, wenn die menschliche Natur vergewaltigt wird. Wir sind flexibel, aber wir sind nicht Fensterkitt noch Lehm in der Hand eines Töpfers«.[63] Ganz ähnlich stellt Alland fest, daß »bestimmte Verhaltenssysteme mit der gesamten psychologischen und physiologischen Struktur des menschlichen Organismus besser vereinbar sind als andere... Die kulturellen Grundzüge, die sich entwickeln, entwickeln sich immer auf dem Hintergrund einer biologisch bestimmten Menschennatur«.[64]

3. Die Natur der »menschlichen Natur«

Angenommen nun, daß die menschliche Gesellschaft im allgemeinen im Rahmen des biologischen Ansatzes und der Evolutionstheorie abgehandelt werden kann; dann bleibt immer noch die Frage: Was genau wissen wir über die genetischen Grundlagen der »menschlichen Natur«, und in welchem Ausmaß sind die menschlichen »Bedürfnisse« und »Wünsche« genetisch basiert? Können wir Christian Bays Forderung, daß jede befriedigende politische Theorie von einem zureichenden Verständnis der »menschlichen Grundbedürfnisse« und der offenkundigen, wenn auch variablen Neigungen des Menschen ausgehen müsse, einen konkreten Inhalt geben?[65] Das ist offenbar eine gewaltige und höchst komplexe, wohl auch eine bleibende Aufgabe. Sie hat die größten Denker jedes Zeitalters beschäftigt, und viele der großen politischen Theoretiker der Vergangenheit legten ihren Vorschlägen ganz verschiedene (explizite oder implizite) Annahmen über die Natur des Menschen zugrunde. Aber wir haben es immer noch sehr schwer, einen Korpus an wissenschaftlichem Wissen über das menschliche Verhalten aufzubauen. Das gilt nirgends mehr als gerade für die genetischen Ursprünge. Denn erstens hat es sich als außerordentlich schwierig erwiesen, zwischen Erfahrungsfaktoren und Erbfaktoren im Verhalten einer Art zu unterscheiden; und dieses Problem wird noch wesentlich erschwert beim Menschen, der gerade durch die

Flexibilität und Variabilität seines Verhaltens charakterisiert ist. Zweitens ist die Forschung durch ethische und praktische Grenzen beengt, was die Art der mit Menschen durchzuführenden Experimente betrifft. Außerdem haben die Sozialwissenschaften ja erst in den letzten Jahren begonnen, sich für die evolutionäre Angepaßtheit der verschiedenen menschlichen Verhaltensformen zu interessieren. In der Vergangenheit waren die Sozialwissenschaften schlicht uninteressiert am Evolutionsansatz. So sind wir nicht in der Lage, ein psychologisches Äquivalent zur Periodischen Tabelle der Elemente aufzustellen (um Davies Ausdruck zu gebrauchen[66]). Aber die Evolutionsansatz gibt uns doch eine erste skizzenhafte Idee davon, wie diese Tabelle aussehen könnte, wenn sie einmal vollständig entwickelt sein wird. Es ist in diesem Zusammenhang natürlich unmöglich, das Thema erschöpfend abzuhandeln, aber einige Beobachtungen sollen doch aufgeführt werden.

3.1 An erster Stelle ist darauf zu verweisen, daß die Grundstruktur jeder Gesellschaft, einschließlich unserer eigenen, durch eine ganze Reihe von fortwirkenden und artspezifischen *biologischen* Grundbedürfnissen »bestimmt« ist, die (wenn auch in einer bemerkenswerten individuellen und geographischen Variation) in einer kontinuierlichen Weise befriedigt werden müssen, wenn die Art und ihre Individuen auf lange Sicht überleben sollen. Diese Grundbedürfnisse sind etwa: eine einigermaßen saubere Luft, eine zureichende Vielfalt von Nahrungsmitteln, frisches Wasser, Schlaf (ungefähr ein Drittel unseres Lebens), Wohnung und Kleidung (oder anders gesagt: die Aufrechterhaltung der Körpertemperatur), eine entsprechende Gesundheitsvorsorge[67] (einschließlich sanitärer Einrichtungen), physische Sicherheit, Fortpflanzung, und die Pflege und Erziehung der Jungen. An dieser Liste ist nichts Aufregendes, aber es wundert einen doch, wie oft unsere Sozialtheoretiker diese Grundbedürfnisse als selbstverständlich befriedigt voraussetzen oder, was noch schlimmer ist, sie geringschätzen. Das grundlegende Problem unseres Überlebens können wir niemals wirklich »lösen«. Diesen arterhaltenden Grundbedürfnissen gerecht zu werden, erfordert unsere dauernden Anstrengungen, und der Großteil der menschlichen Aktivität auf der Welt ist den verschiedenen Aspekten dieses Versuches gewidmet.

Weniger bewußt aber sind uns die zahlreichen Anforderungen, die durch unsere biologischen Grundbedürfnisse an unsere Sozialorganisation gestellt werden. Ebenso wichtig ist, auf welche Weise die psychische Konstitution des Menschen, also die »menschliche Natur«, sich entwickelt hat und welche Wege sie gefunden hat, den Organismus auf adaptive Verhaltensformen auszurichten.[68] Allmählich wird uns klar, daß die Art – um sicherstellen zu können, daß die Menschen ihre evolutionären Erfordernisse auch weiterhin erfüllen – mit einem Repertoire von Antrieben (oder inneren Motivationen), mit genetisch fundierten Fähigkeiten und mit emotionalen Reaktionsmechanismen ausgestattet sein muß, die mit Erfahrungsfaktoren interagieren und die darauf ausgerichtet sind, entsprechend den grundlegenden Überlebens- und Reproduktionserfordernissen das Verhalten zu formen und zu organisieren. Jedes genetisch »normale« Individuum ist so gebaut, daß es potentiell in der Lage ist, ein autonomes und selbstregulatives (d. h. nicht: völlig »freies«) organisches System – einschließlich seinem Verhalten – zu werden, das sich als aktives Mitglied am »Lebenskampf« beteiligen kann.[69] Mit anderen Worten: unsere »höheren« psychischen Bedürfnisse müssen in Relation zu unseren biologischen Grundbedürfnissen verstanden werden.[70]

Die elementare Struktur der menschlichen Gesellschaft kann auf unsere »evolutionären Ursprünge« (das evolutionäre Äquivalent zum »Naturzustand« der Philosophen) und auf die spezielle Überlebensstrategie unserer Vorfahren, die artspezifischen Erfordernissen gerecht werden mußte, zurückgeführt werden. Indem unsere Vorfahren sich von einer von Bäumen und Pflanzen und vom Futtersammeln abhängigen Existenz abgewandt und einer räuberischen Lebensweise in der Steppe zugewandt haben, mußten sie sich zuerst einmal der Umwelt am Boden anpassen, nicht anders als die modernen Pavianherden sich anpassen mußten. Dann mußten sie sich zu einem Jagdrudel organisieren, in verschiedener Hinsicht nicht unähnlich dem Wolfrudel.[71] Kritisch in bezug auf eine Anpassung war für den Menschen vor allem die Entwicklung eines hochorganisierten Soziallebens. Kooperation, Planung und Voraussicht waren notwendig, wenn die Jagdhorden Erfolg haben wollten. Es mußte für die grundlegenden Lebenserfordernisse gesorgt werden, die Kranken mußten gepflegt, die Frauen mußten während der Schwangerschaft und die Jungen während ihrer Entwicklung geschützt werden, der Stamm mußte gegen andere Räuber und gegen artgleiche Konkurrenten verteidigt werden.[72] Im Verlauf unserer Evolution ist das Problem der Reproduktion und der Kinderaufzucht ohne Zweifel einer der wichtigsten Bestimmungsfaktoren unseres sozialen Lebens geworden. Die besondere Hilflosigkeit des Neugeborenen und die extreme Verlängerung der kindlichen Abhängigkeit (die begleitet wird von der Entwicklung der Gehirnrinde) waren die Hauptursachen des außerordentlichen Angewiesenseins des Menschen auf das Lernen.[73] Aber diese entscheidende evolutionäre Adaptation kostete einen hohen Preis. Sie erforderte eine stabile Familiengruppe und die physische Unterstützung eines Kindes für mindestens zehn Jahre. Und da wir unsere Kinder nicht in ganzen Würfen bekommen, sondern eines nach dem anderen, mußte jede Familie für ihre Kinder eine entsprechende ökonomische und soziale Umwelt auf einen Zeitraum von vielleicht zwanzig Jahren oder mehr zu sichern versuchen.[74] Mit anderen Worten: ein artspezifisches biologisches Charakteristikum erzwang den »kulturellen Imperativ«.[75]

Darüber hinaus wissen wir heute, daß viele spezifische Verhaltensformen eine biologische Grundlage haben (wobei natürlich stets individuelle und umweltbedingte Variationen vorkommen): die Kernfamilie (inklusive der Paarbindung und der Eltern-Kind-Beziehung), die Antipathie gegen Fremde, eigenmotivierte Lernaktivitäten und Explorationsverhalten, wenigstens einige Formen der Territorialität, Furcht, ethische Pflichtgefühle oder die Unterwerfung unter eine Autorität, das Spiel, der Hang zur Bildung von Peer-Gruppen, Aggressivität, individuelles Konkurrenzstreben, und die Tendenz zu stabilen Hierarchien. Jeder dieser artspezifischen Verhaltenszüge wurde in einer früheren Fassung dieses Aufsatzes diskutiert und dokumentiert;[76] aus Raumgründen muß auf eine solche Diskussion hier verzichtet werden und ich kann nur einen der Hauptaspekte – die Agression – etwas illustrieren.

3.2 Zu der Zeit, als der *homo sapiens* entstand, kann die männliche Aggressivität großen adaptiven Wert gehabt haben – vor allem bei der Jagd und der Verteidigung der Frauen und Kinder gegen andere Räuber und Artgenossen. Man kann kaum daran zweifeln, daß die Auslese dazu beigetragen hat, die biologischen Grundlagen eines solchen Verhaltens zu bevorteilen und zu fixieren. Aber genauso wie das hochaggressive Verhalten für bestimmte Überlebenszwecke funktional war, so erforderte das Leben in der Jagdhorde, in der Gruppe und in der Familie einen ungewöhnlich hohen Grad der Kooperation und der Unterordnung. Das Ergebnis war eine widersprüchliche Reihe von Verhaltenserfordernissen, die irgendwie in Einklang miteinander gebracht werden mußten. Um diesen Konflikt zu lösen, entwickelten unsere menschlichen Vorfahren eine Sozialstruktur, die der Sozialstruktur vieler Tiere – vor allem der anderen in Gruppen lebenden Wirbeltiere – erstaunlich ähnelt. Etkin nennt dieses bekannte Sozialmuster die »Verhaltens-Triade« (Aggression, Kooperation, Subordination) – obwohl sicher auch noch einige andere biologisch fundierte Verhaltenszüge eine Rolle beim Aufbau der menschlichen Sozialstruktur spielen. Um die männliche Aggressivität in Schach zu halten und sie den Bedürfnissen des Gruppenlebens unterordnen zu können, bilden die Männchen meist ziemlich stabile Autoritäts- bzw. Unterordnungs-Hierarchien. Dieses Grundmuster beginnt sich mit dem Anwachsen der Rivalitäten zwischen den jungen Männchen herauszubilden.[77] Wettkämpfe der verschiedensten Art, die zwischen den verschiedenen Kulturen etwas variieren mögen, führen bald zu einer »Hackordnung«, die mehr oder weniger stabil sein wird, je nach dem Grad, nach dem sie von den Mitgliedern der Spielgruppe akzeptiert worden ist. Wie Etkin ausführt, besteht »die große Bedeutung der Autorität im sozialen Leben darin, daß sie ein Organisationsprinzip ist, das die Aggression minimiert, indem sie den Herrschenden die Früchte ihres Sieges zukommen läßt, ohne das Gruppenleben durch Konflikte zu zerstören«[78] Bezeichnenderweise sind diese Überordnungs-Unterordnungs-Hierarchien besonders scharf bei jenen Arten ausgeprägt, die einen hohen Grad von individueller Aggressivität zeigen.[79] Offenbar ist die Eindämmung der männlichen Aggressivität so wichtig, daß hierarchische Beziehungen einen allgemeinen Grundzug aller Kulturen darstellen.[80] Man muß jedoch gleich dazu sagen, daß das nicht heißt, daß eine bestimmte Hierarchie notwendigerweise adaptiv ist. Eine Eigentümlichkeit der fortgeschrittenen, stark strukturierten menschlichen Kulturen ist nämlich gerade, daß sie oft eine bestimmte Hierarchie perpetuieren und daß sie den Herrschaftsanspruch der Herrschenden oft noch lange über den Punkt hinaus schützen, wo er für die Gesellschaft schon dysfunktional geworden ist.[81] Sicherlich hat jedes System, das in der Lage ist, seine fehlangepaßten Führer ohne Blutvergießen zu ersetzen – wie das bei anderen Tierarten der Fall ist – größere Chancen, auf lange Sicht adaptiv zu bleiben.

Ein zweiter Mechanismus der Kontrolle der Aggressivität bei vergesellschafteten Arten ist die Territorialität. Individualterritorien – im Gegensatz zu Gruppenterritorien – können die verschiedensten Funktionen haben: Die Sicherung des individuellen Nahrungsbedarfes, die Erleichterung der Brutpflege und der Aufzucht von Jungen, die Regulation der Bevölkerungsdichte, usw. Ebenso wichtig ist aber bei hochaggressiven Arten, daß das Territorium die Konfliktmöglichkeiten zwischen Männchen vermindert und daß die Reproduktion durch die Eindämmung der »psychologischen Kastration«, der untergeordnete Männchen in der Gegenwart der dominanten Männchen ausgesetzt sind, erleichtert wird. Wiederum scheint die Territorialität – zumindest im Sinne der Individualdistanz – ein artspezifischer Mechanismus zu sein.[82]

Ein anderer Mechanismus, der Aggressivität eindämmt, ist die mehr oder weniger permanente Paarbindung. Diese schließt nicht nur affektionelle Bindungen ein, sondern sie vermindert auch den Grad der männlichen Konkurrenz um andere Weibchen. Andere Verhaltensmuster, die ebenfalls die aggressiven Konfrontationen vermindern können, sind (möglicherweise) Bindungen zwischen Männchen[83], Gruppenloyalitäten, ethische Verpflichtungen und die Anerkennung der Autorität; außerdem verschiedene kulturelle Mechanismen wie die Ritualisierung des Wettkampfes der Männchen (eine kulturelle Form, die ebenfalls viele Parallelen in der Tierwelt hat), Regelsysteme und soziale Normen. Wenn auch einige dieser möglichen Gegengewichte zur Aggressivität erst im Erwachsenenalter wirksam werden, entsteht das grundlegende Verhaltensmuster doch schon in der Kindheit. Bezeichnenderweise ist dieses Verhaltensmuster stets mit der gleichzeitigen Entwicklung der Peer-Gruppen-Beziehungen und der individuellen männlichen Aggressivität verbunden.

Mit der Behauptung, daß die Aggressivität eine biologische Basis hat, habe ich natürlich die Büchse der Pandora geöffnet. Leider ist eine ausführliche Diskussion dieser drängenden und heiß debattierten Angelegenheit in diesem Zusammenhang nicht möglich. Es können hier nur einige der wichtigsten Gedanken zusammengefaßt werden. In den vergangenen Jahren ist zwar eine Unmenge von Büchern, wissenschaftlichen Aufsätzen und Untersuchungen zum Problem der Aggressivität erschienen[84], aber einige von ihnen haben die Konfusion nur noch vergrößert. Es gibt hier vor allem schon ein semantisches Problem. Einige Autoren behandeln »Aggression« und »Gewalt« als äquivalent und verbinden zum Überfluß auch noch beide Termini mit der »Absicht«, einer Person Leid zuzufügen oder ihr zu schaden. Das kann vielleicht eine brauchbare juristische Definition sein; für den evolutionistischen Ansatz aber ist sie viel zu eng: vor allem, weil sie nicht auf die grundlegenden neurophysiologischen und biochemischen Mechanismen eingeht und statt dessen offenbar vom bewußten menschlichen »Willen« ausgeht. In diesem Sinne müßten auch die gegen sich selbst gerichtete Gewaltanwendung, die »verdrängte« und die »sublimierte« Gewalt (verbaler oder psychologischer Art) ausscheiden. Der Angriff auf die Reputation eines anderen z. B. könnte nach dieser Definition nicht als »aggressiv« bezeichnet werden, selbst wenn er den anderen verletzen sollte und wenn sich der Angegriffene beleidigt fühlt. Schließlich müßte nach dieser Definition auch der ungestüme und gelegentlich gewalttätige Versuch einer Zielerreichung, der nicht auf andere Personen oder deren Eigentum gerichtet ist, ausgeschlossen bleiben; ebenso könnte die den anderen nicht an Leib und Leben gefährdende Konkurrenz zwischen den Individuen, die sich unter den Menschen ebenso wie bei vielen anderen Tierarten findet, nicht als Aggression gelten.

Wir ziehen es daher vor, zwischen Aggression und Gewalt zu unterscheiden. Dem Ansatz des Committee on Violence of the Stanford University School of Medicine folgend[85], definieren wir Gewalt als einen Spezialfall der allgemeinen Kategorie der Aggression. Aggression wird hier definiert als ein Aspekt des ganzen Spektrums von gezieltem Angriffsverhalten, welcher sich beim Menschen *und* bei anderen Tierarten findet. Diese Definition schließt offene und verdeckte Attacken ein, selbstbezogene Akte, Verdrängungsversuche, Dominanzverhalten, Verleumdungen und die motivationalen und emotionalen Komponenten jedes gezielten Versuches, ein Ziel zu erreichen. Unter Gewalt dagegen verstehen wir nur die destruktiven Formen der Aggression. Selbstverständlich läßt selbst diese eingeengte Definition der Gewalt noch einen fast unüberschaubaren Bereich von Verhaltensformen übrig. Sie schließt die unkontrollierbaren Zwänge eines Richard Speck ein; die kalkulierten, aber pathologischen Akte der »politischen« Gewalttätigkeit eines Lee Harvey Oswald oder eines Sirhan Sirhan; ebenso aber auch die »Karnevals-Ausschreitungen«, die in Ghettosituation oder nach Fußballspielen auftreten. Ebenso wie man Ärger empfinden kann, ohne gewalttätig zu werden (sagen wir in einem Familienstreit), so kann man auch gewalttätig sein, ohne Ärger zu empfinden (z. B. bei der kaltblütigen Ausübung von Foltern und von Terror oder im entschlossenen Rückgriff auf Mittel des Krieges oder der Revolution, um ein bestimmtes Ziel zu erreichen). Aggression und Gewalt sind somit nicht das gleiche.[86]

Ein zweites wichtiges Problem bezüglich der Aggression ist ihre Verursachung. In den vergangenen Jahren sind drei offensichtlich im Widerspruch zueinander stehende Erklärungen ausgearbeitet worden: die Frustrations-Aggressions-Theorie, die Theorie des sozialen Lernens und eine biologische Instinkt-Theorie. Nachdem einige Zeit vergangen ist, scheinen diese Theorien aber doch wieder sehr verwandt zu sein. Die erste, die vor allem von Politologen angewandte Frustrations-Aggressions-Theorie, wurde ursprünglich im Jahre 1939 durch Mitglieder des Yale Institute of Human Relations (Dollard, Doob, Miller, Mowrer und Sears) aufgestellt[87]; sie ist heute vor allem mit dem Namen des Psychologen Leonard Berkowitz verbunden.[88] In der ursprünglichen Formulierung wurde eine Eins-zu-eins-Beziehung zwischen der umweltbedingten Frustration (oder der Hinderung der zielgerichteten Aktivitäten) und der aggressiven Reaktion behauptet. Intervenierende Variablen waren nicht vorgesehen, und was innerhalb des Organismus vorging, wurde als irrelevant betrachtet; denn man glaubte ja, eine automatische und angeborene Reaktion annehmen zu können. Berkowitz gegenwärtiger Standpunkt ist jedoch weit von diesen Annahmen entfernt und ist eher interaktionistisch zu nennen. In einem Aufsatz von 1969 spricht Berkowitz von der Aggression als dem Ergebnis einer »komplexen Interaktion zwischen Natur und Erziehung«.[89] Er erkennt damit also sowohl die biologischen wie die sozialen Determinanten als mögliche Variablen für die Verstärkung oder Verhinderung von aggressiven Reaktionen auf Frustrationen an.[90]

Die zweite Erklärung der Aggression ist mit den Namen Albert Bandura und Richard H. Walters verbunden.[91] In der Polemik gegen das Frustrations-Aggressions-Modell unterstellt die Erklärung von Bandura und Walters, daß allein das soziale Lernen für die Aggression verantwortlich zu machen ist. Unter »sozialem Lernen« verstehen sie »vorhergehende soziale Reizsituationen«. Sie erklären dieses soziale Lernen nach verschiedenen Modellen des Lernens: der Imitation, der klassischen Verstärkertheorie, und durch die bei der Kinderaufzucht angewandten Methoden. Natürlich gehört zum sozialen Lernen auch der Einfluß der größeren Gesellschaft einschließlich der Massenmedien usw. Obgleich Frustrationssituationen zur Aggression führen können, wird die Aggression nur als eine von mehreren Antworten auf die Frustration angesehen. Die Reaktion des Individuums wird durch das »Reaktionsschema, das gerade in der Reaktions-Hierarchie dominiert«, kontrolliert – aber dieses Reaktionsschema wird durch das soziale Lernen erlernt. Bandura und Walters gestehen somit den biologischen oder »konstitutionellen« Faktoren nur einen sehr indirekten Einfluß zu.[92]

Die dritte Erklärung ist die sogenannte Instinkt-Hypothese, die eine lange Geschichte hat, in der jüngsten Zeit jedoch mit den Namen Konrad Lorenz,[93] Anthony Storr[94] und anderen verbunden ist (wenngleich Lorenz, ebenso wie Berkowitz, neuerdings seine frühere, stärker dogmatische Position revidiert hat). In seiner extremsten Form postuliert dieser Ansatz einen instinktiven und spontanen »Trieb«, der sich oft unabhängig von den Umweltfaktoren durchsetzt. Aggressivität ist so weder immer gelernt, noch wird sie durch Umweltreize oder äußere Spannungen ausgelöst, und sie kann auch niemals vollständig ausgeschaltet werden. In ihren natürlichen Formen kann die Aggressivität lediglich kanalisiert werden oder, wie viele Freudsche Psychiater argumentieren würden, nach innen abgelenkt werden.

Obwohl jedes dieser drei Modelle der Aggression empirisch belegt worden ist, so sind vor allem gegen seine extremen Versionen stichhaltige Einwände vorgebracht worden – zumindest, wenn eines der Modelle als exklusives Erklärungsschema herhalten mußte.[95] Wie Berkowitz zugibt, vernachlässigt ein simplifiziertes Frustrations-Aggressions-Modell die instrumentale Aggression, die nicht durch Ärger ausgelöst wird, ebenso Drohungen und Reaktionen auf Angriffe. Dieses Modell kann auch die übermäßigen Reaktionen oder die individuellen oder kulturellen Variationen in der Antwort auf eine Frustration nicht erklären. Eindrucksvoller ist noch, daß es auch auf Unterschiede in Geschlecht, Alter und Tierart überhaupt keine Rücksicht nimmt. Andererseits kann der Lern-Ansatz nicht erklären, warum aggressives Verhalten so leicht gelernt wird und – noch wichtiger – warum es individuelle Differenzen trotz einer gleichen Lernsituation gibt. Das Instinktmodell dagegen kann die Differenzen zwischen den Kulturen nicht erklären, ebensowenig die Zusammenhänge, die zweifellos zwischen Frustration und Aggression oder sozialem Lernen und Aggression bestehen. Schließlich kann keines dieser Modelle die Ursprünge eines solchen Verhaltens oder seine Funktion im Hinblick auf unsere Evolutionsgeschichte erklären. Warum z. B. ist die Gewaltanwendung eine befriedigende Abfuhr für Ärger, wie Gurr feststellt?[96] Inwiefern ist Ärger eine »angeborene« Reaktion auf Frustration? Und warum führt eine Frustration manchmal eher zu Tränen als zu einer gewalttätigen Aggression?

Einige dieser Schwierigkeiten können vielleicht in einem vierten Erklärungsmodus gelöst werden – nämlich in einem interaktionistischen, evolutionär-adaptiven Modell, das eine Synthese der vorhergehenden drei Modelle ermöglicht. Dieser Ansatz, der von Marshall F. Gilula und David N. Daniels vom Committee on Violence[97] vorgeschlagen worden ist, wurde vom Verfasser an anderer Stelle entwickelt und kann hier nur in Umrissen skizziert werden:[98] Der Evolutions-Ansatz geht von der These aus, daß die Aggressivität des Menschen (einschließlich eines Hanges zur Gewalt) ein Produkt der Evolution ist und (zumindest in verhaltensmäßiger Hinsicht) nur als funktionaler Beitrag zum Überlebensproblem der Spezies verstanden werden kann. Die Aggressivität hat dem Menschen (und vielen anderen Arten) geholfen, sich an seine Umgebung anzupassen, d. h. zielgerichtete Anstrengungen zu unternehmen, um seine fortlaufenden Überlebensprobleme zu lösen und mit den verschiedenen ihn belastenden und bedrohenden Situationen (sowohl in der Natur wie in der Sozialwelt) fertig zu werden.[99] Die Aggressivität kann operational geradezu als Schwellenhöhe und Intensität der verschiedenen Reaktionen der

Selbstbehauptung (im Unterschied zur Fluchtbewegung) und als relative Intensität und Energie, mit der ein Individuum seine verschiedenen zielgerichteten Akte betreibt, gemessen werden. Mit anderen Worten kann die Aggressivität als Substrat einer ganzen Reihe von verschiedenen Verhaltensformen betrachtet werden: der Exploration, der Problemlösungsaktivitäten, der Konkurrenz, der Reaktionen auf Streß und Zurücksetzung, und natürlich auch der kalt berechneten instrumentalen Gewalt.[100] In jedem einzelnen Fall wird die Aggressivität außerdem das Produkt einer Interaktion zwischen Umweltfaktoren und biologischen Faktoren sein, die beide als Variablen behandelt werden müssen. Man weiß inzwischen, daß die biologischen Faktoren nicht nur eine notwendige Verbindung zwischen Umweltreizen und den Verhaltensreaktionen des Organismus darstellen, sondern daß sie selbst eine hochkomplexe Ursache einer Reihe von aggressiven Verhaltensformen sind.

Im Laufe der Jahre hat eine Menge von Experimenten mit Tieren einige der neuralen und endokrinen Mechanismen, die im aggressiven Verhalten eine Rolle spielen, deutlich gemacht. Man ist nun sicher, daß auch die individuellen Differenzen in der Aggressivität der anderen Arten durch genetische Faktoren beeinflußt werden;[101] bis jetzt weiß man jedoch noch nicht recht viel über den Menschen. Aber unter den noch unveröffentlichten Daten eines im Institute for Behavioral Genetics der Universität Colorado von Steven G. Vandenberg durchgeführten Experiments gibt es einige sehr beeindruckende Hinweise. Unter Verwendung der gut validierten Zwillings-Untersuchungen (mit einer Auswahl von über 200 Paaren von Zwillingen) und einem speziell für diese Zwecke entwickelten Persönlichkeitstest fand Vandenberg, daß (mit einigen Einschränkungen) 76 Prozent der Varianz im aggressiven Verhalten zwischen den Zwillingen auf genetische Erbanlagen zurückgeführt werden müssen.[102] Andere mögliche Ursachen der biologisch bedingten Variation sind Abnormalitäten in den Chromosomen wie das Klinefelter-Syndrom: Einige Männchen werden mit einem oder mehreren zusätzlichen männlichen Geschlechtschromosomen (XYY, XYYY, XYYYY usw.) geboren. Hier besteht der Verdacht, daß diese Bedingung, die unter anderem oft zu einer höheren Ausschüttung an männlichen Hormonen führt, nicht zufällig mit einem überproportional hohen Grad an delinquenten Taten und Gewaltverbrechen korreliert.[103] Das stimmt auch mit der Einsicht überein, daß hormonale Abläufe eine wichtige Vermittlerrolle spielen und Variationen im aggressiven Verhalten bewirken können.[104] Außerdem gibt es die beunruhigende Schätzung der Doktoren John R. Lion, George Bach-Y-Rita und Frank R. Erwin vom Department of Psychiatry am Massachusetts General Hospital, daß zumindest 10 Millionen und vielleicht sogar 20 Millionen Amerikaner in einem Maße an einer Beeinträchtigung der Hirnfunktionen leiden, daß ihre Fähigkeiten, aggressive Energien zu erkennen, sie zu kanalisieren und umzulenken, sehr begrenzt sind.[105] Einige Individuen z. B. erleben das »spontane Feuern« der Zellen im Schläfenlappen und in anderen Hirnregionen, was mit dem subjektiven Gefühl der Wut und der starken Neigung zu einem unkontrollierten gewalttätigen Verhalten korreliert. Diese Hirnanomalie wurde von einer Reihe von Untersuchungen mit Gewaltakten wie Brandstiftung, aggressivem Sexualverhalten und Mord in Verbindung gebracht.

Ein einigermaßen vollständiges Modell der gewalttätigen Aggression muß darüber hinaus in der Lage sein, einige auffallende Verhaltensanomalien zu erklären. Unabhängig von der Kultur wird der Großteil der Gewaltverbrechen von jungen Männern um die zwanzig verübt, während den alten Menschen nur sehr wenige Gewaltverbrechen angelastet werden können.[106] Ebenso sind die Frauen nur wenig an Gewalttaten beteiligt (und wenn doch, dann mit der größten Häufigkeit in der Woche vor der Periode).[107] Man könnte nun argumentieren, daß die jungen Männer einen höheren Grad der Frustration erleiden müssen (oder daß sie einem andersartigen Prozeß des sozialen Lernens unterworfen sind), um diese Anomalien zu erklären. Eine einsichtigere Erklärung aber ist, daß solche Anomalien das Ergebnis eines Zusammenwirkens äußerer Zwänge, des sozialen Lernens und biologischer Faktoren sind. Aus noch wenig bekannten Gründen scheinen die jungen Männchen einer Art stets einen niederen Schwellenwert im Erdulden von Streß zu haben und empfindlicher zu reagieren. Hier ist zweifellos eine ganze Anzahl von physiologischen Eigenschaften eingeschlossen, inklusive der hormonalen Abläufe.[108]

Die vielleicht überzeugendste Darstellung dessen, daß die Aggressivität nicht allein das Produkt der kulturellen Gegebenheiten (Frustration oder Lernen) ist, sondern daß sie letztlich in unserer evolutionären Vergangenheit wurzelt, bringt Kenneth Moyers Versuch einer Klassifikation der Aggression: räuberische Aggression, Aggression zwischen Männchen, furchtbedingte Aggression, reizbedingte Aggression, territoriale Aggression, mütterliche und instrumentelle Aggression. Diese Taxonomie entspricht nicht nur dem von Ethologen beobachteten Repertoire an funktionalen, dem Überleben dienenden Verhaltensformen, sondern Moyer hat auch eine Reihe von Belegen dafür finden können, daß jede dieser Formen der Aggression eine eigene neurale und endokrine Basis haben muß und daß jede von einer bestimmten Reizsituation ausgelöst wird.[109] Wir haben außerdem einigen Grund zu der Annahme, daß die neurophysiologischen und biochemischen Unterschiede zwischen den Arten sehr gut mit den verschiedenen Verhaltensmustern korrelieren, die von den einzelnen Arten zur Sicherung ihrer Überlebensbedingungen ausgearbeitet worden sind.

Ein drittes Problem in bezug auf die Aggressivität besteht in ihrer Kontrolle. Die Vermutung, daß der auffallend hohe Grad der menschlichen Aggressivität und der Gewalttaten eine biologische Basis hat und daß diese Neigungen in einer funktionalen Beziehung zu unserem Überlebensproblem stehen müssen, schließt nicht ein, daß die gewalttätige Aggression immer funktional ist.[110] Weit davon entfernt. Weil sich die Umwelt des Menschen (nach dem Zeitmaß der Evolution) geradezu über Nacht radikal geändert hat, können viele der Verhaltensformen, die biologisch bedingt sind,[111] zunehmend dysfunktional werden. Wichtiger noch aber ist die Erkenntnis, daß, wenn nun die Ursachen der gewalttätigen Aggression in einer Vielfalt von Faktoren und im Zusammenwirken von inneren und äußeren Faktoren liegen, auch unsere Anstrengungen zur Kontrolle der Aggression vielgestaltig sein müssen. Es kann sehr wohl sein, wie Gurrs Daten vermuten lassen, daß sozioökonomische Deprivationen beim Entstehen von massenhaften politischen Gewalttätigkeiten von größerer unmittelbarer Bedeutung sind als genetische Variablen. Demgemäß mag die Verbesserung der sozioökonomischen Umstände, verbunden mit der Entwicklung und der Lehre von nicht-gewalttätigen Alternativen, in solchen Fällen das beste Mittel sein. Auf die gleiche Weise können auch kulturelle Modifikationen die Gewalttätigkeit in einer effektiven Weise vermindern – jedenfalls insoweit als das gewalttätige Verhalten durch das soziale Lernen ermuntert worden ist. Umgekehrt können dort, wo die genetischen Faktoren von größerer Bedeutung sind, biologische Verbesserungen der direkteste und unmittelbarste Weg zur Minderung der individuellen Pathologien sein.

3.3 Obgleich die vorangehenden Ausführungen unserem Thema der biologischen Aspekte des Verhaltens kaum gerecht werden konnten, sollen doch einige der allgemeingültigen Punkte nochmals kurz zusammengefaßt werden. Erstens sollte klar geworden sein, daß unser soziales Leben durch unsere biologischen Bedürfnisse und durch die Charakteristika unserer in der Evolution entstandenen psychologischen Konstitution geformt worden ist. Einige der scheinbar eigenständigen Verhaltensformen des Menschen sind nicht das Ergebnis, wie Abraham Maslow glaubte, von »höheren« Motivationen; sondern sie entstanden aus ihrer instrumentellen Beziehung für die Entwicklung des Individuums und letztlich aus ihrer Beziehung zu den Überlebenserfordernissen der Gruppe.[112] Selbst anscheinend so »subjektive« Phänomene wie Gefühle sind nachweislich neurophysiologische Ereignisse, die Reaktionen bestimmter Hirnzentren auf verschiedene interne und externe Reize darstellen. Unser emotionales Repertoire ist angeboren (vor allem ist es im Hypothalamus lokalisiert, obwohl auch andere Gehirnregionen miteinbezogen sind), und es durchläuft bestimmte Stufen der Reifung, genau wie auch der übrige Organismus.[113] Die Behauptung, daß es eine biologisch fundierte »menschliche Natur« gibt, heißt aber auf der anderen Seite nicht, daß wir in psychologischer Hinsicht alle gleich sind. Ebenso wie wir uns ganz erheblich in unseren physischen Charakteristika unterscheiden – gemessen an bestimmten Normwerten –, so unterscheiden wir uns auch hinsichtlich unserer Persönlichkeitseigenschaften.[114] Außerdem ist die menschliche Natur, auch in individueller Hinsicht, zu keinem Zeitpunkt völlig fix und fertig. Sie wird weder im Kinderbett endgültig festgelegt (wie die Behavioristen mit Watson glaubten), noch gibt es einen Rousseauschen Naturzustand. Statt dessen ist sie als eine kontinuierliche Entwicklung zu begreifen, die den Lebenszyklus des Organismus widerspiegelt.[115] Einer der beredtesten und kompetentesten Autoren zum Gegenstand der genetischen Verschiedenheit ist Theodosius Dobzhansky, der geschrieben hat: »Die menschliche Natur ist keine Konstante. Anstatt einer einzigen, invarianten und unveränderlichen menschlichen Natur gibt es so viele menschliche Naturen wie es lebende Personen gibt. Das heißt selbstverständlich nicht, daß das, was eine Person ist oder werden kann, durch ihre vorherbestimmte Natur entschieden ist, dennoch sind die genetischen Unterschiede nicht so unwichtig, daß sie vernachlässigt werden könnten ... Jeder Mensch ist ein genetisch einmaliges und unersetzbares Individuum ... Die Mutation stellt riesige Lager von verschiedenen Genen bereit; die geschlechtliche Rekombination schafft zahllose Begabungen und Genotypen von Individuen. Jedes Individuum ist ein biologisches Experiment in bezug auf die evolutionäre Anpassung«.[116]

4. *Einige Implikationen für die Sozialwissenschaften*

Obgleich das Evolutionsmodell der Gesellschaft viele wichtige Implikationen für die Politischen (und Sozial-) Wissenschaften enthält, können hier nur einige wenige herausgestellt werden.

4.1 Erstens ist die Evolution ein Prozeß, nicht ein Trend oder ein Ziel. Sie ist ihrem Wesen nach historisch, hat aber kein Endziel. Wenn auch bei verschiedener Gelegenheit immer wieder bestimmte evolutionäre Trends postuliert worden sind (so z. B. die Annahme der Entropie, die Maximierung des Stoffwechselumsatzes, die Verminderung des Krafteinsatzes, eine Verstärkung der Homöostase, eine zunehmende Komplexität, ein Zuwachs der Kooperation, eine Verfeinerung des Gefühlslebens, die Vermehrung des Wissens oder eine Differenzierung des Wollens und des Verstehens), so gibt es in diesem Punkt keine Übereinstimmung zwischen den Biologen.[117] Der Hauptoperator der Evolution ist die natürliche Auslese. Diese ist jedoch nicht zweckgerichtet; sie arbeitet eher wie ein Herausgeber. Was immer an organischen oder Verhaltensprozessen »funktioniert« im Sinne einer Erhöhung der Überlebenschancen eines Organismus, seiner Nachkommenschaft und/oder einer Zuchtpopulation, wird in dem Sinne »belohnt«, daß die Wahrscheinlichkeit steigt, daß diese Individuen oder Zuchtpopulationen überleben und sich fortpflanzen werden können. Die natürliche Auslese verwandelt so teilweise Zufallsänderungen in scheinbar planvolle Änderungen. Sie kann aber nicht irgendeinen unbekannten Plan erfüllen oder gar im voraus planen; sie kann nur Ergebnisse von einem unmittelbaren biologischen Vorteil produzieren; und sie hat schon eine große Reihe von Arten in Sackgassen geführt, an deren Ende die Auslöschung steht.[118]

Gerade wegen der Eigenheiten dieses Prozesses wird er statistisch nie völlig kontrolliert werden können.[119] Die meisten Genetiker verzweifeln schon bei dem Versuch, genetische Veränderungen in menschlichen Populationen vorauszusagen – Veränderungen, die pausenlos vor sich gehen. Eine Vorhersage wäre nur möglich, wenn wir die genaue genetische Komposition jedes Mitglieds einer Zuchtbevölkerung kennten, wenn wir die Gattenwahl (und damit die Art der genetischen Rekombination) vorhersagen könnten, wenn wir die Ergebnisse zufälliger Mutationen abschätzen und wenn wir das Grundmuster der äußeren Selektionszwänge (der ökologischen und soziologischen Variablen) kennen würden, die hier zu jedem Zeitpunkt wirksam werden. Aber festzustellen, daß es Zufallselemente und gewisse Unvorhersehbarkeiten im Evolutionsprozeß gibt, heißt noch nicht zu behaupten, daß dieser keine eigene Struktur habe. Weil er ein historischer Prozeß ist, so ist er in gewisser Weise kumulativ. Die Evolution kombiniert Elemente der Kontinuität und des Wandels (sowohl in genetischer wie in verhaltensmäßiger Hinsicht).[120] Insofern ist es sicherlich möglich, einen besseren Halt in den Kräften zu finden, die unsere gegenwärtige Welt geformt haben und die noch heute weiterwirken. Wenn wir zudem unsere evolutionäre Zukunft nicht genau vorhersagen oder kontrollieren können, so können wir doch unseren Einfluß erheblich verstärken. Die Unvorhersagbarkeit in der Langzeitperspektive braucht die Regelmäßigkeiten in der Kurzzeitperspektive und unsere Wenn-dann-Projektionen keineswegs außer Kraft zu setzen. Wenn man sagt, daß die Evolution kein Ziel habe, so heißt das des weiteren noch nicht, daß ihre Produkte, die Individuen und Gesellschaften, zwecklos sind. Um überleben zu können, müssen die Individuen und Gesellschaften, deren Teil sie sind, aktiv zu überleben suchen. Die Überlebenserfordernisse und die Anstrengungen, die notwendig sind, um eine lebensfähige Gesellschaft zu erhalten, sind so, daß die natürliche Auslese jede Gruppe, die sich nicht hinreichend anstrengt, »aussortieren« würde. Man schätzt, daß 99,9999 Prozent aller Arten, die jemals entstanden sind, heute ausgelöscht sind. Wir sind unter den wenigen Überlebenden.[121]

Weil das Überleben ein so grundlegendes, durchgehendes und unausweichliches Problem ist, müssen die Produkte der Evolution notgedrungen teleologische Systeme sein – wenn auch mehr im kybernetischen als im metaphysischen Sinne dieses Begriffes. D. h. daß alle komplexen organischen Systeme nach dem Modell eines sich selbst steuernden Lernsystems darstellbar sind. Als solchen müssen ihnen Systemziele zugrunde gelegt werden – Ziele, die die Struktur und das Funktionieren des Systems, einschließlich des Verhaltens, betreffen.[122] Das gilt auch für die Makroebene, d. h. für die Kollektivität, und zwar nicht etwa durch Analogieschluß oder durch Anwendung einer vagen organismischen Analogie, sondern als deskriptive Feststellung der funktionalen Beziehungen zwischen einer Gesellschaft und ihren Überlebensproblemen. Dieser Punkt wurde sehr klar von dem Ethologen Niko Tinbergen zusammengefaßt: »Die Lebensweise der Lebewesen, ihr unstabiler Zustand, führt uns zu der Frage: Wie ist es möglich, daß die Lebewesen nicht den allgegenwärtigen destruktiven Einflüssen ihrer Umgebung erliegen? Wie schaffen sie es, zu überleben, sich zu erhalten und sich fortzupflanzen? Der Zweck oder das Ziel des Lebens in diesem eingeengten Sinn ist seine Selbsterhaltung, die des Individuums, der Gruppe und der Art. Eine Gemeinschaft von Indiduen muß zusammengehalten werden, muß gegen den Zerfall ebenso geschützt werden wie ein Organismus, der, wie der Name sagt, eine Gemeinschaft von Teilen darstellt... Genau wie sich der Physiologe fragt, wie das Individuum, das Organ oder die Zelle sich durch das organisierte Zusammenwirken seiner Teile erhalten kann, so muß sich der Soziologe fragen, wie die Konstituentien der Gruppe – die Individuen – den Gruppenzusammenhalt erhalten können.«[123] In ähnlicher Weise kann jede biologisch unterscheidbare Zuchtpopulation (sei es nun ein Stamm, ein Fürstentum, ein Stadtstaat oder eine Nation) als ein »kollektives Unternehmen zum Zwecke des Überlebens« definiert werden.[124] Dieser Ausdruck wurde mit Bedacht gewählt und ist kurz zu begründen.

Erstens ist, wie schon ausgeführt, die grundlegende Einheit jeder in Gruppen lebenden und sich geschlechtlich reproduzierenden Art die Kollektivität – wenngleich zu betonen ist, daß damit der Wert des Individuums in keiner Weise bestritten wird.

Zweitens ist das Überleben, nicht selten das »nackte« Überleben, das grundlegende Problem für alle Gesellschaften. Zumindest muß jede neue Generation empfangen, geboren, aufgezogen und erzogen werden; vor allem muß sie motiviert werden, zu einem geeigneten Zeitpunkt die Verantwortung für eine Fortsetzung dieses Überlebens-Unternehmens zu übernehmen. Genauer noch: wenn unsere Kultur und Technologie unser Überlebenspotential zeitweise erhöht und den Selektionsdruck vermindert haben, so können kurzfristige Gewinne sehr wohl mit einer Katastrophe auf lange Frist bezahlt werden müssen. Eine nur bruchstückhafte Liste einiger der uns heute bewegenden Probleme macht klar, daß selbst das »bloße« Überleben in Gefahr steht und eine permanente Herausforderung darstellt. Man braucht nur auf die Bevölkerungsexplosion hinzuweisen, auf die Erschöpfung der Rohstoffe, die Umweltverschmutzung (Boden, Luft und Wasser), die soziale Desorganisation und all ihre Pathologien, schließlich auch auf das Wettrüsten.

Ein dritter Punkt – und eine weitere Wiederholung dessen, was schon ausgeführt wurde – ist, daß das »Überleben« im Wortgebrauch der Biologen nicht einfach das »nackte« Überleben meint. Vielmehr ist darunter ein möglicherweise hochorganisiertes und komplexes Unternehmen mit unterschiedlichen Graden des Kampfes und der Kooperation zu verstehen – je nach der Spezies, der besonderen Population innerhalb dieser Spezies und ihrer besonderen ökologischen Situation. Das Überleben in der Langzeitperspektive schließt nicht nur das unmittelbare Problem der physischen Sicherheit ein, sondern auch ein

Leben in Harmonie mit der Umgebung und eine Organisation der Gesellschaft auf eine Art und Weise, daß die Interessen der folgenden Generation Vorrang haben. (Wie die Biologen sich gerne ausdrücken, liebt die Evolution die Nachkommenschaft.) Eine menschliche Gesellschaft so zu charakterisieren, impliziert aber nicht die Behauptung, daß der Mensch das Überleben der Kollektivität notwendigerweise als ein bewußtes Ziel verfolge. Wie auch andere Arten, so ist der Mensch durch die Evolution mit inneren Befriedigungen und Zwängen ausgestattet, die ihn veranlassen, ein lebenserhaltendes Verhalten an den Tag zu legen. Aber ganz abgesehen von unserer Motivation oder dem subjektiven Sinn, den wir unseren Aktivitäten unterlegen, erfordert die Annahme eines evolutionären Paradigmas nur, daß unsere Handlungen Konsequenzen für unser Überleben und das unserer Art haben. Eine solche Konzeptualisierung schließt auch nicht die Möglichkeit aus, sich »letzte« Zwecke oder Wertordnungen jenseits oder in Ergänzung des Überlebens zu setzen. Aber das Überleben ist eine Bedingung *sine qua non.*[125] Das Problem unseres Überlebens kann niemals endgültig »gelöst« werden, wie uns einige Sozialwissenschaftler gerne glauben machen möchten; und wir können nicht an der Tatsache vorbeisehen, daß ein großer Teil, wenn nicht der allergrößte Teil unseres Verhaltens Konsequenzen für unser Überleben als Spezies hat.

4.2 Wenn es sich so verhält, dann sind daraus aber auch bestimmte normative Konsequenzen zu ziehen. In *The Nerves of Government* zählt Karl W. Deutsch vier mögliche Wertordnungen auf: 1. unmittelbare Befriedigung; 2. Selbsterhaltung; 3. Erhaltung der Gruppe oder der Art; und 4. Aufrechterhaltung eines Prozesses.[126]

Die drei ersten Wertordnungen zumindest scheinen für den Menschen evident zu sein und sind leicht aus seinem Verhalten zu erschließen. (Die vierte kann man als in der Beziehung des Menschen zum übrigen organischen Leben impliziert ansehen.) Und soviel wir von den Prioritäten des »großen Baumeisters« (der natürlichen Auslese) wissen, können diese Wertordnungen in einer Hierarchie angeordnet werden. Der oberste Zweck muß in der Langzeitperspektive der reproduktive Erfolg der Zuchtpopulation sein. Die Selbsterhaltung (und alle Aktivitäten, die in diesem Begriff eingeschlossen sind) ist gewöhnlich nur instrumentell zu verstehen in bezug auf die Erhaltung der Gruppe, aber in vielen Fällen muß das individuelle Eigeninteresse den Bedürfnissen der Gruppe untergeordnet werden.[127] Oder anders herum gesagt: die Erhaltung der Gruppe und die Selbsterhaltung müssen Vorrang erhalten vor der unmittelbaren Selbstbelohnung – wenngleich auch diese Selbstbelohnung zu »höheren« Zwecken beitragen und uns helfen kann, unsere Überlebensbedürfnisse zu erfüllen. Wie schon festgestellt worden ist, ist ein internes System von Belohnungen und Bestrafungen ein Konstruktionsprinzip jeden komplexen organischen Systems. Die geschlechtliche Reproduktion ist das beste Beispiel dafür; doch die »persönlichen« Befriedigungen, die wir aus unserer Elternschaft ziehen, wirken in der gleichen Richtung wie die sozialen Interaktionen und die Teilnahme am Gruppenleben. In bezug auf unseren evolutionären »Zweck« gibt es deshalb keine exklusive ethische Dichotomie zwischen dem Individuum und der Gruppe. Das Problem besteht eher darin, eine dynamische Balance zwischen den beiden zu halten – eine Balance, die häufig revidiert werden muß, wenn die Anpassungsfähigkeit der Gesellschaft erhalten bleiben soll. Die richtige Balance ist nicht etwas, was in allen Fällen *a priori* bestimmt werden könnte. Jedes Problem oder jeder Typ von Problemen muß hier gesondert abgewogen werden. Theoretisch aber gibt es drei mögliche Formen eines Selbsterhaltungs-Verhaltens: 1. ein Verhalten, das gleichzeitig zum Wohl der Gruppe beiträgt; 2. ein Verhalten, das in seinen Wirkungen neutral ist gegenüber der Gruppe; und 3. ein Verhalten, das unangepaßt oder auf lange Sicht zerstörerisch ist für das Überlebenspotential der Gruppe.

In dem bisher Gesagten ist die Idee impliziert, daß aus dem von der Evolution definierten Zweck eine naturalistische Ethik abzuleiten ist. Mit anderen Worten: normative Fragen können durchaus empirisch in bezug auf ihre langzeitliche Wirkung auf das Überlebenspotential der Gruppe entschieden werden. Da der Mensch eine sehr viel größere Verhaltensflexibilität als irgendeine andere Art aufweist, können seine Verhaltensentscheidungen – einschließlich derer, die wir »ethisch« nennen – seine Überlebenschancen ganz erheblich beeinflussen. Wie Julian Huxley gesagt hat, haben ethische Entscheidungen evolutionäre Konsequenzen. Auf einen Minimalbegriff gebracht, kann daher die Ethik als ein Mittel zu einem biologischen Zweck angesehen werden. C. H. Waddington hat das folgendermaßen ausgedrückt: »Die Funktion der Ethik ist es, den Fortschritt der menschlichen Evolution zu mediatisieren, einen Fortschritt, der nun vor allem im sozialen und psychischen Bereich stattfindet«.[128] Nicht nur sind soziale Normen funktional notwendig, sondern die Biologen scheinen nun auch zu der Hypothese zu neigen, daß die Ethik eine artspezifische *biologische* Adaptation ist: unter anderem ist der Mensch ein »ethisches Tier«.[129] Wie Simpson schreibt: »Es gibt gar keinen Zweifel und weder Julian Huxley noch Waddington haben daran gezweifelt, daß die

Fähigkeit oder auch die Notwendigkeit zur Herausbildung einer Ethik tatsächlich ein *biologisches* Charakteristikum der menschlichen Art ist; sie ist aus der natürlichen Auslese entstanden, weil sie für die Art adaptiv ist...«[130] Das heißt nicht, daß einzelne Prinzipien in den Genen übermittelt werden. Was genetisch übermittelt wird, ist vielmehr die Fähigkeit zur Entwicklung eines Gewissens oder »Superego«. Genau wie bei anderen Aspekten dieses modernen Evolutionsansatzes, muß auch der Prozeß der ethischen Entwicklung als Interaktionsprozeß begriffen werden, als ein Produkt der biologischen wie auch der Umwelt-Variablen.[131]

Da außerdem die Kultur jeder Gesellschaft historisch einmalig ist und da die Überlebensprobleme und Überlebensstrategien zu einem gewissen Grad situationsabhängig sind, ist anzunehmen, daß es eine ganze Reihe von ethischen Systemen gibt. Wie Simpson bemerkt: »Wir wissen, daß eine große Anzahl von ideologisch und theologisch im Widerstreit liegenden Religionen und ethischen Systemen mit großem Erfolg adaptive biologische und psychosoziale Funktionen erfüllt haben...«.[132] Die entscheidende Frage ist immer nur, ob eine bestimmte ethische Vorschrift oder ein ethisches System für eine bestimmte Gesellschaft zu einer bestimmten Zeit adaptiv ist oder nicht. Auf jeden Fall aber ist *irgendein* ethisches System funktional notwendig; jede Gesellschaft hat ein bestimmtes ethisches System.[133] Sicher wäre es biologisch nicht haltbar zu behaupten, daß diese Wertsysteme – und die seelischen Freuden und Leiden, die uns unsere Handlungen in bezug auf dieses Wertsystem verursachen – völlig unabhängig von den Prozessen der natürlichen Auslese und ihren Zwängen oder Geboten des kollektiven Überlebens entstanden sind. Wer so argumentieren wollte, müßte die Evolutionstheorie widerlegen oder eine Theorie der speziellen Schöpfung des Menschen aufstellen. Das soll nun beileibe nicht wieder heißen, daß alle unsere gegenwärtigen Werte und Aktivitäten adaptiv sind. Ganz im Gegenteil. Möglicherweise nutzen wir unsere Fähigkeiten im Hinblick auf die Funktionen, für die sie sich in unserer Evolutionsgeschichte herausgebildet haben, nur schlecht. Einige der gegenwärtig neutralen oder nicht-adaptiven Werte oder Aktivitäten können als ein Teilergebnis des fortschreitenden Prozesses von Versuch und Irrtum angesehen werden, sozusagen als »Kosten« eines kulturellen Pleotropismus[134], oder auch als Überbleibsel, als Überhang von überflüssigen oder obsoleten Werten oder Fähigkeiten, die wir gegenwärtig für unser Überleben nicht benötigen.[135] Diese unangepaßten Aktivitäten können, abseits unserer unmittelbaren Überlebensbedürfnisse, sozusagen am Rande mitlaufen. Wenn sie jedoch gefährlich für unser Überleben werden, dann werden sie – oder auch wir – möglicherweise ausselektiert werden.[136]

4.3 Aber was haben diese Überlegungen mit den Politischen Wissenschaften als einer empirischen Wissenschaft zu tun? Wie können wir die Evolution und die Verhaltensbiologie in die politische und sozialwissenschaftliche Theorie und Forschung einbauen? Wenn auch die meisten Sozialwissenschaftler in den vergangenen Jahrzehnten so getan haben, als ginge sie die Darwinsche Evolutionstheorie nichts an, als sei sie nicht anwendbar auf menschliche Gesellschaften, so hat doch die evolutionäre Weltanschauung insgeheim viele der in den Sozialwissenschaften entwickelten theoretischen Ansätze beeinflußt. Analogien sind jedenfalls großzügig dem biologischen Bereich entlehnt worden. Aber keines der auf dieser Grundlage entwickelten Paradigmen ist explizit von der Hypothese ausgegangen, daß das biologische Überleben des Genpools das Grundproblem aller Humanwissenschaften ist (ob sich nun die Mitglieder einer Gesellschaft dieser Tatsache bewußt sind oder nicht). Wenn wir nun aber als den hypothetischen »Zweck« der Gesellschaft die Evolution annehmen, dann können wir von diesem Standpunkt aus die spezifischen sozialen Verhaltensformen, die Institutionen und Werte im Hinblick auf das Überleben einer Gesellschaft in systematischer Weise analysieren. Mit anderen Worten: weil das Verhalten evolutionäre Folgen hat, können wir soziale Phänomene einer funktionalen Analyse innerhalb eines explizit ausformulierten evolutionären Bezugsrahmens analysieren – wie das die Ethologen schon seit vielen Jahren in bezug auf das tierische Verhalten versuchen. Die grundlegende Frage für den Sozialwissenschaftler ist dann: Wie hilft oder hindert ein bestimmtes soziales Phänomen den Menschen, ihre Überlebenserfordernisse zu erfüllen? Und wie beeinflußt es das Überleben und den Reproduktionserfolg einer Gesellschaft als einer Kollektivität? Es braucht hier sicher nicht eigens betont zu werden, daß ein solcher Ansatz andere Arten der Analyse, die auf gegensätzlichen Wertprämissen beruhen, nicht ausschließt. Möglicherweise wird sich aber bei einer gründlichereren Analyse herausstellen, daß bei einigen der anderen Ansätze implizit doch Evolutionskriterien zugrundegelegt wurden. Wenn z. B. ein Analytiker – ohne Bezug auf eine spezifische Wertprämisse – gefolgert hat, daß ein bestimmtes Verhalten »rationaler« oder »erfolgreicher« war als ein anderes, dann ist er in Wirklichkeit, wenn auch nur intuitiv, von der Evolutionstheorie ausgegangen.

Ein solcher Ansatz der Politischen Wissenschaften, der speziell von Darwinschen »Werten« und Kriterien ausgeht, kann sowohl auf der

»Mikro-Ebene« (auf das individuelle Verhalten) wie auf der »Makro-Ebene« (auf das Verhalten von Gesamtsystemen und Subsystemen) angewandt werden.[137] Wenngleich für verschiedene Zwecke analytische Unterschiede gemacht werden müssen, so kann das Evolutions-Paradigma dennoch Mikro- und Makroebene zumindest in vielerlei Hinsicht verbinden: Erstens kann jede Ebene aufgrund der gleichen Grundprobleme analysiert und relevante Vergleichsdaten können ausgewählt werden, denn es geht immer um das Problem des biologischen Überlebensprozesses. Zweitens kann ein und dasselbe Darwinsche Kriterium – der Reproduktionserfolg (und alles, was er einschließt) – auf beide Ebenen angewandt werden. Drittens sind beide Ebenen analytisch vergleichbar, denn sie durchdringen sich gegenseitig und beeinflussen einander: Obwohl es hier wichtige Einschränkungen und Ausnahmen zu machen gilt, ist nämlich der Reproduktionserfolg einer Zuchtpopulation im allgemeinen von dem der eingeschlossenen Individuen nicht zu trennen. (Allerdings müssen wir beim Menschen generell davon ausgehen, daß die Übereinstimmung zwischen den »Wünschen« des Individuums und den »Bedürfnissen« der Kollektivität nur unvollkommen ist.) Viertens hängen beide Erklärungsebenen letztlich mit Theorien und Untersuchungen zusammen, die mehrere Disziplinen übergreifen: jede gültige Evolutionserklärung muß die Beziehungen sowohl zwischen den biologischen Überlebenserfordernissen und den daraus entstandenen psychologischen Charakteristika als auch zwischen der natürlichen Umwelt und den spezifischen (sowohl externen wie internen) kulturellen Umwelten miteinschließen, ebenso aber auch die funktionalen Konsequenzen des Verhaltens für das Überleben in spezifischen Situationen.[138]

Das Problem des Überlebens und der Reproduktion in menschlichen Gesellschaften muß jedenfalls so konzeptualisiert werden, daß es verschiedene voneinander abhängige Ebenen übergreift. Nehmen wir z. B. das Leben in einer großen Stadt. Das Überlebensproblem des Individuums scheint hier zum Teil rein persönlicher Natur zu sein. Bestimmte Mittel (einschließlich seiner genetischen und kulturellen Ausstattung) und eine bestimmte Konfiguration seiner speziellen sozialen Umwelt vorausgesetzt, muß es sich um eine Reihe von persönlichen und familialen Bedürfnissen kümmern. Aber ob es dies nun weiß oder nicht, so ist das Individuum ebenso von vielen anderen in seiner Wohngemeinde abhängig, ebenso von öffentlichen Dienstleistungen der Stadt und des Staates, von größeren Subsystemen der Wirtschaft, der Bundesregierung und sogar der internationalen Politik – insofern als Ereignisse und Aktivitäten auf jeder dieser anderen Ebenen seine persönlichen Chancen des Überlebens und der Reproduktion beeinflussen. (Wie schon angemerkt, zeigt die zunehmende Internationalisierung so vieler auf das Überleben bezogener Aktivitäten, daß wir zu einem nicht geringen Teil bereits von einer weltweiten Überlebensstrategie abhängig geworden sind[139].) Die Theorie der Evolution sollte also auf allen Ebenen der Analyse anwendbar sein, angefangen vom Verhalten der Individuen bis zum internationalen System (wo es darum geht, das Systemverhalten von Nationen, von Nationengruppen und verschiedenen internationalen Organisationen in bezug auf seine Überlebenskonsequenzen für die einzelnen Gesellschaften und das internationale System als ganzem abzuschätzen). Solche Analysen müssen jedoch so breit angelegt werden, daß das Problem des Überlebens nicht auf das der nationalen Verteidigung reduziert wird. (In dieser Hinsicht ist die Pionierarbeit von Harold und Margaret Sprout über die Bedeutung der Mensch-Umwelt-Beziehungen in der internationalen Politik wichtig.)[140] Der nächste Schritt könnte dann die Formalisierung eines »interaktionistischen« und evolutionär-adaptiven Bezugrahmens für die Analyse der internationalen Politik sein. So könnte man z. B., wie Deutsch das ausgeführt hat[141], die Macht als eine Art Währung konzipieren, als ein Mittel nämlich, mit Hilfe dessen die Nationen ihre Überlebenschancen zu maximieren suchen oder sich selbst einen Platz in der physischen Umwelt wie in der Beziehung zu anderen Bevölkerungen zu sichern suchen.

Ein anderes Gebiet, auf dem das Evolutionsparadigma fruchtbar werden könnte, ist der systematische funktionale Vergleich von sozioökonomischen und politischen Systemen, d. h. die Vergleichende Politikwissenschaft (comparative politics). Der Evolutionsansatz müßte sich vor allem damit befassen, wie die verschiedenen Gesellschaften ihr Überleben gesichert haben, was ihre grundlegenden Überlebensstrategien sind, wie die funktionalen Beziehungen ihrer Regierungen zum weltweiten Überlebensproblem zu definieren sind und wie die relative Effektivität verschiedener Gesellschaftsformen für die Maximierung der Überlebenschancen auf lange Sicht – immer in bezug auf die speziellen ökologischen, kulturellen und natürlichen Bedingungen der Umwelt – zu beurteilen ist.

Von besonderer Bedeutung aber ist der Evolutionsansatz für die Analyse der gesellschaftlichen »Entwicklung«. Noch bis vor kurzem wurde ja die Entwicklung lediglich als »Fortschritt« einer Gesellschaft in der Bereitstellung von Gütern und Dienstleistungen definiert.[142] Genau gesagt wurde das Problem der Entwicklung auf die Frage reduziert, was ein »Entwicklungsland« bräuchte, um ein Wirtschaftssystem und einen Lebensstandard zu erreichen, die den industrialisierten Ländern vergleichbar wären. (Die »politische Entwicklung« wurde selbstverständlich nur als eine notwendige Voraussetzung oder als eine Begleiterscheinung dieses Prozesses gesehen.) Der Begriff »Entwicklung« wurde so nie in bezug auf irgendeines der grundlegenden Lebensprobleme definiert; die Entwicklung wurde nicht als ein Prozeß von A bis Z, sondern nur als ein von G nach K führender Prozeß begriffen; eine Umkehrung dieses Prozesses erschien undenkbar.[143] In den vergangenen paar Jahren hat man dieses Problem jedoch neu überdacht.[144] Samuel P. Huntington hat uns z. B. das umgekehrte Problem des politischen Verfalls nahegebracht[145], und Gunnar Myrdal hat u. a. den Glauben in Frage gestellt, daß die westlichen Länder auf jeden Fall gute Modelle für die »Entwicklungsländer« abgeben könnten.[146] Die der Evolutionstheorie am meisten entgegenkommende Sichtweise ist vielleicht die von Fred von der Mehden, der die Politischen Wissenschaftler dazu bringen will, das Konzept der politischen Entwicklung auf seinen »kleinsten gemeinsamen Nenner« zu reduzieren, auf die Fähigkeit eines Staates nämlich, für seine Sicherheit zu sorgen und die Bedürfnisse des täglichen Lebens für seine Bevölkerung zu erfüllen.[147] Das stimmt ganz mit dem überein, was wir uns von einer evolutionären Konzeption des Staates und seiner Zwekke erwarten würden. Diese Konzeption setzt den Staat in eine funktionale Beziehung zum Grundproblem der Gesellschaft, dem Überleben, jedoch unter Einschluß all seiner Verzweigungen, während die ethnozentrische Fixierung auf die westliche Entwicklungskonzeption zurückgedrängt wird. Mit anderen Worten könnten wir die Entwicklung empirisch definieren als Erhöhung der langzeitlichen Überlebenschancen einer Gesellschaft. Vielleicht liegt die Attraktivität der westlichen Nationen als Modelle der Entwicklung gerade in ihrem scheinbar größeren Erfolg in der Sicherung dieser grundlegenden Überlebensbedürfnisse.

Mindestens ebenso wichtig ist, daß ein evolutionärer Ansatz in der Lage wäre, das »Ist« und »Soll« (bzw. den empirischen und den normativen Aspekt) innerhalb eines einzigen theoretischen Paradigmas miteinander zu verbinden. Unter dem Aspekt des Überlebens müßte eine Frage z. B. lauten: Trägt ein bestimmtes Verhalten, eine bestimmte Institution oder Politik, tatsächlich zur Erfüllung der individuellen oder kollektiven Überlebensbedürfnisse (oder beider) bei und inwiefern? Eine andere allgemeine Frage wäre: Welche Verhaltensformen, welche institutionellen Einrichtungen und welche Politik sollte eine bestimmte Gesellschaft sich zu eigen machen, die ihre Überlebenschancen maximieren möchte? Eine evolutionistisch orientierte Politik- und Sozialwissenschaft würde mit anderen Worten eine wertfreie und lediglich an der Evolution orientierte Politik ermöglichen.

Schließlich würde uns die Evolutionstheorie jenen theoretischen Bezugsrahmen geben, der uns bei den makrotheoretischen Ansätzen der letzten Jahre gefehlt hat. Die Konstrukteure von funktionalistischen Modellen, von Kommunikations- und Systemmodellen des politischen Lebens nehmen ja für ihre Konstrukte nur in Anspruch, daß sie analytische Werkzeuge sind, nur Vorstufen zu einer umfassenden Theorie der Politik.[148] James Charlesworth erklärt: »Sie verstehen die ganze politische Aktivität als eine Manifestation eines großartigen, aber bisher noch nicht enträtselten Schöpfungsplanes, in dem die menschlichen Bedürfnisse und Wünsche soziale und politische Prozesse in Gang setzen und diese wiederum zur Schöpfung von politischen Gesetzen und Institutionen führen«.[149] Wenngleich die Modelle nur als leere analytische Bezugsrahmen, als heuristische Werkzeuge angeboten werden, so beruhen sie dennoch auf der stillschweigenden Annahme, daß die »wirkliche« Welt, die mit Hilfe dieser Modelle analysiert werden soll, tatsächlich einen Zweck hat. Das heißt, auch das wirkliche System wird als teleologisch oder zielgerichtet gedacht. Wie Easton sagt, geht es hier um eine Theorie der »System-Persistenz«.[150] Von einem evolutionären Standpunkt aus brauchen wir die funktionalistischen, die Kommunikations- und die System-Paradigmen nach allem, was hier gesagt worden ist, nicht als mißglückte organismische Analogien zu verurteilen; sondern wir können sie als intuitiv richtige Beschreibung der empirischen Welt (als brauchbare »Erklärungsskizzen«[151]) verstehen, die allerdings noch in abstrakte analytische Modelle transformiert werden müssen.

Unser Vorschlag ist also, die funktionalistischen Theorien, die Kommunikations- und Systemansätze nicht über Bord zu werfen, sondern sie in den Rahmen einer Evolutionstheorie einzuspannen. Wir müssen dann nur die verborgenen Hypothesen explizit machen. Die Evolutionstheorie könnte mit anderen Worten als eine allgemeine Theorie zur Erklärung des gesamten menschlichen Lebens, einschließlich des gesellschaftlichen und politischen Lebens, dienen.[152] In unseren Ausführungen sollte auch deutlich geworden sein, daß die Evolutionstheorie nicht mit einem vorgefaßten analytischen Bezugsrahmen oder einer Methodologie beginnt, um dann krampfhaft nach Problemen oder Werten zu suchen, die darin untergebracht werden können. Vielmehr beginnt sie mit einer generellen Hypothese über die Natur und den Zweck der Gesellschaft und postuliert dann Werte, die diesem Zweck entsprechen; die Frage nach dem speziellen Bezugsrahmen oder der speziellen Methodologie, die für die Ausarbeitung dieser Theorie geeignet sein könnte, läßt sie jedoch offen. Es kann sehr gut sein, daß viele der von Sozialwissenschaftlern in den vergangenen Jahren entwickelten Ansätze – einschließlich des Funktionalismus, der Kommunikationstheorie, der Systemanalyse, der Entscheidungstheorie, der Spieltheorie oder verschiedener Modelle der Energietransformation usw. – für die Analyse des einen oder anderen Aspektes der Überlebenssicherung durchaus geeignet sind und sich als brauchbar für die Operationalisierung des Evolutionsparadigmas in den Sozialwissenschaften erweisen können.

Aus der Evolutionsperspektive kann z. B. ein politisches System sehr wohl als ein System der funktionalen Arbeitsteilung zum Zwecke der kollektiven Lebenssicherung angesehen werden. Das heißt, politische Systeme sind Ansammlungen von kulturell organisierten Reaktionen auf Überlebensprobleme in bestimmten natürlichen und kulturellen Umwelten. Insofern das Problem des Überlebens des Menschen typischerweise die Interdependenz der Menschen einschließt und nur auf kollektive Weise lösbar ist, müssen auch die grundlegenden Funktionen der politischen Systeme in bezug auf diesen gemeinsamen »Zweck« der Kollektivität definiert werden.[153] Nach Aristoteles ist Politik nicht gleichbedeutend mit dem Kampf um Macht, noch hat sie etwas zu tun mit dem Ausgleich zwischen sich bekämpfenden Interessengruppen, noch hat sie etwas mit der Verteilung von staatlichen Mitteln für diesen oder jenen Zweck zu tun. Im Kern stimmt die Aristotelische Ansicht durchaus mit der evolutionären Sichtweise überein: die Gesellschaft ist ein zielgerichtetes Unternehmen, in dem die »autoritative Verteilung von Gütern«[154] den »permanenten und gemeinsamen Interessen der Gemeinschaft«[155] dienen muß.

Um die Funktionen eines politischen Systems in einem evolutionären Bezugsrahmen präzisieren zu können, gehen wir am besten von Talcott Parsons Typologie aus. Parsons schreibt jedem »Handlungssystem« die folgenden vier funktionalen Erfordernisse zu: (1) *Strukturerhaltung* (pattern maintenance), d. h. »Aufrechterhaltung der übergeordneten Kontrollmuster«; (2) *interne Integration;* (3) »Ausrichtung auf die *Zielerreichung*« im Hinblick auf bestimmte Umweltbedingungen; und (4) *Adaptation* an die Grundbedingungen der physischen Umwelt.[156] Parsons schreibt dem politischen System die Hauptverantwortung für die Funktion der Zielerreichung zu. Man könnte aber auch argumentieren, daß alle vier von Parsons Funktionen zu den Aktivitäten einer Regierung gehören – obwohl man nicht behaupten kann, daß jede Regierung tatsächlich alle diese Funktionen wahrnimmt.[157] Was aber die spezifischen Aktivitäten von politischen Systemen betrifft, so muß man annehmen, daß sie durch eine Reihe von situationsspezifischen Variablen bestimmt werden: durch die physische Umwelt und ihre Zwänge; durch die äußere politische Umwelt; durch die grundlegende Strategie, durch welche eine Gesellschaft ihre Überlebensbedürfnisse sichert[158]; durch die Art der von einer Gesellschaft entwickelten Technologie; durch die inneren sozialen und politischen Beziehungen; schließlich auch noch durch einmalige historische Faktoren. Die politischen Organisationserfordernisse reichen dabei von der einfachen egalitären Jagdhorde oder von Hirtenvölkern mit einer homöostatischen Einpassung in die Umwelt[159] bis zu Gesellschaften, in denen die Notwendigkeit einer adaptiven Reorientierung so akut geworden ist, daß – wie es Ralph P. Hummel nennt – eine »vorcharismatische Krise«[160] eintritt, wie sie nicht selten auch aus »Wiedererweckungsbewegungen« hervorgeht.[161]

Man muß betonen, daß ein Evolutionskonzept der Politik keineswegs impliziert, daß alles, was Regierungen oder politische Führer tun, funktional für das Überleben der Kollektivität sein muß. Wie bei allen anderen Aspekten des sozialen Lebens, kann man auch von adaptiven und unangepaßten Verhaltensformen, politischen Führern und politischen Systemen sprechen. Es wäre gerade die Aufgabe einer evolutionär orientierten Wissenschaft, die politischen Phänomene in dieser Hinsicht zu bewerten. Andererseits kann von einem evolutionären Standpunkt aus keine Regierungsform als *a priori* besser als eine andere dargestellt werden; das Evolutionskonzept sollte gerade nicht ethnozentrisch sein. Man kann auch nicht behaupten, daß es eine bestimmte Form der Sozialorganisation oder eine bestimmte Überlebensstrategie gebe, die notwendigerweise besser sei als die anderen. Die Adaptation muß stets situationsspezifisch sein; so kann auch die Evolutionstheorie ebenso dazu benutzt werden, eine Revolution wie den *status quo* zu rechtfertigen – je nach den vorherrschenden Umständen.

Es soll nicht bestritten werden, daß die Probleme der Operationalisierung bei der Anwendung des Evolutionsparadigmas in den Politikwissenschaften noch sehr vielfältig sind und daß sie hier nicht gelöst werden können. In diesem Zusammenhang kann nur darauf hingewiesen werden, daß sich der Evolutionsansatz – da der Mensch in die Biosphäre eingebettet ist und da seine Überlebenserfordernisse biologischer Natur sind – vor allem auf die Beziehung zwischen sozialen und politischen Phänomenen einerseits und biologischen und ökologischen

Faktoren andererseits konzentrieren müßte. Eine Schlüsselrolle in der hier vertretenen Forschungsstrategie spielt dabei das Bestreben, die grundlegenden Parameter einer adaptiven Gesellschaft zu präzisieren, so daß es möglich ist, konkrete Gesellschaften und ihre politischen Systeme zu beschreiben und zu qualifizieren. Dazu gehört, daß man ganze Bündel von überlebensrelevanten »Indikatoren« zusammenstellt, die nur mit Hilfe einer Reihe von Disziplinen einschließlich der Genetik, der Ökologie, der Ökonomie und der Politischen Wissenschaften zu gewinnen sind. Die weitere Entwicklung könnte dann in die Richtung dreidimensionaler funktionaler Vergleiche bestimmter Verhaltensformen – quer durch die verschiedenen Arten, Kulturen und Epochen hindurch – gehen.[162] Schließlich müßte man auch versuchen, durch eine gründlichere Anwendung biologischer Variablen den Erklärungsgehalt und den Prognosewert unserer Modelle des Individualverhaltens zu verbessern, wie dies in bezug auf die Aggression bereits angedeutet worden ist. Endlich kann uns der Evolutionsansatz helfen, unsere Erklärungen von so wichtigen politischen Phänomenen wie Krieg und Revolution, Nationalismus, Stratifikation, Organisationsverhalten[163], Führerschaft und Gefolgschaftsverhältnissen anzureichern und zu verbessern. Dobzhansky vertritt den Standpunkt, daß die Beschreibung und Erklärung biologischer Phänomene nur noch im Rahmen der Evolutionstheorie sinnvoll ist.[164] Das gleiche gilt wohl auch für die Sozial- und Politikwissenschaften. Weil wir Produkte der Evolution sind und den Prozessen der Evolution unterworfen sind, sollte es uns auch gelingen, die zu beobachtenden sozialen Phänomene im Rahmen des Evolutionsparadigmas besser in den Griff zu bekommen.

Gegenüber der intellektuellen Herausforderung der Evolutionstheorie kann man schließlich nur zwischen vier (oder vielleicht fünf) möglichen Positionen wählen: Wir können behaupten, daß die Darwinsche Theorie einfach irrelevant für das soziale Verhalten sei, weil unsere Überlebensprobleme endgültig gelöst worden sind. (Allerdings müßte das erst von denen bewiesen werden, die das behaupten.) Zweitens könnten wir zwar zugeben, daß das biologische Überleben problematisch ist; aber wir könnten behaupten, daß die biologische Evolution und die sozialen Phänomene nichts miteinander zu tun hätten (was ein unhaltbares Argument wäre). Drittens könnten wir uns auf den Standpunkt stellen, daß die soziale Evolution des Menschen wohl etwas zu tun habe mit seinen Überlebenschancen, daß dieser Prozeß jedoch streng deterministisch sei und daß wir lediglich seine Hauptantriebsfeder kennen müßten, um stichhaltige Erklärungen abgeben zu können. Wir würden also davon ausgehen, daß wir uns mit den »äußeren« Faktoren nicht weiter zu beschäftigen brauchen. Wenn jedoch keine dieser drei Argumentationen haltbar ist, dann stehen wir vor der durch Kompromisse nicht mehr zu vermittelnden Alternative, entweder die Theorie der biologischen Evolution überhaupt zurückzuweisen – oder voll zu akzeptieren, daß das soziale Leben etwas mit dem Überlebensproblem zu tun hat und daß unsere sozialen Strukturen und mentalen Prozesse (unsere Wertentscheidungen, unser Problemlösungsverhalten etc.) unsere langzeitliche Lebensfähigkeit als Spezies grundlegend beeinflussen. Wenn wir uns aber zu diesem Evolutionsansatz bekennen, dann stehen wir vor der sicher noch ungemein schwierigen Aufgabe, eine auf der Evolutionstheorie beruhende Sozialwissenschaft aufzubauen.

Anmerkungen

1 Richard Hofstadter, *Social Darwinism in American Thought,* Boston 1955; »Editor's Introduction« in: Robert L. Carneiro, Hrsg., *The Evolution of Society: Selections from Herbert Spencer's Principles of Sociology,* Chicago 1968, S. ix–Ivii.

2 Das neuere Stimulus-Reaktions (S-O-R)-Modell, das das alte S-R-Modell ersetzt hat, spiegelt die wachsende Erkenntnis wieder, daß der »Organismus« zumindest als ein Medium für das Verhalten betrachtet werden muß. Vgl. Gardner Lindzey & Elliott Aronson, Hrsg., *Handbook of Social Psychology,* Reading, Mass., 1968², Bd. I, S. 97. Zu den Konsequenzen des S-R-Modells vgl. Jerry Hirsch, »Epilog«, in: Hirsch, Hrsg., *Behavior-Genetic Analysis,* New York 1967, S. 420 f.

3 Dieser Punkt wurde von Clyde Kluckhohn, »Culture and Behavior«, in: Lindzey, Hrsg., Bd. II, hervorgehoben. Vgl. auch Leslie White, »Culturology«, in: David L. Sills, Hrsg., *International Encyclopedia of the Social Sciences,* New York 1968, Bd. III, S. 547–550.

4 Vgl. Émile Durkheim, »Social Facts«, in: May Brodbeck, Hrsg., *Readings in the Philosophy of the Social Sciences,* New York 1968, S. 245 bis 254.

5 M. F. Ashley Montagu, »The New Litany of ›Innate Depravity‹, or Original Sin Revisited«, in: Ashley Montagu, Hrsg. *Man and Aggression,* New York 1968, S. 9; und Montagu, Hrsg., *Culture and the Evolution of Man,* New York 1962, S. ix.

6 Leslie A. White, *The Evolution of Culture,* New York 1959, S. 22; Hervorhebungen durch den Autor.

7 David C. Glass, Hrsg., *Genetics,* New York 1968, Vorwort.

8 Vor allem: Konrad Lorenz, *On Aggression,* New York 1966 (dt. *Das sogenannte Böse,* Wien 1963); Robert Ardrey, *African Genesis,* New York 1961 (dt. *Adam kam aus Afrika,* Wien 1967); *The Territorial Imperative,* New York 1966 (dt.: *Adam und sein Revier,* Wien 1968);

The Social Contract, New York 1970 (dt.: *Der Gesellschaftsvertrag,* Wien 1970); Desmond Morris, *The Naked Ape,* New York 1967 (dt.: *Der nackte Affe,* München 1968); *The Human Zoo,* New York 1969 (dt.: *Der Menschen-Zoo,* München 1969); Lionel Tiger, *Men in Groups,* New York 1969 (dt. *Warum die Männer wirklich herrschen,* München 1972).

9 Vgl. z. B. die Psychologen Donald O. Hebb, *A Textbook of Psychology,* Philadelphia 1966²; Daniel Freedman, »A Biological View of Man's Social Behavior«, in: William Etkin, Hrsg., *Social Behavior from Fish to Man,* Chicago 1967, S. 152–188; David C. Glass, Hrsg., *Genetics,* New York 1968; Gerald E. McClearn, »The Inheritance of Behavior«, in: Leo Postman, Hrsg., *Psychology in the Making,* New York 1962; Jerry Hirsch, Hrsg., *Behavior-Genetic Analysis,* New York 1967; und Martin Manosevitz, Gardner Lindzey & Delbert D. Thiessen, Hrsg., *Behavior Genetics, Method and Research,* New York 1969. Vgl. die Anthropologen Marshall D. Sahlins & Elman R. Service, *Evolution and Culture,* Ann Arbor 1960; Alexander Alland, Jr., *Evolution and Human Behavior,* Garden City 1967 (dt. *Evolution und menschliches Verhalten,* Frankfurt a. M. 1970); S. L. Washburn & Pyllis C. Jay, Hrsg., *Perspectives on Human Evolution,* New York 1968; Andrew P. Vayda, Hrsg., *Environment and Cultural Behavior: Ecological Studies in the Cultural Anthropology,* Garden City 1969; und Earl Count, »The Biological Basis of Human Society«, in: *American Anthropologist* 60 (1958), S. 1049–1085. Und vgl. die Soziologen Richard L. Means, »Sociology, Biology, and the Analysis of Social Problems«, in: *Social Problems* 15 (1967), S. 200–210; Bruce K. Eckland, »Genetics and Sociology: A Reconsideration«, in: *American Sociological Review* 32 (1967), S. 173–194; und Dennis H. Wrong & Harry L. Gracy, *Readings in Introductory Sociology,* New York 1967, S. 61.

10 James C. Davies, *Human Nature in Politics,* New York 1963, S. 3.

11 James C. Davies, »The Psychobiology of Political Behavior: Some Provocative Developments«, Paper presented at the annual meeting of the Western Political Science Association, Honolulu, 3.–5. April 1969.

12 Albert Somit, »Toward a More Biologically-Oriented Political Science: Ethology and Psychopharmacology«, in: *Midwest Journal of Political Science* 12 (1968).

13 Charles R. Adrian, »Implications for Political Science and Public Policy of Recent Ethological Research«, Paper presented at the 2nd International Sinological Conference, The China Academy, Taipei, August 1969.

14 Arthur L. Kalleberg, »Concept Formation in Normative and Empirical Studies: Toward Reconciliation in Political Theory«, in: *American Political Science Review* 63 (1969), S. 26–39.

15 Ted Gurr, »A Causal Model of Civil Strife: A Comparative Analysis Using New Indices«, in: *American Political Science Review* 62 (1968), S. 1104.

16 Nach Fertigstellung dieses Aufsatzes ist eine gründliche philosophische Abhandlung über diesen Gegenstand erschienen: Thomas Landon Thorson, *Biopolitics,* New York 1970. Wenngleich Thorson einige der wichtigen Punkte abhandelt und seinem Ansatz nach mit dem unseren

übereinstimmt, so unterscheidet sich sein Hauptinteresse von dem unseren doch ganz entscheidend. Auf dem Weltkongreß der International Political Science Association von 1970 und auf dem 66. Jahrestreffen (1970) der American Political Science Association haben außerdem zwei Kommissionssitzungen über »Biologie und Politik« stattgefunden. Von den dort dem Verfasser zur Verfügung gestellten Papers waren die wichtigsten: Henry Beck, »Politics and the Life Sciences: Notes Toward a Theory of Biobehavioral Ecology« (IPSA); James C. Davies, »Violence and Aggression: Innate or Not?« (IPSA); Ralph P. Hummel, »A Case for a Bio-Social Model of Charisma« (IPSA); Dean Jaros, »Biochemical Desocialization: Depressants and Political Behavior« (APSA); David C. Schwartz, »Perceptions of Personal Energy and the Adoption of Basic Behavioral Orientations to Politics« (APSA); Robert B. Stauffer, »The Role of Drugs in Political Change« (IPSA); Thomas Landon Thorson, »The Biological Foundations of Political Science: Reflections on the Post-Behavioral Era« (IPSA); Manfred W. Wenner, »Symbiosis and Politics« (IPSA). Vgl. auch Corning, »The Theory of Evolution as a Paradigm for the Analysis of Political Phenomena« (Ph. D.-Dissertation, New York University, 1971).

17 Vgl. z. B.: Julian Huxley, *Evolution in Action,* New York 1966; George Gaylord Simpson, *The Meaning of Evolution,* New Haven 1967[2]; Garrett Hardin, *Nature and Man's Fate,* New York 1961; Theodosius Dobzhansky, *Mankind Evolving,* New Haven 1962, and *Heredity and the Nature of Man,* New York 1964 (dt: *Vererbung und Menschenbild,* München 1966); sowie I. Michael Lerner, *Heredity, Evolution, and Society,* San Francisco 1968.

18 George Gaylord Simpson, *Biology and Man,* New York 1969, S. 28. Selbstverständlich war Darwin nicht der einzige Denker des 19. Jahrhunderts, der die Bedeutung der Gruppe für die Evolution erkannte. Der wichtigste war vielleicht der russische Naturalist (und Anarchist) Pjotr Kropotkin, der 1888 ein bemerkenswertes Buch mit dem Titel *Mutual Aid: A Factor of Evolution* (Boston 1955) veröffentlicht hat.

19 Dobzhansky, *Mankind Evolving,* a. a. O., S. 134.

20 Vgl. insbesondere Quincy Wright, *A Study of War* (Nachdruck Chicago 1965), und Lewis Coser, *The Functions of Social Conflict,* New York 1956.

21 William Etkin, *Social Behavior from Fish to Man,* Chicago 1967, S. 6. Vgl. auch W. C. Allee, *The Social Life of Animals,* Boston 1958, neu überarbeitete Ausgabe; Dobzhansky, *Mankind Evolving,* S. 129–136; Peter H. Klopfer & Jack P. Hailman, *An Introduction to Animal Behavior,* Englewood Cliffs 1967, Kap. 7; sowie F. Fraser Darling, »Social Behavior and Survival«, *The Auk* 69 (1952), S. 183–191.

22 Simpson, a. a. O., S. 222.

23 Etkin, a. a. O., S. 33.

24 Ebenda, S. 116.

25 Simpson, a. a. O , S. 224.

26 Simpson, *This View of Life: The World of an Evolutionist,* New York 1964, S. 76–79; Dobzhansky, *Mankind Evolving,* S. 129, S. 159; Robert Rosen, *Optimality Principles in Biology,* London 1967, S. 6.

27 V. C. Wynne-Edwards, *Animal Dispersion in Relation to Social Behav-*

ior, Edinburgh 1962; Wynne-Edwards, »Population Control and Social Selection in Animals«, in: Glass, Hrsg., *Genetics*, a. a. O., S. 143–163.

28 David M. Heer, *Society and Population*, Englewood Cliffs 1967, S. 1–4.

29 Dieses Prinzip wurde ursprünglich in der Nationalökonomie in bezug auf die Produktionskosten entwickelt. Es wurde umformuliert und auf ökologische Probleme angewandt von Alexander Carr-Saunders (1922); neuerdings hat es Wynne-Edwards *(Animal Dispersion in Relation to Social Behavior)* wieder aufgegriffen.

30 Corning, »The Problem of Applying Darwinian Evolution to Political Science«, a. a. O., S. 34–42.

31 Freedman, a. a. O., S. 136.

32 Sherwood L. Washburn & Judith Shirek, »Human Evolution«, in Hirsch, Hrsg., a. a. O., S. 10.

33 John A. King, »Behavioral Modification of the Gene Pool«, in: Hirsch, Hrsg., a. a. O., S. 42. Der Baldwin-Effekt sollte jedoch nicht mit dem Lyssenkoismus verwechselt werden. Erworbene Eigenschaften verursachen keine genetischen Wandlungen in den Keimzellen des Individuums. Vgl. Lerner a. a. O., S. 227–286.

34 Etkin, a. a. O., S. 113.

35 Gerald E. McClearn, »Biological Bases of Social Behavior with Specific Reference to Violent Behavior«, in: *Crimes of Violence* 13, ein Kommissionsbericht für das National Committee on the Causes and Prevention of Violence, Washington 1969.

36 Klopfer & Hailman, a. a. O., S. 178; Count, a. a. O.

37 Lerner, a. a. O., S. 188.

38 Lerner, a. a. O., S. 188.

39 »Es ist eine durch die Paläontologie bewiesene Tatsache, daß im Laufe der Zeit und aus den verschiedensten Gründen die ganz überwiegende Mehrheit der Arten ausgelöscht worden ist.« (Simpson, a. a. O., S. 79).

40 Die Beziehung zwischen einer Gesellschaft und ihrer Umwelt kann als ein Zwei-Personen-Spiel begriffen werden. In die Auszahlungsmatrix müssen dann die verschiedenen Populationsniveaus eingetragen werden, die die Umwelt unter verschiedenen alternativen Überlebensstrategien ernähren kann. Für eine Diskussion der Anwendung der Spieltheorie auf Überlebensprobleme vgl. Peter R. Gould, »Man Against His Environment: A Game Theoretic Framework«, in: Vayda, Hrsg., a. a. O., S. 234–251.

41 »Der Mensch ist ein Produkt der evolutionären Entwicklung, und die Evolution ist utilitaristisch. Keine Theorie der menschlichen Evolution, die diesen pragmatischen Aspekt übersieht, kann Gültigkeit für sich beanspruchen«. (Dobzhansky, *Mankind Evolving*, a. a. O., S. 213. Vgl. auch Bruce Wallace & Adrian Srb, *Adaptation*, Englewood Cliffs 1964, S. 1–3; sowie Klopfer & Hailman, a. a. O., S. 176–181.

42 Rada & Neville Dyson-Hudson, »Subsistence Herding in Uganda«, in: *Scientific American* 220 (1969), S. 76–89.

43 Ebenda, S. 89.

44 Eine andere mögliche Ursache der Veränderungen in den menschlichen Populationen kann in nicht-Darwinischen oder neutralen Veränderungen des Genpools liegen. Vgl. Jack Lester Kind & Thomas H. Jukes, »Non-Darwinian Evolution«, in: *Science* 164 (1969), S. 788–798; und

Luigi Luca Cavalli-Sforza, »Genetic Drift in an Italian Population«, in: *Scientific American* 221 (1969), S. 30–37.

45 Aber das wissen wir im Grunde nicht, denn als Sozialwissenschaftler haben wir uns bislang solche Fragen nicht gestellt.

46 Alland, a. a. O., S. 152; Etkin, a. a. O., S. 74–111.

47 Vgl. vor allem J. P. Hailman, »How an Instinct is Learned«, in: *Scientific American* 221 (1969), S. 98–106. Die Art und Weise, in der Gene verschiedene Verhaltenszüge beeinflussen, ist außerodentlich komplex. Die meisten Verhaltensformen sind polygenetisch, d. h. sie gehen auf mehrere Gene zurück. Andererseits sind viele Gene pleotrop, d. h. sie beeinflussen mehr als einen Verhaltenszug.

48 Robert A. Hinde, *Animal Behavior: A Synthesis of Ethology and Comparative Psychology*, New York 1966, S. 365–371.

49 Etkin, a. a. O., S. 92 f.

50 Ebenda, S. 92.

51 Ebenda, S. 92 ff.

52 Alland, a. a. O., S. 153.

53 White, a. a. O.

54 In Ergänzung des folgenden Zitats vgl. Bronislaw Malinowski, *A Scientific Theory of Culture and Other Essays*, Chappel Hill 1944; Sahlins & Service, a. a. O.; White, a. a. O., S. 9.

55 Kluckhohn, a. a. O., S. 960, S. 968.

56 Alland, a. a. O., S. 195, S. 198 f.

57 Ebenda, S. 187. Der Genetiker Dobzhansky besteht in seinem preisgekrönten Buch *Mankind Evolving* ebenso auf der gegenseitigen Beziehung von Biologie und Kultur: »Die in diesem Buch vertretene These ist, daß der Mensch sowohl eine Natur wie eine Geschichte hat. Die menschliche Evolution hat zwei Komponenten, die biologische oder organische, und die kulturelle oder superorganische. Diese beiden Komponenten schließen sich weder gegenseitig aus, noch sind sie unabhängig voneinander, sondern sie sind aufeinander bezogen und voneinander abhängig. Die menschliche Evolution kann nicht als ein rein biologischer Prozeß verstanden werden, ebensowenig kann sie aber als reine Kulturgeschichte verstanden werden. Das Entscheidende ist gerade die Interaktion von Biologie und Kultur; es gibt eine Rückkopplung zwischen biologischen und kulturellen Prozessen« (S. 18).

58 Alland, a. a. O., S. 169.

59 Mutationen entstehen selbstverständlich zufällig. Und obgleich die natürliche Auslese eine Ordnung erzwingt, gehen in sie auch Zufallsfaktoren ein, z. B. im »genetischen Drift« (vgl. Anm. 44) und in Fluktuationen der Genhäufigkeit. Vgl. G. Ledyard Stebbins, *Processes of Organic Evolution*, Englewood Cliffs 1966, S. 76 f. Zum Problem der Unangemessenheit von unilinearen Theorien vgl. Elman R. Service, »The Prime-Mover of Cultural Evolution«, in: *Southwestern Journal of Anthropology* 24 (1968), S. 396–409.

60 Für eine detaillierte Beschreibung unseres zunehmenden Wissens über das komplexe und raffinierte Verhalten anderer Tiere vgl. besonders Etkin a. a. O.; Hinde, a. a. O.; Irven DeVore, Hrsg., *Primate Behavior*, New York 1965; Charles H. Southwick, Hrsg., *Primate Social Behavior*, Princeton 1963; Desmond Morris, Hrsg., *Primate Ethology*, Chicago

1967; Thomas E. McGill, Hrsg., *Readings in Animal Behavior,* New York 1965; Niko Tinbergen, *Social Behavior in Animals,* London 1965; Klopfer & Hailman, a. a. O.; Irenäus Eibl-Eibesfeldt, *Ethology: The Biology of Behavior*, New York 1970.

61 Vgl. Bernard G. Campbell, *Human Evolution: An Introduction to Man's Adaptations,* Chicago 1966; und J. N. Spuhler, Hrsg., *The Evolution of Man's Capacity for Culture,* Detroit 1959.

62 Washburn & Shirek, a. a. O., S. 13. Diese Sichtweise wird sowohl durch die Fossilienforschung wie auch durch die Erforschung lebender Primaten bestätigt. Gerade solche kulturellen Praktiken wie Werkzeugmachen, eine Hütte bauen, Jagen in organisierten Gruppen, die Bearbeitung von Fellen usw., wurden alle von den frühen Hominiden mit einem kleineren Gehirn ausgeführt. Ebenso haben die Ethologen einen gut entwickelten Werkzeuggebrauch bei den jetzt lebenden Primaten beobachtet, vor allem bei den Schimpansen. Schimpansen werfen Steine, brechen Stöcke ab und präparieren sie, um Termiten aus ihren Löchern herauszuholen; und sie kauen Blätter, bis sie eine schwammartige Konsistenz haben, um mit ihnen Trinkwasser aus Pfützen aufzusaugen. Vgl. Jane Goodall, »Tool-Using and Aimed Throwing in a Community of Free-Living Chimpanzees«, in: *Nature* 201 (1964), S. 1264 ff.

63 Gardner Murphy, »Social Motivation«, in: Lindzey, Hrsg., a. a. O., S. 629.

64 Alland, a. a. O., S. 169 f.

65 Christian Bay, »Politics and Pseudopolitics: A Critical Evaluation of Some Behavioral Literature«, in: *American Political Science Review* (1965), S. 39–51.

66 Davies a. a. O., S. 7.

67 Frederick L. Dunn, »Epidemiological Factors: Health and Disease in Hunter-Gatherers«, in: Richard B. Lee und Irven DeVore, Hrsg., *Man the Hunter,* Chicago 1968, S. 221–240; Sherwood L. Washburn & C. S. Lancaster, »The Evolution of Hunting«, in: ebenda, S. 297 f.; Alexander Alland, *Adaptation in Cultural Evolution: An Approach to Medical Anthropology,* New York 1970.

68 Die grundlegenden Zusammenhänge zwischen Wünschen (»Motiven« oder »Trieben«) und biologischen Bedürfnissen werden u. a. bei Gardner Murphy, a. a. O., S. 601 f., diskutiert; ebenso bei Lawrence I. O'Kelly, »Motivation: The Concept«, in: Sills, a. a. O.; C. J. Adcock, *Fundamentals of Psychology,* London 1964; Robert W. White, »Motivation Reconsidered: The Concept of Competence«, in: *Psychological Review* 66 (1959), S. 297–333.

69 Vgl. Karl W. Deutsch, *The Nerves of Government. Models of Political Communication and Control,* New York 1966.

70 Weit davon entfernt, daß wir die Bedeutung der sozialen Bedürfnisse, des Strebens nach »Kompetenz« und »Wirksamkeit«, die Wißbegier und die Suche nach Spannung und Aktivität und andere menschliche »Bedürfnisse« leugnen: ein Evolutionsmodell muß alle diese Bedürfnisse berücksichtigen, aber eben nur als Produkte der natürlichen Auslese. Diese Bedürfnisse werden also als biologisch fundierte Charakteristika gesehen, die in der Artentwicklung entstanden und generalisiert worden sind, weil sie sich für das Überleben und den Reproduktionser-

folg als zweckvoll erwiesen haben. Sie können nicht als Selbstzweck entstanden sein (obwohl sie Selbstzweck für das Individuum sein mögen). Um ein altes Diktum zu erweitern, so führen wir ein soziales Leben nicht, weil wir soziale Tiere sind, sondern weil die Vergesellschaftung adaptiv ist im Sinne der Arterhaltung.

71 In den letzten Jahren sind mehrere ausgezeichnete Abhandlungen über den urzeitlichen Lebensstil des Menschen geschrieben worden. Vgl. insbesondere Etkin, a. a. O., S. 138–151, und die dort zitierte Literatur; ebenso Lee & DeVore, a. a. O., insbes. Kap. 32; John Pfeiffer, *The Emergence of Man,* New York 1969; Elman R. Service, *The Hunters,* Englewood Cliffs 1966; Campbell, a. a. O., S. L. Washburn & P. C. Jay, Hrsg., *Perspectives on Human Evolution,* New York 1968. Für die Darstellung des Lebens von Pavianen vgl. S. L. Washburn & Irven DeVore, »The Social Life of Baboons«, in: James L. McGaugh, Norman W. Weinberger & Richard E. Whalen, Hrsg., *Psychobiology: The Biological Basis of Behavior*, San Francisco 1966; Sarel Eimerl & DeVore, *The Primates,* New York 1965. Eine Darstellung der Sozialorganisation von Wolfrudeln ist in Etkin, a. a. O., S. 129 ff., enthalten.

72 Service, a. a. O., S. 29–32; Etkin, a. a. O., S. 21–33; Pfeiffer, a. a. O.; Spuhler, Hrsg., a. a. O.; Lee & DeVore, Hrsg., a. a. O.

73 Dieses Phänomen, das Teil des Prozesses der Neotenie ist, wird bei Ashley Montagu, »Time, Morphology, and Neoteny in the Evolution of Man«, abgehandelt, in: A. Montagu, Hrsg., *Culture and the Evolution of Man,* a. a. O., S. 324–342.

74 Vgl. Bernard Berelson und Gary A. Steiner, *Human Behavior,* New York 1967, S. 122.

75 Oder, um genau zu sein, kann man sagen, daß die Ökologie der Kernfamilie und die Verlängerung der jugendlichen Abhängigkeit vermutlich gleichzeitig und nur schrittweise entstanden sind, wie Etkin gezeigt hat (a. a. O., S. 144).

76 Peter A. Corning, »The Biological Bases of Behavior and Their Implications for Political Theory«, in: 65. Jahreskonferenz der American Political Science Association (1969), Ann Arbor (University Microfilms), S. 36–52.

77 Freedman, a. a. O., S. 173 ff. Dieser Verhaltenszug korreliert mit einer deutlichen Anhebung des Androgenpegels (der männlichen Hormone) im Blut von jugendlichen Männchen; die Verbindung zwischen dem Androgengehalt und einem aggressiven Verhalten ist gut belegt. Vgl. Kenneth E. Moyer, »Internal Impulses to Aggression«, in: *Transactions of the New York Academy of Sciences,* Serie II, 31 (1969), S. 104–114; David A. Hamburg, »Recent Research on Hormonal Regulation of Aggressive Behavior«, Paper des UNESCO Interdisciplinary Expert Meeting on the Implications of Recent Scientific Research on the Understanding of Human Aggressiveness, Paris, 19.–23. Mai 1969; R. Charles Boelkins & Jon F. Heiser, »Biological Bases of Aggression«, in: David N. Daniels, Marshall F. Gilula, Frank M. Ochberg, Hrsg., *Violence and the Struggle for Existence,* Boston 1960, S. 31 ff.

78 Etkin, a. a. O., S. 15. Dominanz bedeutet jedoch nicht einen Freibrief für unbeschränkte Ausbeutung. Wenn dies der Fall wäre, würde ein Tier öfter einen Kampf auf Leben oder Tod liefern, bevor es diesen

untergeordneten Status annehmen würde. Ein notwendiges Komplement der Dominanz ist die Zurückhaltung und die soziale Verantwortung auf seiten der Dominierenden.

79 Ebenda, S. 21.

80 Berelson & Steiner, a. a. O., S. 76; Kingsley Davis, *Human Society*, New York 1949, S. 336.

81 Etkin stellt dar, daß Dominanz nicht gleichbedeutend ist mit Führerschaft; im Fall der Menschen jedoch, die sich ursprünglich als eng zusammenarbeitende Jagdhorden organisierten, konnte sich das Dominanzverhalten zu einem mehr oder weniger gutartigen Führungsverhalten entwickeln, wie es heute üblich ist (a. a. O., S. 17, S. 140).

82 Vgl. Stanford M. Lyman & Marvin B. Scott, »Territoriality: a Neglected Sociological Dimension«, in: *Social Problems* 15 (1967), S. 236–249; Eward T. Hall, *The Hidden Dimension*, Garden City 1969, und »Proxemics«, in: *Curent Anthropology* 9 (1968), S. 83–108; P. E. Roos, »Jurisdiction: An Ecological Concept«, in: *Human Relations* 21 (1968), S. 75 bis 84; E. Goffman, *Behavior in Public Places*, Glencoe 1963; Hans Kummer, »Spacing Mechanisms in Social Behavior« (unveröffentlicht).

83 Vgl. Tiger, a. a. O.

84 Vgl. insbesondere Ardrey, a. a. O.; Lorenz, a. a. O.; und deren Kritik in: Ashley Montagu, Hrsg., *Man and Aggression*, a. a. O.; Morris, *The Naked Ape*, a. a. O.; Etkin, a. a. O.; Anthony Storr, *Human Aggression*, New York 1968; J. D. Carthy & Scott, *Aggression, Chicago* 1958; Leonard Berkowitz, Hrsg., *Roots of Aggression*, New York 1969; Hugh Davis Graham & Ted Robert Gurr, *Violence in America: A Report of the National Commission on the Causes and Prevention of Violence*, New York 1969; Gurr, *Why Men Rebel*, Princeton 1970; Morton Fried, Marvin Harris, Robert Murphy, *War: The Anthropology of Armed Conflict and Aggression*, Garden City 1968; Robert Bigelow, *The Dawn Warriors*, Boston 1969; Daniels, Gilula, Ochberg, a. a. O.

85 Die Arbeit des Komitees ist veröffentlicht worden in Daniels, Gilula, Ochberg, a. a. O.; vgl. auch Gilula und Daniels, »Violence and Man's Struggle to Adapt«, in: *Science* 164 (1969), S. 396–405.

86 Diese Schlußfolgerung wurde von einer ganzen Reihe von Wissenschaftlern gezogen. Vgl. insbesondere Scott, a. a. O.; Kenneth E. Moyer, »Kinds of Aggression and Their Psychological Basis«, in: *Communications in Behavioral Biology*, Teil A II (1968), und Berkowitz, »Simple Views of Aggression«, in: *American Scientist* 57 (1969), S. 372–383.

87 J. D. L. Dollard u. a., *Frustration and Aggression*, New Haven 1939.

88 Berkowitz, *Aggression*, a. a. O.

89 Berkowitz, »Simple Views of Aggression«, a. a. O., S. 373. Vgl. auch Berkowitz, Hrsg., *Roots of Aggression*, a. a. O. Wenngleich die Yale-Gruppe diese Theorie später modifiziert hat, um den nicht-aggressiven Reaktionen auf die Frustration gerecht zu werden (ob sie nun natürlich oder erlernt sind), so ist die Frustration jedoch eine notwendige Vorbedingung der Aggression geblieben. Vgl. A. Bandura & R. H. Walters, *Social Learning and Personality Development*, New York 1963, S. 110ff.

90 Berkowitz, »Simple Views of Aggression«, a. a. O. Vgl. auch James C. Davies, »The J-Curve of Rising and Declining Satisfactions as a Cause of Some Great Revolutions and a Contained Rebellion«, in: Graham &

Gurr, a. a. O., S. 690–730; Ted Gurr, *Why Men Rebell,* a. a. O.; »A Causal Model of Civil Strife«, a. a. O.; »A Comparative Study of Civil Strife«, in: Graham & Gurr a. a. O., S. 572–631; Ivo K. Feierabend, Rosalind L. Feierabend, Betty A. Nesvold, »Social Change and Political Violence: Cross-National Patterns«, in: Graham & Gurr, a. a. O., S. 632 bis 687.

91 Bandura & Walters, a. a. O.; und: *Adolescent Aggression: A Study of the Influence of Child-Training Practices and Family Interrelationships,* New York 1959.

92 Bandura & Walters, a. a. O., S. 26–29.

93 Lorenz, a. a. O.

94 Storr, a. a. O.

95 Einen brauchbaren Überblick über die verschiedenen Hypothesen bietet das Stanford Committee (Daniels, Gilula und Ochberg, a. a. O.). Zu den Vertretern der Frustrationstheorie gehören Dollard, Berkowitz, Davies, Gurr und Feierabend. Die Mängel dieser Theorie werden bei Bandura und Walters diskutiert, a. a. O., S. 110 ff., S. 115 ff., S. 133–137. Bandura und Walters vertreten eine Theorie der Verursachung durch soziales Lernen. Einschlägige Forschungsergebnisse werden auch von Roger Brown, *Social Psychology,* New York 1965, S. 350–401, referiert. Die Unzureichendheit dieses Modells wiederum wird u. a. vom Ethologen Niko Tinbergen kommentiert: »On War and Peace in Animals and Man«, in: *Science* 160 (1968), S. 1411–1418. Biologische Instinkt-Erklärungen werden von Lorenz, Storr, Ardrey, Carthy und Ebling vertreten, die wiederum rundweg abgelehnt werden von Montagu, Hrsg., *Man and Aggression,* a. a. O.

96 Gurr, »A Causal Model of Civil Strife«, a. a. O.

97 Gilula & Daniels, a. a. O.

98 Corning, »On Aggression: An ›Interactional‹, Evolutionary-Adaptive Model« (im Erscheinen).

99 Daniels & Gilula, »Violence and the Struggle for Existence«, in: Daniels, Gilula und Ochberg, Hrsg., *Violence and the Struggle for Existence,* Boston 1970, S. 405–443; Andrew P. Vayda, »Hypotheses About Functions of War«, in: »War: The Anthropology of Armed Conflict and Aggression«, *Natural History* (Spezialnummer), 1967, und die darin zitierten Arbeiten; Vayda, »Maoris and Muskets in New Zealand: Disruption of a War System« (unveröffentlichtes Manuskript, 1970); Bernard J. Siegel, »Defensive Cultural Adaptation«, in: Graham & Gurr, a. a. O., S. 764–787; Anthony F. C. Wallace, »Revitalization Movements«, in: *American Anthropologist* 58 (1956), S. 264–281.

100 Diese Betrachtung trifft sich mit David Schwartz' Hypothese, daß die persönlichen »Energieniveaus« mit dem politischen Engagement kausal verbunden seien (a. a. O.).

101 Vgl. McClearn, a. a. O.; Hamburg, a. a. O.; Moyer, a. a. O.; Boelkins & Heiser, a. a. O., S. 23–33; Scott, a. a. O.

102 Ich bin Dr. Vandenberg zu Dank verpflichtet, daß ich seine Daten verwenden durfte.

103 McClearn, a. a. O.; Lerner, a. a. O., S. 118 f.; Mary A. Telfer u. a., »Incidence of Gross Chromosomal Errors among Tall Criminal American Males«, in: *Science* 159 (1968) S. 1249 f. Die sozio-legalen Implikatio-

nen wurden von Kennedy McWhirter aufgezeigt, in: *Science* 164 (1969), S. 1117.

104 Hamburg, a. a. O.; McClearn, a. a. O.; Moyer, a. a. O., S. 104–114; Boelkins & Heiser, a. a. O., S. 31–35.

105 John R. Lion, George Bach-Y-Rita, Frank R. Ervin, in: *Science* 164 (1969), S. 1465; V. Mark & F. R. Ervin, *Violence and the Brain,* New York 1970.

106 Berelson & Steiner, a. a. O., S. 30 f; Boelkins & Heiser, a. a. O., S. 31.

107 In einer Untersuchung für weibliche Häftlinge wurden 62% der Gewalttaten in der Woche vor der Menstruation lokalisiert. J. H. Morton u. a., »A Clinical Study of Premenstrual Tension«, in: *American Journal of Obstetrics and Gynecology* 115 (1953), S. 1182–1191.

108 Diese Anomolien korrelieren mit den beobachteten hormonalen Ausschüttungen.

109 Moyer, »Internal Impulse of Aggression«, a. a. O.; »Kinds of Aggression and Their Physiological Basis«, a. a. O. Moyer nimmt an, daß dieser Ansatz die Annahme eines spontanen Triebes überflüssig macht. Dennoch ist bei vielen Tieren das Kampfverhalten vorprogrammiert; es stellt sehr spezifische Antworten auf spezifische – äußere oder innere – Reize dar. Vgl. auch Robert A. Hinde, »The Nature and Control of Aggressive Behavior«, a. a. O.

110 Lewis Richardson hat geschätzt, daß 59 Millionen Menschen in den 125 Jahren von 1820 bis 1945 durch Kriege und andere mörderische Kämpfe ums Leben gekommen sind – ein Mensch alle 68 Sekunden. Vgl. Richardson, *Statistics of Deadly Quarrels,* Pittsburgh 1960, S. 153. Vgl. auch Derek Freeman, »Human Aggression in Anthropological Perspective«, in: Carthy & Ebling, a. a. O., S. 110.

111 Um abschätzen zu können, wie wichtig die genetische Grundlage ist, muß man sich die Konsequenzen so kleiner genetischer Defekte wie Mongolismus, Downs-Syndrom (Lerner, a. a. O., S. 196 f.), Klinefelter-Syndrom (vgl. Anm. 103) oder Phenylketonurie (Lerner, a. a. O., S. 89 bis 92) ansehen. Obwohl man hier noch weniger weiß, so kann man doch annehmen, daß auch die Schizophrenie, daß Angstneurosen und manisch-depressives Verhalten wenigstens z. T. eine genetische Grundlage haben. Vgl. Leonard L. Heston, »The Genetics of Schizophrenic and Schizoid Disease«, in: *Science* 157 (1970), S. 249–256; E. Inouye u. a., »Research of Genetics in Psychiatry«, World Health Organization Technical Report Series, Genf 1966; Arnold H. & Edith H. Buss, Hrsg., *Theories of Schizophrenia,* New York 1969; Ferris H. Pitts, »The Biochemistry of Anxiety«, in: *Scientific American* 220 (1969), S. 69–75; George Winokur, »Genetic Findings and Methodological Considerations in Manic Depressive Disease«, in: *The British Journal of Psychiatry* 107 (1970), S. 267–274.

112 Es läßt sich jedoch nicht leugnen, daß die höhere geistige oder ästhetische Erfahrung weit über die Überlebensbedürfnisse hinausreicht. Vgl. Maslow, »Deficiency Motivation and Growth Motivation«, in: R. C. Teevan & Robert C. Birney, Hrsg., *Theories of Motivation in Personality and Social Psychology,* Princeton 1964. Es stünde aber in einem krassen Widerspruch zur Evolutionstheorie, solche Bedürfnisse von ihren evolutionären Ursprüngen und Überlebenskonsequenzen völlig

loszulösen. Vgl. Dobzhansky, *Mankind Evolving*, a. a. O., S. 214 bis 218.

113 Clifford T. Morgan, *Physiological Psychology*, New York 1965^3, S. 307. Eine bestimmte Programmierung durch die Umgebung ist natürlich unabdingbar, wenn sich der menschliche Organismus normal entwickeln soll. Vgl. Hebb, a. a. O., S. 147; Harlow & Harlow, »A Study of Animal Affection«, in: *Natural History* 120 (1961), wiederabgedruckt in: Southwick, a. a. O., S. 174–184.

114 Dieser Punkt wurde ausführlich besprochen und belegt in der ursprünglichen Fassung dieses Aufsatzes, vgl. Corning, a. a. O., S. 52–55. Vgl. auch John L. Fuller & W. Robert Thompson, *Behavior Genetics*, New York 1960; Dobzhansky, *Mankind Evolving*, Kap. IV und V; Manosevitz, Lindsey & Thiessen, a. a. O.; Glass, Hrsg., a. a. O., insbesondere die Kapitel von Dobzhansky: »Genetics and the Social Sciences«; Irving Gottesman: »Beyond the Fringe-Personality and Psychopathology«; J. N. Spuhler, »Sociocultural and Biological Inheritance in Man«; Steven C. Vandenberg, »The Nature and Nurture of Intelligence«; D. G. Freedman, in: Washburn & Jay, Hrsg., a. a. O.; Vandenberg, »Hereditary Factors in Normal Personality Traits«, in: *Recent Advances in Biological Psychiatry* 9, New York (1967) S. 65–104.

115 Das Gehirn des Kindes verdreifacht seine Größe im ersten Jahr. Während dieses Jahres und danach ist es fähig, sowohl intellektuelle wie sensorische latente Kapazitäten aufzubauen. Vgl. Loren Eisely, *The Immense Journey*, New York 1967, S. 109. Die biologischen Veränderungen beeinflussen das Verhalten während des ganzen Lebens des Organismus; Pubertät, Schwangerschaft, Stillperiode, Menopause, Senilität usw., alle beeinflussen das Verhalten in einer mehr oder weniger spürbaren Weise. Umgekehrt hat man nun erkannt, daß Umwelteinflüsse auf das Baby noch im Uterus einwirken. So ist es unmöglich, irgendeinen Punkt im biologischen Lebenszyklus allein der »menschlichen Natur« zuzuschreiben.

116 Dobzhansky, »Genetics and the Social Sciences«, a. a. O., S. 130 ff.

117 Zusammengefaßt bei Simpson, *Biology and Man*, a. a. O., S. 139–142; Bigelow, a. a. O., S. 91. Vgl. auch Dobzhansky, *Mankind Evolving*, a. a. O., S. 221. In *The Meaning of Evolution*, a. a. O., S. 242 und Kap. 15, schreibt Simpson: »Welches Kriterium man immer nehmen will, man wird feststellen müssen, daß die Geschichte des Lebens, an diesem Kriterium gemessen, nicht nur Beispiele des Fortschritts, sondern auch des Rückschritts und der Degeneration enthält.«

118 Huxley, a.a. O., S. 48; Dobzhansy, a. a. O., S. 17 f.

119 Simpson, *The View of Life: The World of an Evolutionist*, a. a. O., S. 189.

120 Ebenda, S. 71, S. 74, S. 76, S. 176–189.

121 Richard C. Lewontin, Hrsg., *Population Biology and Evolution*, Syracuse 1968, S. 2; vgl. auch Wallace & Srb, a. a. O., S. 3, und Simpson, a. a. O.

122 Vgl. Simpson, a. a. O., S. 173–175, S. 100 ff., S. 111 ff., S. 134 ff., S. 202, S. 210, S. 212. Vgl. auch Deutsch, a. a. O., Kap. V und VI; Charles R. Dechert, »The Development of Cybernetics«, in: Dechert, Hrsg., *The Social Impact of Cybernetics*, New York 1967; Norbert Wiener, *The*

Human Use of Human Beings: Cybernetics and Society, Boston 1950; Morton Beckner, *The Biological Way of Thought,* Berkeley 1968; Alexander S. Fraser, »The Evolution of Purposive Behavior«, in: Heinz von Foerster u. a., *Purposive Systems,* New York 1968, S. 15 ff.

123 Tinbergen, a. a. O., S. 2. Der Mensch hat, ähnlich anderen Arten, angeborene und vorprogrammierte Präferenzen für das Überleben sichernde Verhaltensformen – für das Essen, für physisches Behagen und Sicherheit, für Schlaf, für Sex und Erholung, für den Gruppenkontakt, für Spiel und Abenteuer – und er erschrickt vor Verletzungen und vor dem Tod. Wenn es auch stimmt, daß es Beispiele von Menschen gibt, die nicht das Überleben wählen – sondern den Freitod oder das Martyrium –, so sehen wir solche Fälle doch entweder als pathologisch an (einige Psychologen vermuten, daß selbst diese Phänomene eine Erklärung aus der Evolution finden können) oder als freie Akte der Aufopferung zum Zwecke der Erfüllung eines »höheren Zweckes«, gewöhnlich des Überlebens der Kollektivität oder um eines »ewigen Lebens« willen, wie im religiösen Märtyrertum.

124 Es macht gewisse Schwierigkeiten, ein menschliches Kollektivum als »Zuchtpopulation« zu bezeichnen. Obgleich dieser Ausdruck biologisch korrekt ist und auf unsere Vorfahren sehr gut anwendbar gewesen sein mag, kann man heute nicht davon ausgehen, daß eine biologisch abgrenzbare Zuchtpopulation sich mit einer bestimmten territorialen oder politischen Einheit oder mit einem Wirtschaftssystem deckt. Die weltweiten Kommunikationsbeziehungen, der Reiseverkehr, der Handel, die gemeinsame Biosphäre oder das gemeinsame Ecosystem und selbst die weltweite Konfliktaustragung haben uns zu einer größeren gegenseitigen Abhängigkeit geführt. Die Ausnahmen und Einschränkungen, die daher notwendig sind, wenn man den Begriff auf die menschliche Gesellschaft anwenden will, machen aber den Begriff nicht unbrauchbar. In der Redeweise der Systemanalytiker kann die Zuchtpopulation letztlich als ein Subsystem im Rahmen des menschlichen Globalsystems oder selbst als ein globales System definiert werden.

125 An der Wurzel der modernen Weltanschauung steht der zuerst von David Hume, *Treatise on Human Nature,* formulierte Wert-Relativismus. Humes Logik hat jedoch den Haken, daß sie das Überleben – eine Vorbedingung jeder Wertentscheidung – schon als gegeben voraussetzt.

126 Deutsch, a. a. O., S. 92 f.

127 Vgl. Simpson, *Biology and Man,* a. a. O., S. 147; Allee, a. a. O., S. 30 bis 61, S. 96–153; Klopfer & Hailman. a. a. O., S. 138–151. Ein ähnliches Problem ist der evolutionäre Status der intellektuellen Freiheit, der individuellen Kreativität und anderer hochgehaltener demokratischer Werte. Wenn sie einem kollektiven Zweck untergeordnet werden, so brauchen wir sie keineswegs über Bord zu werfen. Im Gegenteil: im allgemeinen, freilich nicht immer, sind diese Werte durchaus adaptiv. Unser Einsatz für die Gleichheit der Chancen z. B. ist gute genetische Praxis. Dobzhansky hat geschrieben: »Wenn die menschlichen Fähigkeiten nicht durch die individuellen genetischen Talente bestimmt würden, würde die soziale Mobilität oder Immobilität biologisch uninteressant sein. Durch die Einbeziehung der genetischen Variablen wird die soziale Mobilität aber sowohl zu einem biologischen wie zu einem kul-

turellen Antrieb der Evolution von nicht zu unterschätzender Bedeutung. Die soziale Mobilität steigert die Anpassungsfähigkeit der beteiligten Populationsgruppen, und sie kann zur Herausbildung höherwertiger Genotypen führen, die ohne Mobilität viel weniger wahrscheinlich wären.« (»Genetics and the Social Sciences«, a. a. O., S. 133.)

128 Zitiert bei Simpson, *Biology and Man,* a. a. O., S. 134.

129 Vgl. C. H. Waddington, *The Ethical Animal,* Chicago 1967.

130 Simpson, a. a. O., S. 134. Vgl. auch Dobzhansky, *Mankind Evolving,* S. 214–218.

131 Die Ansicht, daß die Ethik eine biologische Komponente hat und daß sie eine evolutionäre Funktion erfüllt, wird von vier verschiedenen Disziplinen gestützt. Zum einen finden die Ethologen unter den in Gruppen lebenden Tieren viele Beispiele eines Verhaltens, das wir moralisch qualifizieren: den Altruismus der Eltern gegenüber den Jungen, die Selbstaufopferung im Interesse des Überlebens der Gruppe, die Nahrungsteilung, Hemmungen gegenüber der Tötung eines Artgleichen, usw. Dieses Verhalten ist meist ganz klar genetisch verankert. Wenn unser eigenes Verhalten in einem weit größeren Maße durch die Kultur organisiert und geformt worden ist, so ist es nicht erstaunlich, daß wir auf dieser Ebene eine eigene Ethik finden. Zweitens läßt sich die hier vertretene Ansicht auch durch die Kinderpsychologie und verwandte Gebiete stützen. Von besonderer Bedeutung sind hier die Arbeiten von Jean Piaget und Lawrence Kohlberg: Piaget, *The Moral Development of the Child,* New York 1965; J. H. Flavell, *The Developmental Psychology of Jean Piaget,* Princeton 1963; Roger Brown, a. a. O., S. 384–401; Kohlberg, »The Child as a Moral Philosopher«, in: *Psychology Today* 2 (1968), S. 25–40. Eine weitere Unterstützung finden wir in der Primatenforschung: Vgl. Hebb, a. a. O., S. 247 f. Schließlich gibt es immer mehr Untersuchungsergebnisse aus Laboratoriumsexperimenten im Bereich einer neurophysiologischen Verhaltenstheorie, einschließlich von Experimenten der Gehirnreizung durch chemische Mittel und der systematischen Untersuchung von Gehirnverletzungen: Vgl. insbesondere Kenneth E. Moyer, »The Physiology of Affiliation and Hostility«, Report No. 70–1, Carnegie-Mellon University (Pittsburgh 1970).

132 Simpson, a. a. O., S. 134.

133 Vgl. Robert Redfield, *Human Nature and the Study of Society,* Chicago 1962, S. 464 f.; Berelson & Steiner, a. a. O., S. 46–48; Lucy Mair, *Primitive Government,* Baltimore 1964, S. 35.

134 In der Genetik versteht man unter Pleotropismus die Erscheinung, daß ein Gen zwei oder mehrere Eigenschaften beeinflußt, von denen eine nicht-adaptiv sein kann, so daß eine Tierart sozusagen das Gute mit dem Schlechten verbinden muß. Klopfer & Hailman, a. a. O., S. 179 f.

135 Das Konzept der »Überbleibsel« wurde vom Anthropologen Malinowski ausgearbeitet, a. a. O., S. 27 ff. Vgl. auch Stebbins, a. a. O., S. 73–80.

136 Wir können einen solchen Prozeß der Adaptation in der historischen amerikanischen Ideologie des Individualismus und des freien Unternehmertums beobachten, welche die nötigen kollektiven Aktionen auf Gebieten wie der staatlichen Planung, der Umwelt- und der Bevölkerungskontrolle, usw. lange entmutigt hat.

137 Vgl. zu diesem Punkt: Corning, »The Problem of Applying Darwinian Evolution to Political Science«, a. a. O., S. 18–32; und: »The Theory of Evolution as a Paradigm for the Analysis of Political Phenomena«, a. a. O., Kap. VII.

138 Wir werden, so scheint es, zur Begründung einheitlicher Humanwissenschaften schon deshalb gezwungen, weil die konventionellerweise als ökologisch, physiologisch, psychologisch, ökonomisch, soziologisch, kulturell und politisch bezeichneten Phänomene immer stärker zusammenhängen.

139 Was z. B. die Interkontinentalraketen betrifft, so sind die Amerikaner in dieser apokalyptischen Angelegenheit ironischerweise ebenso abhängig von einer richtigen Einschätzung der Lage durch den Kreml wie durch ihren eigenen Präsidenten. Im ökologischen Bereich ist es nicht sehr viel anders.

140 Harold & Margaret Sprout, *The Ecological Perspective of Human Affairs,* Princeton 1965 (dt.: *Ökologie,* München 1971), und: »Environmental Factors in the Study of International Politics«, in: James N. Rosenau, Hrsg., *International Politics and Foreign Policy: A Reader in Research and Theory,* New York 1969, S. 41–56.

141 Deutsch, a. a. O., S. 120–122.

142 Für die Literaturauswahl zur politischen Entwicklung vgl. Gabriel A. Almond & G. Bingham Powell, *Comparative Politics: A Developmental Approach,* Boston 1966; David Apter, *The Politics of Modernization,* Chicago 1965; C. E. Black, *The Dynamics of Modernization,* New York 1966; Jason Finkle & Richard W. Gable, *Political Development and Social Change,* New York 1966.

143 Diese Annahme ist oft dadurch gerechtfertigt worden, daß sie mit den Wertprämissen und Zielen der Entwicklungsländer selbst übereinstimmte. Man hat sich aber kaum gefragt, ob die Ziele der Entwicklungsländer (und vielleicht noch mehr der Industrienationen) auch sinnvoll sind.

144 Vgl. vor allem Claude E. Welch, Hrsg., *Political Modernization: A Reader in Comparative Political Change,* Belmont 1967; Charles W. Anderson, Fred R. von der Mehden & Crawford Young, Hrsg., *Issues of Political Development,* Englewood Cliffs 1967; Harvey G. Kebschull, *Politics in Transitional Societies,* New York 1968; Samuel P. Huntington, *Political Order in Changing Societies,* New Haven 1968.

145 Huntington, »Political Development and Political Decay«, in: *World Politics* 17 (1965), S. 386–430.

146 Gunnar Myrdal, *Asian Drama,* New York 1968.

147 Fred R. von der Mehden, *Politics of the Developing Nations*, Englewood Cliffs 1969.

148 David Easton, *A Systems Analysis of Political Life,* New York 1965, Kap. I; Deutsch, a. a. O., Preface; Almond & Powell, a. a. O., Kap. I und II.

149 James Charlesworth, Hrsg., *Contemporary Political Analysis,* New York 1967, S. 7.

150 Easton, a. a. O., S. 476.

151 A. James Gregor, »Political Science and the Uses of Functional Analysis«, in: *American Political Science Review* 62 (1968), S. 425–439.

152 Vgl. Easton, a. a. O., S. 14 f.
153 Sheldon Wolin, *Politics and Vision*, Boston 1969, S. 433.
154 Easton, *A Framework for Political Analysis*, Englewood Cliffs 1965, S. 29.
155 John Madison, *The Federalist*.
156 Talcott Parsons, *Societies: Evolutionary and Comparative Perspectives*, Englewood Cliffs 1966, S. 7.
157 Corning, »The Problem of Applying Darwinian Evolution to Political Science«, a. a. O.
158 Die umfassende Überlebensstrategie einer Gesellschaft kann bewußt durch die Führerschaft verfolgt werden oder sie kann sich als Resultante der wesentlichen, dem Überleben dienenden Verhaltensformen ergeben. Eine vorläufige Typologie solcher Strategien könnte sein: 1) Homöostatische Strategien bzw. Strategien, die eine Bevölkerung in bezug auf begrenzte Ressourcen stabilisieren können. 2) Expansionistische Strategien, wozu zählen würden: a) territoriale Expansion, b) maximale Ausschöpfung der inneren Ressourcen, c) Außenhandel, d) Ausbeutung der Ressourcen anderer Gesellschaften, oder e) eine Kombination der obengenannten Möglichkeiten.
159 Mair, a. a. O., S. 8–32; Morton H. Fried, *The Evolution of Political Society*, New York 1967; Ronald Cohen & John Middleton, Hrsg., *Comparative Political Systems*, Garden City 1967.
160 Hummel, a. a. O.
161 Wallace, a. a. O., S. 265.
162 Der Soziologe Wallace arbeitet derzeit an einer systematischen Analyse der konzeptuellen Analogien zwischen Soziologie und Ethologie, um weitere interdisziplinäre Vergleiche zu ermöglichen. Wallace, »Toward Comparative Sociology: Conceptual Analogs Between Human and Infrahuman« (unveröffentlicht, 1969).
163 Vgl. hier Dennis R. Eckart, »Innovation in Complex Organizations«, Ph. D. Diss., University of California 1970.
164 Dobzhansky, *Heredity and the Nature of Man*, a. a. O., S. 118.

Bibliographische Hinweise

1. Zur Wissenschaftstheorie des Reduktionismus

Agassi, Joseph, »Methodological Individualism«, in: *The British Journal of Sociology* 11 (1960), S. 244–270

Brodbeck, May, »Methodological Individualism, Definition and Reduction«, in: M. Brodbeck, Hrsg., *Readings in the Philosophy of the Social Sciences*, New York–London 1968, S. 280–303

Feyerabend, Paul K., »Explanation, Reduction and Empiricism«, in: H. Feigl und G. Maxwell, Hrsg., *Minnesota Studies in the Philosophy of Science*, Bd. III, Minneapolis 1962, S. 28–97

Gellner, Ernest, »Holism versus Individualism«, in: M. Brodbeck, Hrsg., *Readings in the Philosophy of the Social Sciences*, NewYork–London 1968, S. 254–268

Gewirth, Alan, »Can Men Change Laws of Social Science?« in: Leonard I. Krimerman, Hrsg., *The Nature and Scope of Social Science*, New York 1969, S. 217–227

Glymour, Clark, »On Some Patters of Reduction«, in: *Philosophy of Science* 37 (1970), S. 340–353

Hempel, Carl G., »Reduction Ontological and Linguistic Facets«, in: Sidney Morgenbesser, P. Suppes, M. White, Hrsg., *Philosophy, Science, and Method*, New York 1969, S. 179–199

Hummell, Hans J. und K.-D. Opp, »Sociology without Sociology«, in: *Inquiry II* (1968), S. 205–226

Hummell, Hans J. und K.-D. Opp, *Die Reduzierbarkeit von Soziologie auf Psychologie*, Braunschweig 1971

Kemeny, John und P. Oppenheim, »On Reduction«, in: *Philosophical Studies* 7 (1956), S. 6–19

Nagel, Ernest, »Issues in the Logic of Reductive Explanations«, in: Howard E. Kiefer und M. K. Munitz, Hrsg., *Mind, Science, and History*, New York 1970, S. 3–33

Radnitzky, Gerard, »Theorienpluralismus – Theorienmonismus: einer der Faktoren, die den Forschungsprozeß beeinflussen und die selbst von Weltbildannahmen abhängig sind«, in: A. Diemer, Hrsg., *Der Methoden- und Theorienpluralismus in den Wissenschaften*, Meisenheim am Glan 1971, S. 135–184

Schaffner, Kenneth F., »Approaches to Reduction«, in: *Philosophy of Science* 34 (1967) S. 137–147

Sklar, Lawrence, »Types of Inter-Theoretic Reduction«, in: *The British Journal for the Philosophy of Science* 17 (1967), S. 109–124

Spinner, Helmut F., »Science without Reduction«, in: *Inquiry* 16 (1973), S. 16–94

Webster, Murray, »Psychological Reductionism, Methodological Individualism and Large-Scale Problems«, in: *American Sociological Review* 38 (1973), S. 258–273

2. *Geopolitischer Reduktionismus*

Bakker, Geert, *Duitse Geopolitiek 1919–1945*, Assen 1968
Bierstedt, Robert, »The Geographic Factor«, in: R. Bierstedt, *The Social Order*, New York 1957, S. 31–65
Gyorgy, Andrew, *Geopolitics: The New German Science*, University of California Publications in International Relations 1944
Heyden, Günter, *Kritik der deutschen Geopolitik*, Berlin 1958
Ruppert, Karl und E. Thiel, Hrsg., *Zum Standort der Sozialgeographie*, Kallmünz-Regensburg 1968

3. *Physikalischer Reduktionismus*

Eisermann, Gottfried, *Vilfredo Paretos System der allgemeinen Soziologie*, Stuttgart 1962
Lundberg, G. A., *Foundations of Sociology*, New York 1939
Mey, Harald, *Studien zur Anwendung des Feldbegriffs in den Sozialwissenschaften*, München 1965
Sorokin, Pitrim A., *Sociological Theories of Today*, New York 1966
Stark, Werner, *The Fundamental Forms of Social Thought*, London 1962

4. *Behavioristischer Reduktionismus*

Blau, Peter, M., *Exchange and Power in Social Life*, New York 1964
Burgess, R. L. und Don Bushell, Hrsg., *Behavioral Sociology: The Experimental Analysis of Social Process*, New York und London 1969
Homans, George C., *Theorie der sozialen Gruppe*, Köln und Opladen ³1968
Homans, G. C., *Elementarformen sozialen Verhaltens*, Köln und Opladen 1968
Homans, G. C., *Was ist Sozialwissenschaft?* Köln und Opladen 1969
Homans, G. C., *Grundfragen soziologischer Theorie*, Köln und Opladen 1972
Hummell, Hans J., »Psychologische Ansätze zu einer Theorie sozialen Verhaltens«, in: René König, Hrsg., *Handbuch der empirischen Sozialforschung*, Bd. II, Stuttgart 1969, S. 1157–1277
Malewski, Andrzej, *Verhalten und Interaktion*, Tübingen 1967
Opp, Karl-Dieter, *Verhaltenstheoretische Soziologie*, Reinbek 1972
Stendenbach, Franz J., *Soziale Interaktion und Lernprozesse*, Köln und Berlin 1963

5. *Entscheidungstheoretischer Reduktionismus*

Braybrooke, David und C. E. Lindblom, *A Strategy of Decision: Policy Evaluation as a Social Process*, New York–London 1963
Friedrich, Carl J., Hrsg., *Rational Decision*, New York 1964
Luce, R. D. und H. Raiffa, *Games and Decisions*, New York 1957
Newell, A. und H. A. Simon, *Human Problem Solving*, Englewood Cliffs 1972
Rescher, Nicholas, Hrsg., *The Logic of Decision and Action*, Pittsburgh 1967
Simon, Herbert A., *Models of Man*, New York 1957

Simon, Herbert A., *Administrative Behavior,* New York 1957
Taylor, Donald W., »Decision Making and Problem Solving«, in: J. G. March, Hrsg., *Handbook of Organizations,* Chicago 1965, S. 48–86

6. Spieltheoretischer Reduktionismus

Buchler, Ira R. und H. G. Nutini, Hrsg., *Game Theory in the Behavioral Sciences,* Pittsburgh 1969
Davis, Morton D., *Spieltheorie für Nichtmathematiker,* München 1972
Junne, Gerd, *Spieltheorie in der internationalen Politik,* Düsseldorf 1972
Klaus, Georg, *Spieltheorie in philosophischer Sicht,* Berlin 1968
Neumann, John von, und O. Morgenstern, *Spieltheorie und wirtschaftliches Verhalten,* Würzburg [2]1967
Rapoport, Anatol, *Fights, Games, and Debates,* Ann Arbor 1960
Rapoport, A., *Strategy and Conscience,* New York 1969
Rapoport, A., *N-Person Game Theory: Concepts and Applications,* Ann Arbor 1970
Schelling, Thomas C., *The Strategy of Conflict,* London-Oxford–New York 1963
Shubik, Martin, Hrsg., *Spieltheorie und Sozialwissenschaften,* Hamburg 1965
Swingle, Paul, Hrsg., *The Structure of Conflict,* N.Y. und London 1970

7. Systemtheoretischer Reduktionismus

Berrien, F. Kenneth, *General and Social Systems,* New Brunswick 1968
Bertalanffy, Ludwig von, *Aber vom Menschen wissen wir nichts (Robots, Men and Minds),* Düsseldorf–Wien 1970
Bertalanffy, L. v., *General Systems Theory: Foundation, Development, Applications,* New York 1968
Buckley, Walter, *Sociology and Modern Systems Theory,* Englewood Cliffs 1967
Buckley, W., Hrsg., *Modern Systems Research for the Behavioral Scientist,* Chicago 1968
Deutsch, Karl W., *Politische Kybernetik: Modelle und Perspektiven,* Freiburg 1969
Forrester, Jay W., *Grundsätze einer Systemtheorie,* Wiesbaden 1972
Gantzel, Klaus Jürgen, Hrsg., *Internationale Beziehungen als System,* Opladen 1973
Greven, Michael Th., *Systemtheorie und Gesellschaftsanalyse,* Darmstadt und Neuwied 1974
Günther, Gotthard, *Das Bewußtsein der Maschinen,* Baden-Baden 1963
Harbordt, Steffen, *Computersimulation in den Sozialwissenschaften* I/II, Reinbek bei Hamburg 1974
Klaus, Georg, *Kybernetik und Gesellschaft,* Berlin 1964
Klir, George J., Hrsg., *Trends in General Systems Theory,* New York und London 1972
Koestler, Arthur und J. R. Smythies, Hrsg., *Das neue Menschenbild (Beyond Reductionism),* Wien–München–Zürich 1970

Kurzrock, Ruprecht, Hrsg., *Systemtheorie,* Berlin 1972
Laszlo, Ervin, *Introduction to System Philosophy: Toward a New Paradigm of Contemporary Thought,* New York–London–Paris 1972
Prewo, Rainer, J. Ritsert u. E. Stracke, *Systemtheoretische Ansätze in der Soziologie: Eine kritische Analyse,* Reinbek bei Hamburg 1973
Simon, Herbert A., *The Sciences of the Artifical,* Cambridge, Mass., und London 1969
Weiss, Paul A., Hrsg., *Hierarchicalty Organized Systems in Theory and Practice,* New York 1971
Wiener, Norbert, *Mensch und Menschmaschine, Kybernetik und Gesellschaft,* Frankfurt/Main 1972
Zahn, Erich, *Systemforschung in der Bundesrepublik Deutschland,* Göttingen 1972

8. Ethologischer Reduktionismus

Alland, Alexander, *Evolution und menschliches Verhalten,* Frankfurt/Main 1970
Callan, Hilary, *Ethology and Society,* Oxford 1970
Chapple, Eliot D., *Culture and Biological Man: Explorations in Behavioral Anthropology,* New York 1970
Claessens, Dieter, *Instinkt–Psyche–Geltung: Bestimmungsfaktoren menschlichen Verhaltens,* Köln und Opladen ²1970
Darlington, C. D., *Die Entstehung des Menschen und der Gesellschaft,* Düsseldorf–Wien 1971
Eibl-Eibesfeldt, Irenäus, *Grundriß der vergleichenden Verhaltensforschung,* München 1967
Hassenstein, B., »Das spezifisch Menschliche nach den Resultaten der Verhaltensforschung«, in: H.-G. Gadamer u. P. Vogler, Hrsg., *Biologische Anthropologie,* Bd. II, Stuttgart und München 1972, S. 60–97.
Koenig, Otto, *Kultur und Verhaltensforschung,* München 1970
Lamprecht, Jürg, *Verhalten: Grundlagen, Erkenntnisse und Entwicklung der Ethologie,* Freiburg–Basel–Wien 1972
Lepenies, Wolf und H. Nolte, *Kritik der Anthropologie,* München, 1971
Lorenz, Konrad, *Über tierisches und menschliches Verhalten,* Bd. II, München 1965
Lorenz, K. und Paul Leyhausen, *Antriebe tierischen und menschlichen Verhaltens,* München 1968
Lorenz, Konrad, *Die Rückseite des Spiegels. Versuch einer Naturgeschichte menschlichen Erkennens,* München und Zürich 1973
Pringle, J. W. S., Hrsg., *Biology and the Human Sciences,* Oxford 1972
Reyer, Heinz Ulrich, *Formen, Ursachen und biologische Bedeutung innerartlicher Aggression bei Tieren,* Freiburg–Basel–Wien 1973
Roth, Gerhard, Hrsg., *Kritik der Verhaltensforschung,* München 1974
Spuhler, J. N., Hrsg., *The Evolution of Man's Capacity for Culture,* Detroit 1969
Wickler, Wolfgang, *Antworten der Verhaltensforschung,* München 1970.

Sachregister

Namenregister